U0449334

篮球的力量

[加] Dave Zarum（戴夫·扎勒姆） 著 梁桂霞 译

电子工业出版社
Publishing House of Electronics Industry
北京·BEIJING

NBA 75-THE DEFINITIVE HISTORY
by Dave Zarum
Copyright © 2021 by author, and licensed to Beijing XinGuang CanLan ShuKan Distribution Co., Limited. Originally published in the United States and Canada by Firefly Books Ltd.
Published by agreement with Firefly Books Ltd. through the Chinese Connection Agency, as a division of Beijing XinGuangCanLan ShuKan Distribution Company Ltd.

本书简体中文版由北京新光灿烂书刊发行有限公司授权电子工业出版社。未经出版者预先书面许可，不得以任何方式复制或抄袭本书之部分或全部内容。

版权贸易合同登记号　图字：01-2021-6044

图书在版编目（CIP）数据

篮球的力量 /（加）戴夫·扎勒姆（Dave Zarum）著；梁桂霞译. -- 北京：电子工业出版社，2023.10
书名原文: NBA 75,The Definitive History
ISBN 978-7-121-43215-6

Ⅰ.①篮⋯ Ⅱ.①戴⋯ ②梁⋯ Ⅲ.①NBA－大事记 Ⅳ.①G841.971.2

中国版本图书馆CIP数据核字(2022)第051439号

责任编辑：赵英华　　特约编辑：田学清
印　　刷：北京富诚彩色印刷有限公司
装　　订：北京富诚彩色印刷有限公司
出版发行：电子工业出版社
　　　　　北京市海淀区万寿路173信箱　邮编：100036
开　　本：889×1194　1/12　印张：21　字数：630千字
版　　次：2023年10月第1版
印　　次：2023年10月第1次印刷
定　　价：198.00元

凡所购买电子工业出版社图书有缺损问题，请向购买书店调换。若书店售缺，请与本社发行部联系，联系及邮购电话：（010）88254888，88258888。
质量投诉请发邮件至zlts@phei.com.cn，盗版侵权举报请发邮件至dbqq@phei.com.cn。
本书咨询联系方式：（010）88254161~88254167转1897。

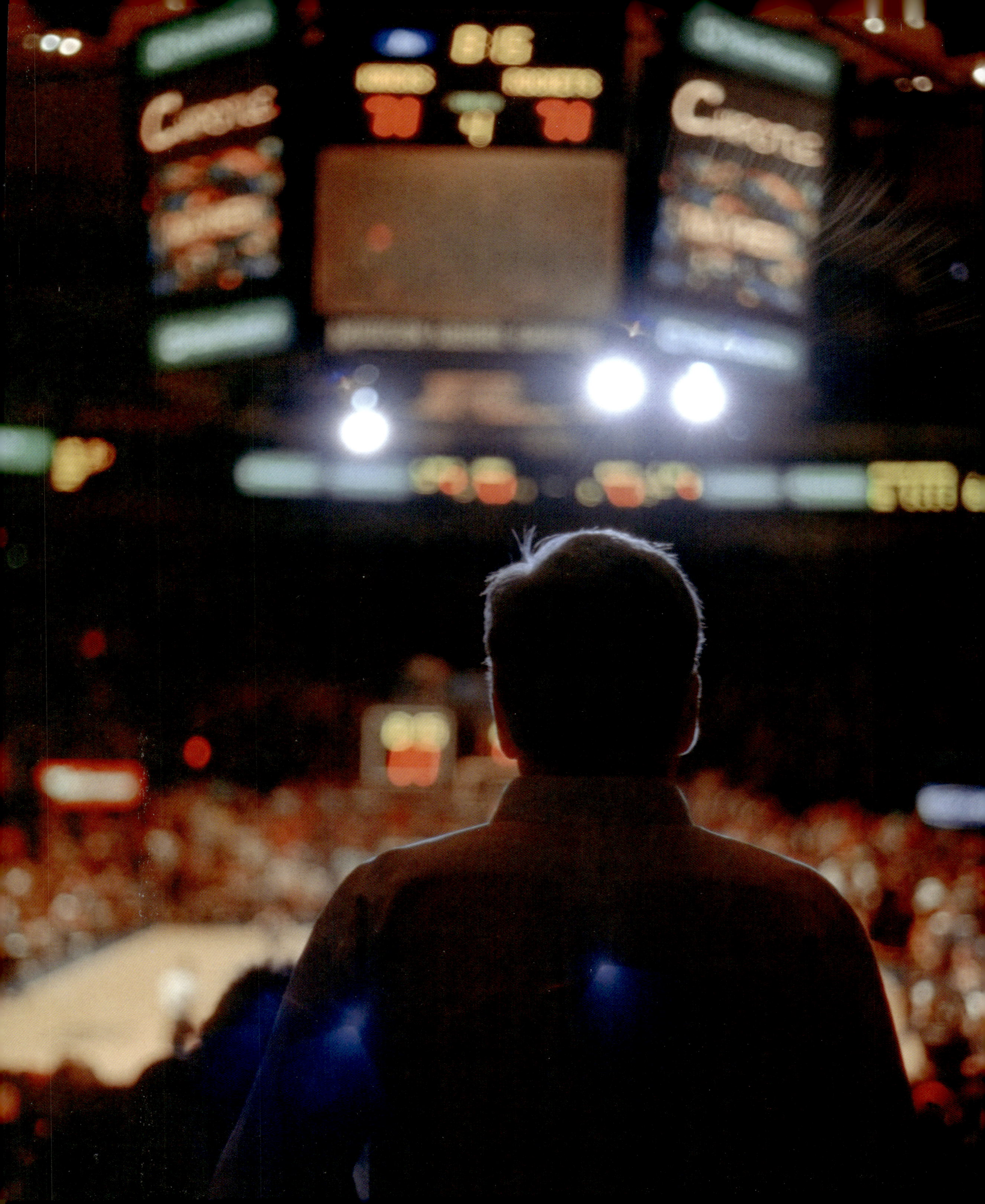

目录 CONTENT

006 导言
和韦斯特在一起的星期五

1946 BAA 横空出世 … 008	1955 谢伊斯和"城市游戏" … 024
1948 乔治·麦肯的时代 … 010	1957 拉塞尔王朝 … 026
1948 哈林队击败湖人队 … 013	1961 贝勒勇夺 71 分 … 030
1949 NBA 诞生 … 016	1962 张伯伦传奇 … 033
1950 冲破肤色的禁忌 … 018	1962 "大 O"其人 … 037
1954 24 秒制出台 … 021	

040 第一回合
凯尔特人队对阵湖人队

1964 NBA 罢赛风波 … 043	1976 二虎联姻 … 080
1967 流星般璀璨的 ABA … 046	1977 比尔·沃尔顿的梦魇 … 083
1969 英雄惜英雄 … 050	1978 "天行者"与"冰人"的较量 … 087
1969 痛苦不堪的杰里·韦斯特 … 053	1978 子弹飞起来 … 090
1969 "天勾"贾巴尔 … 057	1979 谁拯救了 NBA？ … 093
1970 威利斯·里德队长上场吗？ … 061	1980 东鸟西魔：最伟大的时代对决 … 096
1970 华丽"手枪"叹早逝 … 064	1981 "表演时刻"湖人队 … 100
1971 偶像"J 博士" … 068	1984 "钻石一代"选秀大会 … 104
1972 特别的车牌号：33 STR8 … 072	1985 乔丹"飞人"启航 … 107
1974 英雄莫问出处：创意街球 … 075	1985 鲍维：选秀就是一场赌博 … 111
1976 全明星扣篮大赛 … 077	1986 追梦者奥拉朱旺 … 113

116 第二回合
凯尔特人队对阵湖人队

1986 伦·拜亚斯：天之骄子命丧黄泉	119
1989 永远的"坏小子军团"	122
1991 "魔术师"与艾滋病毒	125
1991 "三角进攻"与"三连冠"	128
1992 "梦之队"：无法复制的经典	131
1992 "大鲨鱼"浮出水面	135
1993 乔丹的棒球梦	138
1994 乔丹阴影下的悲情英雄	141
1995 格兰特·希尔：曾是追风少年	144
1995 NBA 来到加拿大	147
1995 "大球票"入袋为安	150
1996 "最后一舞"再造三连冠	153
1996 空中大灌篮	156
1997 NBA：一颗璀璨的商业明珠	159
1997 WNBA 在行动："我们拥有未来！"	161
1999 停摆：谁动了谁的蛋糕	164
2000 科比与奥尼尔的恩恩怨怨	167
2001 迈克尔·乔丹：永不言弃	172
2001 AI 式嘻哈与 NBA 融合	175
2002 中国姚明：连接 NBA 的"移动长城"	179
2004 群殴事件：NBA 永远的痛	183
2005 纵马长歌 唯我马刺	186
2005 太阳队的"7 秒快攻"	190
2006 诺维茨基：绝版德国战车	193
2006 致敬"81 分先生"	196
2007 詹姆斯："天选之子"	199
2007 NBA 中的黑哨裁判	202
2008 拯救超音速队	204

207 第三回合
湖人队与凯尔特人队的巅峰对决

2010 詹姆斯的"决断"	210
2011 德里克·罗斯：流星璀璨	214
2012 "雷霆三少"的冠军梦	217
2014 科怀·伦纳德：一个机器人"卡哇伊"	220
2015 斯蒂芬·库里与勇士队	223
2016 "詹王"归来	228
2017 不安分的超级巨星	232
2018 数据分析与三分球革命	236
2019 "字母哥"和 NBA 人才全球化	240
2020 NBA 的炒作机器	243
2020 角色球员：红花旁边的最强绿叶	246

导言
和韦斯特在一起的星期五

这是一个和往常没有什么不同的星期五下午。我很快整理好桌子，期待着到郊外度个周末。这时，电话铃响了。

"戴夫吗？我是杰里·韦斯特。"

之前，我通过金州勇士队联系到了韦斯特，他当时担任该队的特别顾问。金州勇士队选择韦斯特助推其夺冠（韦斯特果然不辱使命），这是一个明智的选择。韦斯特作为一名优秀球员活跃在20世纪60年代至70年代初，并且入选奈史密斯篮球名人堂（以下简称篮球名人堂）；他是NBA历史上唯一一位没赢得总冠军却获得总决赛最有价值球员（FMVP）的球员；他后来华丽转身进入球队管理层，最值得骄傲的是在21世纪初打造了以沙奎尔·奥尼尔、科比·布莱恩特为核心的洛杉矶湖人队王朝。顺便提一句，NBA标志的图案主体就是他的侧身控球剪影，不用大惊小怪啊！

作为我在加拿大多伦多NBA报道工作的一部分，我采访了许多有趣的人物，"J博士"（朱利叶斯·欧文）的确是世界上最酷的人物之一，文斯·卡特对2000年扣篮大赛的精心策划让我震惊不已，韦恩·恩布里与张伯伦、拉塞尔对决的故事让我叹为观止。

这里，我想说的是韦斯特。很少有人像他这样，在NBA历史上像一棵永葆青春的常青树。我把话筒放在胸前，深深地吸了口气，尽力不流露出我的紧张。

我告诉韦斯特先生，我不会占用他太多时间。他却告诉我，他正在美国加利福尼亚州乡下的一个技工那里修车，正有大把时间。想象着韦斯特坐在休息室的椅子上，散发着怀旧的气息，我不禁咧嘴笑了起来。

我采访韦斯特本是有目的的，但在见到他的那一刻，就像许多防守者面对他感到猝不及防一样，我一时想不起我的采访目的是什么了。我即兴问他为什么选择篮球作为终身追求。他停顿了一下，说道："是篮球选择了我。"他追溯了自己在西弗吉尼亚州的童年，以及在泥泞的临时室外球场上度过的时光。我问他关于埃尔金·贝勒的情况，他则为湖人队感到遗憾，因为在贝勒退役后，他们经过6年的努力才夺得总冠军。他谈到在伤病让贝勒离开球场之前，很少有人意识到贝勒的威力。他也谈到20世纪60年代的境况，以及他目睹这位非洲裔美国队友，以及许多其他非洲裔运动员在种族主义公开肆虐时期生活在聚光灯下的种种艰辛。他还谈到比赛方式的变革，以及像他这样有天赋的球员简直就是为今天的NBA而量身打造的。

此时的我，还是个出道不久的新手，对韦斯特来说是一个完全陌生的人，在进行着一次重点模糊不清的采访。但韦斯特坦率而翔实地用自己的视角回顾了NBA的历史。

我是一个球迷，经常沉浸在NBA历史书中，搜寻视频素材，寻觅NBA过去的比赛汇编和精彩片段，在亲耳听到韦斯特的讲述后，感觉就像观看了许多激烈的比赛一样。

篮球和其他主要运动项目相比有自身独特的风格。球迷和球员之间没有面罩或护具阻隔，使NBA球星成为最容易接近的职业运动员之一。对球场上每一次所展示出的令人瞠目结舌的身体壮举，我们都万分欣喜，感到与运动员之间有一种紧密的联系。

扣篮、交叉运球过人、盖帽、空心球、终场绝杀……这一切背后都有故事。

当然，NBA其实超越了篮球本身。NBA是对抗种族主义的场所。在这里，黑人和女性运动员得以有舞台施展自己的才华。在这里，成千上万的人看到了新型冠状病毒肺炎大流行让NBA被迫停摆。

75年来，来自世界各地最杰出的运动员们走进了NBA赛场。像韦斯特一样，他们每个人都怀抱希望和梦想，当然也带着恐惧和挣扎。

NBA的历史，就是由这些独一无二的人物所构成的，他们渴望讲述自己的故事。

你只需要接起我的电话就好了。

1971年，韦斯特带球突破，率领湖人队夺得25场连胜。

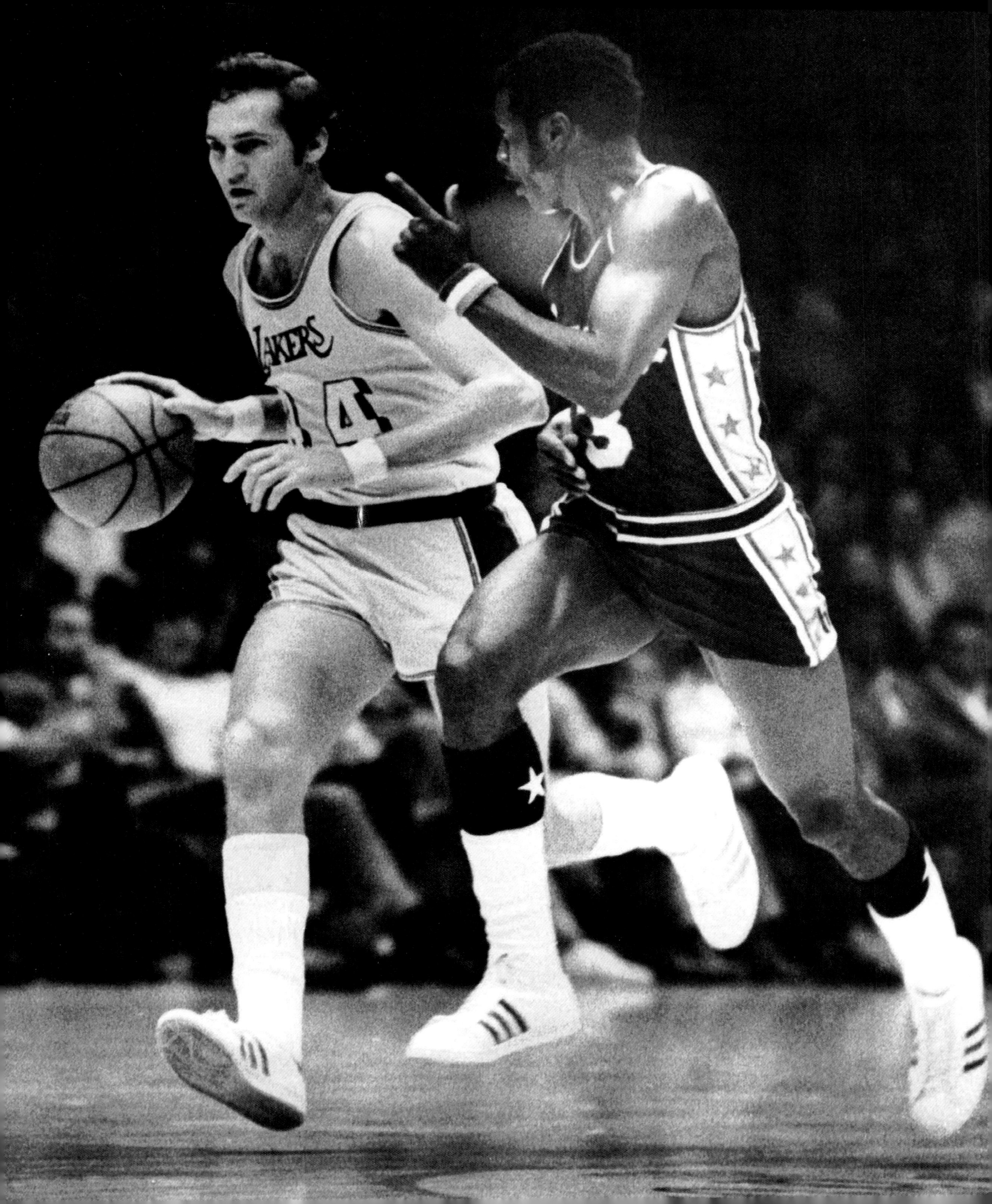
LAKERS

1946
BAA 横空出世

1946年6月6日，一众豪商巨贾聚集在纽约市的"舰长饭店"。

他们是美国竞技场协会的成员，北美一些大型体育场馆的拥有者，他们前来商讨一个投资项目：职业篮球联盟。

这些人拥有巨大的财富。他们的场馆位于芝加哥、纽约、波士顿、多伦多、费城、底特律等城市；他们擅长项目推广，尽管其中只有内德·艾尔瑞希对篮球运动有些经验，他于1934年在波士顿花园球馆举办了大学生篮球比赛。

其余的人有些是冰球球迷，包括波士顿凯尔特人队的创始人沃尔特·布朗。布朗一直在寻找一个稳定的项目，在国家冰球联盟的波士顿棕熊队没有比赛的那些时间，能够填补波士顿花园球馆的空场。那时候，大学生篮球运动越来越受欢迎，而篮球场能够完整地设置在一个溜冰场上，这使得这个提议变得顺理成章且切实可行。

在此次会议上，与会者达成了一个雄心勃勃的计划：成立一个名为全美篮球协会（BAA）的由11支球队组成的联盟。美国冰球联盟主席莫里斯·波多洛夫受聘来管理这个新创项目。

篮球运动自1891年12月21日在美国马萨诸塞州的斯普林菲尔德学院举行第一场比赛以来，已经经历了相当长的一段旅程。这项运动是由在加拿大出生的教育家奈史密斯发明的，如今这项运动已发生了很大变化，曾经在第一场比赛中见到的盛桃子的篮子和橄榄球般的暴力，已经一去不复返了。

奈史密斯在1939年的一次电台采访中回忆道："那时没有太多规则，这是我犯下的一个大错。男孩们开始抓抢、猛踢，甚至挥拳猛击。他们在健身房的地板中央举行了一场自由活动。我还没来得及把他们拉开，一个男孩就被打晕了，有几个被打得鼻青脸肿，还有一个被打得肩膀脱臼。"

随后，这项运动增加了一条新规则：不得带球跑动。这就使得这项运动围绕协调和运球变得更讲技巧和节奏。奈史密斯的学生们喜欢这项运动，并把它传播到美国各地的大学校园。1894年，奈史密斯被堪萨斯大学聘用，他将这项运动也带到了那里。这项运动在大学校园里吸引了相当多的人参与，到20世纪20年代和30年代，已经产生了几个小型的地区性职业联赛，尽管这些联赛很少能够持续几个赛季以上。

有一个例外是国家篮球协会（NBA），该协会得到了通用电气、火石轮胎（后被普利

推广广告刊登在1946年10月31日发行的《多伦多星报》上。

司通收购，并成为其子品牌）和固特异轮胎的财政支持。1937年至1949年，国家篮球联盟（NBL）在美国中西部经营球队，身高2.08米的乔治·麦肯从这里开始了他的职业生涯，为芝加哥齿轮队效力。东海岸的竞技场所有者并不认为NBL是他们新成立的BAA的真正竞争对手。

随着第一个赛季计划的顺利推进，竞技场所有者的新想法不断涌现，促使BAA脱颖而出。其中，一个脑洞大开的主意是让一支球队的控球时间不超过2分钟，然后另一支球队轮流，以此创造更多的投篮得分机会，这有点像棒球比赛中的局数。

另一个新点子是允许犯规累计，等到每一节比赛结束时再奖励对方罚球。那时候，一场比赛时长48分钟——比当时大学校园里的比赛长8分钟，这为买票观看比赛的观众提供了更多的实惠。

1946—1947赛季的第一场比赛在加拿大多伦多的枫叶体育馆举行，由多伦多哈士奇队主场迎战来访的纽约尼克斯队。尽管直到1949年NBL与BAA合并，NBA才得以正名，但NBA依然认为哈士奇队对阵尼克斯队的这场比赛是NBA历史上的首场比赛。

在拉开比赛大幕之前，NBA推广者们想方设法地向加拿大观众"推销"这项相对较新的运动。他们在当地的报纸上刊登广告，发出"篮球时代"到来的信号，宣称篮球运动是"世界上最受欢迎的运动"，球迷们被承诺会享受到"刺激、劲爆、动感、速度"。

"你能高过他吗？"一则报纸广告这样写道，上面刊登着多伦多哈士奇队身高最高的球员乔治·诺斯特兰德的照片。"任何身高超过诺斯特兰德（2.03米）的人，都可以免费观看开场比赛。"那时候的球赛门票价格为75美分至2.5美元。

NBA历史上第一个命中投篮是由尼克斯队的奥西·谢克特曼完成的，他是一名后卫。尼克斯队在比赛一开始就以15分的优势领先，但是哈士奇队的球员兼教练"大艾迪"萨多夫斯基在中场休息前帮助哈士奇队将比分差距缩小到了8分。

在第三节比赛中，萨多夫斯基被罚出场，换上乔治·诺斯特兰德，他帮助哈士奇队以48∶44的领先优势进入第四节比赛。但凭借前锋莱奥·戈特利布拿下全队最高的14分，加上奥西·谢克特曼拿下11分，尼克斯队最终获胜。在这场比赛中，哈士奇队的萨多夫斯基夺得了全场最高分（18分），紧随其后的是诺斯特兰德，他夺得了16分。

那晚的比赛，就像NBA早期的所有比赛一样，并不像今天的赛事那样励志。那时候的比赛更像一场无休止的传递游戏，不断地传球、切入，甚至还有更多的拳脚相见。

在NBA形成初期，篮球运动让人看来是一种以大量争吵和斗殴为特征的运动。这些特征甚至得到了组织者们的鼓励。毕竟，这些特征曾经吸引了无数的冰球球迷。

篮球运动主要在地面上进行，但是也t有例外。

1946年11月5日，在波士顿的赛前热身中，身高2米的凯尔特人队前锋查克·康诺斯用力扣篮，结果打碎了新的玻璃篮板。球队老板布朗怒不可遏。他根本想不到几十年后，篮球运动因为灌篮动作使其受欢迎程度颇高。

此外，在NBA形成初期，立定双手投篮多于跳投，而勾手投篮在比尔·拉塞尔出场之前已经成为中锋们的首选投篮方式。当时，费城勇士队的前锋乔·福尔克斯是最接近现代跳投的球员。福尔克斯在1946—1947赛季成为NBA极其闪亮的明星，他带领勇士队获得了NBA的第一个冠军。

在第一个赛季后，联盟发生了重大变化。那时候4支球队——底特律猎鹰队、匹兹堡铁人队、克利夫兰叛逆者队和多伦多哈士奇队被解散。这样，BAA减少到了7支球队。

但是，NBA开始发展了。

首场比赛得分统计

纽约尼克斯队

运动员	命中数/个	得分/分
莱奥·戈特利布	6	14
奥西·谢克特曼	4	11
斯坦·斯图茨	2	9
拉尔夫·卡普洛维茨	3	7
杰克·韦伯	1	6
汉克·罗森斯坦	2	5
迪克·墨菲	2	5
奈特·米利茨沃克	2	5
汤米·贝尔纳斯	1	4
桑尼·赫兹伯格	1	2
鲍勃·马伦斯	0	0
球队总计	24	68

多伦多哈士奇队

运动员	命中数/个	得分/分
艾迪·萨多夫斯基	8	18
乔治·诺斯特兰德	7	16
查理·霍弗	2	8
迈克·麦克卡伦	1	6
雷·维尔提斯	3	6
迪克·菲茨杰拉德	3	6
鲍勃·菲茨杰拉德	1	4
哈利·米勒	0	1
弗兰克·富卡里诺	0	1
汉克·比亚萨蒂	0	0
罗伊·赫尔利	0	0
球队总计	25	66

1948
乔治·麦肯的时代

NBA的故事是由篮球明星及篮球明星所造就的盛世王朝来书写的。在联盟建立的最初几年里，乔治·麦肯十分惹人关注，他所效力的明尼阿波利斯湖人队所向披靡。

1949年至1954年，湖人队在6年内获得了5次冠军，创建了NBA的第一个盛世王朝，而身高2.08米的乔治·麦肯无疑是这项运动第一位真正的明星。麦肯的队友维恩·米克尔森说过："在我们那个时代，麦肯就像是今天的迈克尔·乔丹、'魔术师'约翰逊和拉里·伯德三人的合体。"

在当时，麦肯是个"异类"。在一项由身体灵活、反应迅捷的后卫所主导的运动中，他的个子明显过高。原本这项运动的重点在于传球和运球，中锋的作用在于争夺篮板球和保护篮筐。但当麦肯出场时，这一切都被改变了。

相对而言，麦肯脚步移动慢，行动迟缓，几乎不具备优秀篮球运动员的素质。但他善于学习，竟琢磨出一种屡试不爽、十分迅捷的勾手投篮方法，使身材相对矮小的对手防不胜防。麦肯还创造了一种训练方法，经过训练他可以用任意一只手勾手投篮。这种训练方法后来被称为"麦肯训练法"，直到今天，这种训练方法在进行三秒区投篮训练的时候还普遍被采用。

麦肯在德保罗大学磨炼了好些年，'其间获得的步法和技巧，这些随后将他带入了篮球名人堂。当然，那时候他也主宰了这个大学的体育舞台。他两次被评为美国大学生篮球联赛（NCAA）年度最佳球员。在带领德保罗大学篮球队夺冠的征途中，他所在篮球队曾以97：53击败罗德岛大学篮球队，他本人则创造了个人得分与对方篮球队成员全部得分一样多的奇迹。

当麦肯离开大学时，他在篮坛已经是个举足轻重的人物。在1946年大学毕业后，他加入了NBL的芝加哥齿轮队。首个赛季，麦肯就率领芝加哥齿轮队夺得冠军。在此之后，球队老板莫里斯·怀特离开NBL，并组建了一个新的联盟，坐拥后者16支球队的经营权，但怀特的联盟仅维持了一个月就解散了，时年23岁的麦肯成了一只离群的孤雁。

就在那个时候，NBL将一支球队从底特律迁到了明尼阿波利斯。因该地区水域广阔，这支球队被称作"湖人队"。该球队获得了麦肯的加入。在明尼阿波利斯的第一个赛季，麦肯率队赢得了冠军。在最后的五强赛中，湖人队击败了罗切斯特皇家队，以3：1的战绩夺冠。在接下来的一个赛季，湖人队再次卫冕冠军，与之对决的是"红衣主教"奥尔巴赫所执教的华盛顿国会队。

麦肯的锋芒势不可当。1948—1949赛季至1950—1951赛季，他连续三个赛季得分领先，在此期间平均每场得分28分。要知道在那个年代，整支球队平均得分大约才80分。

麦肯的威猛让NBA不得不调整其规则，力求拉平赛场的得分。1951年，NBA制定了"麦肯规则"，将篮下三秒区宽度从6英尺（约1.83米）扩大为12英尺（约3.66米）。由于对手采用各种拖延战术，故意不让湖人队（麦肯所在球队）控球，这又导致24秒投篮时限的规则设定。NBA甚至尝试将篮筐高度提高到12英尺（约3.66米），这样可以使麦肯不再轻而易举得分。

然而，任何规则的改变都无法埋没那些人才，对麦肯来说更是如此。直到麦肯退役以后，NBA才开始颁发最有价值球员（MVP）奖。如果这项奖早些颁发，麦肯可能会打破卡里姆·阿布杜尔·贾巴尔创造的6个"最有价值球员"美誉的纪录。

湖人队是一支强大的球队，其前锋吉姆·波拉德和维恩·米克尔森是全明星球员，他们把控传球路线，控球后卫斯雷特·马丁会把球传给他们——当马丁没有把球传给等待的麦肯时，球队就要另寻他法了。

对一个急于吸引新球迷的联赛来说，麦肯可谓肩负着重要使命。他巨大的体型和与众不同的外表——一副双光眼镜和卷曲的黑发，让他一眼就会被认出来。很快，麦肯成为一名广受欢迎的广告代言人，并且不断出现在报纸和杂志的广告中，为柏斯特蓝带啤酒、高露洁男士曼宁除臭剂（广告语："这是我最喜欢的属地卫士！"）、万星威内裤（广告语："篮球先生就选万星威强韧内裤。"）等代言。

麦肯还出现在全国性电视访谈节目中，他对自己能获得NBA大使的身份颇感自豪。麦肯经常在球队参加巡回赛之前赶到当地，以便会见当地媒体，帮助推广比赛活动并销售门票（当时联盟不希望比赛在电视上播出，因为担心电视转播会影响球迷购买门票亲临比赛现场）。麦肯的明星魅力帮助联盟得以进军更大的市场，朝着使联盟这个"新贵"合法化迈出了重要的一步。

NBL在1949—1950赛季前与BAA合并，NBA正式成立。这个新联盟设立在动荡不定的小市场中，对诸如印第安纳州的安德森包装工队、伊利诺伊州的莫林三城黑鹰队、艾奥瓦州的滑铁卢老鹰队和威斯康星州的希博伊根红皮队等球队采用特许经营的管理方式。

球队职业化经营的效果非常明显，使得联盟的发展速度很快。到1951—1952赛

早年效力于湖人队的乔治·麦肯

不是运动员的错……

面对空前的壮大，篮球运动继续改变着它的规则。1967年，NCAA通过了"刘·阿尔辛多规则"，该规则禁止扣篮，以回应加利福尼亚大学洛杉矶分校的篮球明星卡里姆·阿布杜尔·贾巴尔（刘·阿尔辛多是他的曾用名）。NCAA一直保持着这项规则，直到1976年另一位加利福尼亚大学洛杉矶分校的主力中锋比尔·沃尔顿离开大学加入NBA。威尔特·张伯伦被称为历史上最糟糕的罚球手之一，他不止一次向罚球线跑去，并且像传说中的那样选择了扣篮。这促使NBA又出台一项新规，要求罚球球员必须一直站在罚球线上，直到完成投篮。

011

季，也就是麦肯在湖人队的第四个赛季，NBA发展了10支特色球队，它们都拥有各自相当大的市场：纽约、波士顿、费城、锡拉丘兹、巴尔的摩、罗切斯特、明尼阿波利斯、韦恩堡、印第安纳波利斯和密尔沃基。

1954年4月12日，湖人队在与多尔夫·谢伊斯及锡拉丘兹国民队进行了艰苦的七场系列赛后，最终赢得了7年来的第六个冠军。在1954—1955赛季之前，麦肯退役并开始从事法律工作（他最终在明尼阿波利斯成功建立了自己的法律事业）。

麦肯8个赛季的职业生涯，虽然以今天的标准来看是短暂的，但这为后来的球队组建创立了一种模式。在之后的几十年里，球队老板都希望以一个有领军能力的大个子队员为核心来组建球队，如威尔特·张伯伦、比尔·拉塞尔、卡里姆·阿布杜尔·贾巴尔、沙奎尔·奥尼尔、蒂姆·邓肯、德克·诺维茨基等。这可能也是为什么哈基姆·奥拉朱旺会在迈克尔·乔丹之前被选中，以及为什么首轮选秀被选中的球员超过60%都是中锋。

麦肯斩获了很多荣誉，其中一项是被

1949年，乔治·麦肯在麦迪逊广场花园球馆的灯箱广告上擦拭自己的名字。

美国联合通讯社评为"20世纪上半叶最伟大的篮球运动员"。除了他还有谁呢？麦肯当之无愧。

1948
哈林队击败湖人队

1948年2月19日，17,823名观众涌进芝加哥体育场，前来观看明尼阿波利斯湖人队和哈林队之间的一场表演赛。这是截至1948年2月19日职业篮球赛中拥有观众人数最多的一场比赛。

随着NBA着力扩大其球迷群体，球队之间似乎更多进行的是表演赛，而非正式的联赛。那个时候，联盟希望将篮球作为一项观赏性运动来推广，两支标志性球队之间的对抗似乎也仅限于这个目的。然而，接踵而来的一场暴风雨，直接挑战了长期存在的种族偏见，并促使NBA朝着整合的方向迈出了重要的第一步。

当时的湖人队拥有一个围绕戴眼镜的大个子乔治·麦肯所组成的阵容，队员全部是白人，而且刚刚连续赢得两次冠军。他们的打法严谨且刻意，攻防几乎完全围绕着身高2.08米的麦肯展开。那时候的球迷和媒体都把湖人队奉为世界上最了不起的球队。

湖人队的对手哈林队无疑是最受欢迎的球队。作为一支全部由黑人运动员组成、以风趣幽默和竞技勇猛而著称的球队，哈林队凭借其独特的表演艺术和不知疲倦的巡回演出而声名鹊起。

哈林队名副其实，他们周游世界进行表演赛。他们也是美国的体育大使，其出色的技能和良好的名声似乎在昭告天下：如果你是黑人，那么美国不是一个可怕的居所。

不过事实上，哈林队自1926年在当时依然还是种族隔离的美国成立以来，种族与偏见就无可避免地与其如影随形。

早期，哈林队球员每到一座新的城市，诸如"五位黑人将占据《谢尔比星报》头条"这样的新闻就会出现在当地的新闻媒体上。数十年来，他们在隔离的白人和黑人观众面前扮演双重角色。哈林队并不是第一支全部由黑人运动员组成的巡回表演团队，而且在最初，它也不是最棒的。但是没过多久，哈林队理所当然地成了最大的亮点。

哈林队在被亚伯·萨珀斯坦收购之后不久，便开始迅速崛起。萨珀斯坦是一位票务代理人，出生在伦敦，在芝加哥长大。萨珀斯坦敏锐地意识到球员们的高超球技和创意天分，在20世纪30年代末，他成功地将哈林队从一支巡回比赛球队转变成一支巡回表演团队——球队的表演融入精心编排的笑料和技巧，比如不看球传球或把球放到防守队员的头顶上或头后等。

萨珀斯坦也是NBA早期的一个重要盟友，湖人队和哈林队在NBA的球场上彼此成就，共同成长。例如，在麦迪逊广场花园球馆这样的联盟赛场上，哈林队的出

1958年，在一次午宴上，威尔特·张伯伦把篮球高高举到亚伯·萨珀斯坦的头顶上和头后。

现为现场吸引到了更多的球迷。到20世纪40年代中期，白人观众成群结队前来观看诸如马奎斯·海尼斯的运球技巧或古斯·塔图姆的喜剧风格表演。

然而，当他们在美国各地巡回演出的时候，他们所传播的快乐似乎并不比他们的肤色本身更重要。哈林队球员们在街上遭到唾弃，一些商店和餐馆拒绝为他们提供服务。

尽管哈林队不断击败全部由白人运动员组成的对手，但就像众多的非洲裔美国篮球运动员一样，他们不得不与一种偏见抗争，那就是黑人无法成为有才干的运动员。曼尼·杰克逊（他曾经是哈林队的球员，并在1992年购买了该球队）曾经说过："我听说过一些观点，比如黑人不能打控球后卫，因为他们不善于思考和领导。黑人擅长抢篮板球和卖力打球，但不能在球场上真正指望他们，因为他们弄不明白NBA球场上复杂的打法。"

哈林队打球很容易被看作花式表演。1948年，他们对阵湖人队的表演赛为证明事实并非如此提供了一个很好的机会。

如同火上浇油，这场比赛是在种族关系极度紧张的气氛中进行的。就在数天前，一名黑人少年被六名白人男子用棒球棒殴打致死。比赛当晚，美国第33任总统哈里·S.杜鲁门向全国发表了具有里程碑意义的讲话，呼吁反对种族隔离和偏见。

在芝加哥体育场，湖人队一开局就一路领先。队友们把球传给前场的麦肯，只见麦肯沉稳地勾手投篮，或者把球传给队友。到中场休息时，湖人队以10分的优势轻松领先。

下半场的比赛则是一个大反转。哈林队在防守上与湖人队旗鼓相当，他们在低位区对麦肯实施包夹防守，使得这位后来的篮球名人堂成员在下半场仅获得6分。与此同时，哈林队又利用速度和快攻不断得分。

第四节比赛即将进入倒计时，马奎斯·海尼斯开始运球，仿佛过了好久才把球传给埃尔默·罗宾逊。随着哨声响起，罗宾逊"嗖"地把球投进了篮筐。这是有史以来最为精彩的篮球比赛之一，哈林队以61∶59的比分战胜了对手湖人队。没有使用任何花招，他们凭实力打败了美国最强的白人球队。

"这就像拳坛上乔·路易斯打败马克斯·施梅林一样，这是一个伟大的胜利，"研究哈林队的历史学家本·格林说，"他们在芝加哥南区的街道上庆祝。这支被视为一群小丑的黑人球队打败了世界上最好的篮球队。"

第二年，两支球队的再次相遇创下了超过两万人观看的赛场新纪录。哈林队再次获胜，并且受到了全国媒体的关注。他们的胜利向球队老板们证明，如果非洲裔美国球员被排除在名单之外，全部由白人球员所组成的NBA就不可能声称拥有全国最好的球员。

联盟可能已经开始向整合的方向迈进，湖人队的失败加速了这一进程。此后不到一年的时间里，NBA签下了第一批非洲裔美国球员，包括参与击败湖人队的哈林队重要成员纳特·克利夫顿（绰号"甜水"）。

但这时候，只有萨珀斯坦的哈林队真正欢迎黑人球员，而其他球队和联盟并不欢迎他们。

很快，NBA发现自己在与哈林队争夺人才。查克·库珀是第一位被NBA选中的黑人球员，他大学毕业时曾经也是哈林队的招募对象，但是他签约了许以他更高薪资的波士顿凯尔特人队。这场人才争夺战贯穿20世纪整个50年代。圣弗朗西斯学院的天才前锋莫里斯·斯托克斯在1955年大学毕业时就受到了NBA和哈林队的青睐。斯托克斯和越来越多的年轻球员一样，最终选择了NBA。

一个例外是威尔特·张伯伦。这位出生于费城的中锋，在堪萨斯州上大学时就已经获得了很高的地位，北美校园里传扬着他的运动壮举。

对张伯伦而言，赢得大学期间的比赛轻而易举。1958年，他想早点离开学校去追求自己的职业生涯。NBA的费城勇士队拥有张伯伦的职业权利（1950年至1965年期间，球队可以放弃他们的首轮选秀，以便从80千米半径范围内选择一名当地大学球员），张伯伦在高中时就被选中了，但当时的联盟规定，一名球员必须在高中毕业后再等4年才能转为职业球员。

勇士队老板埃迪·戈特利布向张伯伦出价年薪25,000美元，希望他加入NBA，这可以使他成为联盟中收入最高的球员。但哈林队向他许诺年薪50,000美元外加奖金。这样一来，当时已经声名鹊起的张伯伦加入了哈林队。

张伯伦说："我签约哈林队，是因为其拥有伟大的传统。在20世纪40年代和50年代早期，只有哈林队拥有最好的黑人球员，能效力哈林队是每一个年轻的有色人种的梦想。"

随哈林队在国外巡回演出一年之后，张伯伦回到美国，与勇士队签约。

在哈林队击败湖人队、颠覆了关于黑人篮球运动员的偏执理论10年后，NBA的非洲裔美国球星名单迅速拉长。在20世纪50年代和60年代，NBA出现了张伯伦、斯托克斯、埃尔金·贝勒、奥斯卡·罗伯特森和比尔·拉塞尔等人才。

至此，NBA可以宣称其拥有世界上最好的球员，这一点实至名归。

职业生涯篮板球排行

1. 威尔特·张伯伦	23,924	个
2. 比尔·拉塞尔	21,620	个
3. 摩西·马龙	17,834	个
4. 卡里姆·阿布杜尔·贾巴尔	17,440	个
5. 阿蒂斯·吉尔摩	16,330	个

乔治·麦肯越过哈林队队员纳特·克利夫顿和贝比·普雷斯利抢到一个篮板球。

1949
NBA 诞生

1946年，纽约尼克斯队在多伦多战胜哈士奇队，这可能是官方承认的第一场NBA比赛，但直到三年之后，NBA才正式诞生。

尼克斯队和哈士奇队曾属于BAA，直到1949年8月3日，BAA和NBL才正式合并，统称为NBA。对NBL来说，唯有合并方可"起死回生"。

BAA相对几年前成立的NBL，是一个明显的威胁。创建BAA的场馆老板们财力雄厚，占据着很大的市场。他们已经说服4支球队加盟，其中于1947年说服战绩辉煌的明尼阿波利斯湖人队和罗切斯特皇家队离开NBL。

NBL虽然没有BAA那样的场馆，也没能将拥有大批观众的城市作为市场，但其拥有十分优秀的人才。1948年，NBL的三城黑鹰队（主场设在伊利诺伊州的莫林市）因签下纽约大学球星多尔夫·谢伊斯而轰动一时，当时谢伊斯家乡的尼克斯队也出重金招募他。

第二年夏天，就在合并前夕，NBL创建了一支新的职业球队，即印第安纳波利斯奥林匹亚队，其旗下拥有来自现任美国大学生篮球联赛（NCAA）冠军肯塔基野猫队的全部首发五大虎将，其中四人还带领美国队在1948年伦敦奥运会上斩获金牌。

NBL在挣扎求生，此时与BAA合并是一个明智的选择。这次合并及NBA的成立，在美国引起了巨大轰动，全国各地的报纸纷纷进行报道。

真正打出NBA标志的第一场比赛是在1949年10月29日，由三城黑鹰队对战丹佛掘金队。在这个主要分布在五大湖区域和东海岸的联盟中，丹佛掘金队是处在地理位置最西边的一支球队。

由于联盟的球队数是奇数（17支），并被分为三个部分，相互间有一定的距离，需要乘坐公交车、火车碰面，比赛时间的编排就成为一个难题。最终，各球队参赛场数不一，少则62场，多则68场，有些球队疲于奔波，甚至在外的时间比在主场城市的时间还要多。在第三方中立球场的比赛很多，这种情况丹佛掘金队遇到的尤其多。

在接下来的几年里，NBA慢慢扩展到北部、南部和西部的更多城市。一些球队被合并，还有一些球队则经常转换地点，无数的表演赛在地图上星星点点的小城镇不断举行，早期的NBA可以说是不断变化的。

当年的NBA

中部赛区	东部赛区	西部赛区
明尼阿波利斯湖人队	锡拉丘兹国民队	印第安纳波利斯奥林匹亚队
罗切斯特皇家队	纽约尼克斯队	安德森包装工队
韦恩堡活塞队	华盛顿国会队	三城黑鹰队
芝加哥牡鹿队	费城勇士队	希博伊根红人队
圣路易斯轰炸机队	巴尔的摩子弹队	滑铁卢老鹰队
	波士顿凯尔特人队	丹佛掘金队

1948年BAA季后赛,圣路易斯轰炸机队的雷德·罗查传球瞬间。

1951年，纳特·克利夫顿身着尼克斯队球衣留影。

1950
冲破肤色的禁忌

1950年10月31日，厄尔·洛依德成为第一位参加NBA比赛的非洲裔美国球员，报纸、广播集体选择缄默。这一历史性时刻给篮球运动带来的影响不可估量。

除了日裔美国控球后卫三阪亘在1947年为纽约尼克斯队打了三场比赛，NBA一直是一个全部由白人球员组成的联盟。1950年4月25日，查克·库珀在第二轮选秀中被波士顿凯尔特人队选中，成为第一位被选中的黑人球员。紧随其后，洛依德在第八轮选秀中被华盛顿国会队选中了。但在他们都还没有与新球队签约时，哈林队的前成员纳特·克利夫顿就与纽约尼克斯队签约，成为NBA旗下首位黑人球员。

不过，应该指出的是，职业篮球场上第一批黑人球员是多利·金和珀普·盖茨，他们于1946年加入NBL，那时NBL尚未与BAA合并为NBA。当时NBL只能支付给他们500美元的薪酬，于是他们二人很快就去另谋出路了。

20世纪50年代初，种族紧张态势在美国非常严重，NBA联盟也无法独善其身。当杜肯大学杰出的前锋库珀在选秀中被选中时，据说一些人找到凯尔特人队的老板沃尔特·布朗，对库珀的肤色表示担忧。"我不在乎他的肤色，"布朗说，"我只知道这孩子是打球的料。"

许多球队老板对黑人球员进入联盟忧心忡忡，因为他们认为球迷们可能不会花钱去看黑人球员比赛。为了卖出更多的门票，早些年NBA球队经常与哈林队合作并分享门票的收入。哈林队会先上场表演，现场人潮涌动；但等到当晚晚些时候NBA比赛正式开始时，看台上往往空空如也。

此外，这些球队老板们担心将非洲裔美国球员引入NBA将使其与哈林队直接竞争，这会惹恼哈林队的创始人亚伯·萨珀斯坦，在当时他可是篮球界举足轻重的人物。这种担心可能十分有道理。因为在此之前，大多数黑人球员都在为萨珀斯坦的球队效力，或者为其他不太受球迷欢迎的巡回俱乐部效力，比如流浪者俱乐部。

就纳特·克利夫顿这件事来说，尼克斯队是在"玩火"，因为哈林队已经有意吸纳克利夫顿加盟。同时，哈林队在积极尝试签下库珀，但他最后加入了凯尔特人队。

洛依德、库珀和克利夫顿都对杰基·罗宾逊充满敬意，罗宾逊在三年前就在更具种族偏见的情况下打破了棒球界对肤色的禁忌。当罗宾逊进入大联盟时，反对他的球员会对他大喊带有种族歧视的称谓。"我们没有这样的麻烦，"洛依德说，"篮球运动员都是大学生。就算他们真的怀有任何种族偏见，他们也不会流露出来，因为他们都足够聪明。"

球迷们就另当别论了。

在圣路易斯，对阵老鹰队的比赛对NBA的第一批黑人球员来说，极其悲惨。球迷们会辱骂他们，向他们吐口水。另外，在印第安纳州韦恩堡对阵活塞队，也总让人心惊胆战。

在当时，NBA的黑人球员不能和白人队友在同一家餐厅就餐。当听说洛依德被餐厅拒绝服务时，教练伯恩斯·麦金尼把自己的餐盘端到洛依德的房间，两人一起用餐。洛依德、库珀和克利夫顿一起创造了历史，但他们为不同的球队效力，在与种族歧视的抗争中他们大多数时候是孤独的。他们约定有机会就聚聚。"我们是彼此互助的哥们儿。我们都希望彼此能够感觉舒心，但一个人孤独地待在酒店房间里是不会感觉舒心的，"洛依德说，"与朋友共享家常饭才会让人心情舒畅。"

洛依德在实行种族隔离的弗吉尼亚州长大，那里充满偏见，去当地白人专用的游泳池或与白人共用浴室都是不被允许的。这样的陋习对他而言司空见惯。"这些遭遇让我意志坚定，作为一名NBA球员，我可以面对任何事情。"他说。在与哈林队一起巡游世界期间，克利夫顿也经受了种族歧视。

对库珀而言，他所遭受的冲击要大得多。他在匹兹堡出生和长大，没有像洛依德那样对种族歧视早已习以为常。1950年，在夏洛特市的一场表演赛中，他因受到与来自纽约的白人控球后卫鲍勃·库西的不同待遇而深感受到伤害。

"他不能和我同住一家酒店、同在一个地方吃饭，甚至不能在同一个地方小便，"库西回忆道，"库珀对此很反感——他当然应该反感。"

在比赛结束后，库珀没有去寻找自己单独的住处，而是选择乘午夜的火车回家。"看到这样令人讨厌的事情，"库西说，"我为自己是一个白人而感到无地自容。"于是，库西与库珀一起坐火车返回了波士顿。

三年后，在路易斯安那州的一场表演赛中，库珀被禁止上场。

NBA的第一批黑人球员被视为角色扮演者而不是得分手，更谈不上是球星。他们给队友做掩护并制造篮板球。教练们会让黑人对手相互对抗。唐·巴克斯代尔曾经说："这是一场4对4的比赛，我们被视为局外人。""是故意的吗？"很多人提出这样的疑问。"他们否认说不是。不管他们的意图如何，其结果都是有辱人格的。"

在1951—1952赛季，又有三名非洲裔美国人加入了NBA，其中包括巴克斯代尔，1948年，他成为美国奥林匹克队的第一名黑人球员，并在后来成为NBA历史上第一位非洲裔美国全明星。1958年，埃尔金·贝勒成为第一位获得"NBA选秀状元"称号的非洲裔美国人。

随着时间的推移，联盟中黑人球员的待遇并没有得到改善。在贝勒的新秀季，他和他的两位黑人队友布·埃利斯、埃德·弗莱明在参加西弗吉尼亚州查尔斯顿的一场表演赛前，遭球队下榻酒店拒绝为他们提供服务。作为对此歧视行为的抗争，被认为是这场比赛最吸引观众眼球的贝勒，在那天晚上拒绝出场。

虽然NBA在1950年就向黑人球员敞开了大门，但要再过10年，他们才能在整个联盟中拥有一个体面的地位。1960年，黑人球员占联盟球员总数的26%。1958年，圣路易斯老鹰队成为NBA最后一支全部由白人球员组成的冠军球队。

前湖人队队员罗德·亨德利曾经说："老板们常常念叨的一句话是'这可是白色的钞票'，大多数老板都在担心，过多的黑人球员会吓走球迷们。"

黑人球员们怀疑，配额指标已经在秘密实施。人们相信有一条不成文的规则，即

1955年，厄尔·洛依德与梅尔·哈钦斯争夺篮板球。

球队应该设置 2～3 名黑人球员的上限，这些球员最好比他们的白人队友强得多，以便在球队中获得一席之地。"这是种族主义，纯粹的种族主义。"亨德利说。

也有传言说有相关的政策规定，如果一个黑人球员加入了一支球队，那么其中一个现有的黑人球员就必须被解约。例如，当 1960 年艾尔·阿特尔斯加入费城勇士队时，该球队中另一名黑人球员被解雇了。阿特尔斯说："这类球员变动的例子太多了，不可能是巧合。"

毫无疑问，联盟的非洲裔美国球员助推比赛达到了一个新的水平。贝勒、拉塞尔和奥斯卡·罗伯特森都打造了传奇的职业生涯。如果有人对 NBA "改变颜色" 有所非议，那就好好看看贝勒是怎样说的吧！

"他们问我白人选手都去哪儿了，我见过他们中的许多人进入这个联盟，他们有极高的天赋，但是他们没有坚持下去，他们发了财，或者在外面找到了一份好工作，这种馅儿饼不会落在我们的头上。你若给我们提供一个其他的发财机会，你肯定马上就能把白人球员们请回来。"

不管怎样，情况在慢慢好转。1960 年，洛依德成为第一位黑人助理教练。1961 年，第一个全部由黑人运动员组成的 NBA 阵容代表芝加哥包装工队登台亮相。

洛依德说："我左思右想总得有第一个吃螃蟹的人　正因为有像库珀、克利夫顿、巴克斯代尔和我这样的人付出代价，那些年轻人才有机会获得他们今天的成就。他们没有意识到我们所做的有多么了不起，但我明白。"

1954
24秒制出台

这是1953年东部赛区波士顿凯尔特人队和锡拉丘兹国民队之间半决赛的第三场比赛。下半场晚些时候，凯尔特人队的控球后卫鲍勃·库西上演了他的招牌动作——一阵令人眼花缭乱的运球，然后是一个距离篮筐4.60米、势不可当的跑动勾手投篮。结果凯尔特人队领先，比赛被叫停。

这哪里是购票观众被承诺的那种激动人心的快节奏啊！

在此之后不到一年的时间内，NBA颁布了一项新规则，即控球方必须在控球之后24秒内投篮，这大大提高了篮球的观赏性。但眼下，只要一支球队保持领先，它的目标就成了尽可能长时间地控球，直到比赛结束的哨声响起。这也正是凯尔特人队"红衣主教"奥尔巴赫给库西的指令：控制住球不放，直到被判犯规为止。总而言之，就是采取拖延战术。

库西也是这么做的。他不断将球运到三分线附近，一个超时违例接着一个超时违例。于是，出现一场又一场加时赛。在宣布获胜者之前，竟出现了四场加时赛。单从理论上来看，这像是一场空前的精英大赛；从技术角度来说，却甚是无聊。

在NBA问世6年后，篮球这项运动得到很大发展。NBA比赛将球迷不断吸引到球场里来，NBA与电视台的合作也日渐稳定，职业篮球在北美体育文化中日益根深蒂固。球场上，技术不断演化，原地双手投篮逐渐让位于更有效的跳投，而像库西这样的球员不断创造着令人兴奋的动作，让观众如痴如狂。

但那时，比赛后期的犯规已经成了一个令人头疼的问题。随着球队拖延、控球不放，有时纯粹是抱球不撒手，使篮球运动变得有些无聊了。

这个问题在1950年11月22日这一天更加凸显。当时是韦恩堡活塞队对战乔治·麦肯所在的明尼阿波利斯湖人队，湖人队正在试图赢得其在1949年至1954年间五个冠军中的第二个。活塞队想出了一个策略，尽量不让球进入三秒区，不让球靠近身高2.08米的麦肯。这是观众观看的最无聊的比赛之一，即使当时活塞队与湖人队的最终比分为19：18。

其实，"球迷们很讨厌这样的打法，"湖人队的控球后卫斯雷特·马丁回忆说，"他们'嘘嘘'起哄，过一会儿又无奈地放弃，开始看起了报纸。"当比赛结束时，球迷们把报纸扔到球场，并要求退票。

事实上，还有很多类似的比赛，尽管没有出现如此戏剧化的场面。例如，1954年3月20日，波士顿队对阵纽约队，这场比赛进行了全国性的电视转播——这是NBA一次重要的宣传机会。比赛持续了三个多小时，两支球队互相交替着犯规。第四节比赛进行了45分钟，在此期间很多观众关掉了电视机，电视台甚至在比赛结束前就停止了转播。

起初，控球不作为及由此造成的犯规行为没有受到限制。这有些类似冰球场上的

鲍勃·库西展示他非凡的运球技术。

情形，而冰球又是一项对大多数NBA老板而言有深厚情结的运动。裁判被鼓励忽略比赛后期的犯规，球员们会为了控球而互相扭打。这虽然符合天性，但影响了比赛。更糟糕的是，这让球迷们大失所望。

不破不立啊！

20世纪50年代上半期，篮球比赛的许多规则进行了调整，但并没有能够真正解决比赛中遇到的难题。

锡拉丘兹国民队的老板丹尼·比亚索内是推进广泛变革的"急先锋"。比亚索内曾经是一个橄榄球迷，他在家乡锡拉丘兹经营保龄球馆时赚了一笔钱，于是在对篮球运动还不太了解的情况下就拥有了一支NBA球队。他不墨守成规，而且他的见解被证明十分具有价值。

在活塞队对战湖人队最终得分为19∶18的比赛后，比亚索内主张对控球时间做出限制。他想，美式橄榄球有"四次进攻机会"，棒球有"三振出局"，那么篮球为什么不能效仿呢？

在1954年NBA的夏季会议上，比亚索内提出24秒的投球时限。为什么是24秒呢？"我看了我喜欢的那些比赛的成绩表，"比亚索内解释道，"那些没有纠缠在一起或故意拖延的比赛……我注意到每支球队大约会投篮60次。这意味着每场比赛大致有120次投篮。所以我用48分钟（一整场比赛的时长）除以120次投篮，结果得出每次投篮正好需要24秒。"

他的数学一定很棒。虽然数十年来，篮球运动经历了重大变革，但NBA从未偏离24秒的投球时限。正如锡拉丘兹国民队球星多尔夫·谢伊斯所说："丹尼·比亚索内简直就是篮球界的威尔伯·莱特（莱特兄弟开创了有动力飞行的先河）。"

比亚索内在锡拉丘兹的高中母校举行了一场示范比赛，NBA球员谢伊斯和其他当地优秀球员一起参加了比赛。最初，球员们每次都会在控球7至8秒后强行投篮。

但很快他们就适应了快节奏的打法，同时球队有足够的时间运用各种战术，而又不会导致比赛僵持。

24秒投球时限所带来的效果立竿见影，在一定程度上改变了游戏的玩法。突然间，球队被激励去积极投篮。在1953—1954赛季，也就是投球时限计时器安装前的最后一个赛季，各球队平均每场得分79分。在1954—1955赛季，各球队平均得分跃升至93分。到20世纪50年代末，各球队平均得分上升至115分，而库西所在的凯尔特人队平均每场得分124分，在联盟中排名第一。

投球时限计时器造就了一个更加光芒四射的明星库西。绰号为"硬木胡迪尼"的库西凭借其神奇的控球能力，将表演元素带入了NBA比赛。

库西是法国移民的儿子，当他在纽约皇后区上高中时，就在当地大名鼎鼎，在波士顿以西的马萨诸塞州获得了城市联赛冠军和圣十字学院奖学金。他在大学里就成了闻名全国的明星。在高年级赛季中，他带领圣十字学院队连续26场获胜；1950—1951赛季，库西场均贡献15.6分、6.9个篮板球和4.9次助攻，他作为新秀脱颖而出，被当地人们视为英雄。

作为一个天赋异禀的得分手和传球手，库西的控球能力强是他最大的特点。他擅长交替双手，让球在双腿之间弹跳，就像用麻线包着球一样，他的背后运球技能更是让人觉得不可思议。在NBA，没有一个球员能和他高超的控球技艺相媲美，哈林队的明星马奎斯·海尼斯和古斯·塔图姆可能算得上他仅有的对手。

从1952—1953赛季开始，库西连续8个赛季在NBA的助攻榜上拔得头筹。随着投球时限新规的出台，比赛节奏加快，库西的能力也日益显现。他可谓杰里·韦斯特、"魔术师"约翰逊、史蒂夫·纳什及后来出现的篮球明星们的先驱。24秒投球时限新规所鼓励的快节奏风格，成为波士顿凯尔特人队获得成功的关键，随之他们超越了湖人队，铸就了在NBA的强大王朝。

库西是联盟中最具有吸引力的球员之一，其年薪2万美元，也是当时联盟中收入最高的球员。与麦肯相比，身高约1.85米的库西并不出众，但他的球风颇有艺术观赏性。

1956年，美国《体育画报》的一篇文章写道："库西是职业篮球赛中最吸引眼球的人物，几乎单枪匹马地将联盟带到了一个前所未有的高度。"

库西的球风并不影响他的球队获胜。到1956年，当凯尔特人队引入一位名叫比尔·拉塞尔的中锋时，凯尔特人队已经建立了一个相当强大的阵容，比尔·沙曼、汤姆·海因索恩、K.C.琼斯和弗兰克·拉姆西等赫然在列。由库西等成员所带来的快速突破，使凯尔特人队成为NBA球队中的佼佼者。

库西为座无虚席的波士顿花园球馆观众带来很多欢乐，他可以做到不看球边跑边传，他奇迹般地投篮命中，他帮助拉塞尔在三秒区展露光芒，他们能获得一个又一个冠军奖杯让球迷们惊叹不已。

作为篮球名人堂成员，库西纵横赛场的每一年都在不断地续写着他的传奇——每次只需24秒。

库西创纪录之夜

在凯尔特人队与锡拉丘兹国民队那次四场加时赛的决战中，库西竭尽全力不让锡拉丘兹国民队拿到球。他在背后运球，佯装传球，在球场上不停奔跑，而国民队球员只能满场追逐库西。但大多数时候都是库西控球，然后稳稳投球。"抢先一步，把球控死。"他说。国民队的球员们不断对他犯规——他们只有这一招可以使用啊！于是，库西一次又一次获得罚球机会。当比赛结束的哨声吹响时，他创下了高达32次的罚球纪录，其中罚中30个球，获得50分，凯尔特人队最终获胜。

在1954年波士顿花园球馆的一场比赛中，鲍勃·库西给迪克·麦克奎尔制造了一次犯规。

1955
谢伊斯和"城市游戏"

1954年，NBA总决赛的特点是风格的碰撞。一边是明尼阿波利斯湖人队，他们像许多来自中西部的球队一样，玩着一场克制的游戏，他们在比赛中循规蹈矩，在不断重复的打法中寻找战机；另一边是锡拉丘兹国民队，他们玩的是"城市游戏"，一种诞生于纽约混凝土上的具有自由风格的游戏。

国民队是NBA最初的球队之一，其以拥有联盟最狂热的球迷群体为傲，领军人物是多尔夫·谢伊斯，他在连续12个赛季中获得了得分和篮板球排名前10的光荣战绩。国民队那种令人眼花缭乱、传切上篮的玩法，对谢伊斯来说是再熟悉不过了。

谢伊斯在美国纽约市的布朗区长大。20世纪20年代初，远在纽约市的运动场上还看不到篮球比赛之前，篮球就已经在下东区的犹太社区中心玩儿开了。篮球运动是在欧洲出生的犹太移民孩子们的不二选择。

"他们没法玩儿橄榄球，也没有棒球场，"在布鲁克林区长大的奥尔巴赫解释道，"能玩儿的只有篮球。"

很快，该地区的顶尖大学团队，如纽约大学（谢伊斯的母校）队，都以犹太球员为主力阵容，包括1950年美国大学生篮球联赛（NCAA）的冠军纽约社区学院队。这些球员参加了一些最早的职业联赛。

1938年，著名的体育记者保罗·加利科声称，犹太人痴迷于篮球，是因为"这项运动强调敏锐的意识、机智的头脑、娴熟的技艺"。

NBA的犹太根基无可否认。它的首任总裁莫里斯·波多洛夫是犹太人，奥尔巴赫等NBA早期杰出人物也是犹太人。费城勇士队的前身就是代表南部费城希伯来协会的犹太人球队，后来才更名为勇士队，再后来转到了加利福尼亚州，这是后话。

当NBA在1946年11月开展第一场多伦多哈士奇队和纽约尼克斯队之间的比赛时，尼克斯队的5名首发球员中有4名是犹太人。"在匹兹堡比赛时，我们来到赛场上，我听到他们在唱：'东区，西区，我们是来自纽约的犹太人。'"尼克斯队的创始队员纳特·米利托克后来回忆道。

当谢伊斯离开纽约大学的时候，尼克斯队看中了这位擅长三秒区攻防、身高2.03米的球员，并给他准备好了合约。然而，北部的国民队看到了谢伊斯具有发挥巨大作用的潜力，许诺其年薪7000美元。这样，谢伊斯在1948—1949赛季加入了国民队。

一开始，谢伊斯就被认为是球队中速度最慢的球员之一，但他用持续不断的强力冲击弥补了脚下速度的不足。"他会让你疲于应付。"全明星乔治·亚德里说。快速传球、频繁切入篮下及不断地跑动是谢伊斯从小玩到大的城市游戏的标志性打法。谢伊斯把这种"城市游戏"的打法带到了NBA，让对手感觉精疲力竭。

那时候仍然是低效率立定投篮的时代，所以谢伊斯职业生涯中38.0%的投篮命中率，以当今的标准来看不算什么，但他在当时可谓出类拔萃。要知道，他常常在距篮筐7.6米之外投球。后来，那些和谢伊斯同场竞技的球员，会拿他的威猛无比与拉里·伯德进行比较。谢伊斯在1954年季后赛中折断投篮手的手腕后，打着石膏，换用左手打球。

谢伊斯成为第一个职业生涯得分达到15,000分的NBA球员，并且是国民队每个赛季的头号得分手。谢伊斯所在国民队的其他队员也都是强将。1954年，国民队选中了中锋约翰尼·科尔，弥补了其在对阵湖人队时的不足。在后场，乔治·金是抢球高手，而前锋厄尔·洛依德也让对手很难对付。球队的教练艾尔·科威被队员们戏称为"街霸"，而队员们也表现出了他所教授的顽强拼搏精神。

不过，国民队最大的优势是他们的主场观众十分给力。

国民队的球迷们可不文雅，他们对待比赛就像在斗兽场上呼唤狮子。当球员之间发生争执时，球迷们会冲进球场。对方球员经常会被看台上扔出的饮料淋得像落汤鸡。为了自身的安全，客队队员们不得不在比赛期间坐在更衣室里，而教练为了换人，不得不在球场和更衣室之间来回忙活。这样的场景总是让人望而生畏。

1954年，国民队在总决赛第七场比赛中输给了麦肯所在的湖人队。第二年，在麦肯退役之后，国民队又回到了总决赛，对手是韦恩堡活塞队。对一个仍在寻求建立更大球迷基础的联盟来说，国民队和活塞队之间的比赛并没有真正帮助NBA进入主流社会，但它产生了一个决定最终胜负的NBA总决赛。

第七场比赛在锡拉丘兹举行，谢伊斯在第四节比赛中帮助国民队卷土重来。活塞队的中锋拉里·福斯特身高2.08米，是麦肯退役后NBA中的头号大个子，他在与新秀科尔的对阵中表现得极其出色，独得24分。

距离全场比赛结束还有10秒，国民队以92：91领先，全场的目光都集中在福斯特身上。只见活塞队后卫安迪·菲利浦将球运到了底角，在他还没来得及将球传出去且终场哨音即将响起时，国民队的抢球高手乔治·金把球抢断了。国民队获得自麦肯退役后的第一个冠军。

对谢伊斯来说，这是他职业生涯中唯一的冠军头衔。他于1964年退役。在他的职业岁月中，他是NBA的最佳球员、第二位最佳得分手、第三位最佳篮板球手。1996年，他被评为NBA 50大巨星之一。

国民队赢得冠军，标志着NBA短暂的麦肯时代开始终结。在此之后的不到两年，比尔·拉塞尔和凯尔特人队将赢得他们王朝的第一个冠军。NBA从此脱胎换骨。

在1958年的一场比赛中，多尔夫·谢伊斯向比尔·拉塞尔发起进攻。

昔日赛场英雄

保罗·阿里金：10次入选全明星球员。他推进了跳投的普及，从他的第二个赛季开始即带领着NBA向更高的得分迈进。

鲍勃·佩蒂特：被称为来自"巴吞鲁日（路易斯安那州）的投弹手"，效力于圣路易斯老鹰队，期间11次成为全明星球员，两次获得最有价值球员（MVP）。

哈里·盖拉汀：这位纽约尼克斯队的前锋，是尼克斯队锋线上一位极具杀伤力的篮板球手和出色战将。

鲍勃·戴维斯：被认为是将背后运球这项技能带入NBA球场的人，也是罗切斯特皇家队一名活力四射的后卫。

乔·福尔克斯：联盟中最有潜力的得分手之一，在BAA的前三个赛季比赛中，为费城队场均贡献23分。

1957
拉塞尔王朝

比尔·拉塞尔并不是一名篮球运动员

一天,比尔·拉塞尔和波士顿凯尔特人队的队友约翰·哈夫利切克外出时,有人走到拉塞尔面前,仰头问他是不是篮球运动员。

"不是。"拉塞尔一边迈着大步一边回答。

哈夫利切克问他:"你为什么总说自己不是篮球运动员呢?"

"哈夫利切克,"拉塞尔回答,"那只是我的工作,但并不代表那就是我。"

比尔·拉塞尔正是缺失的那块拼图

在加入NBA的前10个赛季,凯尔特人队的表现令人兴奋。控球后卫鲍勃·库西给球迷们带来很多欢乐,教练奥尔巴赫的进攻策略在当时十分超前,但是凯尔特人队从来没有赢过,仅两次晋级季后赛第一轮。1956年夏天,奥尔巴赫提出需要一名新的中锋,这样既能保护篮下、抢夺篮板球,又能发起快攻。

拉塞尔,即将到来的顶尖大学选手,就是十分合适的人选。在1956年选秀之前,奥尔巴赫策划了一场交易,用两位未来的篮球名人堂成员——中锋埃德·麦考利和前锋克里夫·哈根与圣路易斯老鹰队换取拉塞尔。奥尔巴赫告诉这位22岁的中锋,得分或者任何其他的数据都没有意义,他唯一关注的是结果。奥尔巴赫在向球队灌输他的理念,对拉塞尔来说,至关重要的是取得比赛的胜利。

1934年2月12日,拉塞尔出生在路易斯安那州的门罗市。他在实施种族隔离的南方长大,一生都受到种族歧视的影响,即使在他童年时随家人搬到旧金山,境况仍没有得到改善。在他12岁时,他的母亲去世了。母亲教会他要对白人邻居保持警惕,要懂得为自己而战。

在大学里,拉塞尔是旧金山大学队中为数不多的非洲裔美国球员之一。在俄克拉荷马城的一场比赛中,球迷在热身赛时向他投掷硬币。他捡起地上的硬币扔到场外,然后开始向那天晚上的对手发起猛烈进攻。他的球队以绝对优势获胜,拉塞尔觉得自己为自己争了气。

"在职业生涯的早期我就想得很明白,唯一真正重要的事情就是努力赢得每一场比赛,"拉塞尔解释道,"如果我打胜了,那就是一个历史事实,没有人能从我这里夺走它。"

拉塞尔带领旧金山大学队取得了60场连胜,两次获得全国冠军,并被评为年度最佳大学生球员。他随后于11月在澳大利亚墨尔本举行的1956年奥运会上,又为美国夺得金牌,为此他在凯尔特人队的首次亮相被推迟到12月22日。

尽管拉塞尔错过了他新秀之前所有的集训,并且在第一场比赛中作为替补出场,打得十分谨慎,但仍然为波士顿花园球馆吸引到本赛季最多的观众。凯尔特人队的球迷们渴望亲眼看到这位身高2.06米的新秀,尽管他们中的许多人并不赞成将他选入队的那场交易。"我认为他们还没有准备好接受一位黑人运动员,"拉塞尔的队友汤姆·海因索恩说,"更不用说一位对他们所知甚少的篮球运动带来变革的世界级黑人球员。"

教练并不在乎拉塞尔的肤色。奥尔巴赫在纽约在鲁克林区威廉斯堡附近长大,并在华盛顿特区开始了他的教练生涯,他本身也是一名出色的大学生运动员。奥尔巴赫是一名犹太裔美国人,他的父亲是从俄罗斯移民到美国的。在1950年的选秀中,他选中了NBA历史上第一位非洲裔美国球员查

1964年12月12日，比尔·拉塞尔获得他在NBA赛场上的第10000分，主教练阿诺德·奥尔巴赫上前祝贺。

克·库珀，并且在1964年，他排出NBA历史上第一个全部由黑人球员组成的首发阵容。

在拉塞尔效力凯尔特人队的首场比赛中，他跳起盖帽破坏了对方的一个投球。裁判判拉塞尔干扰球违例，奥尔巴赫则十分激烈地对这一评判表示不满并因此该队又被判了一次技术犯规。拉塞尔看到一位教练愿意为他而战，因此他也愿意为他的教练而战。

作为一名新秀，拉塞尔在每场比赛中平均夺得19.4个篮板球，在联盟中保持着领先优势。他很快成为快节奏的凯尔特人队的中心人物，全明星球员库西和比尔·沙曼在后场，新秀海因索恩和前锋吉姆·洛斯蒂科夫控制两翼，这就是凯尔特人队的明星阵容。

在季后赛横扫锡拉丘兹国民队后，凯尔特人队在七场系列赛中对阵1955—1956赛季常规赛最有价值球员（MVP）鲍勃·佩蒂特率领的圣路易斯老鹰队。第七场比赛进行了两场加时赛，海因索恩拿下37分，拉塞尔抢下32个篮板球，并在终场哨声吹响前以一次盖帽避免了比赛结果的反转。

在拉塞尔职业生涯余下的时间里，他的球队从未输过一场关键的比赛。

比尔·拉塞尔是一位先锋

进入NBA第二个赛季，拉塞尔作为联盟主要防守力量的地位已毋庸置疑。在11月对阵费城队的比赛中，他创下了49个篮板球的纪录，但真正让他与众不同的是他的盖帽。

"在拉塞尔进入联盟之前，球员们从来不去盖帽。"奥尔巴赫说。拉塞尔是比赛中威风凛凛的球员，无疑也是最佳球员之一。他是全场跑动最快、跳得最高的球员，并且可以突然间持球转身策应。在黑白画面中，他的身影经常变得模糊不清，因为那时的摄影技术难以捕捉到运动中的拉塞尔。

那时候库西仍然是凯尔特人队十分受欢迎的球员，球迷们不需要点拨就会为一个耀眼的白人球员欢呼、喝彩，但是拉塞尔让他们不知所措。对不习惯从防守端衡量成功的观众来说，拉塞尔的优势不太明显。为了让拉塞尔得到认可，奥尔巴赫不断对媒体热情地赞扬拉塞尔如何以各种方式加强了凯尔特人队的防守。

凯尔特人队开始依赖拉塞尔的盖帽。"有一场比赛,我连续7次盖帽,"拉塞尔回忆道,"当我们最终拿到球时,我请求暂停,并说,'这种打法必须停止。'"

拉塞尔是一个理智的防守者,他总是有目的地向队友的方向盖帽。那时候NBA对盖帽并没有进行记录,但很多人都估计他在各场比赛中的平均盖帽次数是两位数,这无疑给对手造成强大的心理威慑;仅因为拉塞尔在篮筐四周的威慑力量,就改变了很多球队在对阵凯尔特人队时的投篮方式。这一点并没有真实的统计数据。

1958年,圣路易斯老鹰队以4∶2击败波士顿凯尔特人队,获得总冠军,但凯尔特人队又返回到1959年的总决赛赛场上,与埃尔金·贝勒和明尼阿波利斯湖人队(洛杉矶湖人队的前身)对决。凯尔特人队势如破竹。"他从心理上击败了我们,"湖人队教练约翰·库达尔在赛后这样评价拉塞尔,"湖人队场上5名球员都认为拉塞尔在每场比赛中都在对自己进行盖帽。"

在拉塞尔有力防守的背后是一个强大的凯尔特人团队,其中有萨姆·琼斯、汤姆·桑德斯和哈夫利切克等新球员的加盟。从拉塞尔1956—1957的新秀赛季到1964—1965赛季,凯尔特人队都排名第一。拉塞尔在这段时间里获得5次最有价值球员,其中1961年至1963年连续获得3次。凯尔特人队在1959年至1966年连续8次获得冠军。

在1966年总决赛中击败湖人队后,奥尔巴赫辞去主教练职务,转到管理部门,拉塞尔被任命为凯尔特人队的球员兼教练。拉塞尔成为职业体育运动领域中首位非洲裔美国教练。

比尔·拉塞尔"独立寒秋"

拉塞尔是凯尔特人队的核心,但他始终与波士顿球迷和媒体保持着冰冷的关系。

波士顿是一个自由的东北小镇——"美国的雅典",但从拉塞尔在这个城市的最早日子开始,他就暴露在种族主义的攻击之中。拉塞尔是一个自尊、骄傲、聪明、直言不讳的黑人,他敏锐地意识到自己具有驰骋在球场上的巨大能量,这给了他一种自信。海因索恩通过观察说:"在我们的社会中,有许多白人从来没有接触过这样有想法的黑人。"

同样的一批球迷,他们会崇拜库西,却对拉塞尔大声辱骂。拉塞尔在马萨诸塞州的白人社区雷丁购买了一栋房子,在他和家人住进去不久,就有当地人闯入他的家中。他们肆意毁坏拉塞尔的奖杯,在墙上涂抹粪便,甚至在他的床上便溺。

拉塞尔从来不回应发生在自己身上的恶劣行为。"他不想让那些偏执分子知道他们伤害了他。"海因索恩说。但从那以后,拉塞尔明确表示,他只是为凯尔特人队效力,而不是为波士顿这座城市效力。他变得沉默寡言,把自己与比赛之外的圈子隔绝起来。用他自己的话说:"我不带有个人色彩。"他拒绝签名,避开媒体。当他的6号球衣要被高挂在波士顿花园球馆的穹顶上时,拉塞尔只允许举办没有球迷在场的私人仪式。

"我对公众没有任何亏欠。"拉塞尔说。

比尔·拉塞尔是一名活动家

随着美国民权运动的发展,拉塞尔成了那个时代最直言不讳、最具社会知名度的非洲裔美国名人之一。

1963年,当美国全国有色人种协进会(NAACP)领导人梅德加·埃弗斯在密西西比州杰克逊城被暗杀时,拉塞尔接受邀请前往杰克逊城,在那里举办了一场旨在平息种族紧张局势的活动。1967年,一批美国顶尖黑人运动员在俄亥俄州克利夫兰市集会,支持拳王穆罕默德·阿里拒绝赴越南参战,拉塞尔同样表示支持。在标志性的新闻发布会上,他就坐在阿里旁边。

1975年,拉塞尔成为入选篮球名人堂的第一位黑人球员。他拒绝接受为此颁发给他的金戒指,声称还有其他黑人球员(如查克·库珀)应该比他更先获得这样的荣誉。直到2019年库珀最终入选篮球名人堂,拉塞尔才在一个非正式仪式上接受了那枚金戒指。

比尔·拉塞尔是一位领导者

"超级巨星有两种类型,"唐·尼尔森说(尼尔森是拉塞尔在凯尔特人队时的队友,也是NBA有史以来最伟大的常胜教练之一),"一种以场上诸人的众星捧月来成就个人的荣耀,另一种让身边的每个球员都成就更好的自己。"

这里的"另一种巨星",大家都认为非拉塞尔莫属。

他赋能他的队友发挥出自身的优势,同时会针对队友的弱点进行弥补和救场。这也是在威尔特·张伯伦创造出光彩夺目的进攻战绩的时代,拉塞尔却在一个赛季中场均得分从未超过19分的原因之一。他的职业生涯场均贡献15.1分、22.5个篮板球和4.3次助攻,这些数据生动地讲述了这位以球队为先的球员的故事。

拉塞尔以身作则,率先垂范。即使在球场上长期奔跑对他的膝盖造成了严重的损害,他依旧是比赛中最强劲的对手之一。在1966—1967赛季,也是他身兼球员和教练的第一个赛季,他带着脚伤(后来确认是脚骨折)上场比赛,不过最后凯尔特人队没能赢得冠军。在接下来的赛季,他们又回到了胜利的道路上,获得了两次冠军,宿将拉塞尔分分秒秒都与他的球队战斗在一起。

比尔·拉塞尔是赢家

如果说胜利是衡量伟大的终极标准,那么拉塞尔绝对是有史以来最伟大的球员之一。

1969年,凯尔特人队在艰苦的七场系列赛中击败张伯伦和洛杉矶湖人队后,拉塞尔退役了。他没有告诉球队,而是通过《体育画报》的封面故事宣布这个决定,题目叫作《我和篮球告别了》。当奥尔巴赫看到这个报道时,他打电话给拉塞尔说:"嘿,你可以卖给他们另外一个故事,题目可以叫作《为什么我会改弦更张》。"

总而言之,拉塞尔在13个赛季中赢得了11次总冠军,这在职业篮球运动中非常了不起。这是历史事实,谁也不能从他身上夺走。

1963年4月24日,凯尔特人队在洛杉矶击败湖人队,连续5次夺冠,赛后比尔·拉塞尔拥抱了鲍勃·库西。

1961
贝勒勇夺 71 分

在勒布朗·詹姆斯横空出世之前，在有"飞人"迈克尔·乔丹之前，有"天行者"大卫·汤普森和"J博士"朱利叶斯·欧文。而在他们所有人出现之前，就已经有"贝勒爷"埃尔金·贝勒了。

这位NBA最早的高空飞人重新定义了篮球比赛的打法。他把飞人动作引入了一项受制于地心引力的运动中。

这里并不是说贝勒能从地上起飞、在空中滑行，一直到达篮筐，而是说他巧妙地利用自己的弹跳能力创造了史无前例的得分机会。

贝勒全盛时期的视频片段并不多，因此一代又一代的NBA球迷和追随者们并没有机会欣赏到他在20世纪60年代控制球场并将比赛推向"天空"的神奇打法。但如果你能找到贝勒比赛的录像带，你就会看到他是如何闪电般冲向篮筐，在空中跳跃，等待对方防守队员做出反应，惊叹他接着会如何控球，扭转他的身体，从篮筐的一边弹跳到另一边，让篮球进行多向旋转，以掌控它离开篮板并穿过球网。

贝勒可以说是NBA十分伟大的人物。在他的新秀赛季，他带领湖人队进入了总决赛，之后他与杰里·韦斯特搭档，七度率领湖人队攻入总决赛。但可惜的是，贝勒每次都功亏一篑，七次总决赛都输给拉塞尔所在的凯尔特人队。

贝勒是他那个时代最伟大的得分手之一。在1960—1961和1962—1963赛季期间，他平均每场得分超过35分，其中在1961—1962赛季场均贡献38.3分，但他从未获得过得分手。他的职业生涯平均每场得分27.36分，在NBA历史上排名第三，仅次于乔丹（30.12分）和张伯伦（30.07分）。

1960年，贝勒在一场对阵纽约尼克斯队的比赛中夺得71分，创下了单场比赛最高分纪录。但在两个赛季之后，张伯伦以100分的战绩刷新了这一纪录，将贝勒的风采遮挡住了，使贝勒的豪举成为历史的"垫脚石"。贝勒似乎生不逢时啊。

1964年3月18日，洛杉矶，埃尔金·贝勒在与费城76人队的比赛中以自身独特的方式突破上篮。

1958年秋天，贝勒随明尼阿波利斯湖人队进驻第一个集训营。从第一天起，他就占据了主导地位，找到了在大学时代的那种感觉。在西雅图大学，被人们称为"兔子"的贝勒动如脱兔，带领红鹰队打入了美国大学生篮球联赛（NCAA）总决赛。不出大家所料，贝勒是1958年NBA选秀中的状元，这使他成为第一位非洲裔美国人选秀状元。

作为一名球员，贝勒很有潜质：身高1.96米；有与他那个时代大多数前锋相匹敌的强壮身材；拥有一身"蛮牛之力"，激情澎湃，让他势不可当；还拥有超乎寻常的滞空能力。

正是卓越的滞空能力让贝勒从众多球员中脱颖而出，他的打法令人难以捉摸。

"他善于利用空间……就像在篮球场上跳芭蕾，"朱利叶斯·欧文说（欧文是观看贝勒比赛的录像带成长起来的），"这为年轻球员们打开视野提供了帮助，尤其是我，也喜欢尝试这种玩法。"

在身体上，贝勒会出现一阵痉挛，不过这只会在球场上出现，导致他的头轻微颤动。这会让防守队员放松戒备。他这是故意装出来的吗？贝勒自己知道这种情况吗？防守队员于是带着种种疑虑试图接近这位"飞人"。在贝勒职业生涯的后期，他去咨询了医生，医生将其判定为神经痉挛。

贝勒被评为1958—1959赛季的最有价值球员（MVP）和年度最佳新秀。他成为湖人队的核心。因此，在1959年夏天，当贝勒在他的第二个赛季前被军队征募参加基础训练时，湖人队把他们的训练营索性迁到了贝勒所在的得克萨斯州圣安东尼奥陆军基地。

当他的队友还待在他们自己的营房里时，行进的士兵们会把他们从昨夜的派对中惊醒——贝勒一早就开始参加军事训练了，直到晚上士兵们的队伍解散时，他再加入湖人队与队友一道进行训练。

贝勒的军务迫使他错过了湖人队所有的季前表演赛，但是在那个赛季的第一场常规赛中，湖人队战胜了活塞队，贝勒一人独得52分。"我坐在那里，完全被惊呆了，"贝勒的队友鲁迪·拉鲁索说，"我一直想不明白，他几乎没有参加训练，怎么还能够得52分！"

1960年11月15日，在麦迪逊广场花园球馆，湖人队在季前赛中对阵尼克斯队。这场比赛就像一场典型的贝勒式表演。他不断跑动，从球场任何地方跳投，略过中线抢夺任何一个没有投中的篮板球。"每一次投篮都令人叹为观止，"尼克斯队前锋约翰尼·格林回忆道，"贝勒这样一位让人感到不可思议的球员，他投出的每一个球，无论怎样妙不可言，都不会让人觉得奇怪。"

早在一年前，他就在对阵波士顿凯尔特人队的比赛中独得64分，创造了NBA单场比赛得分的最高纪录。在本场比赛第四节快结束时，他又创下了一个全新的纪录：71分。对了，他还抢到了25个篮板球！

和顶尖中锋们的习惯一样，贝勒总是去抓住篮板，然后把球投进篮筐。他将篮球智慧和他的身体天赋融合起来，把进攻篮板变成一种技术，故意把球从远处扔向篮板，然后冲向反弹回来的球，抓住、投中，而这时候对方的防守队员往往还没有回过神来。"我不知道为什么今天大家都不采用这种打法了。"他说。

就在1960—1961赛季之前，湖人队从明尼阿波利斯搬到了洛杉矶。各大媒体在报道这则新闻时，同时称贝勒为"世界上最好的篮球运动员"。

贝勒与新秀杰里·韦斯特一道挑起重任，吸引西海岸球迷加入年轻的NBA阵营。两个人坐在卡车后面，拿着麦克风，在洛

职业生涯场均得分

1.	迈克尔·乔丹	30.12 分
2.	威尔特·张伯伦	30.07 分
3.	埃尔金·贝勒	27.36 分
4.	勒布朗·詹姆斯	27.10 分
5.	杰里·韦斯特	**27.03 分**

杉矶的大街小巷来回穿梭，恳求当地人前来观看湖人队的比赛。

随着贝勒吸引到越来越多的球迷，他的团队确立了自己在西部的地位，洛杉矶湖人队成为波士顿凯尔特人队的完美对手，湖人队也因此声名显赫。在洛杉矶，贝勒为这座星光之城的其他大名鼎鼎的球员铺平了道路，如约翰逊、贾巴尔、沙奎尔·奥尼尔、科比·布莱恩特、勒布朗等。

在1961—1962赛季，贝勒重返军队服役，被派驻在西雅图的一个基地。无论湖人队在哪座城市打球，他都会拿着周末通行证到那里与湖人队汇合，再乘坐夜间航班赶回西雅图，以不耽误周一早上的点名。在这个特别的赛季，他参赛48场，参赛场次比这个赛季比赛场次的一半稍多一些，贝勒单场比赛平均得分超过38分，每场平均夺得18个篮板球。

人们从退役球员步履蹒跚的样子很容易就能认出他们——即便并不瘸跛，但也很像。这是每位篮球运动员无休止地在运动场上来回蹦跳所付出的代价。贝勒总是跑在队伍前面，所以身体上的不适比大多数球员都要来得更早。

就在1965年季后赛首场比赛进行了5分钟时，30岁的贝勒遭受了严重的膝伤。在此之前，他至少已经忍受膝伤一年之久，但这次的损伤是很严重的：队友们听到"砰"的一声，那是贝勒左膝的断裂声，膝盖的顶部已经与膝盖骨的其余部分脱离，他只得离开赛场。在康复过程中，经历了几次挫折后，贝勒感到万分沮丧。"我承认，我也许再也没有机会打球了。"他说。

但出人意料的是，1965年10月，随着新赛季的哨声响起，他又回到了湖人队的首发阵容中。

但最终，他的膝盖问题更加严重了。虽然继续征战让他感到十分骄傲，但每一次跑跳都让他万分痛苦。在1971—1972赛季打了9场比赛之后，贝勒突然宣布退役。那时的贝勒年仅37岁。造化弄人，虽然有8次进入总决赛，但他从未赢得一次冠军。

不是因为不拼。在1962年的总决赛中，湖人队对决凯尔特人队，被两人或三人夹击防守的贝勒依然命中61分，创下季后赛最高得分纪录，一直到1986年才由迈克尔·乔丹以63分刷新这项纪录，但乔丹是在两场加时赛得分的情况下才超过他的。

戏剧性的是，湖人队在1972年获得了总冠军，不过贝勒的英名早已彪炳史册。2018年，湖人队在其主场——洛杉矶市中

1970年4月24日，在麦迪逊广场花园球馆进行的一场比赛中，戴夫·德布斯切尔和埃尔金·贝勒相撞。

心的斯台普斯中心举办了贝勒雕像揭幕仪式。这一举动有些姗姗来迟，所有湖人队的杰出球员都出席了这一仪式，向这位湖人王国最初的"拓荒者"致敬。

仪式上，韦斯特充满激情地讲述了贝勒作为一名领袖的优雅风度，以及贝勒"帝王般"的气势；科比谈到贝勒传授给他的所有经验和教训；奥尼尔告诫后辈们要好好下功夫，仔细研究那些保存在录像带中为数不多的上一代偶像们的打法。

"你做到了朱利叶斯·欧文、迈克尔·乔丹、科比和我都做不到的一些事情，""魔术师"约翰逊对贝勒说，"我也努力了，但我做不到像你那样在空中滞留那么久。"

1960年3月在费城，威尔特·张伯伦高高越过波士顿凯尔特人队防守队员霸气投篮。

1962
张伯伦传奇

传说，在亚利桑那州的荒野中，威尔特·张伯伦（被球迷称为"篮球皇帝""张大帅"）曾被一只美洲狮偷袭，这位NBA球星抓住美洲狮的尾巴，把它扔进了附近的灌木丛。后来，尼克斯队的一名队员回忆说，张伯伦的肩膀上确实有巨大的抓痕。

在高手云集的比赛中，没有人比威尔特·张伯伦更璀璨夺目。远在他的职业生涯结束之前，他的功绩就已经被传为神话。他是个举足轻重的人物，甚至超越了篮球本身。张伯伦堪称NBA的传奇人物。体育记者们描述他们第一次亲眼见到张伯伦，就像人们第一次抬头凝望纽约市的天际线一样。

在NBA的14个赛季中，张伯伦不断创造纪录，并且不断刷新自己的纪录。在那段时间里，他取得了空前绝后的战绩。在他之后，迈克尔·乔丹在职业生涯中创下了令人震惊的31次50分豪举；而张伯伦在一个赛季里就拿下45次！

"张伯伦是世界上最杰出的运动员之一，"费城76人队前主教练亚历克斯·汉努姆说，"我说的是历史上。"然而，张伯伦从来没有像他的同辈巨星一样获得过同样的溢美之词。"我对这项运动来说太高大了，可是我天生如此。"他曾经说过。当你像张伯伦一样身高惊人、技术高超时，人们认为你就应该出类拔萃，而当你取得无与伦比的成绩时，人们只会期待你做得更好。

在一次聚会上，张伯伦挑战美国职业橄榄球大联盟（NFL）传奇后卫吉姆·布朗，他们在草坪上赛跑，结果张伯伦赢了。布朗要求再来一次，结果张伯伦又赢了。

在费城长大的张伯伦总是背负着他人的期盼。他身材高大，无论尝试什么运动，他都能做出出类拔萃。费城是一个篮球城，没过多久他就主导了当地的高中巡回赛。他身高2.16米，体重125千克，却能以10.9秒跑完100米，并且能弹跳1.27米高，他可以拍击篮筐最顶部来展示自己的弹跳力。

后来，报纸称这位少年神童为"高晓"。他讨厌这个绰号，因为这个绰号让他听起来像个怪胎。他更喜欢"北斗星"这个绰号，这是他的朋友们看他低头进出门的姿势给他起的。很快，因为他的标志性扣篮，他有了"大北斗星"的绰号。张伯伦会站在篮筐旁，屈身起跳，迅猛挥动手臂扣篮。

16岁时，张伯伦受聘于宾夕法尼亚州的职业联赛，平均每场比赛得分超过40分；17岁时，他在贵格镇费斯队的季后赛中平均每场拿到74分。为回避美国大学生篮球联赛（NCAA）的参赛资格问题，张伯伦化名乔治·马库斯参加比赛。张伯伦后来承认了作假。"我一直为这样做感到着耻，"他说，"我感到着耻不是因为参加了比赛，而是因为屈服于NCAA的弄虚作假，而没有反抗它。"

在进入堪萨斯大学的第一场比赛中，张伯伦夺得52分和31个篮板球。在田径赛场上，他同样光彩夺目，铅球、跳高和400米赛跑都是他经常参加的项目。张伯伦连续三年斩获八大联盟赛的跳高冠军，他以1.98米的成绩刷新了跳高纪录。长大后，他最初想成为一名十项全能运动员，但是报酬很不理想。在NBA，他成为第一个签下10万美元合约的球员。

在1959—1960赛季，张伯伦被评为最有价值球员（MVP）。在他的新秀年，

在1962年3月2日的一场比赛中，威尔特·张伯伦豪取100分。赛后，他举着100分的标志留影。这场比赛，费城勇士队以169:147击败了纽约尼克斯队。

他就在联盟中居于领先地位,创下场均得分37.6分、27.0个篮板球的纪录。接下来的一个赛季,两项纪录均被他刷新。在他的第三个赛季,他场均得分50分,有史以来还没有哪位球员场均得分能超过37分。1962年3月2日,在宾夕法尼亚州好时镇举行的一场比赛中,当时这位"篮球皇帝"创下了100分的纪录,可惜那场比赛没有留下任何录像片段。

对球迷们来说,100分是不敢想象的,但对张伯伦而言势在必得。在同一个赛季中,他已经分别获得过78分和73分的战绩,在他此前的三场比赛中,均已超过60分。

在那场比赛中,尼克斯队新秀中锋达雷尔·伊姆霍夫束手无策,很快被罚出场。张伯伦打满全场48分钟,就在距离终场时间还剩下46秒钟时,张伯伦投球获得了100分,这时,比赛被叫停。

张伯伦以63:52超过了他的队友。"我说,是63个进球吗?"张伯伦说,"你在场上投中那么多球,恐怕没人愿意与你搭伴了。"

两天后,在麦迪逊广场花园球馆的复赛中,张伯伦想再次尝试豪取100分,但伊姆霍夫和尼克斯队其他成员严防死守,将他限制在了58分。伊姆霍夫因此受到了观众们长时间起立鼓掌。

张伯伦说他能仰卧举重272千克。在电影《毁灭者柯南》的拍摄过程中,张伯伦做了一个77千克重的三头肌弯举,这让搭档阿诺德·施瓦辛格惊叹不已。这个动作施瓦辛格最多能达到50千克。

张伯伦赢得了联盟中最强悍球员的声誉。他简直就是超人。他的手掌能握住一个16磅(约7.26千克)的保龄球。他能把一个队友从地板上拎起来。他是首批接受举重训练的NBA球员之一。他说:"我比其他人更有力量,那是因为我努力让自己变得更有力量。"

随着NBA生涯的发展,张伯伦曾经细长的身材变得日益强壮,肌肉日益发达,体重达到136.08千克至140.61千克。

张伯伦渴望证明自己不只拥有一副强健的身体,他不断淡化自己的体型优势。张伯伦常常跃起轻拍队友的投球使球入筐,鉴于他这种"不公平"的能力,联盟取缔了进攻干扰球。对此,张伯伦很高兴,他因此可以展示自己的全面才能。他发明了在三秒区灵活转身投篮的新打法。评论家们认为这样柔和了许多,说明张伯伦在尽力避免身体接触。

当听到有媒体评论自己是"自私的得分手"时,张伯伦怒火中烧。为了证明事实并非如此,在1967—1968赛季,张伯伦在助攻方面居于NBA的领先位置,他是唯一可以做到这一点的中锋。

据说曾经有一次,张伯伦猛力扣篮,导致篮球砸伤了约翰尼·科尔的脚趾。科尔假装绊倒,以掩饰尴尬的伤势。

张伯伦在他的前七个赛季中,都是NBA的头号得分手。1965年,他从勇士队(第三个赛季后搬到了旧金山)被交易到费城76人队。他回到费城的消息连续几周占据新闻头版。

张伯伦从此加入他所效力过的最有灵气的球队。教练亚历克斯·汉努姆要求他调整打法,以配合那些后来进入篮球名人堂的队友,如哈尔·格里尔、切特·沃克和比利·坎宁安。自此,张伯伦减少投球得分,更多地向队友传球。

1967年,费城76人队获得冠军,这是张伯伦职业生涯中的首个冠军。在年复一年的季后赛中输给比尔·拉塞尔所在的凯尔特人队之后,张伯伦所在的球队在第二轮比赛中以4:1击败了凯尔特人队,然后在旧金山以4:2击败了他的前球队。张伯伦在总决赛中场均贡献17.7分,外加28.5个篮板球和近7次助攻。

当《体育画报》的一篇报道断言刚刚年满30岁的张伯伦再也不会夺得更高的分数时,张伯伦在接下来的三场比赛中分别获得了68分、47分和53分。"随着时间的推移,我的得分开始下降,这恰恰是因为我想这样做,"张伯伦说,"如果球队需要,那么我投进50分至60分不成问题。"

他将自己的注意力转移到传球上来。在1968年2月对阵底特律活塞队的比赛中,他贡献了21次助攻,这是单场比赛中中锋助攻次数最多的一次。除此之外,他还获得23分,抢下25个篮板球。

虽然直到1973年,盖帽才被正式跟踪和记录,但据说张伯伦在通往冠军的路上,已经在季后赛中获得了4次四双。在1968年3月的一场比赛中,他拿下53分、32个篮板球、14次助攻、24次盖帽和11次抢断。在对阵活塞队的一场比赛中,统计显示他有26次盖帽。

张伯伦还差点和拳王穆罕默德·阿里进行一场拳击赛。两人一起出现在电视屏幕上,张伯伦的身高和伸展优势充分展示了出来。有传言说,最终因担心比赛出现尴尬场面而终止了比赛。

1968年在与洛杉矶湖人队签约后,张伯伦(已经是他那一代最著名且最被认可的运动员之一)加入了一个群英荟萃的强大阵容,其中包括杰里·韦斯特、埃尔金·贝勒和盖尔·古德里奇。直到30多岁,张伯伦一直是联盟中的头号篮板手,并两次打入总决赛。

张伯伦,这位NBA历史上的头号得分手,于1973年退役。但他最自豪的壮举可能是,在历经1205场比赛后,他从未在任何一场NBA比赛中被罚出场。"要做到这一点,"他说,"你不仅要身强体壮,更要

张伯伦的战绩

- 单场比赛独得100分;
- 单个赛季场均得分50.4分;
- 单个赛季最高得分4029分(1961—1962赛季);
- 单场比赛得分超过50分的次数最多(118次,乔丹以31次排名第二);
- 单场比赛得分超过60分的场数最多(32场);
- 新秀赛季场均得分37.6分;
- 职业生涯场均夺得22.9个篮板球;
- 在连续227场比赛中拿到两双(1964—1967赛季);
- 同一赛季包揽篮板王和助攻王(1967—1968赛季)。

1967年3月10日，在美国广播公司（ABC）设在纽约的一个电视演播室里，威尔特·张伯伦向世界重量级拳击冠军穆罕默德·阿里伸出长长的手臂。

单场比赛最高得分纪录

1. 威尔特·张伯伦　　100分（1962年）
2. 科比·布莱恩特　　81分（2006年）
3. 威尔特·张伯伦　　78分（1961年）
4. 大卫·汤普森　　　73分（1978年）
   威尔特·张伯伦　　73分（1962年）
   威尔特·张伯伦　　73分（1962年）

头脑清醒。"

退役之后，张伯伦还一直在打球，40多岁的他继续在比赛中一路领先。有一年夏天，他与"魔术师"约翰逊在加利福尼亚大学洛杉矶分校的校园中对阵。当时对方所有的顶级球员都上场了，而张伯伦阻挡住了对方的每一次投篮。在他50岁的时候，新泽西篮网队和克利夫兰骑士队仍然争先恐后地想签下他。

张伯伦于1973年出版的自传《威尔特：就像其他住在隔壁身高2.16米的黑人百万富翁一样》，畅销热卖。

随着岁月流逝，张伯伦有时会出现在电视上推广他的新书，或者不可避免地哀叹伟人迟暮，"我不可能仅凭自己的块头，"张伯伦说，"我比'大块头'做得更多。"

他说话像是心有怨气。是啊，他仍在与那些批评他的人理论。当他得高分时，他们说他得分太高；而当他不再追求高分时，那些人又说他得分欠佳。

"张伯伦喜欢开宽大的轿车，有很多朋友，而且非常固执己见，"张伯伦的前队友艾尔·阿特尔斯说，"这让媒体中那些'资深人士'很不满。"

张伯伦追求完美和极致，人们对于他毁誉参半。"他是如此优秀，以至于无论他做什么，人们都不满意。"比尔·沃尔顿说。这就是为什么他在场均得分50分的那一年的最有价值球员投票中仅获得第二名，而且被贴上"自私的教练杀手"的标签，尽管他为汉努姆和费城76人队调整了自己的打法；这也是为什么他虽然获得了两届冠军，还是被人们不断与拉塞尔进行比较，并且不认为他是个胜利者。

正如张伯伦自己所说："那些都是失败者们的废话。""大北斗星"总是纠结自己的身份，渴望书写出自己的故事。他是一位巨人，他以自己的防守技术为荣；他是一位年轻的黑人，他是尼克松的坚定支持者；他是一位公众人物，却喜欢独处。

张伯伦参与设计了他位于洛杉矶顶级富人区贝莱尔、占地一万多平方米的豪宅"大熊星座"。直到今天，这仍是一个世界闻名的建筑奇迹。按下一个按钮，其卧室的天花板就会缩回去，他就可以通过望远镜欣赏星空。大多数夜晚，"大北斗星"望着星空入睡。

张伯伦于63岁去世，此前曾长期与心脏疾病博弈。"他忙得不可开交，"他的妹妹芭芭拉说，"我一点也不惊讶他的心脏会不堪重负。"他的离世，令人震惊。"'大北斗星'太强大了，"他的朋友，哈林队传奇人物梅多拉克·莱蒙说，"我们都以为他会很长寿。"张伯伦不是经常被认为"比生活更博大"吗？

张伯伦没有孩子，他是美国著名的"钻石王老五"，他和他的两只猫齐普和扎普幸福地住在那所大房子里。他把自己90%以上的财产留给了慈善机构。

张伯伦留下了一个无法复制的职业生涯。14年来，他获得了7个得分王，9个投篮冠军，11个篮板王和4次常规赛最有价值球员。关于张伯伦的每个故事和每项统计数据都好得令人难以置信，而且都十分令人震撼。当谈到他得100分的那场比赛时，张伯伦曾经说过这样的话："这么高的成绩已经成为一个传说，几乎就是传说中的巨人保罗·班扬复生。能成为传奇的一部分，感觉真好。"

1970年1月26日，奥斯卡·罗伯特森在密苏里州堪萨斯城与芝加哥公牛队的比赛中远距离投篮得分。

1962
"大O"其人

NBA历史上有过无数的招牌动作，但是篮板王屈指可数。

奥斯卡·罗伯特森就是其中之一。这位控球后卫会跃起并摆开他那健壮的腿，在握球的同时在半空中劈叉。这既是其运动才能的展示，也是其空间掌控能力的体现。

然而，除了篮板球，表演技巧从来都不是罗伯特森比赛的一部分。他投球精准、传球稳健，引导他的球队进行十分有效的比赛。"扣篮、背后捣鬼等都不那么磊落大气。"他说。

罗伯特森的打球方式并无特殊之处，但他的战绩出类拔萃。

"他的杰出在于他的简单明了。"杰里·韦斯特说。

真正让他与众不同的是篮板球：罗伯特森在NBA历史上场均助攻数排名第四。在NBA球员中，他场均得分排名第十，还没有哪一个后卫的场均得分超过绰号为"大O"的罗伯特森。

在他的前三个赛季中，罗伯特森平均每场夺得11个篮板球，是NBA中排名前十的篮板手。他身高1.96米，在NBA的球员名单上他的个子并不算高，但是与其他控球后卫相比，他算是个大个子。抛开体型的因素，他拥有敏捷控球手所拥有的技巧和灵动。正如比尔·沙曼所说："罗伯特森个子虽高，却像个小个子一样动作神速。"

可以这么说，罗伯特森是他那个时代最全能的球员。

1961—1962赛季很好地说明了这一点。23岁的罗伯特森成为第一个在单赛季中场均得分（30.8分）、篮板球（12.5个）和助攻（11.4次）均达到两位数的球员。几十年之后，才有人完成同样的壮举。这也是罗伯特森被称为"三双先生"的缘由。

罗伯特森出生于印第安纳波利斯，他和他的家人在洛克菲尔德花园贫民窟中长大。他高中时期就是一位明星，在1955年和1956年带领克里斯珀斯·阿塔克斯高中队连续获得州冠军，这是第一支全部由非洲裔美国人组成的球队赢得这项殊荣。赛后，当球员们回到印第安纳波利斯时，市政府特意调整了游行路线以避开白人社区。

罗伯特森是辛辛那提大学的首位黑人球员。他进入辛辛那提大学是因为该大学的商业项目允许他在获得学位的同时为当地企业效力。在大学期间，他成为美国大学生篮球联赛（NCAA）历史上第一位连续三年在全国比赛中得分最高的球员。

虽然罗伯特森战绩骄人，但在辛辛那提大学期间，他还是受到了来自"三K"党的威胁。在休斯敦的一场比赛前，球队抵达酒店后才发现那里不允许黑人入住。最后，经过协商球队还是住在了那里，而罗伯特森在附近的一所大学找了一间宿舍。

大家都说罗伯特森脾气暴躁，对队友、教练、裁判及球迷都不客气。

临近毕业时，罗伯特森被哈林队招入麾下。哈林队作为杰出非洲裔美国球员的灯塔，对他颇有诱惑力。"学校几步之遥的地方有咖啡馆和电影院，但不欢迎我，"罗伯特森说，"我当然愿意与哈林队为伍。"

但当辛辛那提皇家队在1960年首轮选秀中选中他并向他提供一份为期三年、价值10万美元的合约时，他选择加盟NBA。

罗伯特森从一开始就十分夺目。首次亮相，他就获得21分、12个篮板球和10次助攻的骄人战绩，那一夜注定是个无眠之夜。1961年，他被评为年度最佳新秀，以场均得分30.5分的成绩名列联盟第三，同时在NBA全明星赛上获得最有价值球员（MVP）荣誉。

没过多久，罗伯特森就创造了历史。在他的第二个赛季，他创造了场均三双的壮举。

罗伯特森有条不紊地对自己精雕细琢，他不屈不挠，渴望站到NBA的制高点。他特别喜欢在与威尔特·张伯伦的对决中投篮得分。那个赛季在对阵费城勇士队的第一场比赛中，罗伯特森夺得赛季新高的49分和22个篮板球。

他站在一代新星的前沿，加快步伐，引领了全面进攻的热潮。在5年的时间里，他每场比赛的平均得分飙升了近20分。在罗伯特森取得三双的1961—1962赛季，球队场均得分118.8分，创造了NBA历史上的最高纪录。不过，罗伯特森当年场均30.8分，与杰里·韦斯特并列联盟第四，远远落后于张伯伦（场均50.4分）。

罗伯特森的全能型打法意味着一种自我牺牲，因为他并不总是刻意要求自己将球投入篮筐。他在场上挥汗如雨，帮助辛辛那提皇家队创下自1953—1954赛季以来单赛季超过500分的纪录。无论是通过自己的发挥还是精湛的技巧，他都在比赛过程中帮助队友变得更优秀。他的传球使皇家队中锋韦恩·恩布里成为全明星；在1961—1962赛季，恩布里的场均得分上升了5分以上，达到近20分。

"他对球场的控制沉着冷静，就像权威的交响乐指挥一样。"纽约尼克斯队前锋比尔·布拉德利这样描述罗伯特森对球队的影响。

但仅凭罗伯特森个人，并不能帮助皇家队夺得冠军。辛辛那提皇家队在1962年的第一轮比赛中就失利了。在罗伯特森效力皇家队的10个赛季中，只有两次闯入第二轮比赛。他把自己的挫折感发泄到周围的人身上，希望他们能按照他那不容易达到的高标准来表现。

"罗伯特森远远超越了我们这些普通人，"恩布里说，"我们永远无法企及他的高度。"罗伯特森继续着他的出色发挥。1964年，他被评为联盟最有价值球员，助攻上在联盟中力拔头筹。这样的佳绩在他的职业生涯中共有7次之多。

到1970年，罗伯特森已经对效力于辛辛那提皇家队感到厌倦，而辛辛那提皇家队也已经厌倦了这位"坏脾气"的大明星。总经理乔·阿克塞尔森决定将他交易到巴尔的摩子弹队，但罗伯特森否决了这笔交易，随后出现了为期两周的对峙。

4月21日，罗伯特森接受了与密尔沃基雄鹿队的交易。32岁的罗伯特森同意为密尔沃基雄鹿队的天才中锋卡里姆·阿布杜尔·贾巴尔担任配角，这是他职业生涯中第一次做出这样的让步。他的场均得分因此下降到19.4分，这是他第一次低于20分，但他仍然成绩斐然。次年1月底，他取得了本赛季第一个三双战绩。这样的战绩在该赛季共有4次。

更重要的是，他和贾巴尔很快结成NBA的最佳双人组合。雄鹿队在1971年一路杀入总决赛，并在四场比赛中横扫子弹队。

"这是我第一次喝香槟，"赛后，罗伯特森在更衣室里说，"味道好极了。"

在接下来的几年里，他坚持认为他历史性的三双赛季"被吹得不合情理"。

"重要的是一个运动员全力以赴，"罗伯特森说，"得分并不是最重要的。"但有时他也不禁为榜上的成绩心动，罗伯特森说："我希望我能像现在的球员一样，完全放开来打。""要是能看到我本应不断提升的成绩，该多好啊！"

职业生涯三双排行

1. 拉塞尔·威斯布鲁克　　185次
2. 奥斯卡·罗伯特森　　　181次
3. 埃尔文·约翰逊　　　　138次
4. 贾森·基德　　　　　　107次
5. 勒布朗·詹姆斯　　　　99次
6. 威尔特·张伯伦　　　　78次
7. 詹姆斯·哈登　　　　　60次
8. 拉里·伯德　　　　　　59次
9. 尼古拉·约基奇　　　　57次
10. 拉斐特·利弗　　　　　43次

1970年11月28日，奥斯卡·罗伯特森在麦迪逊广场花园球馆对阵纽约尼克斯队。

第一回合

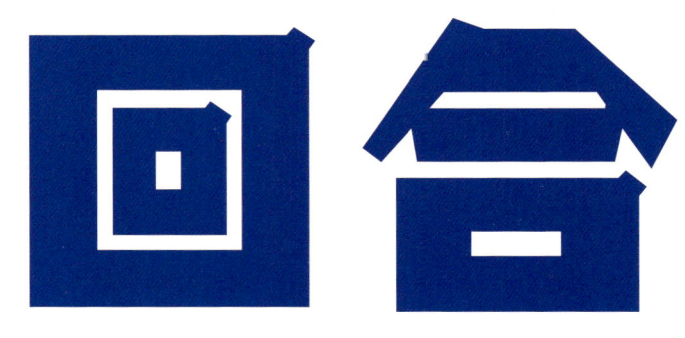

凯尔特人队对阵湖人队

竞争对手是通过旷日持久的对抗形成的，最强的竞争需要时间来发酵。NBA 中竞争最激烈的两支球队——波士顿凯尔特人队和洛杉矶湖人队，已经争夺篮球霸权超过 60 年。

最大的竞争关乎最大的利益。这两支球队创下了 12 次 NBA 冠军争夺赛的纪录，并 5 次打过季后赛七场四胜制的最后一场。

不过，在这两支竞争激烈的球队中，有一个明显的输家。凯尔特人队赢了湖人队 9 次。

虽然湖人队和凯尔特人队竞争激烈，但两支球队成就了彼此，湖人队和凯尔特人队一共获得 34 次 NBA 总冠军。凯尔特人队和湖人队各赢得 17 次总冠军，并列第一。

凯尔特人队和湖人队的竞争穿越了整个 NBA 历史，一以贯之。

1959 年，两支球队第一次在总决赛中相遇，当时湖人队还在明尼阿波利斯打球。湖人队已经有 5 年时间无缘总决赛了，不过其初露锋芒的新秀前锋埃尔金·贝勒，他已经成为 NBA 最好的球员之一，以场均 24.5 分的得分在球队中独占鳌头。尽管如此，湖人队仍然不是以鲍勃·库西、比尔·拉塞尔领军的凯尔特人队的对手。1957 年，凯尔特人队在第七场比赛的两场加时赛中击败了圣路易斯老鹰队，赢得了他们的第一个总冠军。事实证明，1959 年的湖人队还不是横扫系列赛的"战斗机"凯尔特人队的对手。

两支球队真正的较量开始于 1962 年的总决赛。彼时，凯尔特人队王朝风头渐进，刚刚获得三连冠。与此同时，湖人队搬到了洛杉矶。这下，媒体有故事可讲了，其把两支球队的竞争演绎成了坚韧不拔的"东北汉子"与魅力十足的"好莱坞明星"之间的角逐。

湖人队增加了韦斯特，他和贝勒一起组成了 NBA 最有潜力的得分组合。他们与前锋鲁迪·拉鲁索和后卫弗兰克·塞尔维一起入选当年西部赛区全明星队。凯尔特人队也有自己的 4 个全明星王牌：拉塞尔、库西、汤姆·海因索恩和萨姆·琼斯。

"我们知道我们的对手很强，"贝勒说，"但我们总感觉有胜算。"

拉塞尔及凯尔特人队对自己的防守能力十分有把握，因此并没有将湖人队的一众球星放在眼里。在第三场比赛中，韦斯特从萨姆·琼斯手中抢断，投篮命中，终场哨声响起，湖人队赢得了比赛；在第五场比赛中，贝勒精彩发挥，创造了总决赛中的最高得分纪录（61 分）。

湖人队对飙凯尔特人队，将比赛打到了第七场，地点是波士顿花园球馆。比赛激烈进行，双方比分一直胶着、持续追平。当还剩 5 秒时，湖人队的控球后卫"飞车手"罗德·亨德利想要把球传给韦斯特，但是韦斯特被对手死死夹住，所以亨德利把球传给了弗兰克·塞尔维，塞尔维迅速在距离篮筐 5.5 米的地方跳投。球"哐啷"一声弹筐而出，拉塞尔封盖篮板。比赛进入加时赛，凯尔特人队最终以 110 : 107 获胜，韦斯特得到 35 分，贝勒得到 41 分，而拉塞尔夺得 40 个篮板球。

"可怜的弗兰克，"库西回忆道，"我真为那些伙计感到难过。"

几年之后，韦斯特也说："我一直在想，如果弗兰克投球成功，历史的进程就会有那么一点儿改变了。"

韦斯特和湖人队多么希望是这样啊。湖人队在接下来的六个赛季中有四次与凯尔特人队在总决赛中狭路相逢，但每次都铩羽而归。

1963年，系列赛决定性的第六场比赛成了鲍勃·库西的欢送仪式，使他最终以冠军的身份光荣退役。

1965年，凯尔特人队历经与威尔特·张伯伦所在的费城76人队艰难的七场系列赛后就要打进总决赛了。在系列赛中，凯尔特人队的球员约翰·哈夫利切克立了一项大功。在凯尔特人队领先2分的情况下，拉塞尔从底线掷出篮板球，但球击中了支撑篮板的一根线，被判对方底线发球。当比赛剩下最后5秒钟时，哈夫利切克临危不乱，精准地判断出对方发球球员的传球路线，及时将球传给了队友，让对方痛失最后的得分机会，而NBA历史上的经典解说"哈夫利切克截下了球"也流传至今。

1969年，比尔·拉塞尔在NBA总决赛中运球强攻。

与费城76人队的系列赛结束后，凯尔特人队已经筋疲力尽，但他们还是在接下来的短短5场比赛中击败了湖人队。这两支球队一直在不断加强力量，用冠军水准的球员壮大其球星队伍。对于凯尔特人队，哈夫利切克的加入大大加强了以K.C.琼斯、韦恩·恩布里和拜利·霍维尔为主的阵容。

1965年，凯尔特人队签下了唐·尼尔

森，他在湖人队度过了两个无关痛痒的赛季后被放走，部分原因是他的篮板球表现不佳。拉塞尔在尼尔森加入凯尔特人队的第一次训练之后把他拉到一边，告诉他再也不用担心篮板球了。拉塞尔总是让自己的队友变得更好，他承诺弥补尼尔森的弱点。拉塞尔说，尼尔森是个很好的投手，他希望他的新队友能将自己的优点充分发挥出来。

在洛杉矶这一边，阿尔奇·克拉克和盖尔·古德里奇给后场增添了活力，而"大个子"梅尔·康茨和前锋汤姆·霍金斯进一步沉到对方底线。在1968年的总决赛中又一次败给凯尔特人队之后，湖人队引入了强大的增援力量，那就是威尔特·张伯伦。

张伯伦的加入不但让湖人队得到了堪与他人匹敌的"三巨头"，而且将NBA白热化的个人竞技带到了最重要的阶段。

对拉塞尔和张伯伦来说，他们最好的时光已经过去，但他们仍然是改变游戏规则的天才。1968—1969赛季是拉塞尔的最后一个赛季，而因为有了与张伯伦的对决，更使其非同一般。

第一场比赛湖人队获胜，韦斯特独得53分，但是拉塞尔的队友又一次在关键时刻表现出色。在第四场比赛中，萨姆·琼斯在比赛结束的哨声响起时跳投得分，将大比分追平。就像在这10年中已经发生过3次的情形一样，双方的系列赛进入了七场四胜制的第七场。

最后的角逐首次被选择在洛杉矶举行。当湖人队刚迁到洛杉矶时，球迷们对其热情并不高，但现在，尤其是在张伯伦穿上湖人队的紫金色球衣之后，球迷们对湖人队几近狂热。球队老板杰克·肯特·库克看到了这个千载难逢的机会。

他下令在球馆穹顶上挂满气球，并安排在看台的每个座位上放置小册子——一张宣布当晚表演顺序的海报。上面写着，一旦湖人队夺冠，南加利福尼亚大学的行进乐队将演奏《快乐的日子又来了》，随即气球临空飞舞，紧接着对贝勒、韦斯特和张伯伦进行现场采访。

似乎凯尔特人队更希望让比赛成为拉塞尔夺冠的欢送会，就像其为库西所做的那样，果不其然。凯尔特人队开局爆发占据领先优势，并在比赛的大部分时间里牢牢掌握场上的主动权。张伯伦因有伤不能上场，但湖人队在韦斯特的精彩表现带动下斗志昂扬，结果在第四节比赛中以30∶17领先凯尔特人队，而韦斯特也即将斩获单场比赛42分的高分。

此时，湖人队把对手的领先优势缩小到了仅1分。哈夫利切克把球传出，球在罚球线附近落到了尼尔森手中。尼尔森毫不犹豫地跃起跳投，球击中了篮筐的后部，直接弹到篮板上方，然后缓缓地掉进球网中。凯尔特人队保持住领先优势，再次打败湖人队。在与湖人队的6次对决中，凯尔特人队以6∶0完胜。

在凯尔特人队和湖人队的冠军争夺战中，总共有12名球员脱颖而出进入篮球名人堂。这两支球队虽是名副其实的对手，但并非宿怨很深。说它们彼此有恶感，那太偏颇了吧？这可能取决于你问的对象。

"我从来不记得对湖人队有过真正的敌意，这种敌意倒是可能存在于对东部的其他球队。"库西说。

然而，韦斯特说："我讨厌绿色（凯尔特人的球衣为绿色）很久了。我不想再穿任何绿色的衣服了。"

随着拉塞尔的退役，这两支球队的竞争告一段落。球迷们需要15年的时间才能等来这两支球队的再次对决，不过这种等待是值得的。

在1968年的NBA总决赛中，杰里·韦斯特控球。

紧急迫降

湖人队和凯尔特人队的对抗差一点儿就不会发生，因为湖人队险些全军覆没。1960年1月18日，当时的明尼阿波利斯湖人队，在一场比赛之后乘坐球队的小型包机从圣路易斯飞回家乡，飞机上有球员和所有的工作人员。飞机在一场暴风雪中迷路并耗尽燃料，不得不紧急迫降在艾奥瓦州卡洛尔的一片玉米地里。仿佛奇迹一般，没有一人受伤。

1964 NBA 罢赛风波

"告诉鲍勃·肖特，让他'见鬼'去吧！"埃尔金·贝勒在波士顿花园球馆的更衣室里大声喊道。

那是一月份下雪的一天，也就是1964年全明星赛之前，局势紧张到了极点。随着联盟顶尖人才宣布退赛，各个球队的老板都出现在现场，而NBA迄今为止最多的观众在等着收看电视直播。很多人都感到危机四伏，因为人人涉身其中。

在凯尔特人队的更衣室里，挤满了未来的传奇人物，其中有13位篮球名人堂成员，包括贝勒、比尔·拉塞尔、奥斯卡·罗伯特森、杰里·韦斯特、威尔特·张伯伦、哈尔·格里尔、汤姆·海因索恩等。

波士顿凯尔特人队的老板沃尔特·布朗，于1964年全明星赛前会见球员汤姆·海因索恩。

灯光和摄像机已经就位，全明星赛准备在美国各地转播，那天晚上NBA准备迎接一个崭新的时代。但是球员工会和老板之间发生了争端,并且尚未得到解决。

此时,距比赛开场只剩下15分钟,球员们却拒绝上场。

过去十年来,球员和他们的雇主——球队老板之间的关系十分紧张。1954年,凯尔特人队球星鲍勃·库西发起倡议,在和各支球队的顶级球员商讨后,一个球员工会成立了,主要帮助球员在与老板的谈判中发出集体的声音。

球员们为基本的员工权利而战,但是联盟和它的老板们对这个新崛起的工会不理不睬。时任总裁沃尔特·肯尼迪对任何有意义的讨论总是一拖再拖。

库西并不喜欢做这样的事情,光是各种文书工作就令他苦不堪言。他很快把杂务交给队友海因索恩。海因索恩惊讶地发现,NBA老板们对球员们毫不重视。他回忆起在肯尼迪办公室的会见,说肯尼迪邀请他们的律师上楼谈话,而居然让球员们在大厅里等候。

海因索恩在这个角色上比库西积极、活跃得多,他得到了哈佛大学法学院毕业生拉里·弗莱舍的帮助,共同处理与联盟之间的争端。弗莱舍从1962年开始负责球员工会的工作,他认识到老板和球员之间存在着巨大的差距。这些球员平均收入为年薪7500美元,包括大牌球星在内,几乎所有人都会在暑期打工。他们既没有工作保障,也缺乏应有的尊重。"那是篮球的石器时代。"韦斯特说。

老板们签下球员,让球员效力自己所经营的球队,认为能让他们打比赛挣钱养家糊口已经相当不错了,他们的去留并非那么重要。

弗莱舍特别注意到老板们对黑人球员的态度。他听到拉塞尔、莱尼·威尔肯斯这样的球员对劳工状况的看法如此深刻且全面周到,简直视他们为未来的参议员。而老板们只把球员们看作奔跑、跳跃的美元符号,仅此而已。

但是时代在改变,随着民权运动的蓬勃发展,杰出的非洲裔美国人及其他成员,开始有勇气站起来发声。1964年的全明星赛让他们得到了一个发声的平台。

比赛将通过美国广播公司(ABC)向全国观众直播。NBA与ABC达成了一项非公开的协议,即如果收视率不错,ABC就可以在下一个赛季转播更多的比赛。球员和老板们都心知肚明,这种曝光可以将NBA推向一个新的阶段,赋予它像美国职业橄榄球大联盟(NFL)这样的合法性和知名度。此时的NFL已经在电视上站稳了脚跟。

几十年后证明,转播权是把NBA转变成一个10亿美元级别企业的最大推手。但是在1964年,仅仅在电视上观看全明星赛就已经是联盟的一大壮举。NBA的球队虽群星荟萃,但并未进入美国体育文化的主流。

还有几个月的时间,拉塞尔就会与凯尔特人队一道摘得他的第六个冠军,但他一路夺冠,并没有博得如雷贯耳的名声;贝勒正在改变着这项运动,但只有区区几千名观众前来观看湖人队的比赛。

电视传播的影响力有目共睹。整个赛季,球员工会都在和联盟沟通。在一系列谈判失败后,球员们大多数表示支持拉塞尔,暗示将抵制全明星赛。

比赛开场的哨声就要吹响,但双方并没有取得任何进展。如果运动员要罢赛,那么现在正是好时机,谁知道他们还要多久才能再次等到这样千载难逢的机会呢?但是更衣室里的球员们产生了分歧。

一方面,拉塞尔、威尔肯斯和海因索恩坚持认为,在他们的要求未得到满足之前,任何球员都不应上场;另一方面,像威尔特·张伯伦这样的球员想要先在镜头前打球,再去解决问题。

为此,球员们进行了简单的投票,最后以11票对9票的微弱优势,决定罢赛。这样,球员们就留在了更衣室。弗莱舍在更衣室和老板套房之间来回跑动,一边传达球员们的要求,一边传回老板们的反馈信息。

在随后的几年里,球员们与老板们围绕收入均衡争论不休,又用了好几个月才基本达成对收益利润的五五分成方式。球员们为自由转队及任何其他领域的员工所享有的自由而战。

但当下,球员们的要求要简单得多。他们就想要一份养老金,因为在篮球这样的职业中,一点儿小伤就有可能影响他们的生计;他们希望有全职培训师来帮助维护他们的健康;他们希望NBA限制无休止的、令人筋疲力尽的表演赛和那种连续不断的连场比赛。

预定的开赛时间到了,又过了。球场上仍然空无一人。

面对现场及电视机前的观众,老板们感到尴尬而愤怒。湖人队老板鲍勃·肖特一度试图强行冲入更衣室,但被保安拦住了。在门口,他斥责了在球场上十分受人尊敬的贝勒和韦斯特。他威胁说,除非他们马上出场,否则他再也不要他们打球了。而这一举动让球员们罢赛的信念更坚定了。

密尔沃基雄鹿队中锋韦恩·恩布里回忆道:"我当时吓得要命。"他目睹着谈判的进行,对自己的未来十分担忧。但弗莱舍给球员们吃了定心丸,他回到更衣室告诉球员们,他们拿着一手好牌。

与此同时,ABC的高管们怒不可遏。他们要求联盟20分钟之内必须开始比赛,否则ABC马上与NBA断绝所有业务往来。事实证明,这才是球队老板们"需要"的刺激啊。

总裁肯尼迪来到更衣室,告诉球员们他们赢了,官方会认可球员工会,所有球员的要求都可以得到满足。最重要的是,球员工会将有资格参加联盟内部所有事情的讨论和决定。

在波士顿花园球馆或打开电视收看ABC实况转播的球迷们对发生的这一切一无所知,怔是电视传播推动了这场联盟内部的革命。

1964年1月15日,在波士顿花园球馆举行的NBA全明星赛上,杰里·卢卡斯投篮,威尔特·张伯伦出手盖帽。

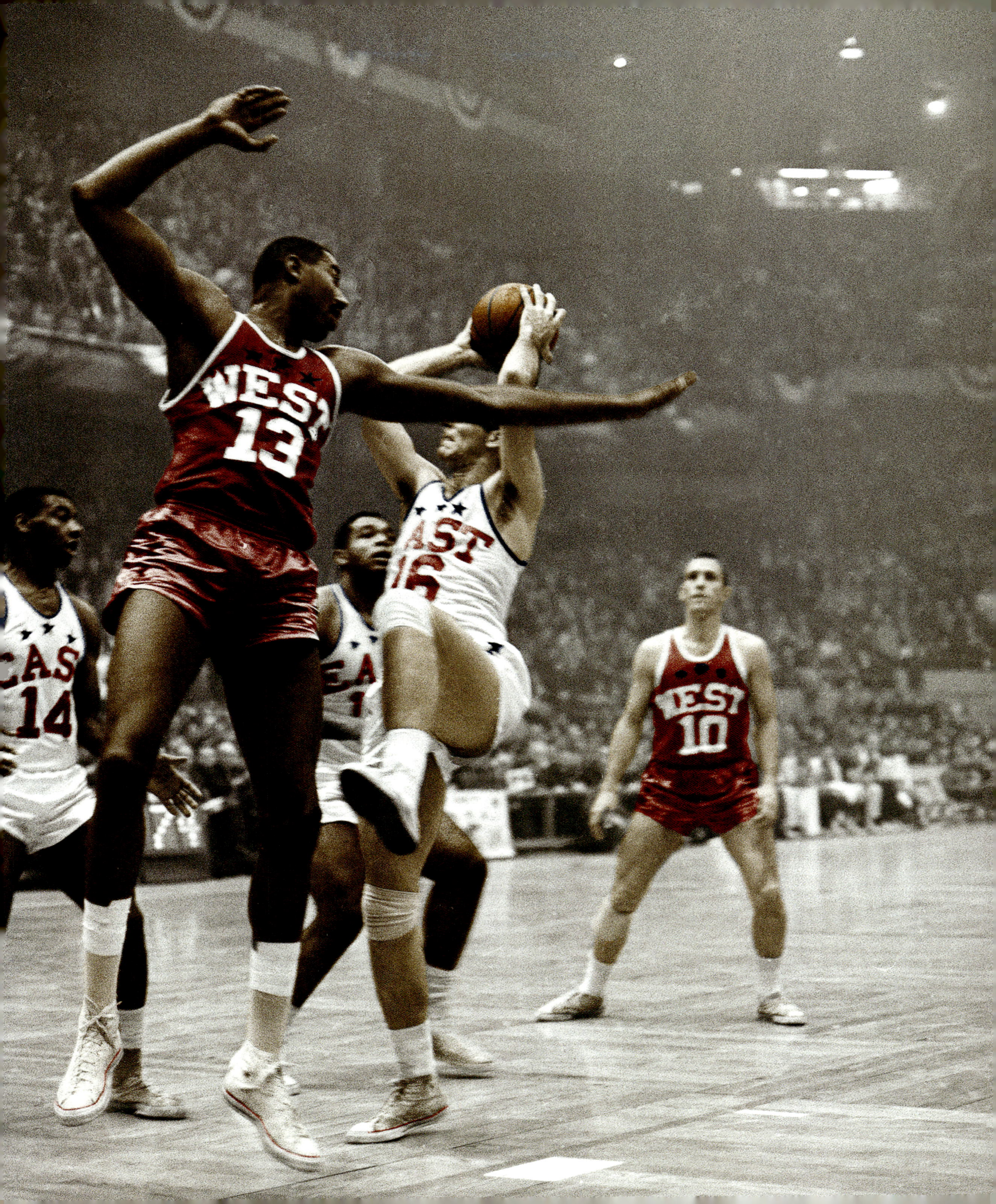
WEST
13
AST
16
CAS
14
WEST
10

1967
流星般璀璨的 ABA

想象一下：假如没有扣篮、三分球、时尚运球及各种令人赞叹的特技所构成的精彩瞬间，假如没有将篮球与其他运动区分开来的自由表演，那么 NBA 会是怎样的呢？

再想象一下：一个 ABA（美国篮球协会）从未存在过的世界！

ABA 令人印象最深的是其使用的由红色、白色和蓝色组成的彩色球。ABA 不仅改变了篮球运动的外观，还重新定义了这项运动的玩法和明星们的市场推广方式。虽然 ABA 的寿命只有 9 年，但令人"眼花缭乱"的 ABA 永远改变了篮球运动。

当然，当 ABA 在 1967 年问世时，谁都不知道接下来会发生什么。

彼时，NBA 还处于相对起步阶段，不过只有 21 年的历史，还不得不回避像美国篮球联赛（ABL）这样新崛起的竞争对手，但 ABL 只延续了一个赛季。

体育推广人丹尼斯·墨菲没有被 ABL 的失败吓倒，他试图建立一个竞争联盟，最终目标是与 NBA 合并，就像 AFC（美国橄榄球联合会）与 NFC（国家橄榄球联合会）合并为 NFL（美国职业橄榄球大联盟）一样。

墨菲盛情邀约球队加盟，加盟费用仅需要 5000 美元，与 NBA 加盟所需要的 150 万美元加盟费相差甚远。很快，11 支球队（比 NBA 的 12 支少 1 支）在美国成立了，加盟者中有各路人员，包括货运经理、艺人等。

墨菲最大的妙招是聘请乔治·麦肯担任总裁。对这个急需建立可信度的联盟来说，麦肯的到来无疑是及时雨，而且麦肯带来了很多的例外。使用红、白、蓝相间的篮球就是眼睛近视的麦肯想出来的主意，可能是他在整个比赛生涯中都戴着眼镜，有时很费力才能看清 NBA 那棕褐色的篮球之故吧。在纽约市顶峰酒店的新闻发布会上，他展示了 ABA 那令人"眼花缭乱"的彩色篮球，同时宣布了新联盟的其他独特之处，其中最引人关注的是三分线——被麦肯戏称为"全垒打"。

"从他们第一次扔出红、白、蓝相间的篮球那一刻起，我们就认为 ABA 是一个特立独行、不合常规的联盟，一个'玩弄噱头'的联盟，"NBA 中锋韦恩·恩布里回忆道，"我以为它就是个马戏团。"

"我们就是一个特立独行的联盟，那又如何？"朱利叶斯·欧文说。他那高空翱翔绝技成了 ABA 风格的象征。"小小的创新尝试，鼓励个人在团体运动项目中脱颖而出，这有什么不对呢？"

但是恩布里所说也不是完全没有道理，ABA 就是一个"马戏团"，这是其魅力的一部分。

ABA 笼络了一群古怪反常、随心所欲的球员，包括弗莱·威廉姆斯、达内尔·希尔曼（绰号"扣篮博士"，被认为是 ABA 块头最大的非洲裔球员）、莱文·塔特（绰号"果冻"）和马尔文·巴恩斯（绰号"坏

消息"，他曾拒绝登机去不同时区的城市参加比赛）这样的球员。

规则随时更改，运动员经常毫无征兆地被交换到别的球队、别的城市，理由几乎总是为了吸引新的球迷进场观看比赛。

ABA联盟的球队为了卖出更多的门票奇招迭出。NBA满足于简单地把当晚比赛双方球队的名字放到球场的天幕上，但ABA更有创意。因此，在ABA的比赛中，赛前可能会有乡村歌手威利·尼尔森的演唱，中场休息时或许会有一场挤牛奶比赛，球迷们或许还会看到"摔跤熊"维克多设擂台狂摔所有的挑战者，类似"丹佛吊带衫之夜"这样的营销活动也会常常出现在球场上。

当时ABA的球场上可谓"无法无天"。以约翰·布里斯科尔、沃伦·贾巴里和温德尔·兰德等为首的一批"坏小子"恶名昭著，这竟然成为联盟的特色，而这些球员在NBA是绝不可能被允许登场的。ABA的教练们还时常会出钱悬赏"对手的人头"，谁要是撂倒一个ABA的"眼中钉"，马上就可以在场边拿到现钱。

有一次，达拉斯丛林队的前锋莱尼·沙佩尔甚至没有等到比赛开场就动起了手。这天晚上，对阵匹兹堡秃鹰队的比赛正要

纽约篮网队和丹佛掘金队在纽约尤宁代尔的拿骚体育馆争夺篮板球。

开始，双方球员紧盯着开场球被抛向空中，沙佩尔从背后猛然袭击，将毫无防备的布里斯科尔重拳击倒，直接赚了500美元。

在盐湖城，ABA举办了"约翰·布里斯科尔强制之夜"，这进一步巩固了布里斯科尔作为ABA首席硬汉的神话地位。比赛的宣传单上印着一段文字："为了避免强大但有时脾气暴躁的匹兹堡秃鹰队前锋在今晚做出越界之事，管理层已经采取措施，一切尽在掌控之中。今晚将有本地区有史

以来最优秀的5位拳击手守护在球场周围。"

与主要活跃在东北部的NBA相比，ABA好比狂野的西部，在其眼中运动不过是一场杂耍。但是，篮球运动在ABA赛场上的演变很难被忽视。

三分线不但让比赛更加精彩——球队可以从背后组织进攻并卷土重来，而且开辟了球场中部这个新战场，为"J博士"欧文这样的球员提供了更大的舞台，让他们可以充分展现自己的运动能力并即兴发挥。这也激励了球员们不断去挑战自己的极限，不断创新比赛风格。

NBA在哪里举办比赛，ABA就在哪里举办表演赛；NBA若进行教科书式的击地传球，ABA就展示不看球的背后运球绝技。这是基本功与天赋的较量，这是西装与牛仔服的博弈，这是古典与爵士的碰撞。如果说NBA是手风琴家劳伦斯·韦尔克，ABA就是摇滚乐手小理查德。

20世纪60年代末，NBA是大个子们的舞台，包括拉塞尔、张伯伦、韦斯·昂塞尔德、内特·瑟蒙德和威利斯·里德等，每支球队都有一名巨人中锋作为压舱石。而在ABA，尤其是在其早期，则是以后卫作为主导。更快的速度和对远距离投篮的重视给了"小个子"球员们星光闪耀的机会，产生了像身高1.83米的后卫路易·丹皮尔这样的明星，他是ABA历史上的最佳得分手。

丹皮尔是肯塔基大学的一名大学生球星，他能以足可让斯蒂芬·库里脸红的速度飞步从人丛中抢出。丹皮尔在1967年NBA第四轮选秀中被选中，但他选择加入ABA肯塔基上校队。

其他人也尝试效力于ABA——"钱多不烫手"啊。不过ABA的大多数球员并没有选择加入哪个联盟的"本钱"，他们大多是NBA的"弃儿"，好比是篮球世界中的游牧部落。

布鲁克林的高中神童康尼·霍金斯就是一例，因为在大学一年级时涉嫌校园赌球而被禁止进入NBA。没关系，ABA说，人才就是人才。这个羽翼未丰的联盟对人才的渴望可谓十分强烈。霍金斯被ABA的匹兹堡风笛手队签下，在那里他赢得了冠军，并成为该联盟的第一位最有价值球员（MVP）。

《体育画报》1967年在一篇文章中这样写道："年轻的联盟好比有什么菜做什么饭，不管是个子矮的、年龄大的、还是懵懵懂懂的、被人遗弃的，通通来者不拒。"不过也有例外，比如里克·巴里，NBA金州勇士队的后起之秀，在1966年全明星赛上独得38分，但第二年跳槽到了ABA的奥克兰橡树队；还有阿蒂斯·吉尔摩，身高2.13米，是ABA最有价值球员，他放弃NBA，与上校队签订了前所未有的250万美元的合约。上校队是ABA联盟中少数几个发展稳定的球队之一。

就连1973年退役的威尔特·张伯伦，也曾在ABA短暂地担任过圣地亚哥征服者队的教练。

此外，还有一些后来进入篮球名人堂的球星，也是从ABA开始其职业生涯的。在1976年两个联盟合并之后，乔治·格文、斯潘塞·海伍德、大卫·汤普森、乔治·麦金尼斯和摩西·马龙等成为未来NBA总决赛最有价值球员。摩西·马龙于1973年加入犹他明星队，成为NBA历史上第一个高中毕业就签约职业球队的球员，其为数十年后凯文·加内特、科比·布莱恩特和勒布朗·詹姆斯等球员做出了榜样。

到20世纪70年代中期，ABA联盟已经拥有一个可与NBA相媲美的庞大且不断增长的人才库；在ABA与NBA联合进行的表演赛中，ABA保持着胜多负少的纪录。

ABA联盟及其球员代表了20世纪60年代末到70年代初美国社会的风尚。非洲裔、圆蓬式发型、八字胡、貂皮大衣、喇叭裤，凡此种种似乎与球员们那些闪光的别出心裁的球衣一样也是队服的一部分。ABA比赛轻松散漫而时尚有趣，仿佛是由R&B及灵魂乐高手乔治·克林顿指挥的篮球赛。

ABA与其人数不多但足够忠诚的追随者们以特有的方式产生共鸣，而这是NBA所无法做到的。但ABA依然无法超越NBA。ABA的球员们有信心战胜NBA的对手们，但是他们没有NBA所享有的电视转播优势，只能在特定的晚上向前来观看比赛的球迷们展示自己的风采。ABA球员们记得，观众有时少得可怜，甚至在开场的时候国歌还没有播放完，他们已经将观众的人数数清楚了。

ABA是一个"看不见的联盟"。即使在后来的几年里，观众人数不断增加，ABA也没有足够的曝光度来赚钱或削弱NBA对美国电视的控制。到1976年，与NBA合并为ABA提供了一线生机。这时候，圣安东尼奥马刺队、丹佛掘金队、印第安纳步行者队和纽约篮网队等球队加入了NBA。

除带给我们三分球之外，ABA是第一个跟踪盖帽、抢断和失误等统计数据的联盟，ABA是最早吸纳低年级学生的联盟，尤其惹人注目的是，在ABA中诞生了扣篮比赛。如果没有曾经的ABA，那么我们很难想象今天的篮球比赛会是什么样子的。

这样一个"花里胡哨"的联盟，真的很棒。

并非花里胡哨的联盟

ABA推广活动精选
- "摔跤熊"维克多的精彩表演
- 丹佛吊带衫之夜
- 约翰·布里斯科尔强制之夜
- 棋盘游戏大赠送
- 迈阿密佛罗里达人"狂欢节"
- 挤牛奶比赛
- 小狗齐格表演秀
- 跳舞的哈利大战西方邪恶的女巫罗伯塔
- 花花公子兔女郎之夜
- 乡村歌手格伦·坎贝尔见面会

1968年10月18日，里克·巴里在ABA的赛场上首次亮相。

1969
英雄惜英雄

比尔·拉塞尔和威尔特·张伯伦是两位非凡的巨星。他们的职业生涯成绩斐然，并且紧密相关。

两人在1958年至1968年间，总共获得9次常规赛最有价值球员（MVP）。两人是NBA历史上仅有的在其职业生涯中夺得篮板球超过20,000个的球员，这个数字将其他人远远地甩在了后面。1961—1962赛季，张伯伦场均获得50分，在最有价值球员投票中不及拉塞尔屈居第二。

拉塞尔和张伯伦这对完美的对手，将篮球运动带入了千家万户，人们对两个大块头剑拔弩张、相向而立的场景如痴如狂。两人的较量超越了比赛本身。"仿佛是旷世大战。"多尔夫·谢伊斯说。还有人说，两人的较量仿佛是球队与球员的比拼、旷达与自我的博弈。

拉塞尔和张伯伦的渊源可追溯到很早以前。如果凯尔特人队的教练奥尔巴赫操作得当，那么他们可能会成为队友。在区域选秀制度于1965年被废止之前，球队通常会优先选择当地的大学生明星球员。奥尔巴赫在张伯伦高中时曾在库什体育夏令营对他进行过指导，他希望张伯伦去哈佛深造，这样凯尔特人队就能在选秀中挑选到他。但张伯伦选择了堪萨斯大学，所以张伯伦一直认为，奥尔巴赫会感觉自己背叛了他。张伯伦说，这就是为什么奥尔巴赫会花费那么多精力在媒体上对自己的比赛吹毛求疵，而对拉塞尔赞不绝口。

1959年，当23岁的张伯伦加入NBA时，他步入了一个由24岁的拉塞尔所主宰的世界。从来没有见过像张伯伦这样的球员，能给加入联盟两个赛季以来的拉塞尔带来第一场真正的比拼。张伯伦的个头比拉塞尔高一些，体重更是超过拉塞尔。他是一个

1969年5月5日，凯尔特人队与湖人队的总决赛第七场在洛杉矶论坛体育馆进行，威尔特·张伯伦试图越过比尔·拉塞尔投篮。

技术娴熟的球员，扣篮的力量无与伦比，恐怕当时只有拉塞尔才能够封住他的扣篮。

拉塞尔的队友回忆说，张伯伦在1959年11月22日第一次与拉塞尔对阵时"挫败"了拉塞尔。但事实上，当时张伯伦被拉塞尔紧紧钳制，仅获得了30分，而且凯尔特人队取得了比赛的胜利。但是毫无疑问，"大北斗星"张伯伦不同于拉塞尔曾经面对过的任何对手。张伯伦在他的新秀赛季对阵拉塞尔及凯尔特人队的12场比赛中，场均获得40分、夺得30个篮板球。

球场以外，他们是好朋友——还有谁能分享他们的共同之处？拉塞尔在凯尔特人队效力的第一年，喜欢交朋友的张伯伦当

1967年，比尔·拉塞尔与威尔特·张伯伦抢夺篮板球。

时还在堪萨斯大学读大二，但他们两个经常见面。两人相处得很好，当凯尔特人队在费城比赛时，张伯伦会邀请拉塞尔去他家，张伯伦的妈妈奥利维亚会下厨为他们准备晚餐。

当然，在公开场合，他们相互竞争。他们的差异——不论是真实的还是感觉到的，都是人们谈论的话题。张伯伦是"坏小子"，拉塞尔是绝世好队友、是英雄，而张伯伦更多关心的是自己的成绩；拉塞尔是一个以球队为家的人，人们一说到他就会想起他被队友前呼后拥的形象，而张伯伦是一个著名的"王老五"，闲暇时会独自驾车去乡村野游；拉塞尔真的不在乎人们对他如何评价，而张伯伦十分介意人们是否喜欢他；拉塞尔为自己的薪资卖命工作，而张伯伦天赋异禀，出手阔绰。

正如鲍勃·库西所想象的那样："要是张伯伦有拉塞尔1/3的认真劲儿，上天就会……"

张伯伦对这一切却不以为然。"我是和球队比赛，与个人无关。拉塞尔只是我要面对的球员之一。"但是，人们从未停止过对他们俩评头论足。

拉塞尔的凯尔特人队在季后赛中七次淘汰张伯伦的球队，其中包括两次总决赛。但是在1965年的季后赛中，张伯伦平均每场夺得30分、30个篮板球，并在第二轮比赛中与拉塞尔对决。在第七场比赛的最后时刻，张伯伦扣篮，拉塞尔封球失误，费城76人队获得边线球机会，同时获得最后胜利的机会。但凯尔特人队后卫约翰·哈夫利切克在最后一刻夺下控球权并赢得胜利。

那年夏天，张伯伦成为第一个赢得10万美元年薪合同的球员。当拉塞尔得知这个消息时，请求凯尔特人队以10万零1美元招募张伯伦，凯尔特人队同意了。

1967年，张伯伦重新书写了历史，在他首次夺冠的路上淘汰了拉塞尔的凯尔特人队。两人在1969年的总决赛中再次相遇，那时候，张伯伦已经加入了洛杉矶湖人队。在第七场比赛中，张伯伦膝盖受伤。虽然他想重返赛场，但教练在下半场强迫他坐到了替补席上。他只能眼巴巴地看着拉塞尔和凯尔特人队再次夺得冠军。

传说，赛后有记者向拉塞尔暗示，他斩获了冠军头衔，无非是因为张伯伦没有上场。拉塞尔被这句话激怒了，他回应说，他与张伯伦不同，他只有不得不躺在床上才会错过一场如此重要的比赛。张伯伦听到这句话后很受伤，后来他们好几年不说话，直到拉塞尔道歉才重归于好。

这两位"冤家"曾经有143次对阵，他们比任何人都更了解彼此的打法。对阵张伯伦时，拉塞尔会"听凭"张伯伦投篮得分。他注意到张伯伦投篮越多，他的队友就越站在周围，敬畏地看着，就像付费的观众一样。而张伯伦会给拉塞尔制造更多的犯规机会，使奥尔巴赫不得不把拉塞尔调开，换上别的后卫来防守张伯伦。

"我一直想知道拉塞尔是否意识到，在他的职业生涯中，他被贬为一名角色扮演者。"张伯伦说。实际上，那正是拉塞尔的聪明之处，为了确保胜利，他不惜扮演任何一种角色。

拉塞尔说，他与张伯伦之间的不同之处在于，"张伯伦的队友必须'喂'他，而我'喂'我的队友"。

"你和拉塞尔一道比赛的时候，你很清楚每场比赛他会怎么打，"哈夫利切克说，"但是张伯伦会临场发挥，'今晚我要获得60分，或者今晚我要得到40个篮板球或者20次助攻'。他非常在意那些对他没有信心的人的说法，拉塞尔却从不把别人的评头论足放在心上。"

外界对他们的评论拉塞尔都心知肚明。但是经过10年的鏖战，他知道张伯伦是天赐英才。"知道吗，张伯伦，"拉塞尔告诉张伯伦，"只有我才知道你多么优秀。"

有26次，张伯伦在场上得分超过拉塞尔40分或更多。

"张伯伦和我不是敌手，"拉塞尔说，"我们是竞争对手。你知道，在战场上，总有一个胜利者和一个失败者，但他从未被打败。"

退役后，他们重续友谊。拉塞尔在1999年张伯伦的葬礼上发表讲话。他说，听到张伯伦去世的消息，他无法形容所遭受的重击。

晚年时，他们经常保持联系。拉塞尔换下了他的球衣，穿着运动衫，里面是带领子的衬衣，他的头发早就变灰白了，戴着一顶有褶饰边的棒球帽；张伯伦变得秃顶，戴着运动太阳镜，留着山羊胡子，身上的紧身T恤仍然展示出一副令人赞叹的体格。

他们常常打电话，一聊就是几个小时。通常，拉塞尔会在张伯伦的电话留言机上留言："威尔特·张伯伦，我是比尔·拉塞尔。"张伯伦会给他回电话。

"拉塞尔，我是张伯伦。"

当他们回忆往事时，张伯伦还会不由自主地抱怨当今的明星们如何被吹嘘得天花乱坠。在看到《体育画报》的封面文章大肆讨论"大虫"丹尼斯·罗德曼是否是有史以来最好的篮板手后，他问拉塞尔："你相信这是真的吗？"拉塞尔会发出他标志性的笑声，并且高声说："谁在乎那些废话？"然后，张伯伦会跟着大笑。

"拉塞尔，"张伯伦说，"你有11枚戒指，可是你只有10根手指。你给我1枚怎么样？"这时候拉塞尔就会提醒他，从前有那么一次，你是有机会拿走这枚戒指的啊。

NBA历史上的"生死冤家"

虽然很难超越张伯伦与拉塞尔的竞争高度，但多年来，许多球员之间的比拼已经非常接近这样的状态。

- 鲍勃·佩蒂特与多尔夫·谢伊斯
- 沃尔特·弗雷泽与杰里·韦斯特
- 伊塞亚·托马斯与迈克尔·乔丹
- "魔术师"约翰逊与拉里·伯德
- "大鲨鱼"奥尼尔与蒂姆·邓肯
- 勒布朗·詹姆斯与凯文·杜兰特

1969
痛苦不堪的杰里·韦斯特

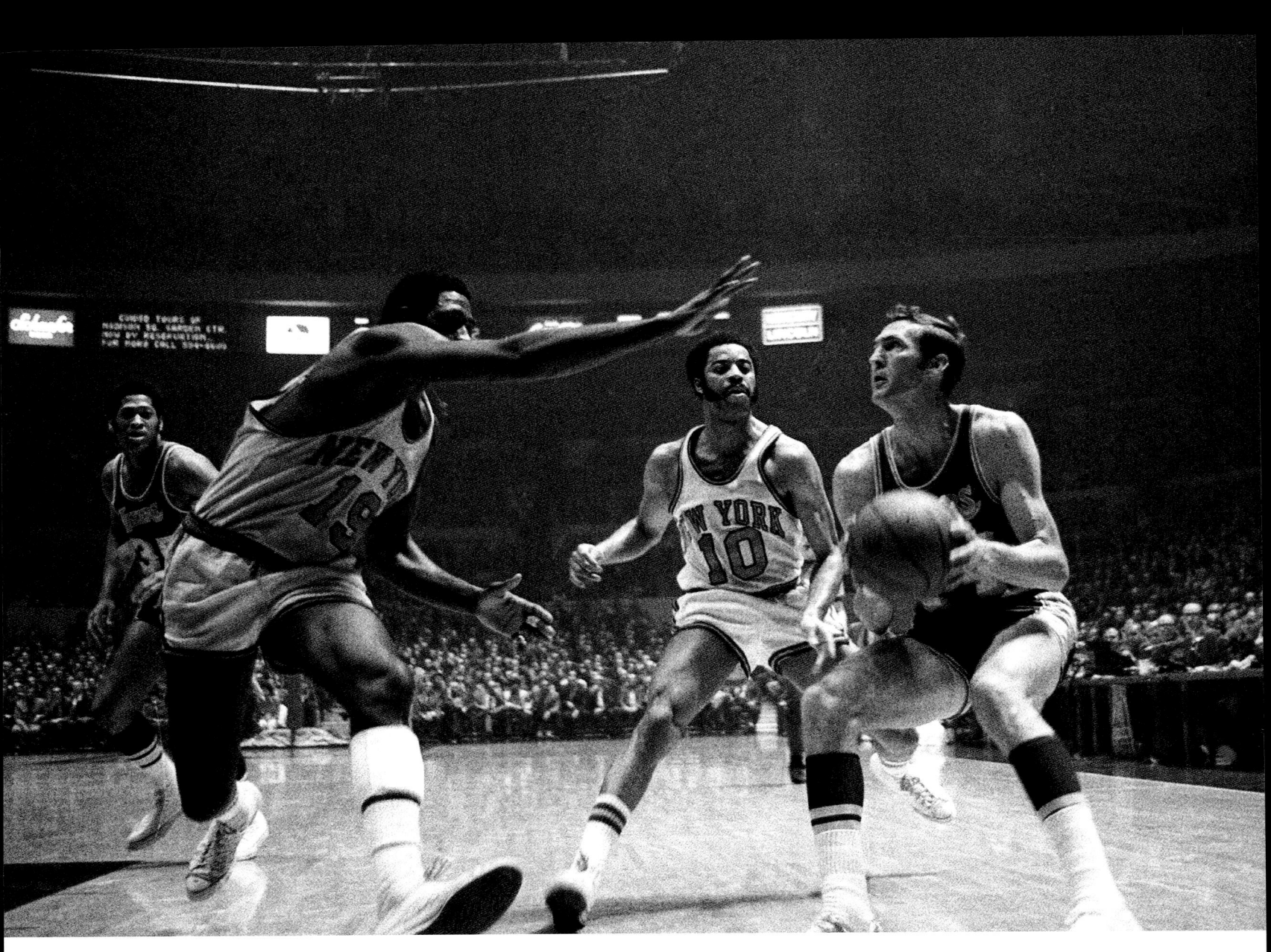

一个湿漉漉、沾满泥巴的球在一块脏兮兮的地上蹦跳。一个男孩对着一个钉在邻家后院棚子上的临时篮球网,不断地投篮。经过长时间的练习,他的手指上都是血泡。"不要说我是为了练球",他后来这样说,"我只是害怕回家。"

日薄西山,夜幕降临,这个男孩也不愿意回家。这里是一个被西弗吉尼亚乡村的山林环绕的地方,他沉浸在自己的世界里,他其实更愿意这样。3……2……1,他在心里默数,然后"嗖"地投中。

这个男孩就是杰里·韦斯特。当他在脑子里玩这些游戏时,他总是能赢,但是随着他一年一年长大,输总是在折磨着他。

"当我们赢的时候,我从来没有感到过满足,"在他职业生涯结束很久之后,韦斯特这样说,"我满脑子想的都是那些我们失败的时候,这种失败的感觉会缠着我不放。"

在14年的职业生涯中,韦斯特一直在为洛杉矶湖人队效力。在此期间,韦斯特9次进入NBA总决赛,但除1972年之外,其他都输掉了。是他的运气不好吗?只能说他生不逢时。当韦斯特在1960年进入NBA时,比尔·拉塞尔所在的波士顿凯尔特人队正在争夺冠军的浩荡征途中,在13年内该队赢得了11次冠军。在与凯尔特人队对阵的6场总决赛中,湖人队总是失利。

这有什么关系呢,韦斯特毕竟带领他的球队打进总决赛,这是大多数球员梦寐以求的境界。他那标志性的伴随终场哨声响起时的最后一投,篮球运动史上罕有匹敌;作为球员,他赢了700多场比赛;他的跳投被认为是这个世界上最纯粹的跳投;

他的职业生涯场均得分27.03分,在NBA历史上排第五位;他以场均46.3分的战绩,保持着单个季后赛系列赛的纪录;他活跃在球场上的那些年每年都被提名参加全明星赛。他是如此了不起的一个明星,以至于NBA在1969年把他的剪影放在联盟的标志上,而且被一直放在上面。

韦斯特认为自己的职业生涯徒劳无功。因此,韦斯特虽然是NBA最优秀的球员之一,但他也是NBA内心十分受煎熬的一个球员。

韦斯特在位于西弗吉尼亚州的一个矿业小镇切里恩长大,家中一贫如洗。这个小镇到2010年,常住人口只有778人。他的童年是在孤独中度过的。

韦斯特的父亲是一名煤矿工人,当漫长的一天工作结束后,回到家里会无情地

1973年NBA总决赛首场比赛中，杰里·韦斯特在开场数分钟面对纽约尼克斯队的威利斯·里德做投篮假动作。

殴打自己的孩子。在韦斯特12岁时，他的哥哥大卫在朝鲜战场上阵亡。从那以后，父亲的殴打变本加厉。"死去的儿子应该是我。"韦斯特开始告诉自己。

韦斯特非常害羞，在陌生人面前几乎一个字都挤不出来，他总是躲在邻居临时搭建的场地上打球。要是天冷，他就戴着手套练习，从不间断。如果他没有打篮球，就会在附近山脚下的峡谷中疯狂奔跑。曾经有一段时间，他需要注射维生素，因为长时间待在外面，他的身体虚弱不堪。

童年给他留下的是创伤、孤僻，还有深刻的内省意识，篮球场成为韦斯特能找到的最接近避难所的地方。上高中时，韦斯特入选篮球队，但他比同龄人个子矮，常常坐冷板凳。然而，在他升入高年级前的一个夏天，他的身高蹿升到1.83米，继而在1956年带领学校球队获得了州冠军，同时创造了本州的最高得分纪录。

后来，他选择了家乡的西弗吉尼亚大学，并成为当地的一个传奇：上高中时，他平均每场比赛得分29.3分，而且那是在三分线出现之前，进而他带领西弗吉尼亚大学队打入了美国大学生篮球联赛（NCAA）的四强赛。

1960年，当韦斯特毕业的时候，NBA还是个大个头运动员主导的联盟。像拉塞尔和威尔特·张伯伦这样的大个子中锋吸引了大批球迷，他们在联盟中占据主导地位。当第2顺位新秀韦斯特和状元奥斯卡·罗伯特森一起入选时，这种情况才发生了变化。这两位天才后卫已经在美国得到了公认，因为他们刚刚在1960年共同率领美国队摘得奥运会金牌。

韦斯特在洛杉矶一举成名。他与埃尔金·贝勒组成了一个传奇二人组——"外线先生"韦斯特加上"内线先生"贝勒，其对职业篮球赛在加利福尼亚州的普及功不可没。

篮球不仅是一项运动，还能在心理上给人以抚慰。因此，篮球比赛获胜有了更深的含义，这让失败变得更加难以令人接受。

韦斯特进入NBA的新秀年，洛杉矶湖人队苦苦征战，成绩是36胜43负。这是韦斯特所经历的第一个失败的赛季。他不喜欢这种感觉。韦斯特后来说："我害怕犯错，因为这会伤害到球队，也让我自己看起来很糟糕。"

在接下来的赛季，情况开始好转。韦斯特每场平均得分从上一赛季的17.6分一跃而至30.8分。贝勒在那个赛季的每场平均得分超过38分。1962年，湖人队首次出现在总决赛赛场上，对阵强大的凯尔特人队。

前两场比赛1:1战平。在第三场比赛中，韦斯特在最后一分钟连续投中4分，将比分扳平。当还剩最后三秒钟时，凯尔特人队控球，韦斯特拦截了对方后卫萨姆·琼斯的传球，大步奔袭，就在终场哨声响起的瞬间，他带球上篮，正如同他成长过程中脑海里多次演绎的场景一样。韦斯特这一系列动作为他赢得了"关键先生"的称号。但是，凯尔特人队依然还是在决定性的第七场比赛中夺得了最后的胜利。

在接下来的7个赛季中，湖人队有4个赛季打入了总决赛，但都与冠军失之交臂。

韦斯特担心失败的执念让他付出了代价。在比赛开始前，他会独自坐在更衣室的隔间里凝视着远方，想象着令他焦虑的对手。在比赛开场时，他在心理上已经疲惫不堪。

在主场比赛后，他会一直驾车漫无目的地游荡，直到太阳再次升起；在客场旅途中，他整夜无眠，躺在酒店房间里回忆那些比赛的关键时刻。对那些失球，韦斯特总是责备自己，人虽离开了球场但心里仍背负着沉重的负担。他关上窗户挡住光线，但阻挡不了他思绪万千。

韦斯特的痛苦在1969年总决赛时达到高潮，那是比尔·拉塞尔的最后一个赛季。

那个赛季，湖人队引入了威尔特·张伯伦，他是唯一一个既能让拉塞尔相形见绌，又能与拉塞尔的运动能力相媲美的球员。在过去的8年中，湖人队有6年在总决赛中败给凯尔特人队，这个赛季总算为韦斯特改写剧本提供了机会。

他在七场系列赛中表现出色。在第一场比赛中，他得了53分，湖人队以2分的优势获胜。凯尔特人队设法打平了系列赛，在比赛进行到第七场时，湖人队主场。

尽管脚部肌肉拉伤，导致一条腿肿胀，几乎难以支撑自己的体重，韦斯特仍然展现出自己的高超技艺。他打满了48分钟，拿下42分，抢下13个篮板球，贡献12次助攻。但是，因为2分之差，凯尔特人队再次获胜。韦斯特称这是他职业生涯中最噩梦缠绕的时刻。

NBA历史上第一次，也是唯一一次将总决赛最有价值球员（FMVP）奖颁给落败球队的一名球员（杰里·韦斯特）。

"湖人队没有赢得冠军，"拉塞尔赛后说，"但杰里·韦斯特是当之无愧的冠军。"

055

总决赛最有价值球员奖对韦斯特来说意义不大，他称之为"一个可疑的荣誉"。因为获奖，韦斯特得到了一辆新车，但他琢磨着把它毁掉。

"我想以最糟糕的方式退出篮坛。"韦斯特在他的自传《西部的韦斯特：美好而备受折磨的一生》中写道。

次年，湖人队再次打入总决赛，这次的对手是纽约尼克斯队。在第三场比赛中，韦斯特技惊四座，终场哨声响起的瞬间18米远距离投篮命中，将比赛延长到了加时赛。但最终，湖人队还是输了，尼克斯队赢得了冠军。

1972年，34岁的韦斯特终于率领湖人队夺得总冠军。

湖人队在那年的常规赛中赢得了NBA创纪录的69场比赛，其中包括33场连胜。韦斯特在新任主教练比尔·沙曼的领导下一路飙进，首次夺得联盟助攻王。在总决赛中，湖人队以4：1轻松战胜尼克斯队。

然而，即使胜利了，韦斯特也无法享受到胜利。

因为在那个赛季的第九场比赛之后，贝勒因受伤而被迫退役。贝勒是韦斯特的好搭档，是他十分难得的战友，他俩一道经历了10年季后赛无缘冠军的伤痛。韦斯特声称，1972年赢得冠军却没有贝勒在身边，是"我不得不忍受的最悲伤的事情之一"。感受到一份胜利的喜悦，已经是在一个星期之后。"一直这么难受值得吗？"他追问自己。

1974年，韦斯特退役，他成为张伯伦和罗伯特森之后，当时NBA历史上仅有的得分超过25,000分的球员。

韦斯特传奇的职业生涯并没有止步于球场。在退役之后，韦斯特转到了管理岗位，随之而来接连不断的成功，恰恰是他作为球员时梦寐以求的。作为球队的总经理，他是20世纪80年代"表演时刻"的湖人队王朝的建筑师。1996年选秀之夜，他录用了高中生科比·布莱恩特，并以自由球员的身份从奥兰多魔术队引进了"大鲨鱼"沙奎尔·奥尼尔。作为金州勇士队的顾问，他游说选秀克莱·汤普森，并请来了史蒂夫·科尔出任主教练。

总体来说，作为一名高管，27位NBA决赛选手和13场冠军都与他息息相关，但是功亏一篑的那些时刻一直困扰着他。

韦斯特作为球员的职业生涯在波士顿结束，之后他再也不曾去过那里，那里有太多痛苦的回忆。"我仍然被那些失败所折磨。"

"我确信我会永远被贴上失败者的标签，"他在自传中写道，"人们会问'伤口什么时候开始愈合？'，我说'永远不会'。"

杰里·韦斯特在1969年为球队所拍的一张照片。

职业生涯三双王

1. 科比·布莱恩特		4次
鲍勃·佩蒂特		4次
3. 勒布朗·詹姆斯		3次
迈克尔·乔丹		3次
沙奎尔·奥尼尔		3次
奥斯卡·罗伯特森		3次

1969
"天勾"贾巴尔

在乔治·麦肯的口袋里放着一张百万美元的支票。他与路易斯·阿辛多尔的会面,定于1969年春天。"王鱼行动"正在依计而行。

阿辛多尔,这位22岁、后来改名为卡里姆·阿布杜尔·贾巴尔的中锋,刚刚结束了他在加利福尼亚大学洛杉矶分校传奇般的业余运动员生涯。他跳起在空中勾手投篮,是篮球运动历史上最著名的,也是不可阻挡的标志性投篮,借此他帮助布鲁因斯棕熊队于1967年至1969年间连续三次获得冠军。这位纽约奇才,凭借每场平均获得26分和15个篮板球,在每个赛季都被评为大学篮球年度最佳球员。

身高2.18米的阿辛多尔霸气十足,在他大二赛季前,美国大学生篮球联赛(NCAA)就明令禁止扣篮,以使比赛更加均衡。他在高中时代,就带领曼哈顿权力纪念学院队获得州冠军和72场连胜,从而在美国全国范围内声名鹊起,他被看作NBA有史以来最有前景的新星,甚至连美国南部实施种族隔离的大学,也纷纷希望高中毕业时招募他,并承诺一旦他加入,则肤色不再是一道藩篱。

这是一个颠覆联盟的希望之星。在20世纪60年代末进入职业篮坛的所有有前景

1972年NBA总决赛中,卡里姆·阿布杜尔·贾巴尔面对湖人队使出了他的勾手投篮绝技。

的年轻明星中，包括"侠盗克莱德"沃尔特·弗雷泽、"碎骨机"韦斯·昂塞尔德、戴夫·宾等，只有阿辛多尔有望独自一人"扛起"一个联盟。

因此，当阿辛多尔在1969年离开加利福尼亚大学洛杉矶分校时，也正值ABA和NBA的"星球大战"如火如荼，两个联盟都不惜一切代价从对方手中夺走奇才，此时的阿辛多尔正是其垂涎的不二人选。

对NBA来说，阿辛多尔的到来意味着可以弥合时代间的人才断档，张伯伦的黄金时代已接近尾声，其期待阿辛多尔能开启一个新时代。而对ABA来说，这个赌注要高得多——如果阿辛多尔选择NBA，那么ABA只能沦为"永远的老二"，无法与NBA分庭抗礼。

ABA的高管们所计划的"王鱼行动"，在阿辛多尔在加利福尼亚大学洛杉矶分校的最后一个赛季一开始就展开了。计划很简单，ABA的高管们着手在阿辛多尔身上做好每一点可能的功课。他们雇用私家侦探跟踪阿辛多尔及其家人和朋友，聘请心理学家研究这位身材高大的中锋，以便确定他的各种动机。他们整理了一份与阿辛多尔关系最为密切的人员名单，不放过任何一位能影响他做出决定的心腹密友。

综合评价出来了，而且随着时间的推移和这位明星中锋名气的不断提升印证了评价结果的真实可靠：阿辛多尔自己独立做主。一个佐证是，《体育画报》在1968年刊登过一篇特写，标题是《特立独行的阿辛多尔》。

阿辛多尔会与每个联盟会面一次，并独自做出决定，其父母和代理人的意见都不会对他起到作用。好在他以忠实为傲，一旦做出决定，则将一锤定音。

ABA的高管们将阿辛多尔的选秀权分配给了纽约篮网队，很大程度上是因为他们认为，在家乡打球的想法会对阿辛多尔很有吸引力。而NBA把他的选秀权分配给了密尔沃基雄鹿队。

ABA的高管们知道必须下个大赌注才能奏效，他们甚至与令人难以捉摸的亿万富翁霍华德·休斯举行了会议，讨论拿出一大笔钱来签下阿辛多尔，并为他专门建立一支球队，使这件事成为洛杉矶媒体上的头条新闻。

虽然休斯没有做出承诺，但ABA的高管们并没有打算退缩。他们约阿辛多尔在纽约的一家酒店里会面，并为其开出了一张100万美元的支票，算是"签约奖金"，这笔钱可以让他立即暴富。这当然也是基于此前秘密调研所得出的结论，金钱对人比较有诱惑力。ABA的高管们在得知阿辛多尔的母亲一直想要一件貂皮大衣之后，还特意给她买了一件。

在会面之前，ABA总裁乔治·麦肯说，他要代表联盟出面，好比一名伟大的中锋面对另一名伟大的中锋，而且只需要纽约篮网队老板亚瑟·布朗陪同。ABA的高管们的计划是让麦肯和布朗在进入房间之后，就直接把支票放在桌子上，因为行动比语言更有说服力。

麦肯口袋里装着支票，他们和阿辛多尔一起走进了酒店房间。几个小时后当他们出来时，支票还在麦肯的口袋里。"我们认为没必要给他最好的价码，"麦肯告诉ABA的高管们，这让他们十分紧张，"我们打算等他再来的时候，再用这张支票与他进行第二轮谈判。"麦肯给阿辛多尔开出的价码是在4年之内给他100万美元薪酬。

密尔沃基雄鹿队开出了5年之内薪酬140万美元的价码。阿辛多尔最终选择了密尔沃基雄鹿队。

当天晚上，ABA的高管们试图找到阿辛多尔，向他送出那张支票，但他已经登上了返回洛杉矶的航班。ABA错过了千载难逢的机会。那年夏天，麦肯被解除了总裁职务。

阿辛多尔一上场，ABA的噩梦就开始了。在1969—1970赛季，他就成为年度最佳新秀，每场平均得分28.8分。此外，通过与奥斯卡·罗伯特森联手，阿辛多尔帮助雄鹿队从上个赛季的27场胜利上升到了56场胜利。

他将开创NBA历史上一个最持久、最辉煌的运动生涯。

他的勾手投篮在职业选手中势不可当，就像在加利福尼亚大学洛杉矶分校和纽约的赛场上一样。正是在纽约的赛场上，他磨炼出了自己并不算是秘密的绝技。勾手投篮是大多数大个子运动员的招牌动作，但阿辛多尔的投程更远。

他的勾手动作实用而优雅，每次都是一样的手泛：首先将防守队员引到距离篮筐大约3米远的位置背身靠打，然后突然转身离开篮筐，将高大的身躯卡在后卫和右手紧抓着的球之间，一个横扫，轻轻抖动手腕，让球越过后卫的手并落入篮筐。

2017年的时候，有人问他："怎样能盖帽你的天勾呢？"他的回答是："不能。"勾手投篮占了他得分的75%。

1971年，24岁的阿辛多尔带领雄鹿队赢得球队有史以来的第一个冠军，在总决赛中以4∶0横扫巴尔的摩子弹队，并在之前击败了湖人队和张伯伦。其实，自阿辛多尔第一次拿起球，就把张伯伦当作一面镜子。

在1971年赢得冠军后不到一个月，阿辛多尔正式改名为卡里姆·阿布杜尔·贾巴尔。

贾巴尔一直关注政治。1967年，正是越南战争期间，他在克利夫兰参加了一个备受瞩目的顶级运动员会议，这些运动员支持拳王穆罕默德·阿里拒绝服兵役。作为小组中唯一的大学生运动员，他的两侧是阿里、比尔·拉塞尔和橄榄球明星吉姆·布朗，他们都是直言不讳的公众人物。

这次会议促使他决定抵制1968年奥运会。他的这一选择没有赢得球迷们的支持，但加深了他认为公众看法无足轻重的观念。随着贾巴尔在NBA赛场上不断展现风采，他反倒成了NBA最不受欢迎的球员之一。他对待采访好像居高临下；他的连鬓络腮胡子和超大护目镜（为了试图阻止他的天勾，对手总会不断用手指戳他的眼睛）遮住了他的脸；长期的偏头痛也是贾巴尔在球迷面前显得封闭的原因。正如他所说："我是坏人中最坏的那一个。"

当他要求离开密尔沃基时，他的球迷们也很不高兴。但在密尔沃基，他作为一个穆斯林男子，生活在主要是白人的乡村

环境中，感到太孤立无助。1975 年，他的愿望实现了，他被交易到了湖人队，回到了将他捧为大学偶像的那座城市。

在洛杉矶，贾巴尔一如既往地星光璀璨，尽管他从未受到过像朱利叶斯·欧文和皮特·马拉维奇这样同龄球星所享受到过的那种球迷们的追捧。直到 1979 年"魔术师"约翰逊的到来，创建了一个 80 年代的王朝，贾巴尔作为"表演时刻"湖人队的中锋，在球迷当中才日益受到欢迎。

尽管如此，贾巴尔显然永远不会让他的众多批评者们满意。他们中的许多人一方面对他横加指责，另一方面热衷于讨论他、张伯伦和拉塞尔是否是有史以来最好的中锋。媒体和球迷都希望贾巴尔像他的前任们的打法一样。但是，他的优势在于动作连贯，他那流畅、潇洒的天勾看起来行云流水。大多数人认为，贾巴尔的分数是"悄悄地"累积起来的。

湖人队在 1988 年赢得冠军之后，贾巴尔在进攻中的作用日渐减弱，他在洛杉矶的第一个赛季每场比赛投篮超过 21 次，可到了那个赛季只有 11 次，他曾经是湖人队关键时期的基石球员，但他在 1988 年总决赛的第七场直到最后几分钟才投进一个球。

不过贾巴尔的威力仍然存在。除了那

1969年入队体检时，雄鹿队教练阿尼·加伯为路易斯·阿辛多尔量身高。

一年，直到他41岁退役之前。他每年都入选全明星。1988—1989赛季是贾巴尔的最后一个赛季，当时有一位对手的教练这样说道："如果说贾巴尔还有什么作用，那就是出现在赛场上。他让湖人队的光环更加耀眼。"

贾巴尔历经了20个赛季，6次获得冠军，6次赢得最有价值球员（MVP），豪取11个最佳防守阵容和无数其他荣誉，他是NBA中永远闪亮的一个明星。

当贾巴尔退役时，他已经打破了张伯伦的纪录，以38,387分成为联盟历史上的头号得分手。假如他选择了ABA纽约篮网队而不是NBA密尔沃基雄鹿队，那么篮坛会出现什么样的"地震"呢？这一点我们不得而知。然而，他作为有史以来最杰出球员之一，这一地位，不可撼动。

星球大战

NBA和ABA总是在为争夺球星而战。对许多球员来说，ABA为他们与NBA的谈判提供了十分重要的杠杆，NBA理所当然地认为ABA是其猎获人才的公然威胁。有合同临近到期的NBA球员（如尼克斯队的厄尔·门罗）会突然出现在ABA比赛的看台上，这种情况并不少见。这向球队老板们传达了一个信息，即谁出高价，谁就有机会赢得天才球员。

1970
威利斯·里德队长上场吗？

1970年，在麦迪逊广场花园球馆将进行NBA总决赛第七场比赛，威利斯·里德是否出场悬而未决。威利斯·里德时任纽约尼克斯队队长，是一位技术娴熟、身材魁梧的中锋，他身高2.06米，长得虎背熊腰。他是那个赛季NBA的最有价值球员（MVP），也是1969—1970赛季尼克斯队的头号得分手。他和控球后卫沃尔特·弗雷泽（绰号"侠盗克莱德"或者"盗帅"）协力配合，帮助才华横溢的尼克斯队在本赛季赢得60场胜利，这一成绩在东部赛区名列第一。他们俩也是本赛季尼克斯队入选全明星最佳阵容仅有的两名队员。

尼克斯队是进入总决赛挑战洛杉矶湖人队的热门球队，而湖人队此时正由传奇人物杰里·韦斯特、威尔特·张伯伦和埃尔金·贝勒三巨头领衔。尼克斯队以3∶2的领先优势进入在洛杉矶举行的第六场比赛，极有机会夺得其第一个冠军。但是两天前的晚上，里德的右大腿肌腱撕裂，被迫退出比赛。在第六场比赛中，里德坐在场外观赛，没有人能阻挡张伯伦的进攻。湖人队大获全胜，"大北斗星"张伯伦拿下45分和27个篮板球。

里德在第七场比赛中能否出场依然悬而未决。在狂热的主场观众面前，尼克斯队开创一个崭新时代的机会看起来十分渺茫。

1969—1970赛季，NBA的格局发生了改变，这是13年来第一次没有比尔·拉塞尔出场的竞技。在波士顿凯尔特人队豪取11次冠军之后，比尔·拉塞尔这位联盟中最大的赢家在赛季前退役，给新一批竞争者敞开了大门。

对在"后拉塞尔时代"的首场总决赛中对峙的两支球队来说，拉塞尔的离开给了他们新的希望。在过去的3年里，尼克斯队有两次被拉塞尔带领的凯尔特人队踢出了季后赛。但与他们的对手相比，这根本不算什么，要知道在过去的9个赛季中，湖人队有7次在总决赛中败给了凯尔特人队。

时间一分一秒地过去了，第七场比赛的开场时间迫近。麦迪逊广场花园球馆里紧张的人群，包括媒体记者们，甚至里德自己的队友也不知道他是否能披挂上场。两支球队都在场上热身，里德却仍然不见踪影。

突然，一名穿着尼克斯队队服的球员从球场通道中出现在球场上，人群顿时欢声雷动。但当他们认出这是替补前锋卡兹·拉塞尔而不是队长里德时，欢呼声瞬间消失了。

在开赛前6分钟，里德出现了。当他全副武装一瘸一拐地走出通道时，观众疯狂了，仿佛里德死而复生。长期担任尼克斯队球场摄影师的乔治·卡林斯基称："这是我听过最震撼、最具激情的观众欢呼声。"

夺得NBA冠军后，威利斯·里德兴高采烈地跑向更衣室。

里德来救场了。观众们不知道的是，就在几分钟前，他刚刚被注射了200毫升的可的松——足够让一匹赛马止痛的剂量，以便能够让他受伤的腿站立起来。他几乎不能走路，但他不打算作为旁观者度过这生死攸关的时刻。

当里德出现在球场上时，湖人队马上停止了热身，似乎不敢相信自己的眼睛。

沃尔特·弗雷泽后来说："当我看到这个场景时，我就知道我们可能会击败湖人队。"

1969—1970赛季的尼克斯队可不是一个唱独角戏的球队。球员们崇尚团队第一，习惯用平衡的进攻来突破对手的防线。包括主教练瑞德·霍尔兹曼在内，这支球队拥有6名篮球名人堂成员，每个位置上都有才华横溢的投球手，可谓是塑造NBA现代进攻范式的先驱。

当尼克斯队以创纪录的23∶1首场开战时，纽约市的球迷们就知道该球队有望一鸣惊人。

在后场，尼克斯队的主力球员是弗雷泽，他是那个时代的疾速时尚偶像，但在球场上的认真劲儿又颇具工匠精神。他是当时最强有力的防守球员之一。那时候在比赛中对抢断还没有进行跟踪和记录，否则他可能是NBA抢断王。他同时是一位多才多艺的进攻型球员，使尼克斯队的进攻达到了完美境界。弗雷泽还是NBA最优秀的关键投篮手之一，对手最不愿意看到的就是在关键时刻球被传到了他的手里。

尼克斯队还有迪克·巴内特和"禅师"菲尔·杰克逊这样的助攻队员，前者是一位左撇子得分后卫，后者是一位聪明、敏捷的后卫，后来还成为NBA历史上最有成就的教练之一。尼克斯队有这样的配角，难怪是一支棘手的强悍球队。

而在前场，尼克斯队有比尔·布拉德利，他是罗兹奖学金获得者，后来还代表新泽西州当选美国参议员。他在牛津大学学习期间，球队耐心地等了他两年，直到1965年的选秀才把他招募到麾下。1968年，尼克斯队以中锋沃尔特·贝拉米从底特律活塞队换来了全明星前锋戴夫·德布斯切尔。德布斯切尔是一位顽强的篮板手和天生的强悍前锋，他让里德担任全职中锋，助他尽显神通。

里德在南方的种族歧视环境中长大，是尼克斯队的"心脏"和灵魂人物。尼克斯队球员出身背景迥异，里德是球队里的调音师与和事佬。比尔·布拉德利是一名新秀，是NBA一长串冉冉升起的白人新星中最新的一位，却签下了一份比球队中任何一名久经沙场的黑人球员都要薪酬丰厚的合同，是里德化解了所有可能出现的麻烦。有一天球队在底特律训练，卡兹·拉塞尔刚刚在一次种族歧视事件中被一名警察用枪指着头要求把车停下来，余怒未消的他愤怒地向他的白人队友挑衅，是里德出面化解了这一紧张局面。

里德是一面铁血大旗，不用上场就可以影响他的球队。

在麦迪逊广场花园球馆进行的第七场比赛中，里德从更衣室走向硬木铺就的球场，立刻改变了这场将要一锤定音的冠军争夺战。

当观众还在为他们的英雄里德前来救场而欣喜若狂时，里德已经与身高2.18米的张伯伦开局争球，里德得手。里德一瘸一拐动作迟缓，但两个回合后，他接到弗雷泽的传球，随即跳投。中了！过了一会儿，里德面对张伯伦的右肘，在他长长伸出的手臂之上又是一个跳投。又中了！

"此时，"比尔·布拉德利说，"大势已定。"

这是里德在那场比赛中仅得的4分。但被他激励、振奋的队友们，从他手里接过了接力棒。上半场，尼克斯队以29分遥遥领先。弗雷泽控制了比赛的节奏，表现极其出色。尽管他的光芒被里德的英雄气概所遮蔽，但并不妨碍这是有史以来最令人震撼的总决赛之一。弗雷泽拿下39分，助攻19次（创下当时总决赛的纪录），尼克斯队以113∶99夺冠。

里德被评为当年NBA总决赛最有价值球员。

几年之后，弗雷泽开玩笑说："他们称这场比赛是'威利斯·里德的个人秀'，我称其为不要命的比赛。"

两年后，湖人队"复仇"成功，击败尼克斯队成为1972年的总冠军。但接下来的第二年，尼克斯队改组重振，增加了前锋杰里·卢卡斯。这是一位记忆力惊人的球员，除了能记住对手的打法和癖好，还能当场记忆和背诵50页纽约市电话簿，这让他的队友们惊叹不已。

尼克斯队还从华盛顿子弹队引进了"黑珍珠"厄尔·门罗。门罗曾是街球的传奇人物，被称为"黑耶稣"。他和弗雷泽构成了华丽的"劳斯莱斯后场"。

焕然一新的尼克斯队在1973年再次

1973年NBA总决赛中,威利斯·里德上篮,威尔特·张伯伦盖帽失败。

对阵湖人队,以5场比赛轻松夺回了NBA总冠军。里德第二次被评为总决赛最有价值球员。

纽约市的街头游戏变身麦迪逊大道上的大型比赛,长期以来纽约一直是篮球的主场。麦迪逊广场花园球馆是这项运动的圣地,尼克斯队的球迷一直是世界上最有激情的观众群体。

但时至今日,尼克斯队还没有夺回20世纪70年代早期球队的荣耀。在20世纪90年代,该球队两度出现在总决赛赛场上,但再也没有举起过冠军奖杯。一路走来,其形象被功能失调的团队和频频出错的管理方式所毁坏。尼克斯队的历史可以追溯到NBA的起源——尼克斯队和麦迪逊广场花园球馆是联盟早期的核心所在,但只是在那短暂的时间里,尼克斯队才被称为最伟大的球队。

这就是为什么尼克斯队的球迷们对20世纪70年代早期的球队记忆犹新。无论该球队是赢还是输,话题总会回到麦迪逊广场花园球馆盛极一时的那个时候。

063

1970
华丽"手枪"叹早逝

摇滚歌手尼尔·杨有句名言:"与其苟且偷生,不如激情燃烧。"绰号"手枪"的皮特·马拉维奇却既激情燃烧,也"苟且偷生"。

1970年,皮特·马拉维奇以大学篮球史上天才得分手的身份进入NBA。他的绰号十分响亮,来自他特有的投篮动作,好似伸手从右髋部拔出手枪。他还有一系列空前完美的动作——传球、投篮、控球,这一点无人可及。

皮特认为打篮球也是表演,他要确保让每晚购票入场的观众感到物有所值。他也被称为"哈林花式篮球的首位白人球星"。

他是球迷的挚爱,但直到1980年加入波士顿凯尔特人队之前,他一直在为"逢场必输"的球队效力。可叹的是,重获新生的皮特已经伤痕累累。

皮特·马拉维奇是天生的篮球奇才。他的父亲普莱斯·马拉维奇为他的后天发展创造了条件。1947年6月22日,当皮特出生在宾夕法尼亚州的阿里奎帕时,普莱斯正准备去做大学球队的教练。

小皮特在刚有一点儿力气时,手里就拿着篮球。从5岁开始,他的父亲就开始训练他。训练非常严酷,但皮特很少感觉疲倦。

随着年龄的增长,训练变得更加复杂。普莱斯发明了各种控球练习法,名称五花八门,如"抓螃蟹""拳击沙袋""跷跷板""烙饼""椒盐卷饼"等。无论独自一人还是在父亲的监视下,皮特在家里地下室的混凝土地板上反复练习,对父亲给出的所有"花样"都熟练掌握。

有一种训练方法是,普莱斯让儿子躺在一辆汽车的后座上,车门开着,普莱斯驾车前行,皮特则在柏油路上运球。父亲不断改变车速,皮特始终保持"活球"。

普莱斯的训练变得越来越有创意。有一次,他将一副眼镜的底部涂黑,这样在运球的时候就无法往下看。哨声一响,他驱动皮特像俄罗斯方块一样移动。

普莱斯喜欢炫耀自己的儿子。有时他会把朋友带到皮特练球的地下室,指导皮特表演"抓螃蟹",让朋友们惊叹他的杰作。

皮特从小就和他的父亲一样精益求精、追求极致。他一直在孜孜不倦地寻找控球的新方法。

皮特玩篮球就像魔术师用新办法去蒙蔽观众一样,只不过皮特面对的是赛场上的对手。在学校团队训练结束后,皮特通常会自己留下来继续练习,从任何可以想象到的角度把球从墙上传给自己。

普莱斯的教练生涯每换一个地方,皮特就随着家人从一所学校转到另一所学校。最终,普莱斯接受了位于巴吞鲁日的路易斯安那州立大学的主教练职位,皮特也成了一名顶尖的高中球员。尽管他想上西弗吉尼亚大学,但在父亲的坚持下,他进入路易斯安那州立大学,继续在父亲的指导下打球。

皮特在路易斯安那州立大学毫无拘束。他想比赛,普莱斯就给他提供一个展示自己技能的舞台。在他的首个赛季,皮特场均得分43.8分。是的,43.8分,你没有看错。

尽管皮特的身材像电线杆一样瘦,却长到了1.96米,并且很快就打出了名声。他可以向左前方击地传球,眼睛看着左前方、身子向左前方移动,但球神奇地飞向了右前方。如此神技,见所未见。

有一次在比赛中,皮特带球冲刺,组

织了一个3∶1的快攻。在两侧队友的护卫下，他用力将球弹起，当球在半空中传递时，他的手绕着球转了两圈，防守队员眼神恍惚，当他用手背把球打给一个空位的队友时，对方根本无法阻挡。但是，他被判为带球走（走步）。

"我根本没走，怎么算带球走呢？"他问道。

皮特在路易斯安那州立大学的三个赛季中，平均每场得分44分。在三分线尚未引入的时代，他主要以远距离投篮取得这一成绩。他以3667分结束了他的大学生涯，这是他创下的诸多美国大学生篮球联赛（NCAA）纪录之一。

皮特大学里的场上对手赫伯·怀特说，防守皮特就好像试图在一个满是冰箱的黑暗房间里抓住一只苍蝇。

随着他的战绩四处传播，皮特的照片被登上了全国的杂志。他随风飘动的长发，刚好落在一双阴郁的眼睛上方。这双眼睛只

在打破路易斯安那州立大学得分纪录后，皮特·马拉维奇被队友们抬了起来。

有看到篮网才会明亮起来。他所穿的那种齐膝的松软袜子，成为运动场上的一种时尚。他的大部分比赛都没有电视转播，但皮特仍成了一个神话。

皮特登上了《体育画报》的封面。《体育画报》这样描述他："'手枪'皮特·马拉维奇有着山猫的眼睛和美洲豹般的优雅。"

065

当皮特参加选秀时，已经是南方真正的英雄了。ABA 卡罗来纳美洲狮队向他伸出了橄榄枝，同时 NBA 亚特兰大老鹰队向他抛出了为期 5 年、年薪 190 万美元的诱饵，据传这是当时体育史上最大额的合同。

早在"魔术师"约翰逊降临之前，皮特就已经是球场上最大的看点了，但是当得知老鹰队希望"手枪留在枪套里"时，他和他的球迷们都很失望。

老鹰队有很多久经沙场的队员。有传言说一些队友嫉妒皮特的薪水，认为太过夸张，不过就因为他是一个白人明星，可以在一个白人居多的地方赢得更多的球迷。皮特开始怀疑他们要把他隐藏起来。

皮特是一个强有力的得分手，但老鹰队教练和队员之间正在进行的博弈，对皮特产生了严重的不良后果。1974 年夏天，老鹰队将皮特交易到了新奥尔良爵士队。

爵士队正处于成立之初，在第一个赛季开始前，他们以放弃 2 名球员和 4 个选秀权得到了皮特，急于把他带回路易斯安那州，目的是为在超级穹顶体育馆的比赛吸引到更多的球迷。

就在赛季开始前 8 天，皮特的母亲海伦去世了，失魂落魄的皮特到球队报到。在赛季的第一个月，他场均得分仅仅 15 分，爵士队在开局赛季以 7：44 惨败。皮特再次与球队管理层发生冲突，还通过媒体恳请队员们能对他友好一些。他也抱怨媒体对他的不公正描述：一个赢不了球的得分好手。

"我不明白为什么一切都是消极的。"他在 1975 年说，"我想很可能人性如此，人们更愿意读关于'球猪'皮特·马拉维奇的报道，而不是'球鹰'皮特·马拉维奇的报道。"

皮特在篮球事业上付出很多，但并没有得到应有的回报。他是路易斯安那州立大学的偶像，在球场上怎么打都是对的；但在 NBA，人们似乎只注意到他的缺点。

他继续奋斗在球场上。在 1976—1977 赛季，皮特在对阵纽约尼克斯队的比赛中夺得 68 分，创下当时后卫得分的纪录，并以场均 31.1 分的成绩在联盟中保持领先。但是爵士队无缘季后赛，与皮特在爵士队效力的前 6 个赛季如出一辙。

"皮特·马拉维奇知道他比爵士队更强大，"一位 NBA 高管说，"皮特认为他是歌手史摩基·罗宾逊，其余的爵士队员是'奇迹演唱组'。麻烦的是，他说对了。"

但是他以前在老鹰队的队友卢·哈德森不这么看。"不管他做什么，他都是个失败者，永远如此，"哈德森说，"那是他的宿命，做皮特·马拉维奇从来都不容易。"

事情变得愈来愈糟。到 1979—1930 赛季，皮特已经与自己的膝伤斗争了三年。他游戏中的魔法已经不翼而飞，他的表演

1971 年，皮特·马拉维奇跳投。

热情也消失了。

"我不再微笑是有原因的，"他在1978年时说道，"这是世界上最冷酷无情、最拼死拼活的行业。"

皮特在整个赛季被爵士队视为弃子。波士顿凯尔特人队选中了他，同年也是拉里·伯德的新秀年，凯尔特人队创下东部赛区最好的纪录。

"冠军将是我整个篮球生涯的高潮，"他在加入凯尔特人队之后说，"其他东西，如奖杯、奖牌、得分冠军等可以扔进密西西比河，我才不在乎呢。"但是凯尔特人队在第二轮输了，皮特几乎只能坐壁观战。

皮特对自己微不足道的角色和膝盖的衰退状态感到失望透顶，他选择在1979—1980赛季后退役。他受够了不得不讨好每个人，他伤心透顶。

第二年，凯尔特人队夺冠。退役后，皮特成了一名隐士。在他职业生涯的最后时期，他已经明显表现出一些不当的行为，包括酗酒，对一切无端咆哮，像变了一个人。

当他回到他在路易斯安那州梅泰里的家时，他告诉妻子杰基，他想建造一个防空洞。他还说打算在屋顶上画一个巨大的圆形停机坪，上面写上"来带走我吧"。

皮特离开NBA之后，就彻底告别了篮球比赛。他停止了打球——除了和他年幼的儿子们对着一个玩具篮球筐投球，同时搬走了家里所有与篮球有关的纪念品。

后来皮特皈依基督教，填补了心中的空白。

1987年1月，皮特入选篮球名人堂。癌症晚期的父亲普莱斯得知这一消息十分开心，1987年4月15日，普莱斯去世，皮特陪伴在他身边。普莱斯临死前，杰基无意中听到皮特在他父亲耳边低语。

"我很快就会去陪伴你的。"他说。

1988年1月5日，皮特从路易斯安那州飞往加利福尼亚州的帕萨迪纳，在一个全国性的基督教广播节目中露面。他会见了一个日益壮大的原教旨主义运动创始人詹姆斯·多布森。詹姆斯·多布森邀请皮特当天早上参加他在教堂每周举办的篮球比赛。

对于从小就喜欢篮球的多布森和他的朋友们来说，与"手枪"皮特一起打篮球将是一生中最激动人心的事情。而自8年前退休之后，皮特就一直回避篮球运动，但是他勉强答应了。

在球场上跑动20分钟后，他们休息了一下。"我感觉非常好。"皮特说。他朝饮水机走去，突然瘫倒在地，再也没有醒过来。当时，他40岁。验尸结果显示，皮特死于心力衰竭，原来他患有先天性心脏病。

1996年，NBA成立50周年。作为纪念，NBA评选出了历史上最伟大的50名球员，获奖者在全明星比赛中场休息时上台亮相。皮特是唯一一位入选时已离世的球星。

1975年，皮特·马拉维奇带球越过沃尔特·弗雷泽。

花式投篮

NBA短暂地尝试了一场赛季中的H-O-R-S-E锦标赛。皮特·马拉维奇在1978年入围决赛。以下是他的一些经典华丽动作。

- 将球从背后扔过头顶，空中跳跃，接住身前的球，投中。
- 从篮筐右侧向自己背后传球，左手接球，完成反手上篮。
- 从底线发球，跃入接球，背对篮板上篮打板，进球。
- 将球带到背后，穿过两腿，完成反手上篮。
- 右手持球，手腕向上挥动，华丽地旋转投球。

1971
偶像"J博士"

球从地板上弹起，消失在朱利叶斯·欧文的右手里。欧文向篮筐右侧跨出一大步，准备飞身一跃。这是欧文所在的费城76人队和洛杉矶湖人队1980年总决赛第四场的第四节。和很多人一样，湖人队的新秀"魔术师"约翰逊，称欧文是他成长过程中最喜欢的球员。现在他终于有机会近距离观看"J博士"欧文如何施展他的魔法了。

欧文离开地面后，沿底线转身上篮。湖人队防守队员群起围攻，一名队员试图阻挡其投球。对其他人来说，这个时机是完美的。但这是"J博士"，一个能力超群的人。他越过底线，翱翔空中，停滞在篮筐的另一面，然后把球举起来，绕过湖人队中锋卡里姆·阿布杜尔·贾巴尔伸出的手臂，就像是在玩周日填字游戏，游刃有余还能展现一段皮克风格的音乐，让球在玻璃篮板上旋转，然后掉进篮网里。

"我们是不是应该请他再做一次？""魔术师"问他的队友。

"J博士"的魔法来自他的双手——一双巨大的手掌，握住大块的岩石就像握住鹅卵石一样轻松。他可以将球拍起来跃到空中，在球场的这一边炫耀球技，然后让球出现在球场的另一边。

"我举起双手，放进三秒区，然后'嘭'的一声开始创作，"他曾经说，"但双手只是我意识的延伸。"

那些目睹欧文在ABA辉煌战绩的人们，已经习惯了其令人敬畏的"飞行"。没过多久，世界上其他地方的人们也得以一睹其风采。

"J博士"是篮球界第一个真正的革命性人物。他在20世纪60年代末达到事业的巅峰，通过挑战规则创造了他的个人时代。"和'J博士'比赛，""红色巨人"比尔·沃尔顿说，"就好像过伍德斯托克音乐节。""J博士"的问世，是篮球两大时代的分界线："博士前时代"和"博士后时代"。

欧文的昵称最早是"宝石"而非"J博士"，那还是他在长岛念高中的时候。只有他童年的朋友阿奇称他为"博士"，因为阿奇对篮球规则有渊博的知识，欧文就开玩笑称阿奇为"教授"。"如果我是'教授'，"阿奇问，"那你是什么？'博士'？"

大学时代，当欧文开始出现在纽约市洛克公园打球时，人们用各种不同的昵称来称呼他。他们称他为"小鹰"，把他比作20世纪60年代洛克偶像"老鹰"康尼·霍金斯，还称他为"黑摩西"和"大爪子"，因为他的手套太大了。对于这些昵称，欧文一个也不喜欢。"如果你们非要叫我什么不可，"他说，"那就叫我'博士'吧。"

洛克公园是"J博士"施展身手的地方。当他在马萨诸塞大学打球时，扣篮在大学里仍然是不被允许的，所以球迷们首先在洛克公园球场见识到他的空中飞行，见到他在防守队员中间如何变换方位，从不可能的距离大力扣篮。

此时，他尚未意识到自己真正的能力。当然，与和他一起长大的人相比，欧文知道自己出类拔萃，直到他和全国顶尖的大学明星们一起被邀请到奥林匹克训练营时，他才恍然大悟，他有机会创造奇迹。在那儿，欧文的得分和篮板球均领先同侪，给人们留下了深刻的印象。

21岁时，欧文被ABA的弗吉尼亚绅士队招募，因为该队老板听说欧文十分有天赋，是一个聪明伶俐、颇有市场的男孩。欧文从未听说过这支球队，那有什么关系呢。他们向他提供了一份为期4年、年薪125,000美元的合同，于是欧文在1971年年初离开了马萨诸塞大学，加入了具有叛逆精神的ABA联盟。

ABA和"J博士"可谓绝配。ABA希望球员不受约束地比赛，欧文则在球场上不断超越身体和精神的极限，不断给球迷们带来惊喜。

他高空飞行的动作吸引了无数球迷，也包括他的对手；他扣篮、投球得分的方式见所未见；欧文有着标志性的外表——山羊胡子、齐膝高的袜子和大摇大摆的走路姿势。他成为ABA的代表，他对自己的角色非常满意。在ABA狂热的追随者眼中，"J博士"就是一位摇滚明星。

这并不影响欧文成为联盟中最好的球员。作为一名新秀，他场均得分超过27分，在接下来的四个赛季中有三个赛季，欧文成为联盟的得分王。1973年，他被交易到纽约篮网队，这让他有机会重回长岛。在这里，他如星光一般璀璨。在签名运动鞋尚未普遍推广的时候，欧文的签名运动鞋就成为球迷们的争抢对象。欧文成为ABA

1986年，朱利叶斯·欧文在大西部论坛球馆灌篮。

唯一的跨界明星，并出现在《体育画报》的封面上。

欧文的魅力难以遮挡。他对媒体和蔼可亲，对球迷们极具耐心，尤其是对崇敬他的孩子们，他似乎还非常注意"作秀"。更重要的是，他太酷了。球场上，"J博士"就是飞人，就是台柱，让人目瞪口呆、眼花缭乱。

他十分注重维护自己的公众形象，那是他留在球场上的一个个人特色。"在球场外，我不想还是'J博士'。"球场之外，欧文是一个内敛、保守的人。在大学一年级时，他的举止行为发生了变化。

在欧文3岁时，他的父母就离婚了，之后父亲很快离开了人世。由于母亲要全职工作养家，欧文被迫担负起了父亲的角色，照顾自己幼小的弟弟马文。1969年2月，马文参观了马萨诸塞大学校园，庆祝欧文的19岁生日。在那里，马文说关节疼痛。回家后，马文的身体状况迅速恶化。不久，马文去世了，当时只有16岁。后来发现，马文一直患有严重的狼疮。

弟弟马文的死让欧文脱胎换骨。他意识到自己被赋予了罕见的身体天赋，决心好好利用这一点。"鉴于身边亲人悲惨的命运"，他说，"我不能浪费我的生命。"

他同样不能浪费自己的才华。欧文才华横溢，可以说他天生如此。"我面对的一个最大挑战是解释我的独特打法，"他说，"难道贝多芬必须解释他是如何创作第九交响曲的吗？"

1976年ABA总决赛，欧文将自己的才华发挥到了极致。当时25岁的欧文，在对阵丹佛掘金队和鲍比·琼斯的比赛中平均每场夺得37.7分。鲍比后来成为欧文在NBA的队友，他俩被认为是联盟中最优秀的后卫。

随着欧文名气大增，NBA发现了他的潜能，将其视作联盟发展并吸引更多新球迷的重要人物。1976年夏天，ABA与NBA合并，欧文签约费城76人队。首个赛季，他就带领球队一路杀入总决赛，与比尔·沃尔顿和波特兰开拓者队展开厮杀。

结果，波特兰开拓者队赢得了冠军。

在接下来的两个赛季，欧文在季后赛中的表现不佳，所得分数也开始下降。一些人开始质疑"J博士"是否是特定阶段、特定场合的产物。进入NBA之后的欧文，与几年前在ABA的表现相比，确实平淡无奇。教练们采用区域联防来阻止他接近篮筐，他自己也承认，他有时过于被动，意识到自己不能在一个充满天才得分手的76人队中独自控球。他甚至把他标志性的非洲式发型也剪短了。1979年3月，《体育画报》刊登了一篇文章《嘿，"J博士"怎么了？》

"ABA不过是一个小联盟，"凯尔特人队教练"红衣主教"奥尔巴赫说，"在NBA这儿，欧文只是一个小前锋而已。"

直到1980—1981赛季，"J博士"得以恢复常态，并被评为常规赛最有价值球员（MVP），成为自1964年"大O"奥斯卡·罗伯特森以来第一个获得该奖项的非中锋球员。同一赛季，他与"天勾"卡里姆·阿布杜尔·贾巴尔一道作为仅有的两名现役球员入选NBA35周年纪念队。

然而，两个联盟的合并已经过去了6年，对欧文而言，NBA冠军依然还是一个梦想。1982年，欧文和76人队重返总决赛，但再次铩羽，不敌对手"魔术师"约翰逊和湖人队。不过新的机会来了，一个杰出的ABA战友摩西·马龙在那个夏天加入了费城76人队。接下来的赛季，"J博士"和76人队再次杀入总决赛，再次与湖人队相遇。这次76人队以4：0横扫对手。

欧文终于荣膺NBA冠军，NBA也迎来了崭新的一页。33岁的欧文已经成为联盟中的元老，此时的联盟是"魔术师"约翰逊、拉里·伯德、迈克尔·乔丹、查尔斯·巴克利和伊塞亚·托马斯等球星的天下，这些球员不少从小就崇拜"J博士"。

欧文再也无缘总决赛。直到退役，他致力于用他的明星号召力去做公益。他是NBA的大使，接受了许多在他之前的明星拒绝担任的角色。"J博士"出现在无数产品的广告中，他措辞严谨、发音清晰的特点得以充分展示。他与许多慈善基金会有着密切的联系。他在NBA带头支持世界特殊奥林匹克运动会（简称特奥会），并执教特奥会美国队。

在那个时代，对主要以白人为观众主体的NBA联盟来说，在高管们和广告商们看来，这个联盟"太黑"了。欧文几乎单枪匹马结束了这种污名。他的职业生涯衰落了，但他仍然是NBA最受欢迎的人物之一，也是不可否认的行为榜样。众多白人父母希望他们的孩子长大后能像"J博士"一样善良、聪明、可敬。

"孩子们总是冲我大喊,'嘿,博士!嘿,J博士!',真是太棒了,"他说,"我想让他们看到我是一个勤劳、成功的黑人。"

1986—1987赛季前,36岁的欧文宣布这将是他的最后一个赛季。他打了16个赛季的职业比赛,每一个赛季都是全明星。

他的最后一个赛季,也是一场告别巡演。在美国各地的赛场上,球迷们无数次起立鼓掌。在对阵纽约篮网队时,观众们为他献上一个英雄般的送别,欧文激动得泪流满面,纽约篮网队是他曾经梦想为之奋斗一生的家乡球队。在洛杉矶,人们把一把摇椅带到了大西部论坛球馆的中央,贾巴尔做了热情洋溢的讲话,对欧文充满溢美之词,他谈到欧文是如何激励了一代人,如何改变了篮球运动,谈到人们永远不会忘记他是如何把他的技艺打造得至至臻和富有创意。

坐在旁边观看的"魔术师"约翰逊,似乎回忆起1980年总决赛中欧文令人难以置信的反手上篮。如果他有麦克风,"魔术师"特别想问欧文:"怎么做到的?你是怎么做到的??到底怎么做到的???"

正如"J博士"曾经说过的:"很简单,只要你学会了飞行。"

1972
特别的车牌号：33 STR8

　　1971年秋天在夏威夷的一个体育馆里，洛杉矶湖人队正在集训。人们所熟悉的那种篮球弹跳的声音和运动鞋摩擦硬木地板的吱吱声不绝于耳。

　　步入45岁的比尔·沙曼从本赛季开始担任这个明星队的主教练。他放眼审视球场，感到很满意——有哪一个教练会不满意呢？

　　看，那是"关键先生"杰里·韦斯特，前NBA得分王，也是11个赛季的全明星球员，正在练习罚球投篮；还有"贝勒爷"埃尔金·贝勒，10次入选NBA最佳阵容，也是湖人队最火的篮球明星，他正在绕过想象中的防守队员突破上篮；盖尔·古德里奇正在跳投；更有威震篮坛的巨人威尔特·张伯伦，他正穿着"人"字拖在一边谈论进攻和防守。"那是肌肉记忆！"主教练开始用因溃疡而变弱的沙哑声音说教。

　　当他还是一位球员的时候，在1957年至1961年，沙曼为波士顿凯尔特人队效力，并赢得4次冠军。无论他到哪里，成功都会随之而至。前一年，他曾带领ABA犹他明星队赢得冠军；再往前追溯，他还曾带领已经解散的ABL克利夫兰风笛手队斩获冠军。

　　但是在洛杉矶，他接手的是一支似乎正在衰落的老球队，尽管它明星荟萃。

　　球员韦斯特33岁、张伯伦35岁、贝勒37岁，这三人加起来都已经打拼了36个赛季，他们的黄金岁月都已过去。三人

在1972年季后赛的一场比赛中，威尔特·张伯伦伺机向盖尔·古德里奇传球。

最近都遭受了严重的腿伤，韦斯特和贝勒一年前就需要做侵入性外科手术，导致球队四年来第一次错失总决赛。

总体来说，在过去的9个赛季中，湖人队有7次打入了总决赛，但每次都抱憾而归。那些艰苦的季后赛对身体的影响，加上失败的痛苦折磨，尤其对韦斯特造成了极大伤害。

1972年的湖人队已经日薄西山，至少湖人队老板杰克·肯特·库克在两个赛季后决定用沙曼代替乔·穆兰尼时是这样认为的。

库克这样告诉沙曼："沙曼，现在我不指望你会赢得什么。"他雇用沙曼是想重建湖人队，希望卷土重来，开辟一个新的冠军时代。

1971年10月16日早上，根据教练的指令，他的球队在开赛前八个半小时集合时，沙曼灵光乍现，脑子里有了新主意。如果他能让他的老队员们接受变化和新的任务，他知道这些老将们还有足够的余威做出令人意想不到的事情。但是，他并没有预料到接下来会发生怎样的奇迹。

晨练是沙曼引入的第一项新规。在客场比赛的日子里，他让队员们早早起床，让他们放松肌肉，感受竞技场的环境。球队在比赛日大清早就集合真是闻所未闻，但沙曼在他的职业生涯中就是这样做的（这常常让他的队友感到沮丧），并在执教ABA及ABL的球队过程中均沿用了这一做法。因此，湖人队也不例外。

如今，晨练已经成为每个NBA球队比赛日程的一部分。这只是沙曼引入的众多新规中的一项，其他基本要求还包括健康饮食、定期训练等。

不过，并不是每个球员都认同新的晨练模式，至少外界传说是这样的。

张伯伦往往直言不讳，他也是远近闻名的"夜猫子"。据说他态度强硬，告诉教练沙曼，他每天只来一次运动场，当然时间可以由教练来指定。

"这个故事很有意思，"沙曼说，"但这不是真的。我在集训开始前和张伯伦聊过，他说'你知道，沙曼，我通常中午才起床。但如果你认为这样很好，我会来的，只要我们能赢'。"

在张伯伦的职业生涯早期，他和沙曼曾是竞争对手，他们彼此相互尊重。在纽约北部卡茨基尔山举行的夏季职业与业余配对赛中，他们甚至还是队友。

张伯伦熟悉沙曼一贯的严肃作风，尽管他表现得和蔼可亲；当沙曼还是一位球员的时候，他就以投篮勇猛和愿意以拳头说话而名声在外了。

作为一名多才多艺的运动员，沙曼在NBA休赛期间曾到布鲁克林道奇队农场系统打棒球；当鲍比·汤姆森打出他1951年的三分再见本垒打时，沙曼正在场外休息区，汤姆森的本垒打又被称为"响彻世界的一击"。但沙曼未能挤进道奇队的选手阵容，于是1955年他转向专职篮球。

沙曼对一丝不苟的追求近乎狂热。众所周知，当他的团队打客场时，他的袜子和内衣以同样的方式收纳得整整齐齐。这种注重细节的习惯让他十分受益。沙曼被认为是NBA的最佳投手，也是职业生涯中唯一赢得7次罚球冠军的球员。1971年，NBA宣布25周年纪念队名单，沙曼是入选的10名球员之一。

不管是作为球员还是教练，沙曼都身体力行自己的主张：养成良好习惯的重要性和艰苦训练的价值。随着1971—1972赛季的开始，湖人队队员们越来越认同他们的新教练。而本赛季4∶0的开局大胜，更让队员们心服口服。

湖人队队员们于是对新教练很买账。曾告诉前湖人队教练巴奇·范布雷德他的球队"太老了，跑不动了"的张伯伦，此时比往年更加全身心投入。他欣然接受了沙曼分配给自己发起快攻的角色。

单赛季场均得分50分的日子已经一去不复返了。张伯伦在他的职业生涯中第一次场均得分不到20分，但是这个巨人仍然具有决定比赛格局的力量，在1971—1972赛季，他以每场超过19个篮板球的佳绩在联盟中处于领先位置。

韦斯特尽管长期被自己的膝伤所困扰，但仍然是一个强有力的得分手。在沙曼执教的第一个赛季中，韦斯特的助攻成绩在联盟中保持领先。

也许没有哪位球员比盖尔·古德里奇更加能够自由成长，他在集训期间就获得教练的允许——可以按照自己的意愿随意发挥。

在湖人队的一众球星中，有谁没有与时俱进呢？贝勒，他既是球队的宿将，也是球队的队长。

上个赛季，这位37岁的老球员由于跟

1972年在通向冠军之路的季后赛某场比赛中，威尔特·张伯伦用挡拆阻挡对方球员沃尔特·弗雷泽，以掩护杰里·韦斯特运球上篮。

腱撕裂，仅有两场比赛出战。很明显，这位曾经的飞人运动员，失去了强劲的弹跳力。他已经在联盟的荣誉首发阵容中赢得了自己的位置——彼时，他还是联盟的第三位职业生涯最佳得分手，但在最后的11场比赛中，他场均得分只有11.5分。显然，贝勒很难再续辉煌。

在NBA最拼体能的时代，这位沙场老将在征战13年之后终于感到体力不济，贝勒的职业生涯就像弹球跳出了内线。1971年11月4日，赛季进入第九场，贝勒宣布退役。

沙曼在执教的第二个赛季，当他让前锋吉姆·麦克米伦代替贝勒进入首发阵容时，贝勒说："我耽误了麦克米伦的上场时间。"

在没有贝勒的第一场比赛中，古德里奇拿下31分，张伯伦抢下25个篮板球，湖人队以110∶106击败巴尔的摩子弹队。第二天的比赛湖人队再次获胜，韦斯特拿下28分，麦克米伦拿下26分。就这样，一个月很快过去了，湖人队一路高歌猛进。12月12日，湖人队击败亚特兰大老鹰队，以20场连胜打破联盟纪录。又过了一个月，该队输掉了一场比赛。

就这样，湖人队连胜33场，创下一个令人目瞪口呆的纪录，至今无人撼动。

在沙曼快节奏进攻的方针的指导下，湖人队在连胜33场的过程中场均得分123分，平均超过对手16分。

球队一鹤冲天，但沙曼的声带问题在不断恶化。他的临时解决方案——通过扩音器交流也不奏效了。"医生告诉我，如果我在连胜期间不休息，就会造成永久性损伤，"他后来说，"但在这样一个神奇的时刻，我怎么能退场呢？"

就像张伯伦所说："为了我们的胜利，教练牺牲了他的声音。"

湖人队以创纪录的69场胜利结束了本赛季，并在季后赛中一直奋力拼搏，在三轮比赛中仅负三场。在对战纽约尼克斯队的总决赛中，湖人队以4∶1轻松击败了对手，横扫所有的对手，"复仇"成功！纽约尼克斯队曾在1970年冠军系列赛中以4∶3击败湖人队。

这是湖人队从明尼阿波利斯搬到洛杉矶后摘得的第一个总冠军。经过7次努力却失败之后，韦斯特终于赢得了一个冠军称号。没有贝勒，胜利的感觉让韦斯特五味杂陈。要知道此前每一场总决赛的失败，总有贝勒陪伴着他一起熬过。

贝勒退役后被任命为球队队长的张伯伦，被评为这个赛季总决赛最有价值球员（FMVP），而沙曼也荣膺NBA年度最佳教练。

自此之后，所有NBA球队都建立了自己的晨练制度。

沙曼提前结束了自己的教练生涯。1976年，他的声带问题恶化，迫使他离开一线，进入管理部门，担任球队的总经理。在此期间，他在选秀中选拔了詹姆斯·沃西和"魔术师"约翰逊，为创建湖人王朝奠定了基础。

2004年，在他成为球员28年之后，沙曼以球员和教练的双重身份入选篮球名人堂。在他之前同样以双重身份入选的仅有约翰·伍登和兰尼·威尔肯斯。他仍然是唯一一位在三个不同职业联赛（BAA、ABA和NBA）中赢得冠军的教练。

其中，最让人印象深刻的是1972年所获得的冠军。

在接下来的数十年里，直到他在2013年去世，很多人会看到沙曼开着他的银色捷豹轿车行驶在雷东多海滩附近。是的，很多人都记住了他的车牌号：33 STR8。

球队连胜纪录排名榜

1.	洛杉矶湖人队	33 场
2.	金州勇士队	28 场
3.	迈阿密热火队	27 场
4.	休斯敦火箭队	22 场
5.	密尔沃基雄鹿队	20 场

"J博士"把他的街球表演绝技带到了ABA。

1974
英雄莫问出处：创意街球

纽约哈莱姆区第155街和弗雷德里克·道格拉斯大道上，有一个指示标牌：洛克公园篮球场。它位于一个铁栅栏里面，地面是破旧的混凝土。但就是在这里，诞生了一代NBA球星；就是在这里，像"J博士"朱利叶斯·欧文这样的球员创造出一种崭新的风格，永远改变了职业篮球运动。

没有人能像"J博士"那样能把那么多人吸引到洛克公园篮球场。他把几乎整个街区的人都吸引过去看他打球。哈莱姆的球迷们会爬上邻近学校的屋顶，透过附近住宅区的窗户观看，或者干脆爬到树杈上，以便能够目睹"J博士"的风采。

正值阳光明媚的夏天，"J博士"发挥出最佳水平，让球迷们大饱眼福。他的非洲式爆炸发型看起来更蓬大，他的步幅更长，他的滞空时间也达到了历史最高水平，让他在NBA一举成名的很多招牌动作也诞生在这里。

"得益于环境与自由的气息，"欧文说，"那是充分展现自我的时刻，也卸掉了所有的束缚。"

脱离了进攻和防守的限制，像"J博士"这样的球员被赋予了无限可能。明亮的蓝色沥青球场就是他们的画布，摇篮式扣篮、罚球线跳投、无视重力飞行……他们的才华在这里得以充分施展。

霍尔科姆·洛克是来自纽约市哈莱姆区的教育家，也是纽约市的娱乐指导。1950年，他在当地球场发起了一场青少年篮球锦标赛。

"如果往小了说，你可以说他只是一个管操场的。""萨奇"汤姆·桑德斯说。1953年，16岁的桑德斯第一次参加洛克锦标赛，后来加入凯尔特人队，并入选篮球名人堂。

1954年，洛克开始举办职业选手和业余选手的混合赛，使得球场不但成为天才的孵化器，而且成为一个重要的社区活动中心。对非洲裔美国球员来说，这是一个具有代表性的地方，因为当时的NBA在很大程度上还只是白人的天下。

在那些日子里，每个NBA的最佳阵容的获奖者都是白人，黑人球员只适合非官方的配额制度。但在沥青球场上，黑人球员是球场上的主宰。只有像圣路易斯老鹰队的卡尔·拉姆西（他是球队中仅有的两名非洲裔美国球员之一）和哈林队的卡尔·格林这样的球员才是正式队员。

很快，这个球场招来了更多明星驻足，比如"大北斗星"威尔特·张伯伦，当时他已经是街球传奇。17岁时，张伯伦在卡茨基尔山的一个名叫库夏的度假村当侍应生。度假村的体育主管"红衣主教"奥尔巴赫组织了一些夏季运动会，邀请了一些知名的运动员参加。

在著名的哈莱姆球场，威尔特·张伯伦一直以他惊人的力量和运动天赋吸引观众。有一个故事是这样的：一次，他猛力扣篮，球从混凝土地上弹了起来，越过栅栏，飞到了第155街。

新一代纽约出生的明星也开始在洛克公园篮球场扬名。欧文、卡里姆·阿布杜尔·贾巴尔（当时他的名字还叫作路易斯·阿辛多尔）和"小精灵"奈特·阿奇博尔德都是十分受欢迎的球员。当来自布鲁克林的"老鹰"康尼·霍金斯还在读高中的时候，就凭借他在夏季比赛中的出色表现，成为这个城市最受欢迎的球员之一。在一场比赛中，这名少年将张伯伦的投篮压死在篮板上，让观众仿佛目睹了故事中的大卫挑战歌利亚，小人物挑战巨人。在接下来的比赛中，张伯伦扣篮扣到了霍金斯的脸上——你懂的，要重建威严啊。

街球的火爆，并不仅限于纽约。在20世纪60年代和70年代，这种城市游戏在美国举国上下非常盛行。例如，在华盛顿特区，"黑珍珠"厄尔·门罗声名显赫，他不断磨炼出独一无二的运球动作和巧妙的带球上篮，就像没有翅膀的"J博士"一样能"飞起来"。"黑珍珠"和巴尔的摩子弹队的队友阿尔奇·克拉克是第一批将"变向换手运球"撒手锏带到NBA的球员。

在家乡西雅图，埃尔金·贝勒每年都会主持小型活动，向当地球迷介绍他们喜爱的NBA球星不为人知的一面。张伯伦经常出现，他的打法让球迷眼花缭乱、目瞪口呆。不过，正如贝勒提醒的那样，贝勒的一方总是获胜。

很快，街球对NBA球赛产生了很大的影响。球员的运球、空中即兴表演，处处可见街球的影子，球迷们也在现场为之亢奋不已。

1974年，纽约市正式将哈莱姆公共球场更名为"洛克公园"。它作为顶级篮球运动员聚集地的传统，一直延续到20世纪90年代。在这里，阿伦·艾弗森、科比·布莱恩特和文斯·卡特等球星都上演了精彩表演。到这时候，他们的表演就都有录像带保留下来了。

2011年，NBA停摆促进了洛克公园及类似场所的复兴。NBA顶级球星们身着印有"篮球永不熄"字样的运动衫，定期参加全国各地的街球比赛。在具有历史意义的著名球场上，最令人印象深刻的一场表演是凯文·杜兰特出现在洛克公园的一场比赛中，他一人独得66分。如同40年前欧文再现，球场被观众挤得水泄不通。

"我在篮球场上从来没有体会到过这种瞬间爆发出的喜悦，"杜兰特说，"太神奇了。"

街球仿佛根植到了NBA。今天我们可以从每一次的变向换手运球、华丽扣篮当中看到街球的影子，甚至在投中一个漂亮的三分球后，球员往往会转身面向观众，在空中挥舞三根手指。

街球运动注重表演技巧和创造能力。若能娱乐大众，就能受人关注。

"在这里我第一次体验到两分不仅是两分，它还意味着更多的价值，"朱利叶斯·欧文说，"两分可能意味着一次晚餐，一场约会……如果有人打出一场精彩的表演，就能志得意满地走出球场。"

篮球运动品牌AND-1

21世纪初，随着AND-1 Mixtape系列录像带的日渐流行，街球的影响重新注入职业篮球运动。AND-1 Mixtape系列录像带收录了街头篮球场上一些最具创造力的球员的场上身姿。再一次，所向披靡的变向换手运球和狂放不羁的花式传球融入NBA比赛中。传奇人物拉夫·阿尔斯通（绰号"跳跃的灵魂"）就是在街头成名之后开始步入NBA开启他的职业生涯的。阿尔斯通的篮球之路正是AND-1品牌精神最为完美的诠释。

1976
全明星扣篮大赛

朱利叶斯·欧文从篮下开始走，数着自己的脚步，好像在丈量距离。

几年后，他回忆道："我必须让自己的步伐恰到好处，一切都必须尽善尽美。"

那是 1976 年在丹佛举办的 ABA 全明星赛的中场休息，欧文是职业篮球史上首届扣篮大赛的最后一名选手。

扣篮大赛好像是为欧文量身定制的，他在 ABA 仅用三个赛季就成为超级巨星，这要归功于他对抗重力的绝活。但这一次，欧文的保留节目，球迷们可是从未见过。

赛前，欧文把他的想法告诉了一位队友，而全明星队的球员们赌他是否能成功。尽管上半场打得很累，但他们都没有去更衣室。谁愿意错过这个好机会呢？

"仿佛我们都回到了街球球场上，"中锋丹·伊塞尔回忆道，"想看看谁才是真正的扣篮大师。"

欧文快速离开篮筐，在罚球区的一端停下，球迷们已经疯狂。他转过身，像其他伟大的表演者一样，停下来等着静场。场上顿时鸦雀无声。

只见欧文快速起跑，左脚踏在距离篮筐中心 4.225 米的罚球线上，然后腾空而起，他的头发随风飘动。

落地时，他完美挑战了人体体能的极限。这场比赛大获成功，没有什么运动能像扣篮大赛一样，把创造力与纯粹的运动

1985年的扣篮大赛中，"人类电影精华"多米尼克·威尔金斯的扣篮瞬间。

能力融为一体。

不出所料，扣篮大赛成为NBA年度全明星赛的最热门内容，也成为迈克尔·乔丹、多米尼克·威尔金斯、肖恩·坎普、科比·布莱恩特、文斯·卡特和德怀特·霍华德等明星的秀场。

当然，这一情形是ABA当时所始料未及的。

当欧文在天空"翱翔"时，ABA正面临破产。1975—1976赛季开始时，有3支球队已经解散，只剩下了7支。

但是，这一年的ABA全明星赛要向全国观众转播。ABA急于激起球迷们的兴趣，这样才有可能在与竞争对手NBA的合并谈判中增加一些筹码。

扣篮大赛的想法源于ABA的赛前热身，这时球员们会排好队，依次轮流上篮。在ABA空荡荡的竞技场上不难注意到，球迷们似乎更喜欢赛前热身时的扣篮，而不是比赛本身。

首场扣篮大赛有5名球员参与，分别是欧文、大卫·汤普森、拉里·肯农、乔治·格文和阿蒂斯·吉尔摩。大家都知道扣篮大赛的焦点人物是"J博士"欧文和"天行者"汤普森。"天行者"曾经以破天荒的360°扣篮一扣冲天，现在轮到"J博士"了。

第一扣，"J博士"一下子扣进两个球；第二扣，罚球线扣篮；第三扣，他用左手抓住篮筐，用右手凶猛扣篮；最后一次，他演绎"铁十字"扣篮，双臂张开，背对篮筐折叠反扣。

《体育画报》盛赞首届扣篮大赛为"休息间最好的半场娱乐"。扣篮大赛是ABA的一项最新创举，既为ABA增色，也大大增添了"J博士"的传奇色彩。然而，当两个联盟合并后，NBA却掉链子了。1977年，NBA把扣篮大赛变成一场尴尬、长达一个赛季的赛事。到1978年，扣篮大赛干脆被完全废除了。

1984年，扣篮大赛东山再起，34岁的"J博士"再次成为焦点。他重现了自己标志性的罚球线起跳扣篮，但还是遗憾地输给了拉里·南斯，后者一次扣进两个球，这简直就是"J博士"1976年那一次著名扣篮的新版。

扣篮大赛在1988年达到巅峰，当时乔丹与亚特兰大老鹰队的前锋多米尼克·威尔金斯对战，即逆天的弹跳王对战凶狠的扣篮手。早在三年前，当乔丹第一次出现在比赛中时，他曾向"J博士"表示敬意。

两人都完美得分打成平局，直到乔丹跃起一个罚球线扣篮，比他的前辈威尔金斯创下更长的滞空时间。乔丹带球空中飞行，双腿劈开，这一形象成为乔丹品牌的著名标志，并且得到了全世界的认可。

唯一一场接近乔丹与威尔金斯巅峰对决的扣篮大赛发生在2016年。当时阿隆·戈登和扎克·拉文将扣篮大赛演绎到一个新高度。拉文有一次展示了进化的基本原理，他自抛自扣，打了两个罚球线扣篮：一个是罚球线起跳、空中胯下扣篮；另一个是让球360°旋转。

到了20世纪90年代，扣篮大赛逐步褪色，并且在1998年和1999年被再次抛弃。但扣篮大赛又及时高光再现，2000年，文斯·卡特在奥克兰上演了有史以来最伟大的单人表演。

卡特是在分析过去的扣篮比赛录像带中长大的，就像律师不断研究案例一样。

"我经常琢磨迪·布朗如何蒙眼扣篮，"卡特说，"我是这样看扣篮大赛的：你怎样才能惊艳球迷？不用手就能吃到东西吗？"

答案显然就是飙出一系列见所未见的扣篮。他亮出的首个扣篮，是一个看似根本不可能的逆向360°旋转，随后又是一个360°旋转。有一个扣篮，他跳的高度足以把球连同他的前臂一起塞入篮筐。他的最后一个扣篮，是罚球线扣篮。

当他走出球场时，迎接他的第一个人是"J博士"。

"如果你了解我，你就会知道'J博士'是我心目中的一个英雄，"卡特说，"你赢了比赛，拿着奖杯下场时看到的第一个人竟然是自己心目中的英雄！哦，天啊，天下不可能还有比这更好的事儿吧。"

扣篮大赛达到了巅峰。当然还有其他一些杰出的表演者——戴斯蒙德·梅森、杰森·理查德森、内特·罗宾逊，但是联盟把比赛形式改得面目全非。一度，甚至引入了一个轮子，运动员需要像在游戏节目中一样旋转，或者"赢家"必须重现一个过去的标志性扣篮。

最终，游戏的顶级玩家们不再参与。现在有那么多方法可以打造个人品牌，谁还需要仅通过扣篮大赛成为明星？为什么要冒着受伤的风险或者更大的风险？无奈之下，NBA将扣篮大赛重新打造为"明日之星"活动，以年轻新秀为主要阵容。

但不可否认扣篮大赛的重大意义。要是ABA早些想到这一点，说不定这项赛事至今依然活跃。

文斯·卡特之后的前五名扣篮王

1. 阿隆·戈登
   接过吉祥物手中的球，单手转体爆扣（2016年）
2. 扎克·拉文
   罚球线起跳，空中胯下扣篮（2016年）
3. 杰森·理查德森
   胯下换手单手反向扣篮（2002年）
4. 阿隆·戈登
   飞跃吉祥物，胯下换手扣篮（2016年）
5. 安德烈·伊戈达拉
   背对篮筐反向扣篮（2006年）

1988年2月6日，迈克尔·乔丹在扣篮大赛中留下史诗级镜头。

1976
二虎联姻

1971年，NBA和ABA全明星队之间发起了一场比赛，所以1972年的表演赛被海报冠之以超级比赛Ⅱ。这场比赛在长岛的拿骚体育馆举行，NBA要与ABA的后起之秀一决高下。

超级比赛果然实至名归。

这场比赛汇集了12名未来的篮球名人堂成员。代表NBA出场的是威尔特·张伯伦、约翰·哈夫利切克、奥斯卡·罗伯特森、保罗·塞拉斯和奈特·阿奇博尔德；ABA与之对阵的有阿蒂斯·吉尔摩、丹·伊塞尔、威利·怀斯和朱利叶斯·欧文，那时的欧文仅仅经历了一个职业赛季，就已经成为篮球运动中最受欢迎的明星之一。

两个联盟已经交手好几次了。NBA球队的老板们乐于见到球迷们肯掏钱买票前来观看球队与"J博士"这样的奇才一比高下；而ABA希望争取一切机会来向人们展示ABA的球员们与其名气冲天的对手一样才华横溢。

超级比赛Ⅱ到了生死攸关的关头。ABA凭借里克·巴里的跳投将比分拉近到2分之内；而罗伯特森的罚球锁定了NBA以106∶104获胜。

NBA虽然打赢了比赛，但在迄今为止最大的舞台上表演，ABA的明星们却闪耀出了夺目的光芒。

尽管得到了欧文、摩西·马龙和"冰人"乔治·格文这样的人才，但进入20世纪70年代，ABA还是意识到了什么叫作举步维艰。自1967年成立到1975年，ABA已经累计亏损大约5000万美元，而其加盟球队呢，比一个虚张声势的扑克玩家被抓到之后消失得更快。当1975—1976赛季结束时，ABA联盟只剩下7支球队——哦，6支，因为弗吉尼亚绅士队在那个夏天也解散了。

ABA长期以来一直在推动与NBA的合并，事实上，这是其从建立的第一天起就为之努力的目标。但是NBA对获得ABA所辖球队的兴趣并不大。不过，ABA的那些球员们也的确让NBA垂涎！NBA总裁拉里·奥布赖恩和他的首席顾问大卫·斯特恩就曾畅想过这样一个未来，要是欧文穿上湖人队或尼克斯队的球衣，NBA在美国的比赛门票一定会被一抢而空，那该多好啊。

更重要的是，他们刚刚又看到了像大卫·汤普森这样的绝世天才，虽然他在1975年被亚特兰大老鹰队第1顺位选秀，但他拒绝了NBA，转而加盟ABA的丹佛掘金队，因为后者的出价更高。这是奥布赖恩不愿看到的趋势，现在是时候该做一个了断了。

当然，ABA的老板们希望争取到一个好的结果。他们聘请35岁的戴夫·德布斯切尔担任总裁，这是ABA八年历史上的第七位总裁。德布斯切尔是1970年和1973年冠军纽约尼克斯队的关键成员，几年前甚至代表NBA参加了超级游戏系列赛。德布斯切尔是一位资深的"NBA球员"，所以ABA的老板们认为，有他参与谈判一定会为ABA加分。

1976年8月5日，两个联盟达成了一项协议：NBA将接手4支ABA球队，分别是圣安东尼奥马刺队、丹佛掘金队、印第安纳步行者队和纽约篮网队。ABA的另外2支球队，即肯塔基上校队和圣路易斯灵魂队则遭到解散。

在圣安东尼奥，球迷们走上街头，庆祝他们心爱的马刺队进入NBA。但是球队的老板们对此持保守观点。"现在还不是开香槟的时候，"球队老板安杰洛·德罗索斯警告说，"因为这不是一笔好买卖。我们为此付出了高昂的代价。"

原ABA的4支球队都需要向NBA支付320万美元的加盟费。纽约篮网队还必须分10年期支付额外的480万美元给同城对手尼克斯队，因为他们侵犯了尼克斯队的领地。囊中羞涩的篮网队想把朱利叶斯·欧文卖给尼克斯队，但尼克斯队拒绝了这笔交易。无奈之下，篮网队以300万美元的价格把欧文卖给了费城76人队。

幸存的ABA球队允许保留其球员，而ABA的其他人才允许通过解散选秀的方式进入NBA球队，芝加哥公牛队首轮选中了中锋吉尔摩。此外，ABA的球队在三年之内不允许获得任何电视转播收入，也不允许参加1976年的选秀。

同时，NBA还坚持一项条款，即这个方案不能公开称为合并，而应该被视为扩张。这次扩张使NBA的球队总数增加到了22支，还为其注入了优秀的人才。

两个联盟合并的效果立竿见影。波特兰开拓者队在亚特兰大的解散选秀中选择了其大前锋莫里斯·卢卡斯,他与比尔·沃尔顿一起组成了杀手级的前场阵容,带领开拓者队一路杀入总决赛,与欧文和面目一新的76人队相遇。1977年的NBA冠军争夺战,首发阵容的10名球员中,有5名是前一年的ABA球员。

10名原ABA球员被提名1977年的NBA全明星赛;4名原ABA球员在进入NBA的第一年,就进入了NBA得分榜前10名,其中印第安纳步行者队后卫比利·奈特仅次于皮特·马拉维奇位居第二,大卫·汤普森位居第四。

与此同时,合并也给NBA注入了生机。ABA首创的三分线及带球飞行、球迷友好的风格被NBA继承了下来。

至于另外2支无缘进入NBA的原ABA球队也算不上一无所获。肯塔基上校队的老板约翰·Y.布朗另辟蹊径,开创"肯德基家乡鸡"品牌,并凭借其特许经营权而赚得盆满钵满,而且4支幸存的ABA球队还向他支付了300万美元。同年晚些时候,他以150万美元收购了NBA的布法罗勇敢者队。

1970年ABA季后赛中,斯潘塞·海伍德带球绕过克雷格·雷蒙德。

圣路易斯灵魂队的老板丹尼尔和奥兹·希尔拉兄弟精明过人。他们没有像肯塔基上校队的老板约翰·Y. 布朗那样接受300万美元的报价，而是谈成了一笔不同的、十分划算的买卖。

首先，解散选秀中被选中的每一名球队球员都要被收取报酬，希尔拉兄弟因此最终大约获得了220万美元。但更厉害的是，他们还将从4支幸存的ABA球队的电视转播收入中"永久"分得1/7。

这一笔交易被认为是体育史上最精明的商业交易。在接下来的数十年里，希尔拉兄弟大约赚了3亿美元。2014年，经过多年的努力，NBA终于结束了这笔交易，以5亿美元的代价与希尔拉兄弟解除了合约。约翰·Y. 布朗为他的肯塔基上校队谈成了300万美元的交易，而丹尼尔和奥兹·希尔拉兄弟坐拥8亿美元。

1976年，ABA的老板们觉得他们在合并中被骗了。加入NBA的320万美元费用被认为是高得离谱，令人愤慨。他们之所以接受条款，实属迫不得已，因为他们几乎没有筹码讨价还价。

但是随着时间的推移，NBA篮球发展迅猛，加盟队价值一路飙升，比当时的"J博士"还要高。2017年，休斯敦火箭队以在一个新闻发布会前，ABA和NBA成员携手推广两个联盟即将举办的全明星比赛。

22亿美元的价格被收购。2018年，30支NBA球队的价值全部超过了10亿美元。

2019年，布鲁克林篮网队以23.5亿美元的价格被出售。遥想当年，篮网队被迫出售其最佳球员，因为它负担不起1976年被责令向纽约尼克斯队支付的48万美元年费。

对于一个擅长玩"噱头"的联盟来说，这一笔交易还算不错。

1977
比尔·沃尔顿的梦魇

快攻是波特兰开拓者队的绝技，至臻完美。他们拥有所有的要素——一个倡导运球的创新型教练，一个全力以赴的团队，还有一个将愿景加以达成的中锋。

身高2.11米、体重113千克的"红色巨人"比尔·沃尔顿，作为1974年的选秀状元进入NBA，被指定为NBA的代言人。

1976—1977赛季，他正式继承衣钵，带领开拓者队杀入决赛，和NBA最新的超级巨星朱利叶斯·欧文及费城76人队决一死战。

1977年的冠军系列赛，就个人和比赛风格而言，乃是一场文化冲突之战。费城76人队队员性情急躁、体格强健、气势威猛。以"J博士"、乔治·麦金尼斯和达里尔·道金斯为主力，76人队总是以扣篮技压全场，不给开拓者队任何机会。

然而，开拓者队能够扣篮的球员屈指

1977年4月20日在丹佛举行的一场比赛中，比尔·沃尔顿封盖丹·伊塞尔的投球。

可数。他们依靠快速传球获得上篮机会，崇尚团队协作。

当然，情况并不总是这样。

沃尔顿在开拓者队的前两个赛季，都受到右脚伤痛的影响。"脚伤还没有得到准确的诊断，"他说，"只是我打球时脚疼得厉

083

害。"因此，他被认为动作缓慢、球风严谨。

沃尔顿深知，他可以改变开拓者队乏善可陈的进攻。作为大学里创纪录的篮板手，他的传球能力使他在比赛中斩获佳绩。他可以在防守一端的玻璃篮板上捕捉到篮板球，并以极高的精确度将球打回球场，迅疾点燃快攻。

他既是比赛的新手，也是公认的赢家。在加利福尼亚大学洛杉矶分校，他的球队在前两个赛季都以30∶0领先，在美国大学生篮球联赛（NCAA）中夺冠。在1973年对阵州立孟菲斯大学（后于1994年更名为孟菲斯大学）的冠军赛中，沃尔顿拿下了创总决赛纪录的44分，他22投21中。

沃尔顿的加利福尼亚大学洛杉矶分校队一路连胜，最终在第73场比赛中才被打败。如果追溯到他在家乡加利福尼亚州拉梅萨的高中阶段，那么沃尔顿的个人连胜，总计达126场之多。

在加利福尼亚大学洛杉矶分校，他追随另一位传奇中锋卡里姆·阿布杜尔·贾巴尔（当时叫路易斯·阿辛多尔）的脚步。但是在开拓者队，一个成立4年来还没有进入季后赛的球队，他要杀出自己的一条血路。

沃尔顿在第二个赛季尽力打了51场比赛，每场平均夺得13.4个篮板球，但是开拓者队依然在本赛季垫底。1976年夏天，开拓者队解雇了主教练兰尼·威尔肯斯，代之以杰克·拉姆齐，即广为人知的"杰克博士"，因为他获得了教育学博士学位。

正是沃尔顿吸引了51岁的拉姆齐担任这个角色。从这位才华横溢的年轻中锋身上，拉姆齐看到了一位出色的球员，正代表了他所希望开拓者队所认同的篮球风格。在拉姆齐身上，沃尔顿也看到了一位可以和他一样痴迷于赢得胜利和完善技艺的教练。他们每个人都在对方身上看到了一个同样的自己，无论是在训练场上还是在真正的比赛场上都追求完美。

那年夏天，ABA和NBA合并。随着莫里斯·卢卡斯的加入，开拓者队得到了进一步提升。莫里斯·卢卡斯是原ABA最令人恐惧和最强大的前锋之一，开拓者队在解散选秀中第2顺位选择了卢卡斯，让沃尔顿在前场有了一名好助手，他的身体素质与沃尔顿完美互补。两个人都是虔诚的素食主义者，彼此结下了深厚的友谊。

1976—1977赛季，开拓者队一路承受着成长中的艰辛，直到在常规赛结束前取得六连胜，才获得晋级季后赛的资格。

1977年波特兰开拓者队和费城76人队之间的总决赛，是联盟经营者们梦想的结果：沃尔顿对阵欧文，激情燃烧的开拓者队对阵展翅飞翔的76人队。虽然电视很容易捕捉看点，即沃尔顿与欧文的白、黑对决，但两人都代表了20世纪60年代兴起的反主流文化。

沃尔顿一头红头发，经常系着色彩鲜艳的大手帕，看起来就像刚从"感恩而死"乐队的音乐会上直接来到竞技场。在大学里，他在一次反越战集会上被捕。他会在比赛后尽量让自己冷静下来，使脑海里不再不断重放每一次控球。

欧文，一头标志性的非洲式爆炸发型，总能让人见到见所未见的飞身一跃，比任何人都更能演绎现代运动的魅力。他的垂直跳跃高度、花式打法和鲜明个性，让人感觉"J博士"就是嘻哈本身。他既酷又帅，体现了篮球运动的演变。

打入系列赛，拉姆齐叮嘱他的球员们务必阻止欧文扣篮。教练告诉大家，让他得分是在所难免的，但他令人兴奋的扣篮，无论是主场还是客场的球迷都会热烈喝彩，这往往会改变比赛的基调，从而对76人队更为有利。

在首场比赛一开始，欧文打出了一个飞空的风车扣篮。76人队几乎占据了整场优势，在主场观众面前轻松获胜。随后，76人队以2∶0的比分领先开拓者队。

在第三场比赛中，开拓者队在第四节一上场就改变了比赛的格局，爆发性夺得42分。在领先4分的情况下，沃尔顿越过76人队道金斯，空中接力补篮命中。76人队掷边线球，但被开拓者队后卫大卫·塔沃德兹克拦截。沃尔顿在无人防守的篮筐下张开双臂向他示意，像一个试图引起父母注意的孩子一样，上蹿下跳，在空中挥舞手臂。欧文疾速跑回篮下，意欲腾空而起，但为时已晚。他抬起头来，只看到沃尔顿用两手空中接球、命中。

在第四场比赛中，也许是受到狂热球迷们的鼓动，开拓者队以19∶4的比分开局，一路狂奔，以2∶2追平了系列赛。

下一场的比赛该队乘势取得了胜利。

第六场主场作战,开拓者队有机会赢。但在上半场,"J博士"定下了比赛的基调。只见他跑过全场,在罚球线内踏出一步,在空中与沃尔顿发生碰撞。沃尔顿在那个赛季以平均每场3.2次盖帽的成绩在联盟中领先,他跳起来在半空中阻挡欧文,但回天无力,欧文史诗般扣篮成功。

但在第四节,开拓者队挂到高速挡,利用快攻,设法将欧文吸引到篮筐右侧以阻挡沃尔顿的进攻。不过,欧文还是势不可当,全场得分40分,但他的队友中只有

1976年的一场比赛中,受伤的比尔·沃尔顿在场外观看球队比赛。

一人得分超过10分。

在最后一次控球时,76人队落后2分。眼看比赛就要结束,沃尔顿用力把一个失

误的跳投扑出篮下，开拓者队赢得冠军。

《体育画报》刊登一篇报道，标题为《"人人为我"完胜"我为人人"》。当终场哨声响起时，开拓者队球迷挤满了球场。沃尔顿脱下球衫扔进人群。"如果我抓住了那件球衫，"莫里斯·卢卡斯说，"我会把它吞到肚里。沃尔顿是我的英雄。"

沃尔顿在季后赛中，在篮板球及助攻上领先其他球员，他以23分、20个篮板球、8次盖帽和7次助攻结束了比赛。他被评为总决赛最有价值球员（FMVP）。

"'J博士'太过强悍，"沃尔顿在第六场比赛后说道，"但我们并没有因此成为明星。"

开拓者队拥有成为NBA下一个伟大王朝的实力，有望成为20世纪60年代伟大的凯尔特人队的后继者，沃尔顿也准备担负起比尔·拉塞尔的角色。在夺冠之后的那个赛季，开拓者队以创纪录的50：10开局。可是，这时候沃尔顿又倒下了。

他一直受到脚伤的困扰。1978年4月18日的一场比赛之前，他被注射了一针镇痛剂。那天晚上，他脚上的骨头裂了。"我接下来花了8年时间追逐我的梦想。"他说。

1978年，他仍然被评为NBA最有价值球员，但是由于沃尔顿的缺席，开拓者队在季后赛第一轮即被淘汰出局。接下来的一个赛季，沃尔顿也被迫全程脱离了比赛。

沃尔顿和开拓者队之间的关系，特别是与医务人员的关系开始恶化了。从诊断到恢复时间的所有问题上，他们都有分歧。对沃尔顿来说，最重要的莫过于比赛。后来，球队默许沃尔顿投入比赛，但不出所料的是，他再次负伤。

1979年，沃尔顿决定离开球队，加入他家乡所在的圣地亚哥快船队。他签下了一份史无前例的7年期、年薪700万美元的合同。快船队在那个赛季的第一场比赛，对手是洛杉矶湖人队，恰逢"魔术师"约翰逊的首次亮相。比赛被安排在全国性电视节目中播出，可惜沃尔顿没有出场。

那个赛季，他只打了14场比赛，并且被迫在接下来的两个赛季里完全作壁上观。他在快船队的6年里，只参加了169场比赛。他曾经辉煌的战绩，随着每个伤病缠身的赛季而逐渐褪色。虽然1986年他曾作为冠军凯尔特人队替补中锋，短暂恢复了职业生涯，但曾经活力四射的沃尔顿，已经空有其表。

退役后，伤病继续困扰着他：足部、踝关节和脊柱问题。1990年，在又一次足部手术后，他说他都记不清他的脚被手术刀动过多少次了。至少30次吧，他猜测。

"为了重返赛场，我愿意做任何事情，"他在退役时说，"但不能悲天悯人，我已经拥有太多美好的回忆。"

1974年，比尔·沃尔顿在场外观赛。

出赛次数榜

1. 罗伯特·帕里什   1611次
2. 卡里姆·阿布杜尔·贾巴尔   1560次
3. 文斯·卡特   1541次
4. 德克·诺维茨基   1522次
5. 约翰·斯托克顿   1504次

1979年,大卫·汤普森跃身防守皮特·马拉维奇。

1978
"天行者"与"冰人"的较量

1978年4月19日，NBA篮球世界的目光聚焦在波士顿，见证了约翰·哈夫利切克历经传奇般的16年职业生涯与凯尔特人队的最后告别演出。但在底特律市中心的科布体育馆，底特律活塞队正在举办一场与丹佛掘金队的比赛，大家关心的是到底得分王花落谁家。

这是1977—1978赛季常规赛的最后阶段了。掘金队后卫"天行者"大卫·汤普森场均得分仅落后NBA得分王圣安东尼奥马刺队的"冰人"乔治·格文0.2分，26.6∶26.8。

整个赛季，汤普森和格文都在为得分王的桂冠而战，格文的马刺队将在当晚晚些时候上场。这是联盟历史上得分最接近的比赛，而且只剩下最后一场比赛。

汤普森和格文都来自ABA，随他们的球队在上一个赛季一起加入了NBA，他们的教练也是如此，丹佛掘金队的拉里·布朗和圣安东尼奥马刺队的道格·莫。

布朗和莫是好朋友，在ABA成立之初就加入了ABA。布朗曾三次入选ABA全明星赛，退役时是联盟创纪录的助攻王。他和莫曾经是队友，一道历经风雨和彩虹。1972年，当布朗第一次受聘到ABA的卡罗来纳州美洲狮队担任主教练时，他坚持让莫一道前来担任助理。

汤普森和格文都是NBA梦寐以求的明星，也是NBA愿意与ABA合并的原因之一。很明显，在NBA比赛中从未见过像汤普森这样神奇跳跃的运动员。他之所以被称为"天行者"，是因为他以1.93米的身高，面对任何敢于阻挡他前进道路的对手都会报之以扣篮绝杀，他也因此赢得了"巨头杀手"的昵称。

1974年，汤普森在NBA和ABA选秀大会上都是第1顺位选秀状元。他随丹佛掘金队一飞冲天，作为新秀，场均贡献26分，而且从此一路狂奔。

1978年，汤普森并没有非常在意他和格文之间的得分竞争。他所在的掘金队势必进入季后赛，而最后一场在格文的主场底特律进行的常规赛，基本上可以敷衍了事。

布朗知道他离得分王只有一步之遥，就问汤普森是否希望他的队友助他一臂之力，帮助他超越格文。"算了，"他告诉他的教练，"顺其自然吧。"

接下来的事情就是这样，汤普森投中了前21个投球中的20个。仅在第一节比赛他就获得32分，打破了威尔特·张伯伦创下100分纪录时的单节得分纪录。在中场休息时，汤普森得了53分，并最终以73分结束了比赛。掘金队太需要这些得分了，其仅以2分之差输掉了比赛，137∶139。不过，汤普森得分领先格文。

虽然汤普森没有太刻意关注得分的较量，但是"冰人"并非如此。

格文是神枪手中的神枪手，一个不折不扣的得分手，他为自己能在短时间内快速得分而自豪，他也因此成了ABA的超级巨星，和朱利叶斯·欧文一样光芒万丈，是马刺队的偶像球员之一。"乔治·格文之于马刺队，就像棒球冠军贝比·鲁斯之于波士顿红袜队。"球队老板曾经这样表示。

篮网仿佛就是格文一个无底的魔术袋，他可以在球场上的任何一个地方得分。但"指尖拨球上篮"是他令人叹为观止的名片，触球和旋球至臻完美、精妙绝伦。

在ABA，他通常在前半场得到20分或30分，然后一发不可收拾，从来不忌惮让球飞起来。他在这里志得意满。"他们没有付钱给我去保护任何人，"格文说，"他们雇了人来保护我。"

难怪他被叫作"冰人"，真的像冰一样冷。

在常规赛的最后一晚，格文和马刺队在新奥尔良迎战爵士队。一位记者在赛前把电话打到了他的酒店房间，告诉他汤普森刚刚得了73分。如果格文想成为得分王，那么他需要在当天晚上砍下59分。

马刺队教练道格·莫听到这个消息后非常愤怒。他认为布朗有意指导掘金队的比赛，让汤普森有机会击败格文，就好像这是一场恶作剧。

莫把他的队伍召集到酒店大堂，告诉他们汤普森刚刚从他们的"冰人"那里"偷走"了得分王的称号。他们需要团结起来进行报复，以夺回本该属于格文的荣誉。

格文一上场就咄咄逼人、频频投篮。但造化弄人，格文一开场的6记投篮均未得分。不过还好，他很快就冷静下来，在第一节拿下20分。一个球紧接着一个球，队友们不断将球喂给他，而他技惊四座。

第二节，格文夺得33分，打破了汤普森刚刚创造的新纪录。汤普森后来写道："我花了16年时间才打破威尔特·张伯伦的纪录，但我的纪录仅仅7小时就被格文打破了。"

在对方球队的场外，受伤的新奥尔良爵士队后卫"手枪"皮特·马拉维奇正欣

赏着这场好戏，他也许也是这场比赛中十分有天赋的得分手，他开始为格文喝彩。"加油，'冰人'！"他在边线外大喊。格文对此表示："这是艺术家对艺术家的惺惺相惜吧。"

到中场休息时，格文得了 53 分，最终以 63 分结束了比赛。马刺队虽然输了 20 分，但是在这场较量中"冰人"占据了上风，他以场均 27.22 分的成绩获得得分王，汤普森的成绩是 27.15 分，二者不到半分之差。

这一切发生在联盟努力争取一些更重要的比赛得以被媒体曝光的时候，所以二人的精彩较量并没有留下任何一份影片资料。

接下来的一个赛季，格文赢得了他四个得分王中的第二个，这次场均得分 29.6 分，妥妥夺冠。

20世纪70年代场均得分榜

1.	卡里姆·阿布杜尔·贾巴尔 乔治·格文	28.2 分
2.	鲍勃·麦克阿杜	26.8 分
3.	大卫·汤普森	25.1 分
4.	杰里·韦斯特	24.6 分
5.	皮特·马拉维奇	24.2 分

1978
子弹飞起来

在20世纪70年代，子弹队是表现最稳定的球队之一。在1973年搬到华盛顿特区之前，子弹队一直在巴尔的摩。整整10年的时间里，子弹队每年都打入季后赛，从未在东部赛区排名低于第四位。

但是，进入1977—1978赛季，子弹队疲态开始显现。子弹队的前场明星韦斯·昂塞尔德和埃尔文·海耶斯都年过30岁，而近10年的NBA生涯，也让两人开始感到力不从心。

球队31岁的队长兼首发中锋昂塞尔德，已经进入他的第九个赛季。他在子弹队的整个职业生涯中，总是感到寂寞。1969年，昂塞尔德创造了历史，成为首位在同一赛季获选年度最佳新秀和最有价值球员（MVP）的球员。那一年，他场均获得14分，夺得他本人职业生涯中最高的场均18个篮板球。

他身高2.00米，是比赛中较矮的中锋，即使他顶着非洲爆炸式发型，也无法掩盖他与对手之间的身高差距。但体重113.40千克的昂塞尔德肩宽体阔，有着"弹力强人阿姆斯特朗"那样的手臂，使他不惧更大块头的对手，更何况他还是NBA的第一传球手；他把快攻一传变成了一种技术展现，这种技术同时是一种致命的武器。

然而，到了1977年，他的成绩持续下降。他虽然仍是一位篮板球高手，依然是对手的致命威胁，但两位数的得分于他已经是5年前的事情了。

海耶斯和昂塞尔德是同一个赛季进入NBA的。海耶斯在休斯敦大学队表现出色，于1968年被第1顺位选秀，在新秀年即在联盟内保持得分的领先优势。在1972—1973赛季前，他被交易到子弹队，并为子弹队在1975年进入总决赛立下了汗马功劳。

与昂塞尔德一样，海耶斯是一位篮板球高手，但和昂塞尔德不一样的是，众所周知绰号为"大E"的他，是一个"活篮筐"。他的后仰式跳投势不可当，让对手抓狂。海耶斯一直是联盟中的得分好手之一，但他竟有临阵脱逃的坏名声。

子弹队如果要继续保持竞争力，就必须增强力量。1977年夏天，子弹队签下了前锋鲍比·丹德里奇，丹德里奇是1971年密尔沃基雄鹿队的首发球员，在冠军系列赛中击败了昂塞尔德和子弹队。

华盛顿子弹队的"三巨头"虽然就位，但这一赛季其表现一般。毕竟，优势掌握在比尔·沃尔顿和波特兰开拓者队的手里，子弹队获得冠军看起来比以往任何时候都困难。开拓者队以50:10的比分一路领先。可此时此刻，沃尔顿由于脚受伤不能上场，也关闭了开拓者队本该造就的未来王朝的大门。

但仍有一群才华横溢的原ABA战将率领着各自的球队一路冲杀。费城76人队因朱利叶斯·欧文而高歌猛进；而在圣安东尼奥，"冰人"乔治·格文正在逼近有史以来最好的得分赛季之一。费城76人队和圣安东尼奥马刺队在东部赛区均名列前茅，各自赢得比赛50多场。

华盛顿子弹队在常规赛中以44胜位列第三，这是其6年来最糟糕的成绩。队员伤病是导致这个结果的原因之一。1974年至1977年，三次入选全明星的后卫菲尔·切尼尔和查尔斯·约翰逊均错失重要时机，气得主教练迪克·莫塔把他的板凳扔进了火里。

本赛季的一段时间里，子弹队的花名册上只有7名健康球员。不过，当季后赛开始时，球队全盘复活，随着汤姆·亨德森、凯文·格雷维和米奇·库普切克等替补队员上场时间的增加，球队形成了一个稳健、扎实、多才多艺的12人阵容。

在过去的7年里，昂塞尔德和子弹队曾经两次闯入总决赛，因此其也算不上失败者。但子弹队不像其他球队那样拥有顶级的天才球员，因此球迷们和媒体总是将子弹队划到弱势群体里面。

在季后赛中，华盛顿子弹队开始与NBA强大的球队对抗。在第一轮横扫亚特兰大老鹰队后，子弹队又在6场比赛中打败了格文和马刺队，这在很大程度上归功于丹德里奇对格文的出色防守。

在东部赛区决赛中，他们遇到了"J博士"和76人队，后者希望能够连续两个

1981年，韦斯·昂塞尔德、雷·威廉姆斯和埃尔文·海耶斯抢夺篮板球。

赛季进入总决赛。但在6场比赛之后，子弹队晋级，费城76人队被淘汰。

"我们只有与最好的球队过招厮杀，"格雷维说，"才能磨炼成为最好的球队。"

1978年的总决赛宣传海报上是"大卫对阵大卫"。这里的大卫暗指圣经故事中曾经战胜巨人的弱者。子弹队和其对手西雅图超音速队均在通往冠军赛的路上战胜了各自赛区中排名前两位的种子队。

子弹队1978年的季后赛打得十分艰难，总决赛也不例外。在西雅图国王巨蛋球馆进行第四场比赛时，他们面对着创纪录的39,000名主场球迷，以2∶2打平系列赛，同时打破了超音速队21场主场连胜的神话。但是，超音速队奋起反击，赢了第五场比赛。

教练莫塔告诫他的球员，不要在重大胜利面前骄傲自满。在第二轮比赛中，当子弹队以3∶1领先马刺队时，一名实况报道播音员警告说："直到胖女人出来唱歌，歌剧才会结束呢。"在季后赛的剩余时间里，莫塔对他的球员们一直重复这句话，甚至使之成了子弹队的新口号，他还为子弹队制作了印有这个口号的T恤。子弹队的球迷们在比赛时带来了标牌，询问"胖女人"是否准备好唱歌了。

面对在主场被淘汰的危险，子弹队以117∶82力挽狂澜，将第七场战斗的战场摆到了对方的地盘上。决胜的战斗打响了。子弹队在第四节后半部分消耗了11分，这主要由于超音速队的三分线外投篮高手弗莱德·布朗的频频得分。但是在比赛仅剩下1分30秒时，库普切克打出了三分球。

终场哨声响起，记分牌显示出105∶99，子弹队的球员们和教练兴奋地奔向客队的更衣室，庆祝他们的第一个冠军。

直到2016年，勒布朗·詹姆斯和克利夫兰骑士队击败金州勇士队，才有另一支球队在客场赢得第七场比赛，从而夺得冠军。

昂塞尔德赛后说："我感觉就是一种解脱。"虽然他场均只获得9分，但作为球队的"定海神针"，其被评为总决赛最有价值球员。

尽管博得满堂喝彩，海耶斯仍然无法摆脱在重要时刻退缩的名声。在第七场比赛中，他夺得12分，但由于犯规，他不得不在替补席上观看最后的比赛。

"他们想说什么就说什么吧，"海耶斯说，"但他们必须承认，'大E'是世界级冠军，他戴上了冠军戒指。"

那天晚上，数千名球迷在机场迎接子弹队凯旋，庆祝这座城市36年来的首个体育赛事冠军。

第二天，大约10万人涌上街头，参加通往白宫的胜利大游行。当球队抵达白宫时，吉米·卡特总统问他们："胖女人来了吗？"事实上，她来了——当天早些时候就来了，一名歌剧演员向欢乐的球迷们大声演唱了《我们是冠军》之歌。

华盛顿子弹队在常规赛中仅获得44场胜利，这在NBA历史上是十分少的。子弹队的5名成员多次出现在全明星赛上，海耶斯和昂塞尔德入选篮球名人堂。但是，1978年的子弹队，仍然被人们称作联盟最伟大的"弱者"。

埃尔文·海耶斯与1978年获得的冠军杯合影。

NBA季后赛史上五大冷门

1994年： 8号种子丹佛掘金队战胜1号种子西雅图超音速队。
2007年： 8号种子金州勇士队战胜1号种子达拉斯小牛队。
1959年： 明尼阿波利斯湖人队（33：39）第二轮击败圣路易斯老鹰队（49：23）。
1981年： 休斯敦火箭队（40：42，6号种子）第一轮战胜洛杉矶湖人队（卫冕冠军）。
1989年： 金州勇士队（7号种子）第一轮击败犹他爵士队（2号种子）。

1979 谁拯救了 NBA？

1979 年 NBA 总决赛的第四场，华盛顿子弹队对阵西雅图超音速队，就像是 1978 年系列赛的复赛。随着加时赛倒计时，超音速队以 114∶112 领先，子弹队及时将球控场，进行最后一击。1.83 米高的超音速队后卫格斯·威廉姆斯（也是该系列赛的头号得分手）跳起来封盖了子弹队凯文·格雷维的投球。这是一次关键性的防守，确保了超音速队的胜利。

如果你住在美国东海岸，那么即使你是一位狂热的篮球迷，威廉姆斯如此精彩的防守你也有可能完全错过，因为它是在凌晨 3 点出现在电视屏幕上的。

当时，哥伦比亚广播公司（CBS）拥有 NBA 的转播权。CBS 担心该系列赛不会吸引大量观众，因此并不重视这次转播，而是选择在东部时间和太平洋时间工作日的夜晚 11:30 播出比赛，让其与收视率巨头约翰尼·卡森的节目相对抗。很多录影延迟播放；第四场比赛在东海岸现场直播，但直到凌晨才开始转播。

这样一来，当超音速队在七战四胜制系列赛中威风凛凛以 3∶1 领先时，球迷们却都已经进入了梦乡。两天后，超音速队荣获第一个冠军的比赛也同样如此。

NBA 在 20 世纪 70 年代后期，明显处于转型期。张伯伦、拉塞尔、贝勒和韦斯特等传奇明星，以及吸引球迷们的史诗般的对抗盛况，已经不复存在。1976 年与 ABA 的合并迎来了新一代的超级巨星，如"J 博士"朱利叶斯·欧文、"冰人"乔治·格文和"天行者"大卫·汤普森，以及 4 支新的加盟队，球队总数达到了 22 支。随着 70 年代接近尾声，他们担负着重振这个逐渐衰落的联盟的重任。

随着更多的球队和明星加入 NBA（部分归功于自由选择权的引入），NBA 辉煌的王朝时代似乎永远被留在了过去。20 世纪 70 年代，出现了 8 个不同的冠军，包括那些来自密尔沃基、西雅图和波特兰等小市场的球队。

这样的局面不足以吸引球迷们。到 20 世纪 80 年代初，NBA 比赛的上座率和电视收视率都骤然下降。1983 年，NBA 组建了一个机构，开始探讨将球队数量减少 5 支的可行性。

联盟的问题，不只是收视率下降的问题。

这些数字描绘了一幅黯淡的画面，加剧了人们对联盟合并后停滞不前的担忧。当 1978—1979 赛季常规赛结束时，22 支球队中有 12 支的上座率出现下跌情况。

当然也有例外。圣安东尼奥马刺队的上座率正在攀升，该球队有乔治·格文，他的进攻才华让球队表现出惊人的竞争力。在西雅图，主场移师到可容纳 27,000 人的国王巨蛋球馆，上座率竟上升了 45%，当然这也得益于超音速队在 1978 年和 1979 年连续两次闯入总决赛。

但是在联盟的大市场，上座率直线下降。纽约、洛杉矶、芝加哥和费城都出现了大幅度下降。更令人不安的是，全国电视收视率下降了 26%。

与此同时，运动员却赚得比以往更多。1977 年，大卫·汤普森签下了一份创纪录的为期 5 年、年薪 400 万美元的合同。到 1980 年的时候，球员平均薪资超过 16 万美元；而 1970 年的时候，球员平均薪资只有 3.5 万美元。

正是在这种背景下，一群白人记者撰写了一系列关于 NBA 现状的负面文章。其中有一篇十分尖刻，发表在 1979 年 2 月的《体育画报》上，标题为《邪风漫卷 NBA》。

记者约翰·帕勃内克撰文道："也许长期合同、自由选择权和巨额薪资让注重金钱的职业篮球运动员可以考虑在 33 岁退役时到一座岛上买幢别墅，但这也给 NBA 带来了严重的形象问题。"

确实，数额猛涨的薪资并没有得到球

NBA 收视率十分低的总决赛

年份	收视率/市场份额
2007 年	6.2%/11%
2003 年	6.5%/12%
1981 年	6.7%/27%
1979 年	7.2%/24%
1980 年	8.0%/29%

1983年的一场比赛中，伯纳德·金和艾尔伯特·金两兄弟开场争球。

迷们的认可。1980赛季，NBA斥资4倍于上一赛季的50万美元营销预算，意图与球迷们套近乎。其中一条广告宣传语是："NBA的球迷棒极了！"

NBA也在对抗一个关于形象的问题，似乎与薪资有关，但实际上源于种族主义。

塞拉斯说："事实是，白人普遍不喜欢那些赚了天文数字的黑人，好像他们这些钱不是靠努力工作赚来的。"

"而很多人用'散漫'这个词形容NBA，"篮球名人堂成员艾尔·阿特尔斯在1979年表示，"我认为这个词更多的是针对一个群体，而不是针对一项运动。他们这样说是什么意思？在场上？在场外？一个男人穿什么样的衣服？他怎么说话？他怎样打球？我认为这是站不住脚的借口。"

不容忽视的是，《体育画报》上所谓"邪风漫卷NBA"一说，也是在联盟人员结构发生变化的时候出现的。1970年，NBA中60%的球员是非洲裔美国人；1980年，75%的球员是黑人，而超过75%的球迷是白人。

到20世纪80年代初，一个新问题升级到令人担忧的程度，那就是吸毒。

从这个意义上说，NBA及其球员与当时任何其他名人驱动的行业一样，因为当时可卡因似乎渗透到了文化的各个角落。在像篮球这样透明的运动中，球员不可能躲到头盔和面罩后面，效果是显而易见的。

湖人队前锋斯潘塞·海伍德在1988年说："联盟里有很多人都在尝试可卡因，并且获得了许多热评。""可卡因的供应似乎无限量……如果你是NBA球员，那么赛后那些蚂蚁一般的贩毒者会排队把可卡因塞进你的运动包里。"

1980年的总决赛期间，斯潘塞·海伍德在训练中晕倒了，因为他在前一天晚上吸食可卡因过量了。他事后告诉记者，他只是因为强度过大的举重和短跑而感到太疲劳。那年夏天，一位NBA高管推测，大约75%的NBA球员都在吸食可卡因。

像大卫·汤普森这样的球员，一位曾经的选秀状元，从充满活力的超级明星变成了无精打采、发挥不稳定的人，曾被指责比赛走过场。就在几年前，汤普森还是篮球界的头号"飞人"。1984年，他从当时纽约的迪斯科舞厅的楼梯上摔下来，摔坏了膝盖，他的职业生涯又一次急转直下。

1986年，仅在一年前还是新泽西篮网队全明星后卫的迈克尔·雷·理查德森，成为第一个因滥用药物而被禁赛的球员，这是自1983—1984赛季NBA引入禁毒政策以来，这位球员第三次被检出滥用可卡因。

那些公开有毒品滥用问题的球员名单越来越长，那些从未发挥出极致潜能的球员也成倍增加，还有一些星光璀璨的明星，其最好的运动生涯犹如昙花一现，如斯潘塞·海伍德、大卫·汤普森、迈克尔·雷·理查德森、伯纳德·金、约翰·卢卡斯、马尔文·巴恩斯等。

像可卡因这样的毒品已经渗透到社会的各个角落。正如海伍德所说："毒品教育正处于黑暗时代。"但在20世纪80年代的前5年，这个问题使NBA面临更多批评。职业篮球继续反映出美国社会的种族偏见，就像它笼罩在整个联盟的历史上一样。

不管什么原因，对大多数白人观众来说，NBA"太黑了"。"这些球队太黑了，"一位匿名联盟高管告诉《体育画报》的记者，"问题是如何推广（黑人球员）才好呢？一项以黑人为主的运动怎样才能让白人观众买账呢？"

这样你就明白，这个问题在CBS的董事会中起到了什么作用。在那里，NBA坐的是冷板凳，远不如足球、棒球及保龄球等运动项目。

据报道，CBS甚至在1977年的播放协议签署前，就感到后悔莫及。CBS决定录播并推迟播放1978年和1979年总决赛的部分内容，这无疑发出了一个明确的信息，即CBS不相信NBA比赛的收视率会提升。

那时候，对NBA造成了重大损害。电视网络和联盟的推广不力，也显示出一种短视。就算华盛顿子弹队与西雅图超音速队的总决赛，还有越来越受欢迎的冠军队阵容，如比尔·沃尔顿所在的开拓者队或沃尔特·弗雷泽所在的尼克斯队，都还不能撬动局势的话，很快增援力量就会到来。1979—1980赛季，"魔术师"约翰逊和"大鸟"拉里·伯德两位新秀首次华丽亮相，他们的争霸战拯救了NBA。

然而，联盟花了数年时间，才开始着力推广这两位迅速飙红的明星。

以1980年总决赛的第六场比赛为例，那无疑是"魔术师"约翰逊的亮相派对。当时洛杉矶湖人队在对阵费城76人队的系列赛中以3：2领先，但付出了当家中锋卡里姆·阿布杜尔·贾巴尔受伤的代价。约翰逊作为湖人队的新晋控球后卫，开场争球，那天晚上打遍了五个位置。在比赛结束时，他贡献42分、15个篮板球、7次助攻，湖人队获得冠军。

这场比赛播出了，但是延迟录播，大多数球迷在NBA的一场决定性比赛中早已熟睡。次年，"大鸟"伯德在波士顿凯尔特人队赢得了他的第一个冠军。令NBA联盟尴尬的是，电视延迟播放意味着伯德的高光时刻正是在NBA有史以来收视率极低的总决赛期间。

到1986年，电视台终于意识到自己一直坐拥金矿而不自知。湖人队对决凯尔特人队，"魔术师"对阵"大鸟"，比赛终于进行了电视现场直播，这帮助造就了NBA极其优秀和闪亮的巨星。1988年，"魔术师"所在的湖人队和"坏男孩军团"底特律活塞队之间的系列总决赛，创造了NBA历史上最高的收视率。

到20世纪80年代快结束时，迈克尔·乔丹横空出世，其推动NBA成长为一个重要的全球化企业，为接下来在数十年赢得价值240亿美元的电视转播合同打开了大门。

到这时候，应该说，不是"NBA的球迷棒极了"，而是NBA本身棒极了！

1980
东鸟西魔：最伟大的时代对决

"大鸟"拉里·伯德和"魔术师"埃尔文·约翰逊永远不会忘记，他们第一次观看对方比赛的情景。那是1978年4月的一次国际表演联赛，两人都被选为代表美国的大学全明星成员。

约翰逊是密歇根州首府兰辛市的骄傲，他刚刚结束了在密歇根州立大学的首个赛季。在这个赛季中，他带领校队获得了20年来第一个美国大学生篮球联赛（NCAA）锦标赛席位，并进入四分之一决赛。他拒绝了与NBA球队签约的提议，返回学校又待了一年。

伯德是印第安纳州弗兰奇利克的大二学生，在他的前两个赛季中，平均每场比赛得分超过31分。他刚刚入选NCAA全美最佳阵容，尽管很少有人见过他在印第安纳州打球。

不到一年之后，伯德和约翰逊就将分别上场争夺NCAA冠军，而他们所面对的观众人数，不管是大学比赛还是职业比赛，都将是创纪录的。两人都会在毕业前为自己的篮球生涯增光添彩，而随着他们把自己的才华带到NBA，他们的名气也会越来越大。在NBA，他们的比拼将继续占据NBA的中心舞台，因为他们在短短10年内总共获得了8次冠军和6次最有价值球员（MVP）。

"魔术师"和"大鸟"的双雄时代让联盟走出了低谷，将NBA的影响力提升到了一个新高度，让球迷呈燎原之势。东鸟西魔，交锋激烈程度与他们俩的友谊相互辉映，在篮球界可谓"前无古人，后无来者"。

但在眼下，两人虽然被安排在同一支

1979年美国大学生篮球联赛决赛前的拉里·伯德和埃尔文·约翰逊。

球队，但并没有引起广泛关注。

约翰逊身高2.06米，作为控球后卫，这样的身高很少见，其出色的表现也是罕有的。看着篮球在他手里就像木偶一般操控自如，伯德很快明白了他为什么被称作"魔术师"。

约翰逊的传球也像他的微笑一样感染力十足，他的笑容舒展绽放，球在他的手下就像弹球一样在球场上快速旋转。伯德后来回家就说，他刚刚看见了地球上最好的篮球运动员。

当然，伯德自己也绝非泛泛之辈，盲传、像老鹰一般断球、从不可思议的角度投球，这是在家独自与篮球、篮筐为伴，经历无尽的磨炼所得来的看家本领。

伯德是一个笨拙、害羞的年轻人，有一头卷曲的金发。第一眼看上去，他并不会让对手感到害怕，他甚至几乎不和陌生人进行眼神交流，但是一旦比赛开始，面对激烈拼抢的伯德就"火力全开"。约翰逊和其他人一样，不由得对伯德肃然起敬。他打电话给他在密歇根州的朋友说："这是我一生中见过的最厉害的白人伙计。"

进入1979—1980赛季，NBA麻烦缠身，此时伯德和约翰逊刚刚开启他们的职业生涯。门票越来越不好卖，电视收视率直线下降。总决赛期间的周末场比赛，甚至没有电视直播，因为哥伦比亚广播公司（CBS）对收视率根本不看好。

伯德和约翰逊的到来可谓恰逢其时。12月，他们在职业赛场上首度相遇。伯德和约翰逊在开赛前不仅没有握手，甚至在伯德对约翰逊严重犯规时，两人还发生了争执。CBS就像发现了两位重量级拳手一般，急于推动两人之间的竞争。次年1月，两人再度在赛场上相遇，CBS终于开启了全国性的实况转播。

"小荷才露尖尖角"，两人都是新秀"菜鸟"。不过，伯德实际上一年前就被"红衣主教"奥尔巴赫和凯尔特人队在1978年以第6顺位选中，尽管他们知道他计划重返校园。伯德是难得的奇才，凯尔特人队愿意等待他。

约翰逊刚击败伯德和印第安纳州队获得大学生篮球联赛冠军，这似乎是他技压群芳职业生涯的开场白。他于1979年被洛杉矶湖人队状元秀选中。这堪称NBA的好运，有幸得到两位NBA历史上十分有前景的球员，而且他们分别加盟了两支最具标志性的球队。

不过，此时的凯尔特人队正陷入逆境当中。伯德加盟的时候，凯尔特人队刚刚连续两个赛季无缘季后赛。在1976年的冠军争夺战后，凯尔特人队常胜将军的形象正在被迅速侵蚀。当时的凯尔特人队球员柯蒂斯·罗威甚至在1978年时向记者抱怨："我的薪资发放都成了问题。"

伯德的到来燃起了大家的期望。凯尔特人队的球迷们说，他降临地球是来拯救球队的。伯德的首场比赛在波士顿花园球馆举行，比赛之前，位于顶层看台的一位球迷放飞了一只白色的鸽子，人群中爆发出阵阵欢呼声。

湖人队这边的情况更糟。1972年，该球队在洛杉矶赢得第一个也是唯一的一个冠军，之后两年，杰里·韦斯特退役，球队陷入了混乱。1975—1976赛季前，卡里姆·阿布杜尔·贾巴尔被交易到湖人队。贾巴尔的到来使局势得以短暂好转。贾巴尔到洛杉矶的头两年，连续获得最有价值球员（MVP），但在他的前四个赛季中，球队只有一次在进入第二轮比赛之后没有被淘汰。

杰里·韦斯特在1978年说："洛杉矶周围的人都告诉我，无论对湖人队还是对NBA，都没有太大的兴趣。"不过，一旦"魔术师"上场，这种情况就会大大改变。

约翰逊在NBA的首场比赛中，就展现出其华丽的风格和必胜的信心。"魔术师"用后来成为他标志性的动作取悦了观众：背后运球、小勾手投篮，当然还有盲传，即对方防守队员看他大睁双眼看向左边，但球被他传向了右边。终场哨声响起，当贾巴尔以招牌式的"天勾"投篮赢得比赛时，"魔术师"跳起来与"天勾"激情相拥、热烈庆贺，就像六个月前在NCAA冠军赛上一样。

湖人队与朱利叶斯·欧文和费城76人队对阵，以60∶22结束比赛，重返总决赛。在第六场比赛中，因为贾巴尔受伤，"魔术师"上场打中锋，结果投中42分，赢得了系列赛的胜利，被评为总决赛最有价值球员。直到今天，他仍是唯一获得这项荣誉的新秀。

"大鸟"伯德可能不会像"魔术师"一样一夜成名，但是"大鸟"在他的新秀年也不负众望。他是凯尔特人队的头号得分手和篮板手，使球队从上一赛季的29场获胜，一跃成为常规赛获胜最多的球队。"大鸟"和"魔术师"一起入选全明星，而且伯德还以场均得分超过21分和10个篮板球，摘得"年度最佳新秀奖"。

下一个赛季，约翰逊因腿部受伤而缺席，伯德和凯尔特人队击败休斯敦火箭队，成功获得冠军。那之后的一年呢？那是"魔术师"和湖人队三年内第二次夺冠。两位"黑白煞星"的对战，如此不断精彩上演！

随着时间往前推进，两位明星和他们的球队各领风骚、卓尔不群。

"魔术师"的娱乐观赏性打法为洛杉矶的篮球秀奠定了基础，建立了一个吸睛无数的狂热篮球口碑；尽管伯德举止矜持，但还是赢得了NBA最无情的"垃圾话嘴炮"名声。伯德以胜利为乐，会和对手随意开玩笑。在一场比赛中，他决定用左手打前三节，最后豪取47分。"我在节省我的右手，为湖人队留着。"他在比赛之后说。

1979—1980赛季到1987—1988赛季期间，凯尔特人队和湖人队七次获得各自赛区第一名。"魔术师"和"大鸟"分别都获得了三次最有价值球员奖。

随着赌注的增加，"魔术师"和"大鸟"的竞争更加白热化。他们赛前不握手，总是保持一定距离。"相互竞争时，真的不是朋友。"2012年，两人一起出席脱口秀艺人大卫·莱特曼的《深夜秀》时伯德这样说道。这期《深夜秀》是为了推广以两人之间的对决为故事背景的百老汇音乐剧《魔术师和大鸟》。"'魔术师'是一个外向的人，他爱所有人，也喜欢击掌庆祝。他总是露出畅快的笑容，而我是一个居家型的人。"伯德说。

无论比赛如何，胜者为王。在伯德与匡威运动鞋（约翰逊也代言了同一个品牌）进行代言谈判时，他只要求他的酬金比约翰逊高1美元。在他们的职业生涯中，两人每天都在关注着彼此一点一滴的进步，谁也不愿意落后半步。

"魔术师"知道伯德1985年对阵亚特兰大老鹰队时拿下60分，神奇到比赛快结束时，随着他每一个不可思议的投篮，连他的对手们都公开欢呼喝彩；伯德也知道约翰逊1984年在一场比赛中，书写了24次助攻的季后赛纪录。他们互为标杆、互相追逐，并且乐此不疲。

记者和播音员们急于煽起约翰逊和伯德相互竞争的火焰。他们浓彩重抹地渲染二者之间明显的不同：黑对白，外向对内向，表演艺术大师对乡巴佬。

的确没错，远离球场，两人过着截然不同的生活。"魔术师"住在一栋豪宅里，他是洛杉矶迪斯科舞厅的常客；伯德在家乡自建了一处住宅，让母亲搬进来一起同住，自己修剪草坪。

但是两人的共同点显然更多。两人都在中西部工业区长大，伯德在农场里，约翰逊在工厂附近。当然，两人最大的共同点是在球场上表现出来的。除了互为竞争对手，两人都对篮球运动有一种超凡脱俗的领悟。NBA有很多天才，他们不仅活跃在赛场上，在场外也十分惹人关注，如张伯伦、欧文、科比、詹姆斯等。但约翰逊和伯德与谁都不像。他们只是篮球运动员，纯粹而简单。他们分享同样的打法，在个人风格和团队第一的目标之间，找到了微妙的平衡。这一点，很少有人能真正做到。

1984年春天，伯德所在的波士顿凯尔特人队和约翰逊领衔的洛杉矶湖人队首次在NBA总决赛中相遇，这是一个酝酿了5年的巅峰对决。凯尔特人队在惊心动魄的七场系列赛中击败了湖人队。凭借超过27分的场均得分和14个篮板球，加上在决定性的第七场比赛中罚球8投8中，伯德被评为总决赛最有价值球员。

接下来的一个赛季，他们的竞争重新展开。这一次，湖人队报了一冠之仇，以4：2赢得系列赛。"魔术师"在5个赛季中，连续4次助攻成绩在联盟中占据领先位置，在最后决定性的比赛中贡献了14次助攻。

"魔术师"和"大鸟"场内竞争，场外也很活跃。两人和其他NBA球星一样，都是NBA主动而积极的促销员，联盟因此大为受益。在1985年总决赛结束后，NBA与CBS达成了一份为期4年、每年价值1.73亿美元的电视转播协议。这个数额比"魔术师"和伯德到来的前一年多了整整1亿美元。

那年夏天，他俩在一起拍摄匡威广告时，他们的关系发生了一些变化。约翰逊不太愿意花时间和一个老对手在一起，而伯德也只有制片人同意在他母亲位于弗兰奇利克的家里拍摄广告才同意参与。

拍摄现场，一辆牌照为LA32的豪华轿车穿过印第安纳州的乡村小路驶向手里抓着一个篮球的伯德。车窗摇下，"魔术师"炫耀他最近获得了最有价值球员奖。"好的，'魔术师'，"伯德说，"让我看看你还有什么。"说着把球掷向他的对手。

拍摄间隙，伯德邀请约翰逊进屋，他的母亲乔治娅给他们做饭。他们从十几岁开始就曾并肩战斗，并逐渐成为罕有的竞争对手。但第一次，他们同处一室，远离外界纷扰，交谈甚欢。他们谈论征战中的趣事，相互自嘲多么密切关注对方。这次经历使他们成为朋友。这一点儿也不让人觉得奇怪，毕竟他们有那么多的共同点。

"很难从白人身上看到黑人的影子，""魔术师"说，"但当我看着伯德时，我看到了。我看到了我自己。"

1987年，两人再度在总决赛中相遇。"魔术师"在第四场比赛的最后几秒钟打出了一记漂亮的勾手投篮，让湖人队以107：106的比分获胜，以令人信服的3：1领先。在赛后新闻发布会上，看起来很沮丧的"大鸟"说："'魔术师'……是我见过的最伟大的篮球运动员。"他凝视远方，声音渐弱，陷入沉思，像是在思索着他与"魔术师"相爱相杀的场景。

这是他们最后一次对决总决赛。1985年夏天，伯德在车道上铲碎石时背部受伤。随着20世纪80年代进入尾声，终因病痛缠身，"大鸟"再也无法展翅。1992年，伯德选择退役。"魔术师"一直率领湖人队征战到1991年，后因感染艾滋病毒被迫离开赛场。早在他公开病情之前，他告诉的第一批人中就有伯德。

"魔术师"和伯德，在他们的NBA生涯中，在球场上相遇了31次。"魔术师"会抓住一切机会提醒伯德，他赢了其中的22场，包括三次总决赛中的两次。"我仍然能看到他出现在我的脑海中，球场上运筹帷幄，一会儿假装右边，一会儿假装左边，然后控球，投篮，"伯德在退役后说，"现在还让我不爽呢。"

1984年NBA总决赛中,伯德越过"魔术师"投篮。

1981
"表演时刻"湖人队

1981 年 11 月 19 日,《洛杉矶时报》赫然出现大标题:《"魔术师"的重磅消息:他想转队》。

这个消息让湖人队更衣室外的所有人感到震惊无比。毕竟,刚刚在一年半前,"魔术师"约翰逊把篮球的时尚表演带回了洛杉矶,而且作为一名新秀,带领最令人兴奋的球队赢得了 1980 年的总冠军。在休赛期,他获得了一份前所未有的聘期 25 年、薪资 2500 万美元的合同,好比终身"嫁入"了湖人队。

但这会儿,1981—1982 赛季刚刚进行了 11 场比赛,"魔术师"就和教练发生了冲突,他在这里打球并不开心。

"我不能再在这里打球了,"在赢了一场比赛之后,约翰逊告诉记者,"我想转队,我再也受不了湖人队了。我必须请求杰里·巴斯(球队老板)让我转队。"

杰里·巴斯白手起家,是一个靠房地产发家的化学家。1979 年夏,他以 6750 万美元的价格收购了湖人队及其标志性的大西部论坛球馆,那可是当时同类交易中最大的一笔。巴斯也因此将"魔术师"约翰逊和喜怒无常的资深巨星卡里姆·阿布杜尔·贾巴尔纳入麾下。

新官上任三把火。巴斯接手球队之后马上就聘用经验丰富的杰克·麦金尼担任球队主教练。以跑轰见长的波特兰开拓者队在 1977 年赢得 NBA 总冠军时,麦金尼曾担任该队助理教练,是他把快节奏的进攻打法带到了洛杉矶湖人队。很快,湖人队赢得了一个美誉——"表演时刻"——主角是"魔术师"。"魔术师"给球员和球迷都带来了活力,就连贾巴尔在 1979—1980 赛季也打得很开心,最终获得了他的第六个常规赛最有价值球员(MVP)奖。

正当湖人队以 9∶4 开局时,主教练麦金尼头部受伤,不得不离开球队,他的位置被助理教练保罗·韦斯特海德取代。在湖人队之后一路夺取冠军的过程中,韦斯特海德很好地保持了"表演时刻"的进

1984 年的季后赛中,"魔术师"约翰逊对战帕特·卡明斯。

1984 年的季后赛中,卡里姆·阿布杜尔·贾巴尔轻松得分。

攻风格。

但是到下一个赛季，韦斯特海德放弃了花式表演打法。对此，队员们并不认同。韦斯特海德的进攻思想保守，明星球员们对此感到束手束脚。贾巴尔脸上的笑容很快不见了，"魔术师"和湖人队队员们也从活跃变得沉闷。湖人队夺取冠军一年后，季后赛首轮即惨遭淘汰。

就在"魔术师"提出转队要求的第二天，巴斯解雇了韦斯特海德。

助理教练帕特·莱利被提升为主教练。作为1972年获得NBA总冠军时期的湖人队球员，莱利的个人风格与湖人队在20世纪60年代与波士顿队的争斗期间所赢得的华丽形象十分吻合。他穿着光鲜的西装，甚至梳着更光鲜油亮的发型。但是莱利并非空有其表。

在莱利执教的首场比赛中，"魔术师"刚一触到球，大西部论坛球馆的观众们就发出了嘘声。这说明自掏腰包的购票观众，对好耍脾气的百万富翁并没有丝毫的同情。但他们很快发现，那点儿门票钱花得实在不冤枉，湖人队的"表演时刻"又回来了。

"魔术师"加快步伐，轻轻一抖手腕，迅速将球传给两翼，要么是诺姆·尼克松，要么是贾马尔·威尔克斯。威尔克斯曾在韦斯特海德手下沦为空有其名的天勾，此时投球手法多变。到下半场，湖人队以30分的优势领先。"魔术师"约翰逊独得20分，另有16次助攻、10个篮板球和3次抢断。

那个赛季，湖人队重返总决赛，在与朱利叶斯·欧文及费城76人队激战六场系列赛后，夺得了三年来的第二个冠军。"魔术师"第二次被评为总决赛最有价值球员。1982年到1985年，湖人队连续4年闯入总决赛，每个赛季都创下西部联盟最好的纪录。1985年，湖人队第三次加冕冠军，这一次的对手是拉里·伯德和群星云集的波士顿凯尔特人队。37岁宿将贾巴尔是湖人队的头号得分手，曾在1971年首次获得总决赛最有价值球员，相隔14年后，再次斩获这项殊荣。

既有贾巴尔和"魔术师"约翰逊这样的明星，又有诸如防守后卫迈克尔·库帕和大个子鲍勃·麦克阿杜等众多"绿叶"，湖人队俨然成了好莱坞顶级好戏主角。

大西部论坛球馆是20世纪80年代中期洛杉矶举办比赛的不二选择。成群结队的名流前去观看比赛，巴斯总是确保他们坐在球场边上，正对着摄像机。这个竞技场也是洛杉矶最高级的贵宾夜总会——论坛俱乐部所在地，还是名人和运动员的必去之地。

与此同时，新星冉冉升起。在1979—1980赛季的一次交易中，湖人队得到了克利夫兰骑士队1982年选秀的首轮选秀权，得到第一轮的选秀状元、前锋詹姆斯·沃西，他刚刚代表北卡罗来纳大学赢得冠军，被提名为美国大学生篮球联赛（NCAA）锦标赛的最有价值球员。在北卡罗来纳大学，沃西是迈克尔·乔丹所在球队的头号得分手。然而当他加入湖人队时，却只是贾马尔·威尔克斯的替补，后者场均得分超过21分。

到1985—1986赛季，沃西已经成长为一名首发球员和全明星球员。就像在大学里一样，他有一种在重要时刻变得强大的诀窍，他也因此赢得了"大赛詹姆斯"的绰号。他善于制造投篮机会，这尤其在快攻时特别奏效。这样的场景出现了很多次："魔术师"把球像爆破筒爆炸似的炸给沃西，沃西大步抓球、起跳、腾飞，"砰"的一声单手扣篮。

在沃西的全盛时期，湖人队也好比一台机器，莱利则为这台机器不断"加油"。他们横扫对手，就像篮球龙卷风，你看到它来了，但只能"卧倒隐蔽"。不知不觉，你已经落后18分，而且手忙脚乱、不知所措。

"表演时刻"的湖人队是NBA的精英。但湖人队从来没有连续两次获得过冠军，而这被认为是一个伟大王朝的标志，甚至是先决条件。在1987年赢得冠军后，帕特·莱利保证球队会在下一个赛季获得冠军，他有能力兑现自己的承诺。

1988年在总决赛前，"魔术师"表示："真的没什么可打的了。"

他们的对手是底特律活塞队。活塞队在东部赛区名列前茅，这得益于其霸气、超体能的比赛风格，与湖人队的快攻截然不同。一些球队经常试图让比赛慢下来，借以打乱湖人队的节奏，但"魔术师"及其队友们用他们最好的表现证明，这样的企图早晚会被他们挫败。这次，湖人队激战了两个七场系列赛才打入总决赛，虽然已经精疲力竭，但他们还是准备好与活塞队决一高下。

人数创纪录的观众赶到大西部论坛球馆，观看了活塞队在第一场比赛中以105：93击败湖人队。但在第二场比赛中，沃西火力爆发，拿下全场最高的26分，湖人队扳平了比赛。

接下来在庞蒂亚克银顶体育场，活塞队接连取得了两场令人信服的胜利，其中第二场比赛的观众超41,000人。此时，湖人队面临着在主场被淘汰的危急局面。步履蹒跚的活塞队控球后卫伊塞亚·托马斯独得43分，但贾巴尔在第四节比赛仅剩14秒的千钧一发之际投进了两个罚球，以103：102锁定胜局。这给了湖人队生的希望，但他们必须战到第七场且必须两场全胜。

大西部论坛球馆座无虚席，湖人队抹平上半场的逆差，"魔术师"约翰逊和库珀又及时配合，在仅剩6秒的时候远距离上篮，使得湖人队领先3分。沃西选择了一个绝妙时机，一举实现他职业生涯的第一个三双。对沃西而言，这是他人生中最宏大的一场比赛，他贡献36分、16个篮板球和10次助攻。湖人队以108：105的比分最终获胜，巩固了其20世纪80年代的黄金王朝。距离上一支球队连续夺得冠军以来，已经过去了将近20年，那还要追溯到比尔·拉塞尔在波士顿队的最后两个赛季。

"表演时刻"的湖人队独一无二，写下了自己浓墨重彩的一笔，在体育界最伟大的王朝中，赢得了自己的一席之地。

"我们的卫冕非常成功，"莱利在获胜后告诉记者，"现在该由你们这些检察官来裁决了，由你们来决定我们在历史上该有的位置。"

裁决：湖人队是史上最优秀的球队之一。

迈克尔·库帕腾空而起，高高越过伊塞亚·托马斯。

1984
"钻石一代"选秀大会

1984年4月，美国国家篮球队在布卢明顿的印第安纳大学校园举行了选拔赛。此时距洛杉矶奥运会还有4个月，距NBA选秀则不到3个月。

主教练鲍比·奈特邀请了全国70多名顶尖大学生运动员（这是在专业球员被允许参加奥运会之前）前来。对许多运动员来说，这是展示技能和争夺奥运会参赛资格的机会。对另一些运动员来说，这是巩固他们作为全国顶尖大学运动员地位的机会。看台上挤满了准备选秀的NBA球探，这也是NBA睁大眼睛选拔人才的机会。

体育馆里人才济济，其中有5位是未来篮球名人堂的成员：迈克尔·乔丹、约翰·斯托克顿、查尔斯·巴克利、帕特里克·尤因和克里斯·穆林。其中，尤因和穆林将在第二年重返校园，其他人则已经确定会加入NBA。

而在1600千米之外的休斯敦，阿基姆·奥拉朱旺，这位出生于尼日利亚的中锋，1984年的选秀状元，刚刚结束了他在美国大学生篮球联赛（NCAA）连续2年杀入的冠军赛，正在为他的NBA新秀赛季做准备。

肯塔基州的萨姆·鲍维，此时也不在印第安纳大学美国国家队选拔现场。这位在球场上奔跑赛过羚羊的大个子，也在为自己的NBA首秀做准备。

这些名字让1984年的选秀人才储备库闪亮夺目，他们注定会成为改变联盟未来的一批天才。这当然不仅仅因为其中包括乔丹。乔丹将成为一位伟大的球员和熠熠夺目的明星。

1983—1984赛季结束时，NBA的状况已经今非昔比。它的受欢迎程度已经上升到了一个新的高度，这在很大程度上要归功于"魔术师"约翰逊和拉里·伯德这一对黑白双雄的表现。就在选秀前，两人在总决赛中相遇。在NBA职业生涯中，两人曾经有三次在总决赛中狭路相逢，这是其中的首次。而在20世纪70年代末80年代初，NBA的公众形象受损，正急切盼望有新星升起。

大家普遍认为，1984年的选秀大会将出现很多顶尖天才，如阿基姆·奥拉朱旺这样优秀的球员。但很少有人能预料到，这样一批人才会对NBA带来怎样的影响。

头号选秀权属于休斯敦火箭队。他们刚刚在西部赛区结束了史上成绩最差的一个赛季，但他们通过掷硬币"赢得"了选秀权。

一年前他们也拥有头号选秀权，选择了中锋拉尔夫·桑普森。但这一次在形势更黯淡的情况下，他们居然获得了头号选秀权。

在1983—1984赛季开局不利的情况下，恐怕是垂涎戎装待命的奥拉朱旺，火箭队想法输掉比赛，然后获得了通过投掷硬币优先选秀的资格。在本赛季的第81场比赛中，包括加时赛在内，38岁的埃尔文·海耶斯上场打了53分钟，但最后还是输掉了比赛。当时的海耶斯已然日暮途穷，在那个赛季平均每场比赛只出场了11分钟。他在这场比赛中的"超长"发挥，很明显已经竭尽全力了。

为了阻止球队故意输掉比赛以便在选秀中夺得先机，NBA将在1985年选秀时建立抽签制度。但是现在，火箭队的计划奏效了。他们优先选择了奥拉朱旺。在那个崇尚大个子的年代，火箭队得到了个子最高的前场球员。

大家都知道奥拉朱旺会被首先选中。现在，波特兰开拓者队第2顺位挑选，有趣的事情发生了。

开拓者队可以选择肯塔基男孩萨姆·鲍维或者乔丹。今天，这种选择当然再明显不过，但在当时，选谁不选谁，可真让人举棋不定。

鲍维具备一名NBA领军球员的所有资质。他身高2.16米，跑起来像个田径场上的明星。这让开拓者队的高管们禁不住回忆起他们1977年由身高2.13米的比尔·沃尔顿所领衔的冠军球队，梦想着能重现昔日的辉煌。

鲍维也许就是沃尔顿的化身，但开拓者队的高管们也有顾虑。鲍维在大学期间腿部应力性骨折，有两个赛季都不得不坐在场外。他的伤病困扰，也让人想起了沃尔顿。开拓者队的球迷们会和另一个容易受伤的球员一起承受伤痛吗？

至于乔丹，他的才华毋庸置疑。他无疑是1984年奥运会选拔赛中的最佳球员，而他在1982年全国锦标赛中投出的制胜一球，已经让他成为北卡罗来纳州的英雄。

乔丹具备成为一位不可阻挡的得分手的潜质，但他的才能仍不为人知。在大学

里，他在教练迪恩·史密斯的指导下打球。迪恩强调团队配合而非一人独大，因此据说能将乔丹控制在场均得分低于 20 分的人，只有迪恩。

但是开拓者队已经有一名得分后卫，即一年之前选中的克莱德·德雷克斯勒。他们现在所需要的是一位像鲍维那样的大块头。

这让乔丹落到了拥有第三位选秀权的芝加哥公牛队。开拓者队刚刚放弃选择乔丹，芝加哥公牛队就收到了不少交易提议。费城 76 人队甚至许诺愿意以朱利叶斯·欧文来交换乔丹，而前者刚刚在一年前带领 76 人队获得了 NBA 总冠军。但公牛队似乎有一种天降奇才的预感，于是他们义无反顾地选择了乔丹。

乔丹的大学队友、前锋萨姆·帕金斯，第四位去了达拉斯独行侠队，第五位选秀权则在费城 76 人队手里。

费城 76 人队一年之前刚刚赢得 NBA 总冠军，但因为 1978 年曾与圣地亚哥快船队交易了后卫沃尔德·弗里，因此得到了 1984 年的首轮选秀权。

在美国奥运会选拔赛的所有选手中，亚拉巴马州的男孩查尔斯·巴克利的名字十分响亮。巴克利是奥本大学的一名前锋，

1984 年 6 月 19 日，NBA 总裁大卫·斯特恩与查尔斯·巴克利握手。

身高 1.93 米，三年的时间里，他都是大学联盟中的篮板王。

不过，他最引人注意的也许还是他的体重。参加集训时，教练对他的要求是将体重控制在 97.52 千克以内，但他前来报到的时候实测体重达到了 128.82 千克。他有一大堆的绰号源于他的体重，包括"胖子""好时光飞艇"，还有他个人最喜欢的"空中飞猪。"

有关巴克利多么能吃的段子也成了传

说。据说在奥本大学的一场比赛之前，一名球迷装扮成比萨外卖员，到场上为巴克利点餐。"在训练桌上，我得让自己的手远离巴克利的盘子。"约翰·斯托克顿说。

即使巴克利站在你面前，你可能也看不出来巴克利在比赛场上是多么让人震撼的力量型球员之一。他是擅长个人突破的快攻型选手，双手战斧式扣篮让篮筐苦不堪言。但在奥运会选拔赛之前，很少有人真正把他当成 NBA 的未来之星。作为一名前锋，他的个头没有优势，而且他的腰围也不会唤起人们足够的信任。

于是，巴克利想借此机会证明在场的 NBA 球探们有多么的鼠目寸光。在选拔赛中，他刻意用手里拿到的每一个球大力扣篮。他的一位队友说："每当我听到篮筐'哐哐'作响，一回身，准会看到巴克利转身走开。"

真是令人难以置信的展示！选拔赛结束时，天平已经向巴克利倾斜。费城76人队为第5顺位选到他而激动不已。值得关注的球员不断被选中。埃尔文·罗伯特森，一位顽强的防守队员，也是少有的可与乔丹相对抗的球员之一，被圣安东尼奥马刺队于第7顺位选中；第9顺位的奥蒂斯·索普后来成为全明星球员，并且在20世纪80年代成为帮休斯敦火箭队打入决赛的重要成员；第11顺位的凯文·威利斯后来成为NBA的"钢铁侠"，运动生涯一直持续到44岁。

当犹他爵士队以第 16 顺位选中约翰·斯托克顿时，没有激起任何涟漪。斯托克顿是来自华盛顿斯波坎的一名控球后卫，在贡萨加大学的 4 年里，他表现得很低调。他是其所在的大学联盟的"年度最佳球员"，得分、助攻和抢断均在球队中出类拔萃，但鲜有人注意到他，因为他所在的大学联盟并不大。

选秀之夜，成千上万的犹他爵士队球迷聚集在盐湖城竞技场密切关注选秀进程。当斯托克顿的名字被喊出来时，人群一片沉寂。

球迷们的沉寂并没有持续太久。斯托克顿很快成为 NBA 最优秀的控球后卫之一。第二年，当犹他爵士队在选秀中选中前锋卡尔·马龙，斯托克顿为他的传球找到了一个很好的归属。1987—1988 赛季到 1995—1996 赛季，斯托克顿连续 9 个赛季在 NBA 助攻榜上领先。目前，他仍然是 NBA 历史上头号助攻手。

1984 年选秀中的所有顶尖人才都创造了富有历史意义的职业生涯。他们获得冠军，赢得最有价值球员奖，并重新改写了多项纪录。随着 20 世纪 90 年代的到来，他们在 NBA 最大的舞台上相遇，各展英姿、相生相克，永远改变了篮球运动。

阿基姆·奥拉朱旺被休斯敦火箭队选中后展示他的新球衣。

1996年"黄金一代"选秀大会

1984 年的选秀令人难忘，1996 年的选秀同样精彩。

1. 阿伦·艾弗森（11 次入选全明星阵容，2001 年最有价值球员）
2. 马库斯·坎比（2007 年最佳防守球员）
3. 斯蒂芬·马布里（2 次入选全明星阵容）
4. 雷·阿伦（10 次入选全明星阵容，2 次获得总冠军）
5. 安东尼·沃克（3 次入选全明星阵容，1 次获得总冠军）
6. 科比·布莱恩特（18 次入选全明星阵容，5 次获得总冠军，2 次获得总决赛最有价值球员，2008 年最有价值球员）
7. 佩贾·斯托贾科维奇（3 次入选全明星阵容，1 次获得总冠军）
8. 史蒂夫·纳什（8 次入选全明星阵容，2005 年和 2006 年最有价值球员）
9. 杰梅因·奥尼尔（6 次入选全明星阵容）

1985年，迈克尔·乔丹越过丹佛掘金队的邓恩投篮得分。

1985
乔丹"飞人"启航

波士顿凯尔特人队在1985—1986赛季可谓如日中天，可以说其是那个赛季里最伟大的球队。即便如此，在1985—1986赛季的季后赛第一轮的第二场比赛中，强大的凯尔特人队也难以阻挡23岁的迈克尔·乔丹。

一次接一次，乔丹突破上篮，飞身而起，空中悬停，优雅控球，在周围防守他的球员坠地之后，他才在返回地面的过程中用神奇的曲线完成一个个进球。

他在"摧毁"着凯尔特人队。他急停跳投，突破3人夹击防守，21次站到罚球线上罚球，乔丹在比赛时经常把舌头伸出来，这是他从父亲那里学来的。

当比赛接近尾声时，乔丹脱颖而出，他控制了比赛。

在比赛的最后时刻，芝加哥公牛队还落后2分，此时乔丹站在了罚球线上。这是他职业生涯早期的最重要关头，他深吸一口气，唰，唰！两罚两中！他将比赛带入了加时赛。

公牛队最终惜败。但是乔丹全场独得63分，他打破了埃尔金·贝勒保持了24年的61分纪录，创造了季后赛得分新纪录。

赛后，拉里·伯德不敢相信他所目睹的一切。他说，那不是一个NBA球员："今晚，是上帝穿着23号球衣在打球。"

1963年2月17日，迈克尔·乔丹出生在纽约市布鲁克林区，母亲迪洛瑞斯是一名银行出纳员，父亲詹姆斯是通用电气公司的一名经理。当乔丹还是个婴儿时，他们一家搬到了北卡罗来纳州的威尔明顿。在那里，乔丹在棒球和篮球的陪伴中度过了童年。

20世纪70年代，乔丹是在看着"天行者"大卫·汤普森的比赛中长大的。那时，"天行者"大卫·汤普森是比赛中最无畏的扣篮手，曾带领北卡罗来纳州立大学创造了两个赛季不败的战绩。在操场上，乔丹努力模仿着这位"天行者"。很快，他就能在一对一对抗中轻松击败他的哥哥。他觉得，"一旦你觉得能打败你的哥哥，你就能打败任何人"。

高中二年级的乔丹身高只有1.78米，被"踢出"了兰尼高中校队，这成为后来篮球史上一桩著名的轶事。这次被排除在球队之外，在他一生中第一次迸发出"我会证明给你看的"的决心，点燃了他的好胜之火。第二个赛季，乔丹已经接近1.98米，他重归校队，迅速成为当时美国最令人垂涎的大学新星之一。

在北卡罗来纳大学，他参加了1982年的美国大学生篮球联赛（NCAA）锦标赛，并在决赛中投中了决定胜利的一球，使他成为全国球迷的偶像。1984年，在宣布参加NBA选秀后，他又带领美国队获得了奥运会金牌。据说，乔丹在两支队伍的发挥都受到了一定的制约。很明显，他成了一名杰出的运动员和伟大的球星，但全世界那时候还不知道迈克尔·乔丹到底会有多神奇！

但NBA的高层心里心知肚明。

在他新秀赛季之前的那个夏天，美国队安排了8场热身赛，由乔丹带领的美国奥林匹克队对阵NBA全明星队，后者是由拉里·伯德、比尔·沃尔顿、"魔术师"约翰逊、克莱德·德雷克斯勒、阿历克斯·英格利什和伊塞亚·托马斯等巨星组成的。

一场接一场，乔丹杀气冲天，他在中路扣篮，闪过对方前锋，从后卫手中抢断。

乔丹带领的美国奥林匹克队赢了每一场比赛。全明星队的大腕儿们非常讨厌这个让他们丢脸的毛头小子，他们有时候是在67,000名观众面前输球。他们一定要给乔丹一个教训。有一场比赛，比赛暂停时乔丹伸手想从拉里·伯德手中接球，而伯德把球踢过了他的头顶。还有一场比赛，乔丹被狠狠地撞翻在地，后来"魔术师"约翰逊伸手把他扶了起来。全明星队的教练奥斯卡·罗伯特森在场边大声喊着让约翰逊回防："他整晚都在整我们！"

约翰逊后来说，21岁的乔丹已经是联盟中最好的球员之一了。那时的他甚至还没正式参加过NBA比赛呢。

但这并没有阻止耐克公司为乔丹打造以他的名字命名的运动鞋——乔丹一代，并为此投入数百万美元来进行带有挑战性的广告推广。"谁说人类不能飞？"他的第一个电视广告语是这样的。

当时NBA着装规则要求，一支球队的所有球员要穿同样的鞋子。信不信由你，后来成为传奇的乔丹一代球鞋当时却被禁止穿上比赛场。但是乔丹依旧我行我素，继续穿着黑红配色的乔丹一代（当时大部分球鞋都是白色的）上场比赛，即便为此付出每场5000美元的罚款也在所不惜。

在1984—1985新秀赛季，乔丹就成为得分"机器"。在他的第三场NBA比赛中，他拿下了37分。两周后，对阵圣安东尼奥马刺队，他又砍下45分。那年，他有31场比赛达到30分。12月，《体育画报》以《一个明星诞生了》为标题将他登上封面；《纽约时报》选定他为篮球场上最受欢迎的飞人朱利叶斯·欧文（"J博士"）的继任者。

在麦迪逊广场花园球馆的一场精彩比赛之后，有人问如果是他来防卫自己，会有什么好办法。乔丹开玩笑答道："我会直接闪开。"

在他加入联盟的第一年，乔丹就成了全明星赛的首发球员，但这使得他在奥运会热身赛中与大牌明星们积累的怨恨进一步加深。

在与东部联盟全明星队的训练中，乔丹依然穿着被禁止穿上赛场的乔丹一代球鞋，这让那些老将们很不爽。伊塞亚·托马斯和"魔术师"约翰逊这两位东部和西部的控球后卫合谋控制着比赛，让乔丹腹背受敌。他们在互相防守中放水，却全力阻止骄傲的新人乔丹拿到球。比赛中，乔丹只得了7分。

"嫉妒是职业运动的一部分，"赛季后当被问及此事时，乔丹说，"我不是按部就班爬到顶端的，我跳跃了很多步骤。"

全明星赛后，芝加哥公牛队的第一场比赛恰巧就是对阵托马斯领衔的底特律活塞队，这是完美的"复仇"机会，乔丹火力全开，得到了49分和15个篮板球——包括公牛队在加时赛所得16分中的12分。

乔丹洞察一切，不放过任何细节，所有的磨砺都成为他前进的动力。就像他的关键投篮和惊人的弹跳能力一样，这种"复仇"感对乔丹的成功至关重要。他总是在寻求突破。

在1985年全明星赛遭遇"排挤"7年后，1992年美国梦之队的阵容组建时，乔丹把世界上最伟大的控球后卫之一伊塞亚·托马斯排除在外。

没有人像乔丹一样"睚眦必报"。

乔丹被评为 1985 年度最佳新秀。乔丹在公牛队中得分、篮板球、助攻和抢断都名列前茅，并带领公牛队多年来首次打入季后赛。在获奖时，他称自己在第一个赛季的表现是"小试牛刀"，这让 NBA 的对手们不寒而栗。

季后赛中公牛队被密尔沃基雄鹿队击败，但多亏乔丹在最后一刻出手，公牛队总算赢得一场比赛。即使作为新秀，乔丹也毫不手软。"有 26 次，制胜一球的机会让我来投，这是大家对我的信任，但都以失败告终，"他后来说，"我这辈子失败了一次又一次，而正是无数次的失败造就了我的成功。"

乔丹在他的第二个赛季中，仅仅三场比赛后就因左脚一块骨头骨折而退赛。当他的脚伤终于在 3 月痊愈时，公牛队的教练和管理层希望他在剩下的时间里不要参赛，以免再次受伤，但乔丹拒绝了。球队转而试图限制他的上场时间，但乔丹公开反对。他让公牛队的高层很头疼，但是球迷们非常喜欢他。

就在这个赛季，乔丹在季后赛对阵凯尔特人的比赛中创造了历史。在首轮比赛中，他独得 49 分，这让凯尔特人队的防守奇才丹尼斯·约翰逊感到无力回天。"乔丹再也不会打出这样的比赛了，"约翰逊赛后说。但接下来的比赛，乔丹又创造了单场独得 63 分的奇迹，没人再敢质疑他的极限了。

"如果我们公牛队能赢，那么我愿意放弃所有的得分。"赛后乔丹说。

乔丹是球场上的精神领袖，而他的身体技能也支持他在球场上表现得出神入化，并通过借鉴之前的传奇人物来形成和发展自己独特的风格。

"我相信伟大的球员需要一个渐进的过程，会随着时代的变化而不断演进，"他在自传《为了我深爱的运动》中写道，"没有朱利叶斯·欧文、大卫·汤普森、沃尔特·戴维斯和埃尔金·贝勒，就不会有今天的迈克尔·乔丹。"

伟大球员的进化通常是一个缓慢的过程。但乔丹从一开始就牢牢抓住了机会，就好像喝了"魔力神汤"一样。正如他自己所说，他跳过了很多步骤。

乔丹的明星地位继续节节攀升。他在 1985 年和 1988 年扣篮比赛中的高能眩晕表演，吸引了越来越多的球迷，短短几个赛季乔丹就达到了摇滚明星的地位。他所到之处人山人海，他的人气也把 NBA 推向了主流。

球场上，他的统治力无与伦比。1986—1987 赛季，他以平均每场 37.1 分的成绩在联盟中领先，开始了连续 7 次蝉联得分王的纪录。1988 年，他第一次赢得 MVP（乔丹在职业生涯中共赢得 5 次 NBA 常规赛最有价值球员），并被评为 NBA 年度最佳防守球员，他成为第一个创下单赛季获得 200

1987年扣篮大赛中，乔丹以技惊四座的罚球线起跳扣篮获得"飞人"称号，并最终赢得冠军。

次抢断和100次盖帽纪录的球员。

拥有了乔丹，公牛队成了大赢家，每个赛季都打入季后赛，但想要进入总决赛并不容易。

年复一年，有一个对手一直横刀立马，那就是伊塞亚·托马斯所带领的"坏小子军团"底特律活塞队。那时候的底特律活塞队球员体能充沛、球风彪悍，其凶狠的打法令其他球队噤若寒蝉。

1988年，活塞队在季后赛第二轮淘汰了公牛队。第二年，乔丹在第一轮比赛中最后零秒压哨出手，淘汰了克利夫兰骑士队——这就是载入史册的那个绝杀。这场胜利使公牛队在东部决赛中与活塞队再次相遇。活塞队为防守乔丹专门设计了一个策略（称为"乔丹法则"），基本上可以归结为：任何时候都要双人夹攻乔丹，而且每次他若进入三秒区就把他撞倒在地。

这个策略奏效了，一度情绪沮丧的乔丹进行了报复，用胳膊肘顶了托马斯的脸。由于乔丹的队友都没有一位能挑起大梁扭转乾坤，活塞队再次让公牛队卷起铺盖走人。

显然，乔丹需要帮手。1987年，公牛队从阿肯色州招募了一个名不见经传的前锋，名叫斯科蒂·皮蓬。但是皮蓬进入NBA时只是一枚菜鸟，还需要很长时间的锤炼才能成为乔丹的搭档。

乔丹继续独立支撑着公牛队。1989—1990赛季，NBA媒体密切关注乔丹，也看到他为公牛队担负的异常沉重的重压，远远超过任何一名球员为球队担负的责任。

在公开场合，乔丹驳斥了他的身体需要休息的观点。"嘿，我是一匹年轻的千里马，"他说，"千里马不需要休息。"

私下里，他会见了公牛队的新任总经理杰里·克劳斯，希望在球场上有更好的帮手。克劳斯却告诉乔丹，他新签的8年期、总价值2500万美元的合同让球队捉襟见肘，没有更多的钱花在其他球员身上——好像公牛队没有更好的球员助乔丹一臂之力，是乔丹自己的错。

愤怒的乔丹把他对克劳斯的愤怒发泄在他的对手身上。在这个赛季的最后一个月，他场均得分超过36分，包括对阵克利夫兰骑士队时创造了单场得分69分的职业生涯最高纪录。但是公牛队注定要再次被活塞队终结其赛季——这次是经过7场艰苦的东部决赛后被击败的。

在NBA拼杀了6个赛季后，乔丹已经牢牢确立了联盟最佳球员的地位。尽管他才华横溢，却没有获得一次进入总决赛的机会。

不过，这时的"飞人"还只是在跑道上滑行。

1984年，迈克尔·乔丹与芝加哥公牛队签订了为期7年的合约。

NBA季后赛个人单场得分排行榜

1. 迈克尔·乔丹	63分	（1986年）
2. 埃尔金·贝勒	61分	（1962年）
3. 查尔斯·巴克利	56分	（1994年）
迈克尔·乔丹	56分	（1992年）
威尔特·张伯伦	56分	（1962年）

1985
鲍维：选秀就是一场赌博

回溯往事，波特兰开拓者队选择萨姆·鲍维是一个明显的败笔（怎么会错过乔丹呢?！），但在当时，鲍维被普遍认为是1984年选秀中最有前景的球员之一。萨姆·鲍维身高2.16米，但身体灵活，技术全面。作为一名高中生，他于1979年成为美国国家队队员，还获得了肯塔基大学的奖学金，并让鲜为人知的宾夕法尼亚州莱巴嫩城变得闻名遐迩。在大二的时候，他被评为全美最佳选手。在选秀前几个月，他随肯塔基大学队打入美国大学生篮球联赛（NCAA）四强。

如果要追溯选秀失误的原因，那就是开拓者队忽视了鲍维的伤病史。他因为腿部应力性骨折已经错过了整整两个大学赛季。虽然他重回球场，看起来很健康，但长期风险不容忽视。

在1984年的选秀中，波特兰开拓者队获得第二位选秀权，他们热切希望选择一个个子较高的中锋，所以把目标投向了鲍维。从理论上来说，他是杰克·拉姆齐教练体系里所需要的完美中锋：高大、灵活、传球准确，能很好地控制内线并保护篮下。

开拓者队也算尽职尽责，他们把鲍维带到波特兰，给他做了7个小时的体检。而在

1985年，萨姆·鲍维在休斯敦火箭队中锋阿基姆·奥拉朱旺的眼皮底下抢到一个篮板球。

111

1984年大卫·斯特恩（时任NBA总裁）与阿基姆·奥拉朱旺、萨姆·鲍维合影。

被开拓者队选中的那个选秀之夜，鲍维也曾心存疑虑。"我不知道是否会重蹈比尔·沃尔顿的覆辙。"沃尔顿是1974年的选秀状元，他曾带领开拓者队获得其第一个（也是唯一一个）总冠军，之后就反复出现脚伤，影响其水平发挥，致使球队再次陷入低谷。

可以说，NBA选秀确实有很大的不确定性。球队就像是在掷骰子，没有球探分析报告能准确预测球员的职业生涯。比赛中有太多的因素——他们所在的球队、教练和体制、伤病、如何与球队的其他球员相处，以及如何适应职业运动员的生活等，不一而足。

首轮选秀球员们还承载着希望，人们对选秀排名靠前的球员期望值总是很高，尤其是前三名。

排名前三的新秀会被认为是来拯救球队的救世主，他将是一支球队的新领袖，或者将弥补一个关键的短板，从而大大提升球队的水平。倘若他们没有完成这个使命，他们的缺点就会被放大。

在鲍维的新秀年，他就像是一个潜在的未来明星，每场比赛平均近9个篮板球和3次盖帽。他和乔丹、阿基姆·奥拉朱旺、萨姆·帕金斯、查尔斯·巴克利联袂入选了最佳新秀第一阵容。

然而，在他的第二个赛季，他的腿部问题又出现了，他只参加了38场比赛。第三年，鲍维开局不错，场均得分超过16分。赛季进行到第五场时，他在飞身跃起勾手投篮时，感觉到了"被一把斧子砍断了腿"的剧痛。他跌倒在地，胫骨被折断了。

"我看到他的骨头都露了出来，他疼得用拳头一下又一下敲打地板。"队友克莱德·德雷克斯勒回忆道。

这次受伤迫使他缺席了第四个赛季。在伤愈之后的训练中，他再次受伤，直到他的第五个赛季的最后20场比赛时他才重返球场。而与此同时，乔丹已经快要拿下第三个得分王头衔了。

鲍维的NBA生涯历时410场比赛，但他只上场了139场。他下定决心，如果再受一次重伤，他将完全退出比赛。

有很多在选秀中名列前茅的球员的职业生涯因伤病而中断，甚至再也没能上场参加比赛。

史蒂夫·斯蒂帕诺维奇，1983年选秀的第2顺位，在NBA只打了5年篮球，膝伤迫使他提前退役；佩维斯·埃里森，1989年的选秀状元，绰号从原来的"永不紧张"变成了"不在服务区"，因为他一直因伤病难以上场；1995年首轮选秀第6顺位的布赖恩特·里福斯，他的职业生涯有一个充满希望的开始，但仅仅6个赛季后就彻底告别了球场；乔纳森·本德，这个高中一毕业就直接参加选秀、获得第5顺位的新秀，只有一个赛季打得还算平顺。

在开拓者队，曾被寄予厚望的中锋格雷格·奥登，也成为这份令开拓者队球迷心碎的伤病球员名单上的一员。奥登是2007年的选秀状元，位列后来荣获两届总决赛最有价值球员的凯文·杜兰特之前，和鲍维可谓同病相怜。

奥登在开拓者队只打了两个伤病缠身的赛季。2013年，他曾在迈阿密热火队尝试复出，但只坚持了23场比赛。

1988—1989赛季之后，萨姆·鲍维得到了一份健康证明。那年夏天，他转到新泽西篮网队。"你得承认这是一次冒险。"篮网队总经理哈里·威尔特曼说。

但冒险确实能带来回报。在新泽西篮网队的第一个赛季，鲍维打了68场比赛，场均得分15分、10个篮板球。接下来的4年里，他保持着良好的身体状态，在1992年至1994年间帮助篮网队打入了季后赛。的确，鲍维没有成为开拓者队在选秀之夜预想的球员，但他是一个值得信赖的球员。

1993年夏天，鲍维转到洛杉矶湖人队。两个赛季之后，33岁的鲍维结束了自己的职业生涯。

鲍维从未成为耀眼的明星，但他在NBA打了511场比赛，在4个赛季中盖帽的成绩名列前20，他整个职业生涯的场均盖帽成绩目前排在联盟的第31位。

相对很多其他球员来说，鲍维的职业生涯可以说是成功的。但因为选秀排名靠前，他被作为一个失败者被铭记。《体育画报》将他列为NBA选秀败笔的第一位；娱乐与体育节目电视网（ESPN）也将他称为北美体育史上最差的选秀。

鲍维说："我每次见到乔丹都告诉他，如果他没有成为篮球之神，我就不会听到这些嘲笑了。"

1986
追梦者奥拉朱旺

绰号为"大梦"的阿基姆·奥拉朱旺，运用灵敏的脚步冲到三秒区，张开手臂协助防守"魔术师"约翰逊。

在他的背后，球被传给了位于内线的卡里姆·阿布杜尔·贾巴尔。奥拉朱旺没有回头，但对场上的形势十分清楚。贾巴尔腾空旋转，扬起他著名的"天勾"——这是篮球场上独一无二的必杀绝技。只见奥拉朱旺急速转身，一个箭步腾空而起，在空中封住了贾巴尔投篮的线路，毫不费力地将球扇到看台上。

后来，这位 NBA 历史上的盖帽王接过了比尔·拉塞尔的衣钵，将盖帽艺术演绎到极致——在盖帽的同时将球打给空位的队友，而不是扇出界外。不过此时此刻，奥拉朱旺还在努力展现自己的能力。

在进攻中，奥拉朱旺被休斯敦火箭队 4 名防守队员包夹，身高 2.18 米的贾巴尔还顶着他的肩膀。奥拉朱旺没有被吓住，他背对篮筐飞身而起，在半空中旋转身躯，越过贾巴尔头顶成功猛扣。

这是 1986 年西部赛区决赛中，休斯敦火箭队和洛杉矶湖人队的第三场比赛。NBA 卫冕冠军湖人队正期盼着第五次打入总决赛。

但在来自尼日利亚首都拉格斯的年轻中锋奥拉朱旺加入联盟的第二个赛季，就

1988年的一场季后赛中，阿基姆·奥拉朱旺突破达拉斯小牛队球员的围堵。

让湖人队难以招架。他身材高大，动作敏捷，头脑清晰，上一场比赛中他打出了两双，外加 4 次抢断和 6 次盖帽。今晚的第三场比赛他又拿下 40 分，在西部赛区决赛中他的场均成绩达到 31 分、11.2 个篮板球和 4 次盖帽。

内线成了 38 岁的贾巴尔的噩梦，23 岁的奥拉朱旺让他痛苦不堪。在贾巴尔 20 年的职业生涯中，第一次有了英雄末路之感。火箭队通过 5 场比赛击败了湖人队，他们在输掉第一场比赛后连赢 4 场。但高飞的火箭队最后还是跌回了地面，其在总决赛中 6 场比赛输给拉里·伯德所率领的凯尔特人队，不过奥拉朱旺已经成为联盟里令人瞩目的球星。

湖人队从未遇到过像阿基姆·奥拉朱旺这样的球员（1991 年，他在自己的名字前面加了一个 H，从"阿基姆"变成"哈基姆"）。实际上，在整个 NBA 的球场上奥拉朱旺也是一位前所未有的球员。

身高 2.11 米的奥拉朱旺犹如后卫般优雅敏捷，弹跳毫不费力，在内线有着强大的掌控力。他参加过多种运动项目——在 15 岁开始打篮球之前，他曾经是一个出色的足球门将，后来还练习过手球，他将运动天赋与敏锐的思维及天生的防守能力融合在了一起。随着职业生涯的发展，奥拉朱旺的进攻能力大幅度提升，形成了一种独特的技术，使他的对手们防不胜防。

从拉格斯到 NBA 的历程和 NBA 第一位国际巨星的地位，让他与众不同，同时也为几代非洲篮球运动员的发展铺平了道路。

当他击败贾巴尔和湖人队的时候，球迷对奥拉朱旺并不陌生。在此之前，他曾带领休斯敦大学队连续三次打进美国大学生篮球联赛（NCAA）总决赛，在 1984 年以选秀第 1 顺位被休斯敦火箭队招致麾下。在 NBA，他一步一个脚印，斩获无数奖项和荣誉，包括最有价值球员（MVP）、两届总冠军、总决赛最有价值球员和年度最佳防守球员等，最后作为有史以来最成功的球员之一光荣退役。

但当他第一次到达美国时，奥拉朱旺无非就是一个神秘的大个子。

和大多数尼日利亚人一样，奥拉朱旺是在踢足球中长大的，他也参加田径比赛，擅长跳高，其中手球是他小时候最喜欢的运动。

十几岁时，他曾担任尼日利亚国家手球队的队长，与篮球队在同一场地训练。

1993年NBA总决赛中，奥拉朱旺投篮。

虽然奥拉朱旺从来没有打过篮球，但被篮球的控球技术迷住了，声东击西的交叉过人、背后运球，简直太酷了！

该队的教练加尼尤·奥特尼巴格贝长期以来一直希望身材高大的奥拉朱旺尝试一下篮球。现在，奥拉朱旺准备试试身手。加尼尤把他带到篮球场，领他走进涂成血

红色的禁区。加尼尤指着地板，告诉奥拉朱旺这里之所以被涂成血红色，是因为内线是一个非常残酷的地方，要控制内线就必须毫不留情，挡住一切靠近自己的东西，把球狠狠砸向篮筐，就像要把它击碎一样。你瞧，当你要把球扣到对手身上时，他们往往会躲开。

奥拉朱旺学得很快，不久他就引起了一位美国出生的球探的注意，他洞察到了奥拉朱旺的才能，安排他去参观美国五所大学。奥拉朱旺说服他的母亲给他买了一张全程机票，准备从拉格斯飞到纽约，然后去休斯敦、亚特兰大和普罗维登斯，然后途经纽约回家。

时值寒冬，他在纽约下了飞机，准备去参观圣约翰大学。他走出机舱的时候并没有带外套，立刻被寒冷的天气冻得瑟瑟发抖，于是直奔机场的售票柜台。"我今天能去休斯敦吗？"他问道。

4个小时后，他降落在得克萨斯州东南部气候宜人的地方，乘坐出租车前往休斯敦大学主教练盖伊·刘易斯的办公室。一番会谈之后，奥拉朱旺取消了其余的参观计划。

尽管他有过人的天赋，但距离奥拉朱旺第一次拿起篮球还有三年的时间。在1981—1982大一新生赛季，他每场比赛上场不到20分钟。然而，就是在那个夏天，刘易斯把奥拉朱旺介绍给了NBA球星、长期效力于火箭队的中锋摩西·马龙，后者在休斯敦当地的一家健身房进行休赛期训练。

27岁的马龙是球队的核心，刚刚获得了NBA最有价值球员（MVP）奖，而且第二年他还将再次赢得这个奖项，使其职业生涯中赢得最有价值球员奖的次数达到3次。在激烈的对抗中，马龙把这个尼日利亚小伙子置于自己的呵护之下，将身体瘦弱但从不退缩的奥拉朱旺塑造得体格强壮。一直到夏天结束，奥拉朱旺都经常泡在他的新导师身旁。下一个赛季，他平均每场比赛的盖帽超过了5次。

在1984年的选秀中，奥拉朱旺力压迈克尔·乔丹在新秀中排名第一。无巧不成书，休斯敦火箭队也拿到了首轮首位选秀权，当仁不让地将奥拉朱旺收入麾下，原因当然不言自明。

奥拉朱旺很快就成为NBA的新统治者，就像他在大学时代一样。尽管火箭队在1985—1986赛季未能赢得总冠军，但被《体育画报》评为"未来之队"。整个20世纪80年代NBA内部可卡因泛滥，也给火箭队造成了沉重打击，他看着一个接一个的队友被禁赛或被毒品毁掉，感到十分无力。

1987年至1992年间，火箭队都止步于季后赛第一轮，奥拉朱旺公开责备俱乐部的管理层，他身边缺乏"冠军水准"的队友。

当他的球队在困境中挣扎的时候，奥拉朱旺却在努力提升自己的能力。像一个痴迷的科学家一样，他没完没了地在步法上下功夫，摸索出一系列内线移动招式，包括他独家发明的"梦幻脚步"（亦称"梦幻舞步"），将一系列快速移动的步伐和眼花缭乱的假动作完美结合，把防守队员晃得晕头转向，然后优雅地拿下2分。

1993—1994赛季奥拉朱旺达到了巅峰状态。随着迈克尔·乔丹第一次退役去追求他的棒球梦想，奥拉朱旺接过了NBA最佳球员的头衔。他8年来首次获得常规赛最有价值球员奖，并带领球队自1986年以来首次重返总决赛。火箭队在激烈的七场系列赛中击败了纽约尼克斯队，奥拉朱旺被评为总决赛最有价值球员，成为首位在同一赛季被评为最有价值球员、总决赛最有价值球员和年度最佳防守球员的巨星。

1995年NBA总决赛中火箭队与奥兰多魔术队相遇，奥拉朱旺带领火箭队再次获得冠军，场均得分近33分，轻松战胜了后起之秀沙奎尔·奥尼尔。到下一个赛季，乔丹重返芝加哥公牛队并迅速恢复状态，而火箭队也结束了自己的冠军之旅。遗憾的是，我们从未见到过乔丹与奥拉朱旺这两位20世纪90年代最具统治力的球员在总决赛中对决。

"如果你问迈克尔·乔丹曾经害怕过什么人，"几年后前火箭队前锋罗伯特·霍里说，"那就是奥拉朱旺。"

到2002年奥拉朱旺挂靴时，他总共在NBA征战了18个赛季（其中只有一个赛季不在休斯敦火箭队）。他成为联盟历史上唯一在得分、篮板球、抢断和盖帽方面都位居前十的球员，其中盖帽共计3830次，在历史上遥遥领先其他球员，而其他人和他的差距大多在500次开外。

奥拉朱旺退役后的几年里成了几个最耀眼新星的导师。就像摩西·马龙在他身上付出的心血一样，他也和勒布朗·詹姆斯、科比·布莱恩特、凯文·加内特和德怀特·霍华德一起度过了夏天的休赛期。

他会邀请这些年轻的球员去他在得克萨斯州的农场。从到达后下车那一刻起，他就与这些年轻的新星们寸步不离——训练他们内线对抗的体能和步法。他很愿意分享他的秘籍、示范他的动作。当汗水从身上滴落，他仿佛又回到了总决赛的赛场。

即使到了50多岁，他在球场上的步伐仍然优雅。他给中锋这个位置带来了前无古人，后无来者的技巧。世界上有梦想的人很多，但NBA只有一位独一无二的"大梦"。

NBA打开了非洲市场

奥拉朱旺为NBA打开了非洲的大门，这是一个人才济济的新大陆。如今，仅尼日利亚就有20多名球员在NBA打球，而NBA在非洲的影响力也越来越大。2003年，多伦多猛龙队总裁、土生土长的尼日利亚人马赛·乌吉里设立了"非洲巨人"项目，目的是发掘非洲的篮球人才。这个项目基于一个简单的命题："我们如何找到下一个奥拉朱旺？"目前，NBA在整个非洲大陆开办篮球训练营，像乔尔·恩比德和帕斯卡尔·西亚卡姆这样的全明星球员就是通过这些训练营发现的。2019年，NBA与FIBA（国际篮球联合会）合作，建立了非洲第一个职业联赛。

第二回合
凯尔特人队对战湖人队

悬挂在波士顿花园球馆穹顶上的冠军横幅和退役球衣，让人过目难忘。这既是为了致敬篮球运动中一些具有传奇色彩的人物，也是为了提醒人们不要忘了凯尔特人队在20世纪60年代鼎盛时期的辉煌。那时候，比尔·拉塞尔王朝曾是NBA的王者。

洛杉矶湖人队有6次机会进入花园球馆夺得冠军，但可惜每一次都无功而返。如果湖人队中有谁忘记了这一切，只需要抬头看看，往事就会历历在目。

15年后的1984年，凯尔特人队和湖人队终于又在总决赛中狭路相逢。第一场比赛在花园球馆举行，赛场上的球迷们披着白色床单，装扮成"幽灵"。

但是湖人队并未因此受到影响。凯尔特人队之于湖人队好比克星的阴影，已经随着20世纪60年代的远去而被抛在脑后。步入80年代，洛杉矶湖人队一开局就赢得了冠军，这要归功于"魔术师"约翰逊的英雄壮举，他本人也在1980年成为NBA唯一一位赢得总决赛最有价值球员奖的新秀。1982年，洛杉矶队再次捧得冠军杯。

1984年系列赛的首场比赛，观众人潮涌动。这已经是波士顿花园球馆连续第168场满座。湖人队对主场球迷们"打败洛杉矶"的喊叫声充耳不闻，开场先声夺人。整场比赛，拉里·伯德、丹尼斯·约翰逊和凯文·麦克海尔——当晚上场的9位篮球名人堂球员中的3位，均得分超过20分。湖人队的卡里姆·阿布杜尔·贾巴尔更是势不可当，夺得全场最高的32分。湖人队以115：109拿下第一场比赛。

不夸张地说，如果把从替补队员到球队管理层的全部人员都算上，篮球名人堂中近一半的人物的身影都可以在凯尔特人队与湖人队的这轮对决中找到。两位主教练，即湖人队的帕特·莱利和凯尔特人队的K.C.琼斯，在作为球员期间都曾获得过多次冠军头衔；两支球队的领军人物杰里·韦斯特和奥尔巴赫，正如我们所知，帮助奠定了当下NBA的根基，功劳极大。

但所有的目光此刻都聚焦在两位年轻的明星身上："魔术师"和"大鸟"。

加入凯尔特人队的第二年，也就是1980—1981赛季，"大鸟"就带领球队一举夺冠。那一个赛季，也是凯文·麦克海尔的首次亮相，他在选秀中获得了首轮第3顺位。麦克海尔是明尼苏达希宾的骄傲，这位身高2.08米的前锋，有着宽阔的肩膀和突出的肘部，内线控球有条不紊，俨然是对手难以应对的球员。到1983—1984赛季，他已经两次获得年度最佳第六人奖。

他与伯德、丹尼斯·约翰逊和中锋罗伯特·帕里什一道，给凯尔特人队带来了一个类似工匠的名声——蓝领，这倒是与他们的大部分球迷更加贴近了；在洛杉矶，"魔术师"的微笑据说可以点亮好莱坞的灯标。当凯尔特人队的球员看到"魔术师"的微笑出现在报纸、电视屏幕和广告牌上时，他们往往会翻个白眼。于是，在1984年总决赛之前，他们还给"魔术师"约翰逊取了一个新的绰号："谄媚"。

当两支球队离开波士顿花园球馆时，打成了1:1平局。当系列赛在洛杉矶论坛体育馆再次举行时，由于约翰逊创纪录的21次助攻，凯尔特人队在第三场比赛中被暴打出局。伯德赛后说，凯尔特人队"打得缩手缩脚"。当湖人队击败凯尔特人队时，他对湖人队背后传球、势不可当的上篮和满脸笑容都非常不满意。"有人终究会打破这一切。"他语焉不详地对记者们说。

在第四场比赛中，凯尔特人队急于有所表达。第三节，凯尔特人队以两位数的比分落后，当湖人队前锋科特·兰比斯正要控球到篮下空位上篮时，平时沉默寡言的凯尔特人队球员麦克海尔迅速跑过全场，在兰比斯到达篮筐之前，从后面用一只胳膊掐住他的脖子，把他狠狠地拽到了地上。

比赛双方都坐不住了。湖人队称其为小人之举（确实如此）。与此同时，正如伯德后来所说，这是湖人队"失败的开始"。麦克海尔的这一击打乱了湖人队的节奏。贾巴尔和伯德陷入了口水战，伯德后来甚至还把湖人队后卫迈克尔·库帕推到了看台上。凯尔特人队慢慢追上了湖人队，并在加时赛中获胜。这部分归功于伯德拿下的29分和21个篮板球。

一周之后，"魔术师"约翰逊说："对兰比斯的打击，彻底改变了这个系列赛的格局。"

花落谁家？波士顿花园球馆的第七场比赛，生死攸关。凯尔特人队在这场势均力敌的比赛中保持领先，替补队员杰拉德·亨德森在第三节比赛独得9分，在进入第四节比赛的时候，凯尔特人队领先13分。但在第四节比赛中贾巴尔和詹姆斯·沃西的

1984年对阵凯尔特人队的比赛中,"魔术师"约翰逊带球上篮。

19 分又让湖人队追了上来。

第四节比赛还剩下不到一分钟，湖人队依然落后 5 分。这时，"魔术师"切入篮下，但遭到凯尔特人队罗伯特·帕里什的拦截。帕里什的拦截引发了凯尔特人队的快攻，从而锁定了这场比赛的胜利。

凯尔特人队笑到了最后。

"我一直认为（湖人队）很软弱，"获得总决赛最有价值球员的伯德在胜利后说，"他们整个赛季都是这样。"

对于联盟来说，"东鸟西魔"对阵总决赛堪称旷世盛宴，值得 15 年的等待。第七场比赛也成为 NBA 历史上收视率最高的一场比赛。

麦克海尔击倒兰比斯给激烈的对抗火上加油。与 20 世纪 60 年代的雌雄对决不同，两队之间的这一次决战存在着真正的敌意。

但是当他们一年之后再次相遇，就轮到湖人队品尝胜利的滋味了。

在系列赛中，湖人队死守伯德，将他的场均得分压制在了 23 分，并有效阻止了麦克海尔的爆发性表现，后者在得分和篮板球上是凯尔特人队的领先者。湖人队詹姆斯·沃西表现突出，这位 1982 年选秀状元，平均每场都能得到"魔术师"的 14 次助攻。不过，1985 年的总决赛可谓贾巴尔的高光时刻。

他祭出标志性的空中勾手投篮——篮球史上最稳妥的投篮——被证明势不可当。这位 37 岁的名将成为有史以来最资深的总决赛最有价值球员。他在 1971 年效力密尔沃基雄鹿队时首次获得该奖项，14 年来一路拼搏，"笑傲江湖"。

1985—1986 赛季，湖人队在季后赛被休斯敦火箭队打败。与此同时，凯尔特人队夺回了他们在 NBA 的主导地位，赢得了 67 场比赛。此时已进入首发阵容的麦克海尔如日中天，帕里什继续称霸篮下。凯尔特人队还拥有丹尼斯·约翰逊和丹尼·安吉等后场主力，以及替补后卫斯科特·威德曼。此时，球队还增加了另一位篮球名人堂成员——33 岁的比尔·沃尔顿，他的到来有效地减轻了帕里什的压力。

再加上正值盛年、连续三次获得最有价值球员奖的伯德，凯尔特人队如同一个庞然大物，正向下一个冠军奖杯挺进。

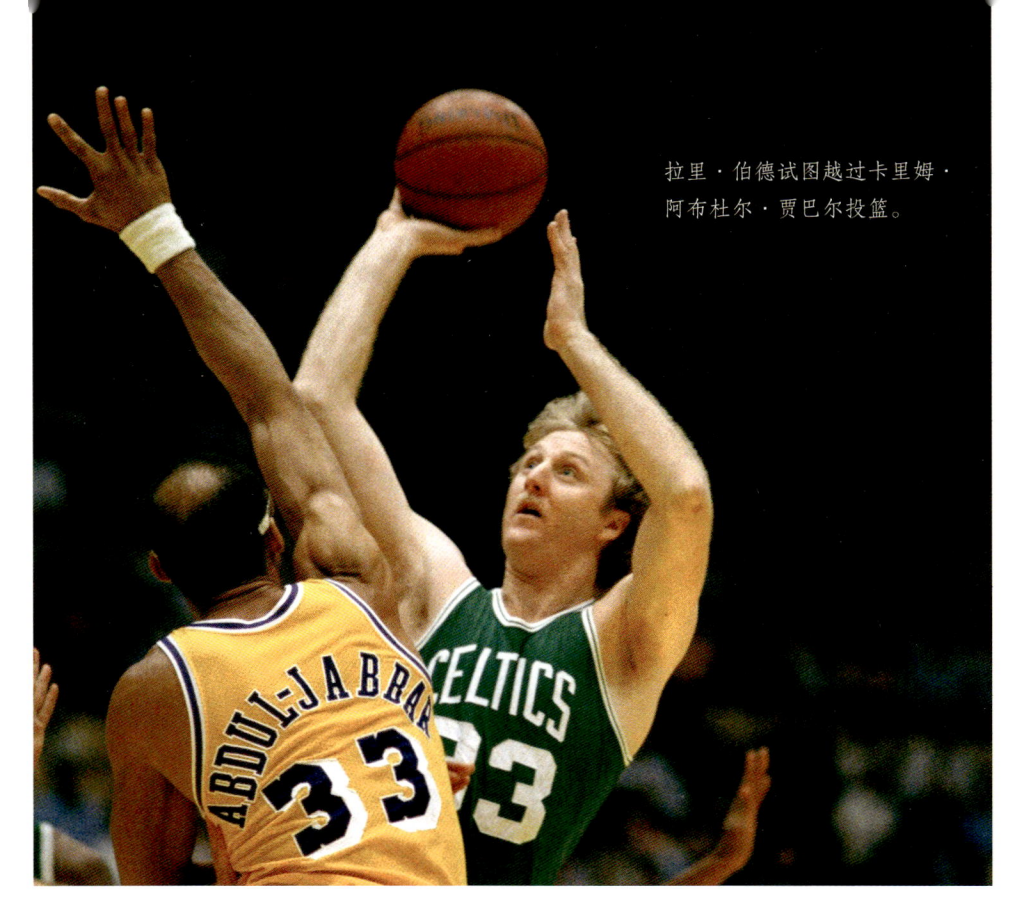

不过，凯尔特人队很快迈入老龄化，到下一个赛季显得马力不足。虽然其仍然在东部赛区夺得第一，但是两场分别对阵密尔沃基雄鹿队和底特律活塞队的系列赛，打得十分艰苦，非常消耗体力。待他们进入 1987 年总决赛时，已感疲惫不堪。

与之相反，湖人队似乎正处于巅峰状态。那个赛季，湖人队的 7 名最优秀球员至少都打了 78 场比赛，"魔术师"约翰逊还获得常规赛最有价值球员奖。

1987 年的总决赛，是 20 世纪 80 年代凯尔特人队、湖人队三场较量中的最后一场。该系列赛首次在洛杉矶拉开帷幕，湖人队演绎"表演时刻"的进攻，火力威猛。前两场比赛湖人队轻松获胜，其投篮命中率接近 60%，场均得分 133.5 分。

但是凯尔特人队在主场取得了第三场比赛的胜利。"接下来就容易了。"伯德说。至少到第四场比赛的前三节，伯德说得没错。凯尔特人队保持了 16 分的领先优势，伯德仅在第三节就拿下 12 分。

但是就像他们以前多次重复的那样，湖人队咆哮着卷土重来。沃西一个关键的后仰跳投，40 岁的贾巴尔空中接力扣篮，让湖人队在全场仅剩 29 秒的时候领先 1 分。凯尔特人队发球！

伯德避开防守，在角落处投出三分球，随着"嗖"的一声，凯尔特人队以 106∶104 领先。湖人队发球！

对方犯规，贾巴尔获得罚球机会，投篮命中，但湖人队还落后 1 分。如有神助，麦克海尔在比赛还剩 7 秒的时候，把球误打到了界外，湖人队控球。这个画面实在太不和谐，"魔术师"约翰逊被更大块头但速度也受影响的麦克海尔紧密防守。只见约翰逊带球上篮，虚晃一下，趁麦克海尔恍神，打出了自己的"天勾"。湖人队以 107∶106 领先！

比赛还剩下最后 2 秒，伯德摆脱追击，迅速出手，但篮球弹筐而出！湖人队以 3∶1 占据优势。

凯尔特人队在波士顿花园球馆赢得了第五场比赛，但是第六场比赛又回到洛杉矶的大西部论坛体育馆，狂热的观众助威湖人队在 2∶18 落后的情况下逆转。在三次相遇鏖战中，湖人紫金军第二次战胜了凯尔特人绿衫军，喜得冠军奖杯。

拉里·伯德试图越过卡里姆·阿布杜尔·贾巴尔投篮。

1986

伦·拜亚斯：天之骄子命丧黄泉

1986年6月17日NBA选秀之夜，NBA总裁大卫·斯特恩宣布："1986年NBA选秀第二名，凯尔特人队选择的是……来自马里兰大学的伦·拜亚斯。"

1986年6月19日，来自美国马里兰州乔治王子郡的药物毒理学报告得出结论："伦·凯文·拜亚斯，22岁，黑人男性，死于可卡因中毒。中毒引起控制心脏跳动的正常神经控制中断，导致突然痉挛和心脏骤停。"

"不能失去他。"

这就是大家对伦·拜亚斯的描述。不能失去他，看他身高2.06米，笑容灿烂，无视万有引力腾空翱翔，如同他自己不能失去每一次投篮机会；不能失去他，看他在球场上风驰电掣、身影迅速移动。伦·拜亚斯，无论驻足何处，都注定是一颗璀璨的明星！

那是在1986年的夏天。

很难量化拜亚斯到底有多么与众不同。这位马里兰大学的明星，是在大学排名中占据主导地位的极少数人之一，在高年级时他是全美第一阵容的球员，两次获得大西洋海岸联盟"年度最佳球员"，这与迈克尔·乔丹在加盟NBA之前两年所获得的奖项相同。事实上，与两位球员都交过手的对手球员们说，拜亚斯是加强版乔丹。当然，没人能像他们两人那样猛击篮筐。

他一旦达到职业水平，会有怎样的蜕

1986年NBA选秀大会上的伦·拜亚斯。

变呢？这是多么让人兴奋的憧憬啊。如果乔丹到NBA联盟能如此华丽蜕变，想象一下拜亚斯又会给人们带来怎样的惊喜呢？作为当时很了不起的一个大前锋，拜亚斯既难以对付，又让人不无讨厌——他醉心于向对方扣篮，还像所有大牌人物一样对对方的球迷不屑一顾，再加上运动天赋和投篮技巧，使他成为球场上的众矢之的。

只有来自北卡罗来纳的中锋布拉德·多尔蒂，比拜亚斯更受青睐。那些试图将自己的命运寄托在这位22岁球员身上的球队，希望1986年的选秀抽签能为他们改变命运打开一扇大门。克利夫兰骑士队最终获得了抽签的第1顺位，而波士顿凯尔特人队获得了第2顺位。

在所有需要人才加盟的球队中，凯尔特人队似乎排在名单的末尾。他们刚刚在总决赛中击败了休斯敦火箭队荣获冠军。许多人把1986年的凯尔特人队视作NBA有史以来单赛季最强的球队，他们有两届最有价值球员（MVP）奖得主拉里·伯德，还有由凯文·麦克哈尔、罗伯特·帕里什和比尔·沃尔顿组成的超强配角阵容。

凯尔特人队总裁"红衣主教"奥尔巴赫，毫不掩饰他打算在即将到来的6月选秀中挑选伦·拜亚斯，他使用了他的球队两年前在一次有争议的交易中获得的选秀权，那次交易将冠军后卫杰拉德·亨德森送到了西雅图超音速队。

当骑士队选择多尔蒂时，对凯尔特人队来说，这是一个令人难以置信的转折点。如此一来，凯尔特人队不仅能得到一名顶级球员，还被赋予了一条生命线，可以让其在未来10年内，不用担心队伍老化，甚至也不用担心王朝的地位不保。

对拜亚斯来说，加入凯尔特人队这样受人仰慕的团队，也是一桩美事。从比尔·拉塞尔领军时史无前例的冠军王朝，到当下以拉里·伯德为首的时代，凯尔特人队都代表着NBA成功的黄金标准。拜亚斯渴望加入他们的行列。

就在选秀之前，奥尔巴赫邀请拜亚斯亲自观看了凯尔特人队在NBA总决赛中对阵休斯敦火箭队的第一场比赛，他的座位就在凯尔特人队替补席后面一排。

"真像一场梦啊，"拜亚斯说，"我想着有一天我也会坐在那里。这简直就是梦中之梦。我的第一个梦想是有机会能进入NBA，而能被冠军队选中，就好像是在梦里又做了一场美梦。"

6月17日，在纽约市举办的选秀之夜，当拜亚斯的名字被喊出来时，他情不自禁乐开了花，开心地把一顶凯尔特人队的帽子戴在了头上。凯尔特人队的标志性绿色，看着非常适合他。当天晚上庆祝过后，他和他的经纪人第二天去了波士顿，在那里见到了团队里的其他成员，顺便也检视了一些与合同相关的书面文件。那天晚上，他还与体育品牌锐步签署了一份代言协议，随后回到了马里兰州。

拜亚斯在一个聚会上与朋友会面，直到凌晨两点，他们回到了马里兰大学校园里的宿舍。他们熬夜聊天，吸食可卡因。

拜亚斯有一个绰号叫作"大马"，因为他长得身高马大，还有微风中似乎毫不费力地疾驰在球场上的身影。他坐在床边时，他自豪地宣称自己就是一匹大马，然后弯腰对着镜子吸食也许是人生最后一次的可卡因！

医护人员将拜亚斯紧急送往当地医院，但为时已晚。上午8点15分，传出了拜亚斯的死讯。

就在40个小时前，拜亚斯还是十分幸福的孩子，他实现了自己的梦想。那天早上，拉里·伯德发表了一份声明："这是我听到过的最残忍的一件事情。"

验尸报告显示，拜亚斯因吸食可卡因而导致心脏病发作。进一步的检验结果表明，他并非一名经常吸食可卡因的瘾君子，这加剧了他死后在全国范围内蔓延的恐惧。

"很难想象像拜亚斯这样健康、强壮、肌肉发达的人，会死于可卡因之类的毒品。"迈克尔·魏因雷布在他给美国娱乐与体育电视网（ESPN）撰写的专题文章《纯真死亡的一天》中写道。

"我们谈论的可不是因吸食毒品过量而去世的喜剧明星约翰·贝鲁西。"

一般公众对可卡因知之甚少。一位著名的专家说："还有一流的心脏病专家惊讶地发现，可卡因会导致心脏出现致命的问题。"

忧心忡忡的公众将热线电话几乎要打爆了。他们都在大声询问，吸毒是否会给他们带来生命危险。拜亚斯的死亡促使美国反毒品运动升温，也呼唤着美国社会"与毒品开战"。在他去世一周之后的新闻发布会上，拜亚斯在马里兰大学的教练勒夫特·德莱塞尔直言不讳地指出："这些可不是什么娱乐性药物，"他说，"它们是人类的杀手。"

NBA对毒品并不陌生。20世纪70年代NBA就经历了一场危机，当时球队里很多运动员滥用可卡因。但时至80年代中期，可卡因还是一如既往地猖獗，甚至成为500多万美国人日常生活的一部分，这500多万人代表着美国一个广泛的人群。很多人认为可卡因无伤大雅，既不会成瘾，副作用也不大。

直到现在，很多人依然这么认为。

上万人参加了拜亚斯的悼念活动。他的朋友和家人哀悼一名22岁年轻人的去世，球迷们仍然感到难以置信，一个国家突然面对着这种最流行"娱乐药物"所带来的危险。

拜亚斯死后，他的母亲鲁尼丝将儿子描述为一名殉道者，希望他的死可以让其他人引以为戒。拜亚斯的故事无疑是一个警世寓言。还有莫里斯·斯托克斯，这位强大的前锋在带球上篮时头部撞到篮筐，导致大脑功能衰竭，从而永久瘫痪；汉克·格日尔斯，一位全美大学明星选手，在一场比赛中，因心脏病发作而晕倒并死亡；本·威尔森，这位注定会成为伟大球员的芝加哥高中明星，因与另一名学生发生口角而被枪杀。

NBA失去了拜亚斯，失去了乔丹天然的对手，这也让NBA未来10年变得更加难以琢磨。凯尔特人队失去了他们下一位伟大的明星。没有拜亚斯的神助，伯德和麦克海尔这样的宿将，只能老当益壮，力保凯尔特人队昔日的辉煌。

1985年的美国大学生篮球联赛中，伦·拜亚斯霸气扣篮。

1989
永远的"坏小子军团"

早在其赢得冠军之前，底特律活塞队就已经声名远播。

活塞队又被称为"坏小子军团"，这一绰号对他们却像是一枚荣誉勋章。活塞队队员体力强悍，总是与对手陷入冲突甚至是纯粹的暴力相向。

因为总是不断惹是生非，活塞队遭到NBA其他球队的厌烦。"坏小子军团"会在对手上篮途中搞些小动作，不管是在裁判哨声响起之前还是之后都会故意犯规，他们动拳头的时候并不比跳投的时候少。

他们对篮球运动造成了一种破坏。在凯尔特人队灵魂人物奥尔巴赫看来，"坏小子军团"不过就是"无节操的霸凌"。

"软弱是软弱者的墓志铭，野蛮是野蛮者的通行证。"活塞队是让迈克尔·乔丹束手无策的球队，是让拉里·伯德和波士顿凯尔特人队感到头疼的球队，也是在总决赛中横扫"魔术师"约翰逊和"表演时刻"湖人队的球队。

活塞队作为篮球史上最悠久的球队之一，可以追溯到1941年，当时他们位于印第安纳州的韦恩堡。历年来，这支球队出现过一批耀眼的明星，如鲍勃·兰尼尔、戴夫·宾和戴夫·德布斯切尔等，但他们从来没有赢得过冠军。1957年球队转至底特律，在随后的20年时间里，只有三次打入并止步于季后赛的第二轮。

直到20世纪70年代末，活塞队一直是NBA联盟中垫底的一支球队。但是随着日历翻到20世纪80年代，得益于进入篮球名人堂的控球后卫伊塞亚·托马斯的加入，该球队出现了新气象。

伊塞亚·托马斯刚在印第安纳大学获得美国大学生篮球联赛（NCAA）冠军，在1981年选秀大会上被活塞队第2顺位选中。简而言之，他是完美的控球后卫，在乔丹横空出世以前，他可以说是比赛中最好的一对一防守球员。

托马斯性格温顺，笑容可掬，但内里有着"杀手"的本能，被称为"微笑刺客"。到他的第二个赛季，他已经成为一位全明星，并连续保持了12年。

有托马斯作为压舱石，活塞队总经理杰克·麦克洛斯基开始以托马斯为核心重组团队。在新秀赛季，活塞队交易了绰号为"微波炉"的维尼·约翰逊。约翰逊赢得此绰号，是因为他能够迅速让比赛升温。活塞队又让出首轮选秀权给克里夫兰骑士队，换来其中锋比尔·兰比尔。

兰比尔在富裕的家庭中长大，但他的打法来自贫民区。他为底特律队侵略性的打法定下了基调，而对于自己随意挥肘，将对方球员摔倒在地的行径毫无歉意。当兰比尔被换下场时，又会上来一个更加粗暴的大个子里克·马洪，这可能是唯一一个更渴望撂倒对手的球员。

1983年，活塞队聘请查克·戴利担任主教练。戴利的教练生涯始于1955年，当时他在宾夕法尼亚州的普苏塔尼担任高中足球教练。戴利是一名面向球员的教练，擅长管理那些自负的球员，更能够充分挖掘他们的潜能，这让他最终出任了1992年美国"梦之队"的主帅。

1985年选秀，得分后卫乔·杜马斯以首轮第18顺位被活塞队选中。他是托马斯在后场的完美补充，并很快成为比赛中的第一防守后卫。1986年选秀，活塞队又选中了大前锋丹尼斯·罗德曼，他犹如轻巧的弹簧高跷，在为底特律活塞队效力期间两次获得年度最佳防守球员奖。

随着20世纪80年代滚滚前行，活塞队也加满了动力。1984—1985赛季，托马斯作为一个后卫，在本赛季取得了良好的成绩，每场平均得分超过21分、助攻13.9次，在NBA处于领先位置，但底特律队在第二轮被波士顿凯尔特人队淘汰了。

在1987年东部赛区决赛中，活塞队与凯尔特人队再次狭路相遇。在第四场比赛中，当拉里·伯德在篮筐下准备投篮时，兰比尔从后面抓住了他的脖子，凶猛地把他摔倒在球场上。随着冲撞的不断发生，愤怒的"大鸟"伯德开始对兰比尔进行强力反击。

"他是一个粗野的球员，"伯德说，"兰比尔试图伤害对手。"

活塞队球员明目张胆地进行身体暴力对抗，但正是他们强硬彪悍的声誉，赋能底特律队最大的优势。开球前，对手们都小心翼翼，以免受到活塞队球员恶意攻击。

"我们不会祈求任何怜悯，也拒绝给予任何怜悯，"兰比尔说，"我们就是这样嚣张傲慢。"

伯德和凯尔特人队开始以牙还牙。在

1992年季后赛中,乔·杜马斯防守泽维尔·麦克丹尼尔。

1988年NBA冠军赛中，在美国加利福尼亚州英格尔伍德大西部论坛球馆，詹姆斯·沃西对阵比尔·兰比尔时投篮。

第五场比赛中，伯德抄截托马斯的传球，把球传给丹尼斯·约翰逊，随着哨声响起，约翰逊上篮得分，赢得了比赛的胜利。第七场比赛，凯尔特人队继续取得了胜利。

"坏小子军团"的称号，也是1987—1988赛季快结束时，NBA引入的一种营销策略。NBA的热度日益攀升，对于不同的角色都很需要。活塞队很乐意扮演"反派"角色。然而，随着"坏小子军团"的角色逐渐升温，伊塞亚·托马斯向他的队友们发出了警告："这种名声好比是一把双刃剑，"他解释说，"我们要好好利用它，否则遗患无穷。"

1988年，活塞队在东部赛区的决赛中再次与波士顿凯尔特人队相遇并将后者淘汰出局，总决赛的对手是洛杉矶湖人队。本次系列赛无疑是两位顶级控球后卫托马斯和"魔术师"约翰逊的捉对厮杀。球场外，两人是亲密的朋友。开赛前他们在球场中央相互亲吻脸颊的画面，让现场观众沸腾起来。

但是一旦开球，那份友情就被留在了球场中央，两支球队杀得难分难解。当进入第六场比赛时，活塞队以3：2领先。活塞队在中场落后的情况下，托马斯豪气勃发，一举拿下14分，结果扭伤了脚踝。但是他"轻伤不下火线"，一只脚蹒跚跛行，在第三节一人独得25分，创下NBA季后赛单节最高得分纪录。

托马斯的壮举给予底特律队很大的鼓舞。可惜兰比尔出现一个有争议的犯规，让卡里姆·阿布杜尔·贾巴尔得以站到了罚球线上，锁定了湖人队的胜利。带伤的托马斯无法再现奇迹，湖人队最终赢了第七场比赛的胜利。

在接下来的1988—1989赛季进行到一半的时候，底特律队在交易截止日做出了一个有争议的举动，将他们的头号得分手阿德里安·丹特利送到达拉斯小牛队，交换了马克·阿吉雷。交易后，活塞队以30胜4负的强劲势头进入季后赛。

除在东部赛区决赛中两次输给乔丹所在的公牛队之外，活塞队在季后赛中屹立不败，直到在洛杉矶湖人队阵容配备不足的情况下4场横扫总决赛，摘得冠军头衔。

对本次决赛，湖人队教练帕特·莱利做了简练总结："他们打爆了我们。"

1989—1990赛季，活塞队再次加冕冠军。这次的对手是波特兰开拓者队，活塞队以同样令人心服口服的4：1拿下决赛。

活塞队狂放不羁，但其也是当时最棒的一支球队。

然而到1991年，活塞队的统治被终结。连续三年在季后赛中淘汰乔丹所在的公牛队之后，活塞队甚至采用了一种特别激进的战术，即臭名昭著的"乔丹法则"，就是每当乔丹靠近篮筐，他就会被撞倒在地——乔丹最终愤而屠杀了这头"野兽"，在1991年的东部赛区决赛中，活塞队被乔丹所在的公牛队以4：0虐败。

"正义总会战胜邪恶。"乔丹说，他在本次系列赛中场均得分30分。第四场比赛公牛队以21分遥遥领先。在终场哨声还没有响起之前，托马斯就率队离开球场，在路过公牛队的休息区时，他们没有与对手进行眼神交流，更没有握手告别。

永远的"坏小子"，留下唏嘘无数。

1991
"魔术师"与艾滋病毒

这是 NBA 有史以来最重要的一场新闻发布会。

1991 年 11 月 7 日，32 岁的洛杉矶湖人队巨星——"魔术师"埃尔文·约翰逊，在家人、朋友、队友和记者面前，走到麦克风前。

"因为感染了艾滋病毒，"约翰逊说，"我今天不得不从湖人队退役。"

"魔术师"约翰逊被诊断出艾滋病毒的新闻，当时占据了美国体育新闻的头条。

约翰逊上台之前心里感到很害怕。不是害怕把这件事情公之于众，他知道他必

1992年全明星赛前，"魔术师"约翰逊拥抱伊塞亚·托马斯。

须这么做；也不是害怕面对媒体，毕竟他的整个职业生涯都在面对媒体。他害怕一旦周围的人知道他感染了艾滋病毒，就再

"魔术师"约翰逊举起1992年全明星赛MVP奖杯。

也不见他了。他害怕他们再也不会给他打电话，他害怕他们再也不会与他握手，他害怕他们再也不会来他家做客。

在过去的10年里，一场流行病席卷了全球部分地区，并蔓延至美国，但当时关于艾滋病毒和艾滋病还有很多未知的领域。1981年，美国报告第一批病例，共计有337人感染。到1989年，报告的病例数已上升到10万人以上。1991年，当约翰逊的病例公之于众时，世界卫生组织估计全球有超过1000多万人感染了这种病毒。

大多数人无法将艾滋病毒——约翰逊感染的攻击免疫系统的病毒，与艾滋病区分开来，艾滋病毒可能发展成艾滋病。20世纪80年代初，艾滋病被斥为可耻的"同性恋癌症"，一种同性恋者或共用针头进行静脉注射的瘾君子才会有的疾病。就连约翰逊本人也持这样的错误观念。

"我不知道病毒与疾病之间的区别。当我的耳朵听到我的检查结果中艾滋病毒呈阳性的时候，我的大脑中就闪现出了艾滋病。"他在一篇自撰的《体育画报》封面故事中写道。距他公布自己感染艾滋病毒仅11天后，这篇文章就被发表了出来。"对我来说，艾滋病是别人才会得的病，是同性恋者或吸毒者才会得的病，与我这样的人怎么会有联系呢。"

这个消息让其他人震惊不已，对约翰逊来说，更是晴天霹雳，如雷轰顶，根本无法承受之重！他的诊断结果，是在季前赛期间出来的，那会儿"魔术师"约翰逊正在参加全明星赛，在巴黎的一系列表演赛中与他的好朋友拉里·伯德和波士顿凯尔特人队对阵，约翰逊还被评为最有价值球员（MVP）。在刚刚过去的1990—1991赛季总决赛，"魔术师"约翰逊和他的球队被迈克尔·乔丹带领的芝加哥公牛队击败，所以他们正打算好好备战以争夺下一届冠军。

对自己的健康状况，"魔术师"约翰逊自信满满，但他周围的人总是在提醒他事实并非如此。医生告诉他，预计他还能存活3年，这还是基于他极佳的身体状况所做出的乐观猜测。

消息公布的当天晚上，湖人队的前教练帕特·莱利，此时正担任纽约尼克斯队的教练，在麦迪森广场花园球馆向观众发表讲话，请求全场静默一分钟。

当天晚上，正在比赛当中的拉里·伯德没有忍住自己的眼泪。他说这是继他父亲去世后，他感到最伤心的一次。

在约翰逊向全世界公布这个消息之前，艾滋病毒还不被人所熟知。很多人没听说过身边有谁感染了艾滋病毒。尽管估计在10年内，有90多万名美国人感染了这种病毒，但因为缺乏检测，其中三分之一的人甚至自己都不知道。但是，人们知道"魔术师"约翰逊这个人。所以，现在人们知道了，艾滋病毒就在自己身边。

约翰逊创建了"艾滋病基金会"，同时加入了国家艾滋病委员会。1999年，他担任联合国"世界艾滋病日"大会的主要发言人。

"他是一位非常勇敢的英雄，他的所作所为也是一个英雄的行为，"时任NBA总裁大卫·斯特恩说，"这对NBA意味着，我们的偶像不是神。"

但是，没有什么比1992年奥兰多市的全明星赛，更能驱散人们的恐惧了。

尽管那个赛季他并没有上场，球迷们还是把约翰逊选进了西部全明星队的首发阵容。联盟允许"魔术师"约翰逊参加比赛，甚至参加整个赛季的比赛，斯特恩总裁给NBA球员普及关于艾滋病毒的知识，包括消除"艾滋病毒可以通过汗液传播"的错误认识。

赛前，一些球员表达了他们的担忧，但大多数人都犹豫着要不要说出来。"这是一个敏感的话题，"克里夫兰队控球后卫马克·普莱斯说，"'魔术师'是一个大家喜欢的球员。"

奥兰多魔术队控球后卫斯科特·斯凯尔斯承认，他很担心约翰逊会流鼻血。"虽然医生说传染风险非常、非常、非常、非常低，但毕竟感染风险还是有的。"他说。

2月9日，约翰逊重返赛场。为此他做了很多准备，如每天跑步6.5千米。他也是湖人队训练馆的常客，队友卡里姆·阿布杜尔·贾巴尔会和他一起训练。

随着全明星赛的临近，约翰逊显出有些紧张。他不确定其他球员和他一起参加比赛时是否会感觉不舒服，他也担心他们不会再把他当作球场上的对手。

开赛前，正在向全球观众播放电视画面的摄像机镜头跟随着约翰逊走到半场，东部联盟的对手伊塞亚·托马斯正在那里等他。托马斯在"魔术师"约翰逊的脸颊上吻了一下，就像1988年湖人队和活塞队在总决赛中相遇时一样。赛前队员自我介绍时，座无虚席的观众向约翰逊欢呼，东部球队的队员们过来给予他拥抱。整个晚上，"魔术师"约翰逊都面带笑容。眼前的一切，让他为之动容。

第一次控球时，约翰逊出现失误，但不久他就找到了自己的节奏。队友的鼓励，让他放弃了犹豫。他使出一记"天勾"，球嗖地穿网而过；他突破对方防守，犹如特技一般上篮；本是职业生涯中30%成功率的三分球——他唯一真正的弱项——此时的约翰逊却一投一中。他连续投进了两个三分球，看着球穿网而过，他笑出了声音。

虽然离开了球场一段时间，但并未削弱"魔术师"约翰逊出神入化的球技。他以迅疾无比的盲传不断向队友喂球，一代球迷正是看着此番"神技"长大的，试图在世界各地的球场上效仿他的动作。在下半场，"魔术师"约翰逊有9次助攻。

在比赛的最后一分钟，"魔术师"约翰逊所在的西部联盟队以148:115领先，东部联盟队的球星们开始一对一地单挑约翰逊——这是对比赛中最伟大的竞争对手表示敬重的意思。

首先是托马斯，他试图运球越过约翰逊，然后来一个"三不沾"；下一位，轮到迈克尔·乔丹了。其他8名球员将一半场地空出来留给这两位传奇人物。乔丹双手交叉胯下运球，突破跳投，结果球弹筐而出。

"魔术师"约翰逊把球带到球场上时，他脸上的笑容令人兴奋。他认为生命中已经一去不复返的那一部分，现在又重新焕发了生机，哪怕只有一个晚上。

比赛还剩下18秒的时候，约翰逊绕过托马斯，攻到三分线。他转身，后退，投出一个三分球。嗖的一声，中了！两支球队的球员和教练蜂拥而上，为"魔术师"约翰逊庆祝，观众们纷纷起立鼓掌欢呼。距比赛结束还有14秒，但是比赛提前结束了。"这是历史上第一场为拥抱而来参加的比赛。"约翰逊后来说。

3年后，约翰逊作为一名球员兼教练，在湖人队出场39次。但1992年的全明星赛，永远被人们所铭记！

那天晚上，"魔术师"约翰逊获得了最有价值球员奖。这是一个童话般的结局，也是最神奇、最难忘的表演赛之一。

"这是故事的完美结局。我整个星期都坐在我的打字机前，努力写下这个故事。"约翰逊说，"这也是故事的结尾，一个圆满的句号。"

全明星入选次数排行榜

1.	卡里姆·阿布杜尔·贾巴尔	19次
2.	科比·布莱恩特	18次
3.	勒布朗·詹姆斯	17次
4.	蒂姆·邓肯	15次
	凯文·加内特	15次
	沙奎尔·奥尼尔	15次

1991
"三角进攻"与"三连冠"

迈克尔·乔丹在23岁时成为NBA的最佳球员，并将芝加哥公牛队转变为东部一支崛起的力量。但是，在1990年东部赛区决赛的7场比赛中输给底特律活塞队之后，人们开始质疑乔丹率领球队的能力。活塞队连续三年击败了乔丹率领的公牛队，终结了他的赛季。

"我没法和他们竞争。"乔丹说。

"如果乔丹要打败活塞队，他孤军作战是不可能做到的。"这是刚刚"主政"一年的主教练菲尔·杰克逊想要传达给乔丹的信息。

第二年，在过去4个赛季场均得分超过34分的情况下，乔丹的场均得分下降到31.5分，不过在NBA依然名列前茅。在这种情况下，公牛队采用了一种叫作"三角进攻"的新策略，这是公牛队助教特克斯·温特的心血原创。新策略强调由强侧构成三角形的3名球员的动感和流畅，有助于将乔丹的后援——斯科蒂·皮蓬、霍里斯·格兰特、约翰·帕克森和中锋比尔·卡特莱特，都转变为对手的威胁。

公牛队赢得了61场比赛，在整个季后赛中赢得了主场优势。在连续四年的血拼中，活塞队虽然将乔丹的场均得分控制在了30分以下（29.6分），但公牛队最终仍击垮了活塞队。

当乔丹被授予常规赛最有价值球员（MVP）时，他要求队员们都上场聚集在他的周围。但1991年NBA总决赛一开始，所有人的注意力又都聚焦到了乔丹和"魔术师"约翰逊的双雄对决中。

第一场比赛在芝加哥体育馆举行，观众们几近疯狂，但是乔丹在终场前错失一个跳投，结果湖人队取得胜利。

在第二场比赛中，乔丹陷入犯规麻烦，霍里斯·格兰特在上半场承担了得分重任，而皮蓬则担负起防守"魔术师"约翰逊的任务。下半场，乔丹带领球队连续13次投篮，没有比他马踏飞燕带球上篮及空中换手腾挪闪避一群防守队员更令人如痴如醉了。在这场以107：86大获全胜的比赛中，乔丹18投15中，获得了33分。

赛后，一些湖人队球员对乔丹在比赛中对他们的不敬之词感到很不爽。"谁让他是迈克尔·乔丹呢，我想他觉得无所谓吧。"有一位队员这么说。

公牛队以6场比赛赢得了最后的胜利。"我必须说，我是和有史以来最伟大的球员之一在比赛。""魔术师"约翰逊说。

"我不确定大家是否真的明白这个家伙到底有多棒，"湖人队总经理杰里·韦斯特说，"即使他不扣篮，他依然会是一位伟大的球员。"乔丹坐上了冠军的宝座，他喜极而泣，和父亲一起庆祝。"这是一个团队集体的成就。"他说。

公牛队继续在联赛中一路碾压。1991—1992赛季，"蝙蝠侠"皮蓬已经羽翼丰满；与乔丹相对抗的紧张训练，使他做好了与任何人较量的准备。他已经与乔丹并驾齐驱成为比赛中的最佳防守队员了，两人一起组成了公牛队无可匹敌的"滴血双角"。那个赛季，他的场均得分提高到了21分。公牛队赢得了67场比赛，重返总决赛，对阵波特兰开拓者队。

开拓者队，是为数不多的拥有堪与乔丹和皮蓬相匹敌的运动员的球队之一。他们的明星球员克莱德·德雷克斯勒是最有价值

球员候选人，也是西海岸对阵乔丹的挑战者。谁能忘记是德雷克斯勒的出现，促使波特兰队在1984年的选秀中放弃了乔丹。8年之后，论战重启：德雷克斯勒与乔丹，谁是老大？

乔丹认为，这种比较是对他个人的侮辱。第一场比赛中，仅上半场他就得了35分，包括6个三分球。在投入第六个三分球之后，他转向人群耸耸肩，仿佛在说："你们还想看到什么？"公牛队以领先33分旗开得胜。5场比赛之后，公牛队再次夺冠。

连续两年，乔丹被评为NBA常规赛和总决赛最有价值球员（FMVP），但他并未放慢进攻的脚步。1993年，他在季后赛第二轮比赛中以一记"压哨绝杀"球将克利夫兰骑士队淘汰出局。经历了在东部赛区激烈的对抗后，公牛队在总决赛中相对轻松地击败了亚利桑那州的菲尼克斯太阳队。"我们感到轻松了。"约翰·帕克森说。在第六场比赛还剩下3.9秒时,他打出了一个三分球,锁定了公牛队的三连冠。

在本次系列赛中,乔丹场均得分41分,赢得了创纪录的总决赛最有价值球员三连冠。

随着冠军奖杯的增多和比赛水平的提升,乔丹不仅要赢,而且还要去统治。据"禅师"教练菲尔·杰克逊观察,"对乔丹来说,竞争是一种癖好。"

关于乔丹的神奇传说不胫而走。说他熬夜打牌到清晨5点钟,之后打了两场高尔夫球,然后再参加公牛队当晚的比赛,结果疯狂拿下45分。

打球,对他来说已经变成了轻而易举的事情。乔丹开始想尽各种办法激励自己。"它们是我对自己玩的把戏,"他说,"这样才能努力保持篮球比赛的竞争性。"他闭着眼睛罚球投篮,接受坐在球场边的球迷们的挑战。在犹他州的一场比赛中,乔丹一记扣篮将球扣在爵士队控球后卫约翰·斯托克顿身上。"挑一个和你一样大块头的!"一名球迷对他大声喊道。几个回合之后,他将同样的手法在身高2.13米的梅尔·特平身上重演一遍。返回球场时,他大声问球迷:"对你来说,他块头够大吗?"

1993年3月,在一场本来没有刺激的比赛中,华盛顿子弹队的拉布莱德福德·史密斯在对阵乔丹的比赛中得了37分。赛后乔丹告诉队友,史密斯走过来对他说"比赛不错,乔丹。"这,意味着挑衅。

第二天晚上,两个队再次相遇,乔丹发誓要在上半场就得到37分。比赛开始时,乔丹抢得8次投球,以17:12暂时领先。不过他是一个有使命感的人,最后以个人得分47分结束比赛,其中上半场得分36分,打得子弹队溃不成军。后来乔丹承认,史密斯其实从来没有说过那句话。这一切都是他编造出来的,就是为了火上浇油、找刺激。

乔丹永无止境追求卓越,他也经常将队友放到自己的准星上。他是一位严苛的领导者,对队友抱着最高的期望,也会耐心指出队友的错误。"如果你都听他的,"霍里斯·格兰特说,"他会带你打出联盟,但也会把你'逼疯'。"

"你会被他'吓死',"公牛队后卫史蒂夫·科尔说,"他在场上样样精通,各方面都压倒别人。这不仅仅是天赋,也是意志力。那些队员即使他的对手,还没上场,就被乔丹'打败'了。"

1992年东部赛区决赛中,皮蓬阻攻马克·普莱斯。

1992
"梦之队"：无法复制的经典

从一开始，美国在国际篮坛上就处于强势地位。自从 1936 年篮球项目被引入奥运会，美国男篮几乎在历届奥运会上，均获得了金牌——除 1972 年与苏联队有争议的决赛和 1980 年在莫斯科举办的奥运会被美国进行了抵制之外。

但在 1988 年，美国队半决赛输给了阿维达斯·萨博尼斯率领的苏联队，最终只获得铜牌，这无疑是一个令人震惊和失望的结果。

在此之前，美国总是派出业余选手，即大学明星代表美国参加奥运会。但是，随着 1992 年巴塞罗那奥运会的临近，美国篮球界不希望重蹈覆辙。

由此，诞生了有史以来最强大的阵容：迈克尔·乔丹、"魔术师"约翰逊、拉里·伯德、查尔斯·巴克利、斯科蒂·皮蓬、约翰·斯托克顿、卡尔·马龙、大卫·罗宾逊、帕特里克·尤因、克里斯蒂安·莱特纳、克里斯·穆林和克莱德·德雷克斯勒。

球队全部由 1984 年至 1999 年间获得 NBA 最有价值球员（MVP）的最顶尖球员组成。但就"魔术师"约翰逊、伯德和乔丹三人而言，他们斩获了最近 13 个 NBA 冠军中的 10 个，还斩获了 7 个总决赛最有价值球员奖和 9 个常规赛最有价值球员奖。

查尔斯·巴克利篮下对阵克罗地亚队。

事实上，1992年的奥林匹克篮球赛，变成了NBA与世界的对决。他们在夺金过程中兵不血刃的出色表现和完美纪录，是篮球运动的一次绝好展现。

队员几乎是全体一致推选出来的，但回溯历史，有两名队员的选择并不完全让人满意。第一名，为了纪念美国篮球的大学渊源，美国队同意挑选一名大学生球员，于是克里斯蒂安·莱特纳这位两届杜克大学卫冕冠军入选，沙奎尔·奥尼尔遗憾出局。第二名，伊塞亚·托马斯，联盟最优秀的控球后卫之一，距离他带领活塞队蝉联夺冠只隔了两年的时间，但他已被完全排除在了球队之外。选择托马斯还是德雷克斯勒，这是一个问题。迈克尔·乔丹公开表明，如果选择托马斯这位可以追溯到1984—1985赛季作为乔丹新秀赛季时的宿敌，就没有他这位"空中传奇"。

美国队的主教练是活塞队的执教教头查克·戴利，通过管理活塞队"坏小子军团"，他已经充分证明自己有能力管理好一批有强烈个性的球员。当美国队6月在俄勒冈州波特兰市首次集训时，戴利看到了一份奇才荟萃的名单。他很担心球员们恃才自傲，又担心他们之间难以协调。他不希望让他的团队，像另一场全明星表演赛一样出现在奥运会的赛场上。

6月24日，戴利特意组织了一场本球队与一支精选的大学篮球队之间的训练比赛，后者包括克里斯·韦伯、格兰特·希尔和绰号"便士"的安芬尼·哈达威。美国队，作为有史以来最伟大的球队，结果却打得马虎而松散，他们输掉了第一场比赛。不过，这也正是戴利所希望看到的。

"戴利放弃了比赛，"助理教练迈克·沙舍夫斯基后来断断续续地说，"他知道自己在做什么。"

"梦之队"并非不可战胜——戴利刚刚证明了这一点。第二天，训练比赛继续进行。这次，乔丹比赛了很长时间，比赛中他们把大学生们击败了，一切走上了正轨。

6月28日，美国队在波特兰举行的奥运会预选赛中正式对阵古巴队。当美国球员上场后，古巴队溃不成军。美国队以136比57获胜。

令人印象最深刻的是，与戴利早期的担忧相反，他的团队气势磅礴，比赛时威风凛凛。没花多少时间，他们就激发出了昂扬的斗志。

"这只是迈向巴塞罗那的一小步，赢得金牌，把它带回它应该归属的地方。"伯德在赛后兴高采烈地对人群说这番话时，特意强调了"应该"这个词。

但在奥运会开幕之前，"梦之队"首先要建立等级制度。

在到达蒙特卡洛训练营后不久，戴利将队伍分组进行了一场训练比赛。一边是乔丹、皮蓬、尤因、穆林和巴克利，另一边是"魔术师"约翰逊、伯德、罗宾逊、马龙、斯托克顿和德雷克斯勒。

把乔丹和"魔术师"约翰逊分开，并非无意之举。此时距两人在1991年总决赛中的对决刚过去一年的时间。"魔术师"约翰逊和"表演时刻"的湖人队贯穿20世纪80年代的统治地位已经结束，让位给了乔丹带领的公牛队。1991年好比是NBA的一次火炬传递，乔丹第一次获得了冠军。

而在上一年的11月，艾滋病毒迫使"魔术师"约翰逊离开了NBA，但这并没有夺走他的雄心壮志。戴利十分清楚这一点，他任命"魔术师"约翰逊和伯德为美国队的联合队长。

训练比赛开始后，"魔术师"约翰逊急于证明一切，他盯住了乔丹。他开始用语言刺激乔丹，说他并不比场上其他任何一名球员更强大、更优秀。乔丹从来不需要太多的燃料就能加速。"魔术师"约翰逊提供的能量，足够装满一艘油轮了。

随着乔丹以他此前无数次的方式迎战比赛，赛场的气氛完全改变了。如果对球队中谁是最好的球员还有任何困惑——尤其是对"魔术师"约翰逊这一边而言，乔丹的行动不言自明。

随着等级制度的确立，奥运会开幕的时间也到了。但关于查尔斯·巴克利，出现了一些争议。

美国队的首场比赛，对手是安哥拉队。赛前，出了名的"大嘴"巴克利被问及他对对手了解多少时。"我对安哥拉一无所知，"他说，"我就知道安哥拉有麻烦了。"

在赛中，巴克利暴力肘击安哥拉的埃尔兰德·科英布拉，被指故意犯规，向世界各地的观众传递了错误的信息，证实了国际社会对美国人傲慢和粗鲁的看法。"不用在意，"乔丹赛后说，"反正大家对我们已经有些负面的看法了。"

巴克利毫无歉意，他的球队也是如此。第一节比赛过后，"梦之队"以64∶16领先安哥拉队。他们一度以46比1领先，安哥拉队唯一的1分，还是来自科英布拉的技术罚球所得的，这正是巴克利肘击的结果。随着比赛的进行，越来越多的球队对

约翰·斯托克顿、克里斯·穆林及查尔斯·巴克利喜获金牌。

美国队心存敬畏。比赛期间，对方球员会要求签名甚至索要美国队球员的鞋子。有一次，当"魔术师"约翰逊与对方的一名后卫打到一起时，那名后卫对着替补席大喊："快抓拍！赶快！"这名后卫的队友迅速定格下了这一瞬间。

球场内外，美国队球员都是最大的明星。比赛期间他们不住在传统的运动员村，而是住在豪华酒店里，房费为每晚900美元。无论他们走到哪里，都有球迷围在身边——不管你来自哪个国家，"梦之队"都有一些神奇的魅力，就好像你正在见证一个永远不会再被捕捉到的时刻。

到1992年，篮球已经成为一项全球性的运动。在美国，随着"飞人"乔丹的崛起，NBA变得极受欢迎；随着乔丹出境的耐克广告遍及全球，篮球运动开始在世界各地蓬勃发展。

NBA证明了它对国际市场也很重视。1990年，犹他爵士队和菲尼克斯太阳队在日本东京对阵。这是北美职业联赛有史以来首次在海外进行的常规赛。

自1992年奥运会以来，NBA已经在国外参赛了150多次，世界上200多个国家和地区都进行了电视转播。"梦之队"张开怀抱，向新观众们展示着NBA的品牌。

观众目睹的是一边倒的胜利，这一点虽然没有疑问，但奥运会也证实了NBA的实力。

美国队虽在比赛中占据主导地位，但还有一些细微的规则需要适应。在对阵克罗地亚的一场比赛中，巴克利与一名场外球迷发生了言语冲突，被判为技术犯规。"如果他们在美国这样判罚，"他说，"我会提出异议的。"

虽然乔丹在封闭训练中确立了他的首领地位，但奥运会开始后，"梦之队"成了查尔斯·巴克利的秀场。巴克利是美国队在赛场上最具统治力的球员，也是美国队在整个奥运会比赛中的头号得分王，平均每场得分18分。

球场外，在巴塞罗那他逐渐成为球迷们的最爱。在那里，他在酒店附近的街道上溜达，与当地人一起聚会，《体育画报》称他为"兰布拉大道上的野牛"。接下来的一个赛季，绰号"空中飞猪"的巴克利凭借在奥林匹克队的提升，被评为NBA最有价值球员。

"梦之队"继续碾压对手。8月8日，它创造了一项完美的纪录，在与克罗地亚队再次交手后毫无悬念地夺得了金牌。这次比赛中，乔丹和皮蓬没有难为后来的队友托尼·库科奇，让他得了16分。美国队以117：85凯旋。

不管你来自哪个国家，你都有可能深深喜欢上"梦之队"。你会为其卓越精彩而喝彩欢呼。"梦之队"吸引了全世界的篮球球迷。

对乔丹来说，这次经历是他篮球生涯中的又一个刻痕。在一个杰出球星荟萃的团队中，他确立了自己最伟大的地位，在全球范围俘获球迷无数；对伯德和"魔术师"约翰逊来说，奥运经历是一次感人的告别。数年来，两人率军联盟，激荡风云，而现在，他们可以一起漫步夕阳，沐浴金色的阳光。

2017年，"梦之队"入选篮球名人堂，彪炳史册。

"魔术师"约翰逊获得奥运金牌后欣喜若狂。

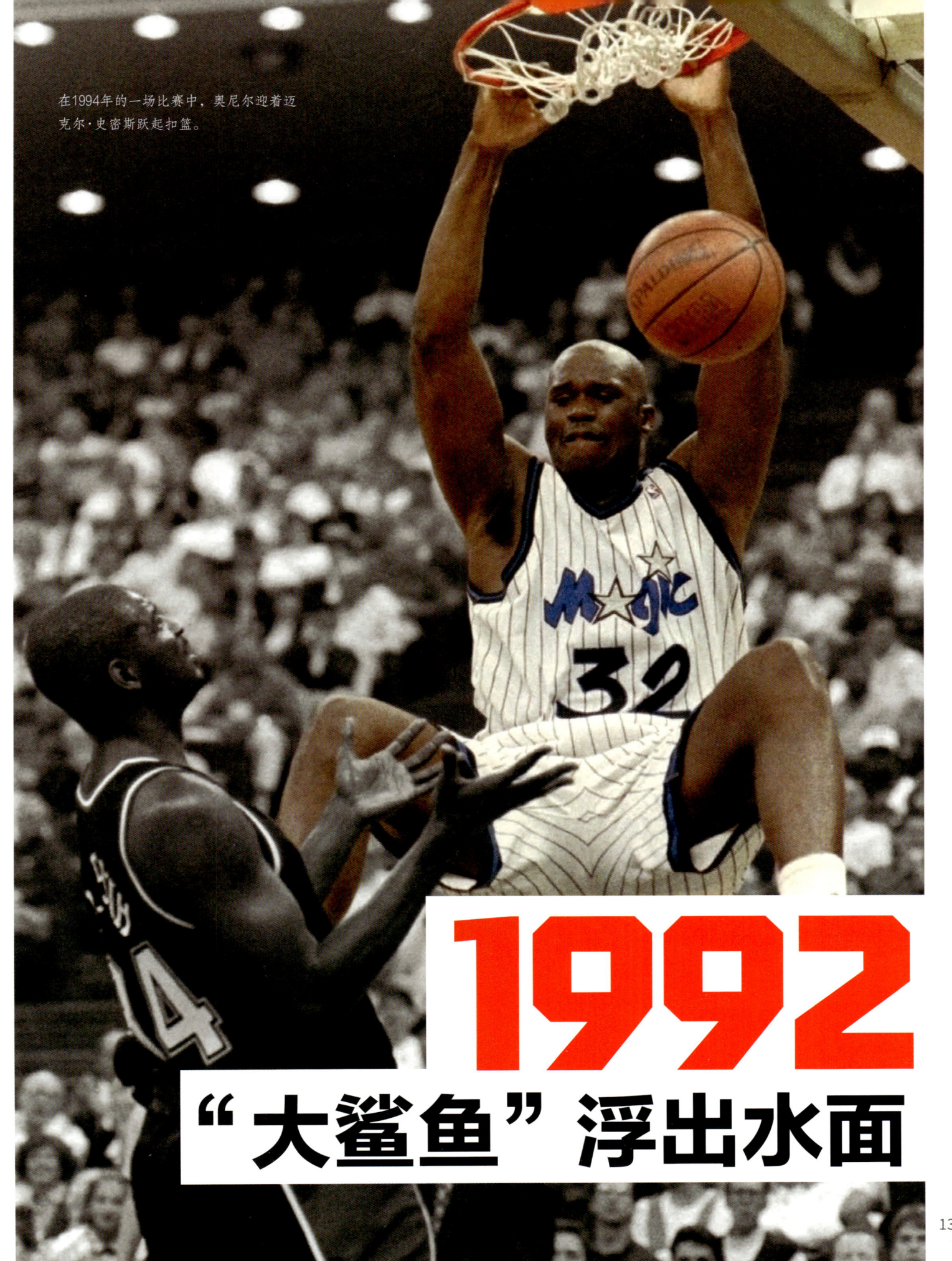

在1994年的一场比赛中,奥尼尔迎着迈克尔·史密斯跃起扣篮。

1992
"大鲨鱼"浮出水面

NBA的选秀抽签，可以改变一支球队的命运。1992年的情况确实如此，当时绰号"大鲨鱼"的沙奎尔·奥尼尔是选秀中的状元。

根据选秀前的综合体测数据，奥尼尔净身高2.16米，净重为138.34千克，垂直弹跳高度达88.90厘米。他的身体素质无人匹敌，令NBA超级巨星也相形见绌，比如当时的帕特里克·尤因、大卫·罗宾逊和哈基姆·奥拉朱旺。

奥尼尔在路易斯安那州立大学度过了他的最后一个赛季。在那里，他的对手们对他猛力地扣篮几乎束手无策。面对蜂拥而至的防守、侵略性的犯规，甚至三人联防，他场均得分24分、14个篮板球和5次盖帽。奥尼尔提前离开学校参加选秀。他具备成为NBA下一个杰出中锋的素质，对NBA而言，好比"神兵天降"。

三支抽签球队——夏洛特黄蜂队、明尼苏达森林狼队和奥兰多魔术队——都特别希望争取到奥尼尔这样的球员，因为它们都是在20世纪80年代后期通过扩张进入NBA联盟的，至今寂寂无闻。

魔术队赢得头彩，得到了"大鲨鱼"奥尼尔。"大鲨鱼"给魔术队这只"雏鹰"带来了立竿见影的回报。

魔术队知道他们挖到了"金子"。有了"大鲨鱼"，就可以像此前张伯伦和贾巴尔那样拥有禁区内的主导权。奥尼尔准备接过迈克尔·乔丹的接力棒，成为NBA最有市场的超级巨星。奥尼尔寸功未立，魔术队就向他提供了一份为期7年、价值4000万美元的合约——这可是当时职业体坛上最优厚的一份合同。

"大鲨鱼"没有花费太多的时间让人们慢慢认识他。他在1992年11月6日首次NBA亮相对阵迈阿密热火队时，一下子就引起了对方中锋的注意。20岁的奥尼尔抢下18个篮板球，成为篮筐统治者。他要么远距离投篮，要么有任何试图挡在他和篮筐之间的人都会遭到他的猛力扣杀；有时他又会在防守端抢下一个篮板球，运球穿过整个球场，然后是一个强有力的扣篮。

魔术队以110∶100赢得了比赛。赛后，迈阿密热火队中锋罗尼·塞卡利表示对奥尼尔非常敬畏。"他把球捏得像个柚子。他和'猛犸象'马克·伊顿一样高大，速度却是他的7倍，而他只有20岁啊，"塞卡利说，"让我喘口气，手下留情吧。"

事实证明，"大鲨鱼"并没有给塞卡利或者任何一个大个子对手喘息的机会。他以压倒性的优势，被评为1992年年度最佳新秀，成为唯一一位在第一年场均得分超过23分、13个篮板球和3次盖帽的球员。

奥尼尔在魔术队的第一年，魔术队与季后赛失之交臂，但留下了一场难忘的胜利，那就是对阵迈克尔·乔丹和两届卫冕冠军芝加哥公牛队的加时赛，比分打成了128∶124。有一个镜头，是乔丹腾身迎着"大鲨鱼"扣篮——对那个时代几乎所有的NBA篮筐防守者来说，这就是一场火的洗礼——但奥尼尔把乔丹撞倒在地，乔丹躺在了地板上。当新秀奥尼尔出手想扶起对方时，乔丹挥手让他离开。"严重犯规。"乔丹说。

"大鲨鱼"全场拿下29分、24个篮板球及5次盖帽。作为回应，乔丹独得64分。但奥尼尔和魔术队，被证明是20世纪90年代为数不多的能与乔丹及公牛队分庭抗礼的球队之一。

"大鲨鱼"的职业生涯还处于起步阶段，但他独一无二的统治地位已经被拿来与NBA历史上那些最伟大的中锋相提并论了。在他的新秀赛季，"指环王"比尔·拉塞尔、"篮球皇帝"威尔特·张伯伦、"红色巨人"比尔·沃尔顿和"天勾"卡里姆·阿布杜尔·贾巴尔聚集在一起，为奥尼尔的签名运动鞋拍摄锐步品牌广告。在广告中，"大鲨鱼"敲了一扇虚拟的门，出来开门的是比尔·拉塞尔。

"你来早了。"比尔·拉塞尔说道。

"但是，我准备好了。""大鲨鱼"回应道。

"那就证明一下吧。"比尔·拉塞尔说。

奥尼尔步入一个虚拟世界，张伯伦、比尔·沃尔顿和贾巴尔加入了拉塞尔的行列。在四个"圣像"的注视下——一个活生生的NBA中锋"拉什莫尔山"雕像——奥尼尔迎着篮筐用力扣篮，玻璃篮板咔嚓碎裂——这也是他在现实当中自己做过的事情。

"大鲨鱼"靠的是纯粹的力量，基于恐吓、野蛮的洪荒之力和不屈不挠的魄力。这似乎是一种恶意的、令人讨厌的篮球打法。令人惊讶的是，这倒让他有别于他的前辈们。

NBA的许多顶级中锋和以体能见长的球员，长期以来一直犹豫不决，不愿充分利用他们的体魄和力量。他们要么没有摧枯拉朽的心态，要么更希望证明他们与比自己矮小的对手一样技术熟练。张伯伦的"后仰跳投"、贾巴尔的"天勾"和奥拉朱旺的"梦幻脚步"，都是他们的拿手好戏。但这些对"大鲨鱼"都无足轻重，至少，这要到他职业生涯的后期才出现。他所取得的成就，靠的是洪荒蛮力。

虽然"大鲨鱼"是球场上的一只野兽，但他那消除敌意的微笑和孩子般的快乐，老少通吃，吸引了所有年龄段的球迷。他看起来平易近人，非常讨人喜欢，就像一只伪装成人类、善于与球为伴的"大狗"。正如他的经纪人曾经说过的："他是终结者和小鹿斑比的结合体。"

无论是对他的个人品牌，还是对一个寻找20世纪90年代中期新一代明星的联盟来说，这种组合都使他成了一个有价值的"营销工具"。在他的新秀年之前，他已经与玩具制造商、服装公司和其他企业签署了代言协议。从第一天起，他就是NBA最活跃的投手之一，各种荣誉纷至沓来。

"大鲨鱼"渴望球场外的关注，这也让他与他之前的传奇中锋有所不同，那些前辈中的许多人都对人群和闪光灯非常抗拒，他们厌倦了诸如"那里的天气怎么样？"的问题，但不得不抑制住吐槽的冲动，回应道："下雨了。"他们的一生都被人关注，他们讨厌被人盯着的每一刻。

"大鲨鱼"却正相反。他由一名陆军中士抚养长大，小时候经常搬家，他这个超大号的新人，总是吸引人们的视线。13岁时，他身高已达2.06米，这意味着他不可能在不断变化的新环境中不被人注意到。

他早已习惯于成为人们关注的焦点，这也许就是他对自己所扮演的角色安之若素的原因吧。

与此同时，他利用自己的名气使财源滚滚而来。在他的第二个赛季之前，"大鲨鱼"发行的一张说唱专辑成为白金唱片，销量超过100万张。他的单曲"I Know I Got Skillz"，在公告牌年度单曲排行榜中名列第三十五位。

有人批评奥尼尔的场外活动分散了他的精力。年仅22岁，他已经出版了一张专辑，还代言了畅销商品，并且还在电影《火爆教头》中出演了一个角色。在一场比赛中，担任解说员的传奇"魔术师"约翰逊与电台播音员说起奥尼尔的许多场外兴趣。"你22岁的时候在做什么？"播音员问约翰逊。"我在球场上，努力提高自己的球技。"约翰逊答道。

一旦球赛开始，任何关于场外活动会影响他表现的担忧，都会立即烟消云散。第二个赛季刚开始，在对阵迈阿密热火队的比赛中，他独得42分、12个篮板球。

有一次，他扣进一球，顺势把自己吊在了篮筐上，结果整个篮板和支柱都摔到了地上——这是他第二次毁坏NBA的篮架了。

在他的第三个赛季，"大鲨鱼"带领魔术队获得东部赛区第一名，他的个人得分在NBA独冠群芳。他和弹跳力极好的后卫"便士"哈达威组成了联盟最有活力的双煞二人组。

1995年季后赛的第二轮，魔术队大战6场，淘汰了芝加哥公牛队。就在季后赛之前，迈克尔·乔丹时隔两年又回到了篮球赛场。尽管乔丹没有处于巅峰状态，但魔术队这次的胜利，仍然意义重大，标志着NBA后卫的潜在性变化。

在23岁的奥尼尔的带领下，魔术队一路杀入总决赛。面对卫冕冠军休斯敦火箭队，奥尼尔被32岁的哈基姆·奥拉朱旺击败，魔术队连输4场被淘汰出局。

1995—1996赛季，NBA庆祝联盟成立50周年。在全明星周末，NBA宣布了有史以来最伟大的50名球员。虽然在联盟效力仅有4年，24岁的奥尼尔依然登上了

"大鲨鱼"奥尼尔与队友在一起，他的大块头远超队友。

榜单。榜单上，他是唯一一位年龄在30岁以下的球员。这在当时看似不可思议，但被时间证明了这是先见之明。后来"大鲨鱼"赢得了4次冠军和3次总决赛最有价值球员奖，在其职业生涯中15次入选全明星阵容。

不过，他的时代尚未到来。1996年的季后赛，"大鲨鱼"的魔术队再次遇到乔丹带领的公牛队。这一次，乔丹得以大显身手。

魔术队在前4场比赛中惨遭灭顶。在结束赛季的哨声响起后，乔丹在奥尼尔离开球场前把他拉到一边。"在你成功之前，"乔丹告诉他，"你必须先学会失败。"

那年夏天，奥尼尔离开了魔术队，与洛杉矶湖人队签订了一份收入丰厚的协议。还未来到好莱坞明亮的灯光前，"大鲨鱼"已经学会了失败。现在，该他闪亮登场了。

1993
乔丹的棒球梦

1993年10月5日，美国职业棒球大联盟（MLB）季后赛，芝加哥白袜队对阵多伦多蓝鸟队的第一场比赛开始前，迈克尔·乔丹站在了芝加哥科米斯基体育场的投手板上，投出了开球仪式上的第一个球。他抛出一个快球，棒球飞出他的右手掌心，远远地落在了场地上，乔丹的脸上掠过一丝灿烂的微笑。

第二天，乔丹向媒体宣布了他职业生涯中最令人震惊的消息："飞人"乔丹即将退役。

30岁的时候，乔丹离获得第三个NBA总冠军只差几个月。他将第三次被评为总决赛最有价值球员，赢得创纪录的连续7次得分王。一年前，他带领"梦之队"获得了奥运会的金牌，他的影响力让NBA备受瞩目，可以说乔丹在各方面都征服了篮球这项运动。

他一直坚持认为，当比赛变得太容易之时，当他传奇般的动力开始消退之时，哪怕出现一点点这样的迹象，就是该离开篮球场的时候了。在他之前的许多杰出球员都没做到这一点，他们的运动状态因坚持得太久而走了下坡路，他们在球场上步履蹒跚，带着无数次手术留下的伤疤，以及在坚硬地板上反复撞击的身体损耗。这不是乔丹想要的人生之路。

"我已经达到了职业生涯的巅峰，"在队友、公牛队工作人员和NBA总裁大卫·斯特恩的陪伴下，乔丹告诉记者们，"我已经不需要再为自己证明什么了。"

但他也的确为回归留下了一扇门，乔丹说："我认为'退役'这个词，意味着从今天起你可以做任何你想做的事情。所以，如果哪一天我渴望重返篮球场——也许将是某一天我需要面对的挑战。"

这是一个前所未有的决定——没有人愿意在巅峰状态的时候离开，于是各种传闻不断传来，最刺耳的一个说法涉及乔丹备受争议的赌博问题。在这一年的5月，公牛队与纽约尼克斯队的季后赛系列赛中，就在比赛的前一天晚上，有人发现乔丹在新泽西州的大西洋城参与赌博，并一直持续到凌晨。这并没有影响他在麦迪逊广场花园球馆举行的第二场比赛中拿下36分，但对于职业体育界最知名的人物来说，这并不是一个很好的形象。

在此前的一年，NBA曾经调查过乔丹的赌博行为，以确保他没有在篮球比赛上下注。有谣言说乔丹欠了120万美元的赌债，但乔丹告诉记者：数字是接近30万美元。随着越来越多关于他赌博的议论四处传扬，有一种猜测认为，斯特恩和NBA想消除潜在的公关危机，从而引发了乔丹的突然退役。

事实上，乔丹退役的原因要简单得多，而且令人泪目。

7月23日，乔丹的父亲詹姆斯，就在儿子举起NBA冠军奖杯的一个月后，在北卡罗来纳州高速公路休息站发生的一次抢劫未遂案中被杀害。当时詹姆斯驾驶的正是乔丹为他买的红色雷克萨斯跑车，车牌号是UNC0023。

起初，詹姆斯被认为是失踪了。他的尸体直到8月12日才被发现，第二天被确认了身份。

詹姆斯是一个值得骄傲的父亲，他在乔丹的生活中扮演着非常重要的角色。詹姆斯最初的梦想是让儿子从事棒球运动，这也是他带着乔丹所了解的第一项球类运动，而在公牛队第三次夺冠后的几个小时里，两人也谈到如果乔丹能在职业生涯的巅峰期换一项运动，那将是多么美妙的事情。

1994年2月7日，乔丹和芝加哥白袜队签了一份合约，正式踏上了棒球之旅。两个月后的一场表演赛，芝加哥白袜队对阵邻近的芝加哥小熊队，在芝加哥座无虚席的瑞格利球场，乔丹站在了右外野。当乔丹在第八局击出打点二垒安打将比赛扳成平局时，传奇播音员哈里·凯里就坐在解说席见证了这一刻。

"一瞬间，我觉得自己又回到了童年。"乔丹说。

乔丹实现了自己的诺言。但是，当美国职业棒球大联盟赛季开始后，他被分配到伯明翰男爵队，一支芝加哥白袜队下属的小联盟2A球队，驻地在亚拉巴马州。这与他在公牛队的生活相差甚远。位于田纳西州查塔努加等地的棒球场，取代了芝加哥体育场和麦迪逊广场花园的炫目灯光。在亚拉巴马州伯明翰，出去参加比赛时的私人包机换成了巴士上的座位——当然，乔丹为球队换了一辆全新的最高标准巴士，还在外面的门上签了名。

虽然进入大联盟的希望渺茫，但乔丹毫不气馁。他的经理，就是10年后带领红袜队获得世界职业棒球大赛冠军的特里·弗兰科纳，当时和男爵队的很多员工一样都被乔丹的职业精神深深打动了。乔丹通常在破晓时分就来到训练场，在传奇击球教练沃尔特·赫利尼亚克的带领下练习击球，后者专门受聘来修正乔丹的击球动作。

赫利尼亚克曾与卡尔·雅泽姆斯基、弗兰克·托马斯、韦德·博格斯和卡尔顿·菲斯克等名列棒球名人堂的球员共过事。他立即被乔丹的特质所吸引："他的头脑，"赫利尼亚克说，"自律、专注、决心！比我见过的每一个人都棒。"而这些特质，早已被NBA的教练们所熟知了。

乔丹很好地适应着退役后的生活。在早上训练和晚上比赛之间，他会去打36洞高尔夫，然后兴奋地回到棒球场实验他的新技能。"我真的很开心，"他说，"如果我能够进入大联盟就太好了；但假如没能成功，至少我也实现了自己的梦想。"

球迷和媒体对乔丹的新冒险并不感到兴奋。一些人认为乔丹利用自己的名望在棒球界越俎代庖，从更有资格的球员手中夺走了一个位置。

"放弃吧，迈克尔！"1994年夏天《体育画报》某一期的封面用了这个标题，并补充道："乔丹和白袜队让棒球感到尴尬。"

乔丹从未梦想过成为最好的棒球运动员，而事实上他也没有做到。乔丹在男爵队总共完成497个打数，打击率0.202，3支本垒打。但他每天都按时训练，随时准备投入比赛。他并不缺乏动力。乔丹后来回忆说，在比赛的空闲时间，他会从他休息的位置放眼望去，仿佛看到一对父子在练习。他很想和他们一样，和自己的老父亲共度练球的美好时光。在某种意义上，打棒球能让乔丹感觉到和父亲在一起。

"每天早上当我在黑暗中练习棒球的时候，我感到父亲和我在一起，"乔丹说，"我记得我的初心。"

在芝加哥，没有乔丹加入的公牛队仍然很强大。他的原搭档斯科蒂·皮蓬成了场上的主力，在1993—1994赛季公牛队

1994年，迈克尔·乔丹在伯明翰男爵队的休息区。

1994年，乔丹第六局击出打点二垒安打。

赢得了55场比赛。然而在季后赛第二轮比赛中，他们奋战7场，却输给了纽约尼克斯队，被淘汰出局。

1994年9月，乔丹参加了一场由斯科蒂·皮蓬组织的慈善比赛，同时这也是在芝加哥体育场举行的最后一场篮球赛。乔丹得了56分，此时他正在备战他职业棒球的第二个赛季。

1995年3月，一场棒球界的罢工打断了乔丹的棒球生涯。乔丹想，如果他不能继续比赛，就没办法取得进步。与此同时，在芝加哥，公牛队此时举步维艰，在全明星周末到来前创下23胜、25负的纪录。让公牛队复活，成为乔丹正在寻找的新挑战。

1995年3月18日，乔丹通过经纪人大卫·福尔克分别向NBA球队和媒体发了一份传真，言简意赅："我回来了。"

乔丹的棒球成绩

年代	年龄	球队	上场	打席	打数	跑回	安打	全垒打	打点
1994	31	伯明翰男爵队	127	497	436	46	88	3	51

1994
乔丹阴影下的悲情英雄

1996年，迈克尔·乔丹越过肖恩·坎普的防守上篮。

20世纪90年代，乔丹凭借他8年6次捧得冠军头衔，雄踞NBA的顶峰。乔丹的成功，也意味着其他人只能望洋兴叹。像查尔斯·巴克利、约翰·斯托克顿、卡尔·马龙、加里·佩顿、肖恩·坎普、克莱德·德雷克斯勒和帕特里克·尤因这样的超级巨星，代表着整整一代的传奇人物，他们本也可以享有乔丹的荣誉，但奈何宝座只有一个！

克莱德·德雷克斯勒

德雷克斯勒，是波特兰开拓者队在1984年选秀中淘汰乔丹的原因。开拓者队在前一年选择了德雷克斯勒，在同一个位置上不需要两位球员。乔丹的阴影对德雷克斯勒职业生涯的影响，比任何人都大。与大多数最接近乔丹的同时代人不同，他是少数始终如一的、强大的得分后卫。而在这个位置上，德雷克斯勒却总是名列乔丹之后。

他的弹跳力令人难以置信，他几乎可以在整个球场的任何角度投篮得分，他进攻和防守俱佳。只是，他长得不像乔丹。

德雷克斯勒甚至取得了类似的战绩。以1988—1989赛季为例，德雷克斯勒场均得分27.2分、7.9个篮板球、5.8次助攻和2.7次抢断，创下职业生涯新高，而乔丹的相应成绩分别是场均得分32.5分、8.0个篮板球、8.0次助攻和2.9次抢断；德雷克斯勒10次入选全明星队，而乔丹则是14次。

德雷克斯勒在1990年带领开拓者队进入总决赛，结果输给了底特律活塞队。1992年，他们以西部赛区第一的成绩，再次进入总决赛，结果5场比赛均不敌对手，被乔丹和他的公牛队击败。德雷克斯勒在1995年终于赢得了一个冠军，当时他效力休斯敦火箭队，而"退役"的乔丹大部分的比赛都没有参加。

查尔斯·巴克利

在20世纪90年代的篮球明星中，很少有人比巴克利与乔丹走得更近。他们在同一选秀中被选中，在场外是同类，在场上则是无情的对手。

巴克利是一个另类。他身高1.96米，但像"塔斯马尼亚魔鬼"袋獾一样在球场上大叫大嚷地奔跑。他夺下篮板球之后的身影像一个破碎的篮球一样穿过防守队员。他是NBA最受欢迎、也是最直言不讳的球星之一。他打球很拼命，玩得也很开心。

绰号"灵活死胖子"的巴克利，是从费城76人队启航，在那里他开始了他的职业生涯，在一个由朱利叶斯·欧文和摩西·马龙率领的经验丰富的球队中，作为替补队员出场。但没过多久，巴克利就成为76人队的核心。在球队中，他连续6个赛季夺得头号得分手，第七个赛季成为头号篮板手，但费城队从来没有取得过令人骄傲的战绩。

1992年，巴克利要求转队，他被交易到了菲尼克斯太阳队。在那里，被包括全明星后卫凯文·约翰逊和丹·马尔利在内的阵容强大的球员所包围，他帮助太阳队成为一个有力的竞争者。1992—1993赛季，太阳队成为NBA得分最高的球队，巴克利被评为联盟最有价值球员（MVP）。

那一年，他们打入了总决赛，与芝加哥公牛队比赛了6场。

约翰·斯托克顿和卡尔·马龙

1984年，当犹他爵士队以首轮选秀第16顺位选中斯托克顿时，没人能想到他们刚刚得到了这个位置上有史以来最伟大的球员之一。巴克利说："从来没有一个控球后卫在控球方面，能比他做出更好的判断。"在1984年的奥运会选拔赛中，巴克利第一次与斯托克顿一起打球。

走出校门，斯托克顿拥有了一切。他是一个伟大的传球手，在球场上有着鹰一般的视野。他两次抢断领先联盟，5次入选最佳防守阵容。他始终如一，在1987—1988赛季到1995—1996赛季之间，连续9次高踞助攻榜榜首。

卡尔·马龙，是斯托克顿大多数时候的传球对象。马龙身材高大强壮，肩宽背厚，就像一个盛装的超级英雄。他在篮筐附近有着完美的手感，跳投距离可靠适当，与斯托克顿配合完美。

爵士队在斯托克顿入队之后的下一年选中马龙时，两人组成了一个不可阻挡的挡拆组合。斯托克顿传球、马龙接球上篮，轻松获得2分，爵士队因此不可小觑。马龙在1997年和1999年都被评为最有价值球员。

1995年，斯托克顿超过"魔术师"约翰逊，成为NBA历史上的助攻王——这个头衔他至今依然保留。两年后，在他的简历中又增加了"关键投手"这一荣誉。那是在1997年，在西部联盟决赛对阵休斯敦火箭队的比赛中，他投出了一个关键的三分球，将犹他爵士队送进了决赛。爵士队和公牛队，连续几年都进行了争夺冠军的"绞杀战"，每个系列赛都鏖战6场。

加里·佩顿和肖恩·坎普

如果说斯托克顿和马龙是联盟的超级组合拳，那么佩顿和坎普则是最有趣的一对组合。这对双子星组合的精彩表演，很少有人能与之媲美。

许多球队担心坎普不够成熟而不敢选择他，但西雅图超音速队却甘冒风险。他是1988年麦当劳全美高中生表演赛的最佳得分手，也是肯塔基大学的一名优秀新生。但他的高考成绩不理想，被裁定为不合格。大一的时候他被转到了得克萨斯州的三一谷社区学院，但是从来没有打过一场比赛。1989年，超音速队在选秀首轮第17顺位选中了他。不到4年，他就成长为一位全明星球员。

佩顿是1990年选秀中的首轮第2顺位球员。他是美国大学生篮球联赛（NCAA）年度最佳球员，也是一个有前途的新秀。但是直到他的第三个赛季，超音速队聘用了一位进攻型的主教练乔治·卡尔，他的职业生涯才开始真正腾飞。

卡尔鼓励佩顿大胆传球，而坎普是他最喜欢的目标。球从球场上的任何地方传来，到达篮筐上方的某个位置，迅疾被奇迹般地接住，然后"砰"的一声猛扣。佩顿与坎普的组合的空中接力，是NBA赛场上最激动人心的看点之一。

也正源于佩顿与坎普的组合，超音速队的受欢迎程度在NBA中排名第二。他们的昵称也很有意思，佩顿绰号"手套"，像手套一样把进攻球员的球套住；而坎普是"雨人"，霸气的统治者。他们名副其实，因为他们战绩卓绝。在1992—1993赛季至1997—1998赛季期间，每个赛季至少赢得了55场胜利，并连续6次参加全明星赛。他们昂首阔步、趾高气扬，就像穿着NBA球衣的职业摔跤手。

佩顿是一个超级自信、神气活现的话痨，这点比乔丹有过之无不及。佩顿说："有些人做不到一边打球一边说话，这恰恰是我的天赋。"坎普则是最凶猛的扣篮手，在他猛扣将对手击倒在地后，他会得意忘形，并开心大笑。

1996年，超音速队打入总决赛，满怀希望能登上冠军宝座。佩顿全力以赴，在整个系列赛中公开与乔丹对战，但乔丹带领公牛队再次以6场比赛获胜。

帕特里克·尤因

在对阵乔丹的比赛中，没有一个球员或一支球队，比尤因和纽约尼克斯队的球

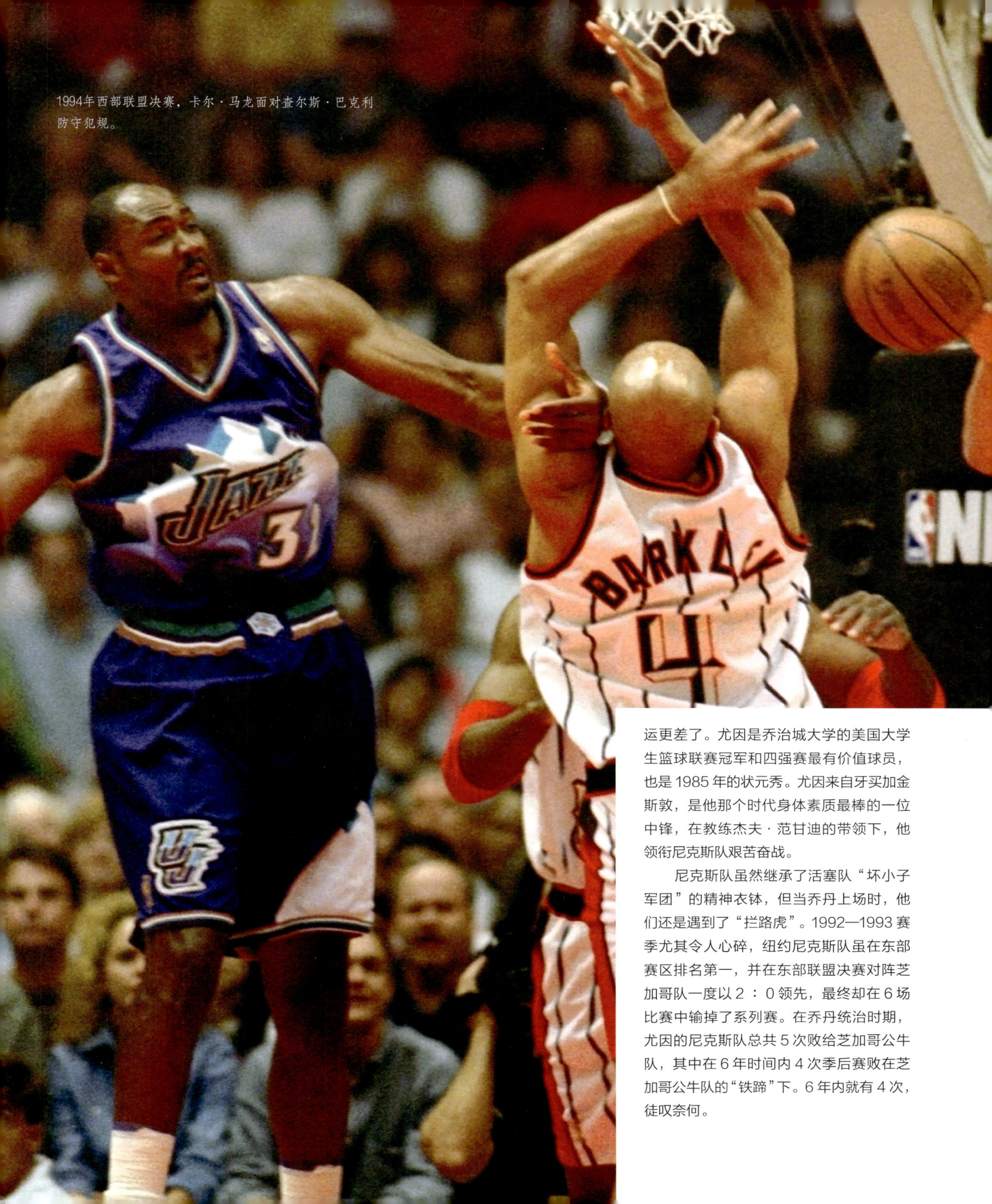

1994年西部联盟决赛，卡尔·马龙面对查尔斯·巴克利防守犯规。

运更差了。尤因是乔治城大学的美国大学生篮球联赛冠军和四强赛最有价值球员，也是1985年的状元秀。尤因来自牙买加金斯敦，是他那个时代身体素质最棒的一位中锋，在教练杰夫·范甘迪的带领下，他领衔尼克斯队艰苦奋战。

尼克斯队虽然继承了活塞队"坏小子军团"的精神衣钵，但当乔丹上场时，他们还是遇到了"拦路虎"。1992—1993赛季尤其令人心碎，纽约尼克斯队虽在东部赛区排名第一，并在东部联盟决赛对阵芝加哥队一度以2∶0领先，最终却在6场比赛中输掉了系列赛。在乔丹统治时期，尤因的尼克斯队总共5次败给芝加哥公牛队，其中在6年时间内4次季后赛败在芝加哥公牛队的"铁蹄"下。6年内就有4次，徒叹奈何。

1995
格兰特·希尔：曾是追风少年

格兰特·希尔的脚踝明显有着太多的故事，比如它曾经如何承载一位世纪运动员的重量？它如何因压力和伤病而恶化？它如何因皮肤移植和无数次手术而变色并永久肿胀？它又如何因为队医的原因而变得更加糟糕呢？

如果不是因为他的脚踝，希尔将被载入有史以来最伟大的球员之列。然而，他这位篮球名人堂成员，却被一个挥之不去的问题一直困扰：如果不是因为脚踝，我会怎么样呢？

在赢得两次全国锦标赛冠军和杜克大学年度最佳防守球员奖之后，希尔前程似锦，不容置疑。

他是一个惊世骇俗的运动员，天资堪比迈克尔·乔丹。"他甚至不是在跑，"杜克大学教练迈克·沙舍夫斯基说，"他飘飘欲飞。"沙奎尔·奥尼尔称他为"完美的球员"。至少有6年的时间，他的确是一位完美的球员。

希尔是一位身高2.06米的前锋，对球的操控就像是一位控球后卫，中距离进攻颇具威力，能对所有5个位置实施有效防守，而且很少有球员能够做到像他那样的空中爆发力。他被人们形象地称作"组织前锋。"

1994年NBA选秀中，希尔以首轮选秀第3顺位被活塞队选中，NBA不仅得到了一名极具威力的篮球运动员，同时也得到了一名当之无愧的联盟大使。他轮廓分明，相貌英俊，谈吐儒雅，有着令人印象深刻的家世。他的母亲珍妮特是华盛顿特区一家律师事务所的高级合伙人，他的父亲卡尔文则曾是美国职业橄榄球大联盟（NFL）的杰出人才，也是棒球巴尔的摩金莺队的前任副总裁。

NBA欣喜若狂，在他上场前就对他寄予厚望，期望他成为联盟新一代的形象代言人。

不过，一旦他投身赛场，"好孩子"的角色就被留到了场外。在NBA球场上最初的那些日子里，希尔无所顾忌。前一天晚上，他可能突破乔丹的防守，让这位第一外线防守大神看起来就像一个高中生；第二天，他会带球上篮，把像迪肯贝·穆托姆博这样的精英篮筐保护者打得毫无招架之力。希尔的弹跳力如此之大，以至于当他到达网前时，他的身体经常在半空中旋转，好像他在试图减缓自己飞过篮筐的速度。

在新秀赛季，希尔成为第一位也是唯一一位全明星赛票王的新秀。随着每一个赛季的进行，他的技术愈加精进。他在自己的第二和第三个赛季，均成为NBA的"三双王"，带领活塞队打入季后赛。那些曾经将希尔和乔丹相提并论的人，并非毫无依据。

20世纪90年代末，NBA及其粉丝群迫切希望出现"下一个乔丹"。没过多久，希尔就填补了这一空缺。事实上，即使在乔丹1993年到1995年短暂缺席之后又回到NBA赛场的第一个完整赛季中，希尔仍然在全明星投票中再次获得第一，成为8年来唯一一位压倒乔丹的球员。粉丝们说："希尔将成为后乔丹时代的NBA代言人。"

到1998—1999赛季，希尔成为NBA第三位得分手，在最有价值球员奖投票中名列第三。在职业生涯的前6个赛季，希尔场均夺得21.6分、7.9个篮板球、6.3次助攻和1.6次抢断。在职业生涯的前6年里，能达到如此上佳成绩的球员，只有奥斯卡·罗伯特森和拉里·伯德及后来的勒布朗·詹姆斯。

造化弄人！就在希尔抵达另一个高峰时，他的故事情节发生了反转。2000年4月，他被诊断出左脚脚踝扭伤。事实上，在活塞队医生介入之前，他带伤打球已经有好几个月了。

受伤的时机，使事情变得有些复杂。

希尔的合同将于那年夏天到期，而在活塞队做了多年的孤星后，人们普遍认为他会寻求在其他地方签约，这将使他成为历史上最令人垂涎的自由职业球员之一。

1999—2000赛季接近尾声，希尔的脚踝还是没有康复，他被迫缺席了常规赛的最后两场比赛。有人批评他在活塞队的最后几场比赛中表现得漫不经心，是因为他已经相中了他的下一个归属地。听到这些批评的声音，希尔想证明事实并非如此，于是他忍着疼痛上场了。

当季后赛开始对阵迈阿密热火队时，希尔在第一场比赛中打了38分钟后离场，比分最终落后了10分。尽管如此，批评者认为希尔应该坚持打完比赛——毕竟这是活塞队，在1989年的总决赛中，前辈队友伊塞亚·托马斯曾不顾脚踝受伤继续参战，最后赢得了英雄的荣誉。

第二场比赛的第二节，希尔感到脚踝一阵剧痛。他努力参加第三节比赛，但左脚几乎不能负重，在上场仅仅21分钟后就退出了比赛。那天晚上晚些时候他收到消息：他的左脚踝骨折了。核磁共振结果显示，之前被认为的扭伤，事实上是应力性骨折。

"此前我被告知一切都很好。我甚至发现某些队医在质疑我是否真的受伤了。"希尔说，"当我发现我的脚踝骨折了，听起来很疯狂的是，我居然松了一口气。我终于能证实，在比赛中我真的是在全力以赴。"

2000年4月28日，他接受了手术治疗。他的受伤状况并未妨碍一些球队试图签下这位全明星前锋的热情。在芝加哥，著名脱口秀女主持人奥普拉·温弗瑞试图为公牛队招募他；在纽约，著名喜剧演员杰瑞·宋飞恳求他与尼克斯队签约。

最终，希尔选择了奥兰多魔术队，签下了一份为期7年、价值9200万美元的合约。同年夏天，魔术队还引入了得分后卫特雷西·麦克格雷迪这位后起之秀。此时的魔术队正在东部崛起成为一支具有竞争力的球队，两位明星将形成雷霆双雄，成为NBA底线最具杀伤力的组合，直接挑战乔丹和皮蓬。

虽然希尔并不知情，但他的外科医生

1998年，格兰特·希尔越过查尔斯·奥特洛抢夺篮板。

已经通知魔术队的医务人员，他要到 12 月份才能恢复篮球运动。然而，就在那个夏天，手术后刚刚三个月，魔术队让希尔上场参加非正式的选拔赛，对他的脚踝造成了无法言说的伤害，也大大影响了恢复的进程。他的脚踝疼痛加剧了。

"我只是一直在想，如此糟糕的管理制度简直让人无法相信。"希尔说。

希尔不再是从前的希尔，那份威风不复存在。2000—2001 赛季，也是他在魔术队的第一个赛季，他只出席了 4 场比赛。尽管如此，他再次被球迷们投票选进了全明星首发阵容。

到 2003 年，已经 30 岁的希尔在魔术队的三个赛季只打了 47 场比赛。为了修复脚踝，他在三年时间内接受了三次手术。在 2003 年夏天的一次手术后，他不幸感染了葡萄球菌，不得不住院治疗，这迫使他缺席了接下来的整个赛季。在命运的残酷转折中，他此前效力的活塞队在那一年成功加冕 NBA 冠军。

2004—2005 赛季，希尔成功重返赛场，场均得分超过 19 分，第七次也是最后一次，入选全明星。由于伤病，他不得不放弃他那种世界级的跳跃，重新调整了自己的比赛方式。在接下来的 7 个赛季中，他的表现中规中矩。

随后，他加入了菲尼克斯太阳队，塑造了一个有价值的老将形象。在短暂效力洛杉矶快船队后，他于 2013 年退役。

对大多数人来说，希尔应该成就一个非凡的职业生涯，但希尔从来都不是那些大多数人之一。"我受伤了，我很早在活塞队时就被下了'魔咒'，一切都只能顺其自然，一切又都物是人非了，我感到非常困扰，"他说，"我错失了良机，没有看透问题，没有明白下一步会发生什么。"

2018 年，希尔入选篮球名人堂，这是对他长期职业生涯的认可，也是对他在巅峰时期所付出的一切的认可。

希尔自己总是纠结在永恒的康复路上，用他自己的话说，太"专注于康复"，以至于无法回头享受他的成功。

在他职业生涯的末期，当他的女儿在社交媒体上晒出了父亲在底特律的旧时光，惊叹于自己父亲的才能时，他才开始自豪地认同了自己的职业生涯。

"你知道，有一段时间，我真的很棒，"他会说，"我还不赖嘛。"

1999 年，希尔庆祝职业生涯比赛中最高得分 46 分。

1995

NBA 来到加拿大

2019年7月17日，加拿大多伦多市街头被"涂成"了红色的海洋，不是枫叶的红色，而是多伦多猛龙队的红色。估计有200万名粉丝聚集到这里，挤满了多伦多这座城市近8千米长的街道，高速公路也严重拥堵。

多伦多猛龙队赢得了冠军，成为美国本土以外的第一个NBA冠军。

猛龙队的季后赛之旅，吸引了整个国家的所有目光，篮球突然比以往任何时候都更受欢迎。夺冠之后的庆祝游行，更像是这项运动在加拿大期待已久的加冕仪式。

事实上，篮球和肉汁乳酪薯条一样，是加拿大的特色。篮球运动的发明者詹姆斯·奈史密斯本人就是一位加拿大人。1936年，篮球运动首次成为奥运会比赛项目，加拿大夺得了银牌。

10年后，多伦多哈士奇队成为NBA的创始球队之一，联盟的第一场比赛就在多伦多枫叶园冰上曲棍球场举行。不过，哈士奇队在仅仅一个赛季后就解散了。除了哈林队的来访和20世纪70年代偶尔在多伦多举行布法罗勇士队的比赛，接下来的50年里篮球在加拿大遭遇了冷板凳。

1993年9月30日，NBA授权多伦多扩展了一支加盟球队，该球队成为NBA的第二十八支球队，并设定开赛日期为

1995—1996赛季。球队由一家金融服务公司的总裁小约翰·比托维领导，参与竞争球队经营权的另一个集团虽有"魔术师"约翰逊在列，但也遗憾出局。对"魔术师"约翰逊而言，更难堪的是比托维的球队还引入了篮球名人堂控球后卫、1990年NBA总决赛的对手伊塞亚·托马斯作为球队的副总裁。托马斯还持有球队的股份。

在加拿大的温哥华，北美职业冰球联赛（NHL）温哥华加人冰球队的所有者阿瑟·格里菲思，在争取西海岸的加盟权。像多伦多一样，温哥华拥有足够的城市资源用以支持一支球队，而且比多伦多还有一个优势，那就是它已经拥有了一个可以容纳NBA篮球比赛的新球场。

NBA认为，在加拿大全国范围内同时建立球队是有意义的。"我认为时机很重要，"菲尼克斯太阳队的老板兼联盟扩张委员会主席杰里·科朗格洛说，"要让东部和西部都有代表队。"

到20世纪90年代，NBA迅速扩张。NBA和ABA在1976年夏天合并时，联盟拥有22支球队。到20世纪80年代中期，随着迈克尔·乔丹的崛起及"魔术师"约翰逊和拉里·伯德的走红，NBA篮球赛事成为令人垂涎的投资方向，职业体坛已经成了亿万富翁们的游戏场，越来越多资金雄厚的投资者，希望可以投资篮球行业。

1988年，NBA在夏洛特成立了黄蜂队，在迈阿密成立了创意无限的热火队；1989年，在奥兰多成立了魔术队，在明尼苏达地区成立了森林狼队。

NBA自启动以来，一直在寻求渗透到新的、未开发的市场。彼时，NBA几乎已经覆盖了整个美国地区，是时候跨过边境向北部发展了。

当多伦多队和温哥华队加入时，NBA的球队数量已经达到29个。此时的特许加盟费定为1.25亿美元，与NBA早期的3250万美元的加盟费已经不可同日而语了。

在加拿大的球队正式比赛之前，他们需要有响亮的名字。

1994年，多伦多举行了一场球迷竞赛，以投票的方式挑选出球队的名称，入围的名称有"铁塔""灰熊""野猪""锰龙""猎犬""山猫"。最终选择的名称是"猛龙"，这个名称来自斯皮尔伯格大受欢迎的大片《侏罗纪公园》，该片在前一年统治了电影票房。为了宣传这支新队伍，伊塞亚·托马斯出现在《深夜秀》节目中，主持人大卫·莱特曼特意穿上一件印有猛龙队紫色恐龙标志的莱特曼夹克。

温哥华队，明智而低调地采用了"灰熊"的名称。

1995年11月3日，猛龙队在天穹体育馆33,000多名球迷面前，进行了他们的第一场比赛，这是一个为棒球比赛而设计的能容纳54,000名观众的巨大体育场。同一天晚上在波特兰，灰熊队在NBA首次亮相。两个队都赢得了比赛。不过，这种感觉是这两个城市的球迷之前不曾有过的感觉。

同时，两支球队的表现还是可圈可点的。猛龙队第一个赛季的上座率排名第三，而灰熊队排名也相当不错，位列第十四。在温哥华，绰号"大乡村"的布莱恩特·李维斯，成为这支球队有史以来的第一名选秀队员。布莱恩特·李维斯，来自俄克拉荷马州的乡村，身高2.13米，体重达124.74千克，他在他的新秀年就成了一个很受欢迎的人物。

猛龙队的第二个选秀队员是绰号"小飞鼠"的达蒙·斯塔德迈尔，他体型上与李维斯相差甚远，却是早期粉丝的最爱。托马斯在这个矮小的控球后卫身上看到了自己的影子，形容他为"超胆侠"。

第一个赛季中的亮点之一是在1996年3月24日，当迈克尔·乔丹和芝加哥公牛队来到这里时，在场的观众有36,000多人。

此时，猛龙队在他们的赛区中成绩倒数第二，而公牛队正气势如虹，迈步在创造其72胜纪录的征途中。但是斯塔德迈尔证明了托马斯是对的，他在比赛中无所畏惧，与乔丹投得一样好。他在本场比赛中夺得30分和11次助攻。

猛龙队在最后几秒钟领先一分。但是乔丹，当然是乔丹，在终场哨声响起的时候，投出了一个几乎不可能的转向擦板投篮。可惜，裁判裁定他的投篮晚了几分之一秒。猛龙队获胜！

"那时，我们最好的一点就是，"托马斯回忆道，"我们很天真，我们不确定我们可以赢。"

在本赛季剩下的时间里，猛龙队只赢了另外三场比赛。

灰熊队的情况更糟，他们在NBA排名垫底，一直没有起色。在6个赛季中，他们在西部赛区的排名都在第十一名之后。

1999年选秀大会上，他们在首轮选秀第2顺位选中史蒂夫·弗朗西斯后，弗朗西斯竟然不情不愿地哭了起来，这对球队来说可不是一个好兆头。弗朗西斯不想加入灰熊队，并要求转队。几年之后他说："我不想去冰冷的加拿大。"灰熊队错过了三次全明星赛，弗朗西斯错过了了解温哥华其实比其他联盟一半城市都要暖和的机会，包括他的家乡马里兰。几年后，猛龙队前锋安东尼奥·戴维斯要求转队，因为他不想让他的孩子在成长的过程中学习加拿大学校所教的公制系统。

灰熊队亏损惨重，在2000年以1.6亿美元的价格被出售。一年后，仅仅过了6个赛季，他们搬迁到了田纳西州的孟菲斯。

随着灰熊队尝试的结束，在多伦多一个新的篮球英豪——文斯·卡特横空出世。2000年的扣篮大赛上，卡特的表现令人震撼，他很快成为NBA最受欢迎的人物之一，对篮球运动在加拿大的推广普及起到了很好的作用。到2015年，加拿大学打篮球的孩子，多于学打曲棍球的孩子。2019年，除了美国，出生在加拿大的NBA球员的后代比其他任何国家都多。

数百万名篮球迷前来庆祝猛龙队夺冠，就是这项运动发展和成功的证明。但是NBA首次进军加拿大的尝试，应该说是苦乐参半。

"我认为多伦多是一个巨大的成功，"NBA前总裁大卫·斯特恩在2019年猛龙队的庆祝声中说，"毋庸讳言，温哥华队也是我们最大的一个失败。"

2000年的扣篮大赛中，文斯·卡特扣篮后手臂依然停留在筐篮中。

1995
"大球票"入袋为安

1995年选秀前的初夏，NBA的球探和高管们来到芝加哥的一家体育馆，这是凯文·加内特的一场只有受邀才能观看的训练，这位19岁的年轻人刚刚高中毕业。

NBA的球探和高管们听过不少与他有关的故事：一位来自南卡罗来纳州的细瘦少年，和沙奎尔·奥尼尔一样高，有着穆奇·布雷洛克那样的把控力，具备阿朗佐·莫宁一般的防守本能和多米尼克·威尔金斯那样的弹跳力。他们知道他被《今日美国》评为全美最佳高中生球员。此外，他曾在一节比赛中，打出了三双的成绩。

他们还知道他已经宣布打算跳过大学，直接参加即将到来的NBA选秀。这是近20年来体坛上一个罕见的举动，引起了球探的好奇。

所有疑问很快都被打消了，这孩子的确让人难以置信。他的技能好像无穷尽：运球训练、勾手投篮、左手投球、右手投球、奔跑、三分线跳投等。无论他们要求什么，他都能一一做到。

"老兄，你们要干什么？"加内特记得当时他就这样想，"让我们看看他的辣椒酱，让我们看他跳霹雳舞。让我们看他跳萨尔萨舞，事情就是这样。"

最后，加内特双手握球跃起，轻碰篮板、大力扣篮，同时发出了一声很快就会闻名世界的狂啸。

之后，他一言不发，收拾好东西，转身离开了体育馆，似乎无视众人的存在。

加内特的天赋毋庸置疑。但是如果按照NBA的方式，他应该像大多数其他年轻人一样去上大学。有人担心如果不这样的话，这个年轻人的前程堪忧，由此产生的失败将会对NBA的公共形象造成永久性的伤害。

"如果由我们决定，我们不希望看到有人在这么小的时候进入联盟，"NBA副总裁拉斯·格拉尼克当时说，"但法庭另有其道。"

的确，出现过法律先例。1969年，在斯潘塞·海伍德还在上大学二年级的时候，底特律大学的这位前锋离开学校加入了美国篮球协会ABA。与NBA不同，ABA没有关于招收低年级学生的相关规定。海伍德在第一个赛季，场均得分30分、19.5个篮板球，被评为年度最佳新秀和最有价值球员（MVP）。

合同纠纷迫使海伍德在接下来的赛季与NBA的西雅图超音速队签约。但是，联盟规则要求一名球员必须在高中毕业4年之后才可加入，而海伍德当时才高中毕业三年。这场争端导致了1972年具有里程碑意义的海伍德诉NBA案。美国最高法院以7票对2票裁定海伍德胜诉，指出联盟不能阻断一名球员的谋生之路。

因此，NBA采用了一项新的"困难阶段特例"，为可能有经济需求的低年级学生网开一面。

第一个从高中一跃成为职业选手的"困

凯文·加内特在2007年对阵洛杉矶湖人队的比赛中跃起投篮。

难阶段特例"是摩西·马龙。马龙来自弗吉尼亚州彼得斯堡，是一名高大的中锋，他在高中时连续赢得了50场比赛和两次州冠军。他是美国最受欢迎的大学新生之一。

马龙是在极度贫困中长大的。他来自一个单亲家庭，他的母亲玛丽在当地一家肉类加工厂工作，每天工作时间很长，每周才挣100美元，还要与溃疡做斗争。1974年高中一毕业，马龙与ABA的犹他明星队签署了一份为期4年，价值56.5万美元的合约。按照合约规定，玛丽当场得到1万美元。

当ABA在1976年与NBA合并时，21岁的马龙成为比赛中最杰出的中锋之一，3次被评为最有价值球员。1983年，他加入的费城76人队，横扫卡里姆·阿布杜尔·贾巴尔的洛杉矶湖人队斩获冠军，他赢得了总决赛最有价值球员。

1975年，继马龙的成功之后，两支NBA球队分别招募了高中生达里尔·道金斯和比尔·威洛比。

在此之后直到加内特，再也没有高中生直接进入联盟。

到高中毕业季，加内特已经上升到世界顶级青少年选手的行列。但是，由于成绩差担忧达不到大学入学资格，加之家庭急需经济援助，这位后来被称为"大球票"的高中毕业生，决定直接进入联盟赚取现金。

加内特1995年的训练，证实了他已经做好了进入NBA的准备。明尼苏达森林狼队很快首轮选秀第 5 顺位选中了他。虽然他直到职业生涯后期才取得辉煌的胜利，但他的加入给 NBA 带来了很大的震动。他成了新时代无所不能的大个头，他的狂热与喋喋不休，使他很快成为联盟的标志性人物之一。

加内特被选中的时候，明尼苏达森林狼队自成立以来就已经整整六年没有赢得季后赛了。第一个赛季错失季后赛后，他带领球队连续 8 次出现在季后赛中。加内特在他的第二个赛季成为全明星，那时他刚刚 20 岁，是自 1980 年"魔术师"约翰逊以来获此殊荣的最年轻球员。在他的第九个赛季，加内特赢得联盟最有价值球员。在他的第十三个赛季，也是在他被交易到波士顿凯尔特人队之后，他圆了冠军之梦。

1997 年 10 月，当他只有 21 岁的时候，明尼苏达森林狼队与加内特签订了 NBA 历史上最昂贵的合约——为期 6 年，总值 1.26 亿美元。

一夜成名，前景一片光明。在 1999 年，如果在选秀中排名靠前进入第十三名以内，就保证能获得至少 100 万美元的入门级工资。不出所料，越来越多的高中生希望从预备阶段直接跳到专业联盟。

1996 年，高中生科比·布莱恩特和杰梅因·奥尼尔被首轮选秀选中，特雷西·麦克格雷迪则是第二年的前十大选秀少年郎之一。

鉴于这些球员的骄人成绩（加内特、科比、杰梅因·奥尼尔和麦克格雷迪在 2002 年至 2005 年期间都是全明星），NBA 各球队的总经理们都在寻找下一个"大球票"。突然之间，潜力比成绩更令人垂涎。2001 年，前 4 个选中的球员中，有三个是高中生球员，包括首轮选秀状元夸梅·布朗。

随着这种潮流的跟风，成功率直线下降。选人失败的清单读起来，和托尔斯泰的小说一样长。

即使在青少年时期，像加内特和科比这样的球员，也认为被征召只是走向伟大的第一步。但是联盟的总经理们没有意识到这种谦逊心态的可贵。他们也没有足够重视这样一个事实，即像麦克格雷迪这样的人，是一代杰出天才。也就是说，可遇不可求。

2005 年，创纪录的有 9 名高中生被 NBA 选中——但只有一人后来步入了全明星赛（第十名安德鲁·拜纳姆，但他 26 岁就退出了联盟）。更糟糕的是，其他人，比如第二轮选秀选中的克罗尼·扬，根本毫无建树，是一个滑入选秀的明星。他在受到停摆影响而缩短的 1998—1999 赛季中，只在底特律活塞队的三场比赛中出场，以后再也没有在 NBA 赛场上露过面。

罗伯特·斯威夫特，身高 2.13 米，首轮选秀第 12 顺位，在 2004 年到 2009 年间的 97 场比赛中，毫无影响力。因涉嫌药物滥用问题，他的职业生涯在 23 岁时结束。

评估人才变得越来越困难。选秀变成了轮盘赌，而 NBA 球队还不断把筹码押错。每个人都很痛苦，为了改变现状，联盟推出了一项新的规则，NBA 官员最终将该规则的失败归咎于加内特。

从 2006 年开始，队员必须至少年满

媒体日，新秀加内特绽放笑脸。

19 周岁，并且高中毕业一年之后才可加入 NBA。这对大学篮球格局产生的影响极为混乱，大多数顶尖人才只上了一年大学，然后就转入职业赛。

还有一些球员，如布兰顿·詹宁斯和 R.J. 汉普顿，为了规避这项规则，高中毕业后即进入欧洲或澳大利亚进行一个赛季的职业比赛，之后再回来参加选秀。

NBA 发展联盟 NBADL（后来更名为 NBA G-League），一个二级小联盟，允许年轻球员可以在赚取薪水的情况下继续自己的学业。借此，NBA 计划在 2022 年再次向高中生开放选秀。

至于加内特，他重新打开了一扇门，赋予业余运动员谋生的自主权。2016 年，在经过 21 个赛季后，加内特离开了赛场。他在 NBA 挣到了 3.26 亿美元，是有史以来挣得最多的球员。

因此，大多数人试图效仿加内特从高中直接走向职业联赛，也就不足为怪了。

1996
"最后一舞"再造三连冠

芝加哥公牛队进入1995—1996赛季时，迈克尔·乔丹和斯科蒂·皮蓬是1991年冠军队中硕果仅存的老将。

两年时间里，公牛队连续在第二轮季后赛出局（1994年对阵纽约尼克斯队和1995年对阵奥兰多魔术队）。之后，他们以两位宿将为核心组建了一个全新的阵容：防守第一后卫罗恩·哈珀，中锋比尔·威灵顿，还有三分球专家史蒂夫·科尔，各司其职；有着三年NBA球龄的克罗地亚前锋托尼·库科奇，成为球队充满活力的第三位得分手。库科奇是1991年的选秀队员。两年后，在乔丹离开公牛队并拥有短暂的棒球生涯期间，他首次在NBA亮相。

但是公牛队的新人，没有谁的影响力能比肩自由球员"大虫"丹尼斯·罗德曼。罗德曼被引进来代替即将离开的霍雷斯·格兰特。活塞队在1989年和1990年赢得NBA冠军的过程中多次击败乔丹和他的公牛队，罗德曼发挥了关键性作用。

尽管在他14年的职业生涯中，场均得分只有一次超过10分，但罗德曼可以像任何得分手一样彻底地改变比赛的状态。《体育画报》称："罗德曼堪称仅次于威尔特·张伯伦和比尔·拉塞尔，是有史以来最伟大的篮板手之一。"

他加入公牛队时，正值其迈向连续7

1996年NBA总决赛期间，丹尼斯·罗德曼与观众逗趣。

年成为 NBA 篮板王的旅途中。他身高 2.01 米，强壮结实，冲刺勇猛。他把自己描述成一台计算机，有能力准确计算出球的落点。媒体称他的形象像史泰龙在电影中塑造的角色"越空狂龙"一样。

"就看看我身上和他一起训练时又被他伤害的痕迹吧。"一名队友说。

罗德曼是公牛队最狂野的一张牌。他曾与他此前效力的圣安东尼奥马刺队管理层发生过冲突，也曾因骑摩托车发生事故错过了1994—1995赛季超过一半的比赛；他还曾经把自己的头发染成了彩虹般的颜色。

罗德曼的名人身份，正好契合公牛队的气场。乔丹使球队达到了披头士的热度，乔丹仿佛就是约翰·列侬、保罗·麦卡特尼、乔治·哈里森的合体。公牛队的服装常年畅销不衰，球队每到达一个酒店，都会受到大批球迷的欢迎。公牛队每到一个比赛城市，先给球迷们签签名，再把对手打得溃不成军，然后离开。这支球队仿佛在打着职业运动队的旗帜，进行巡回路演。

即使喧闹失控，1995—1996 赛季的公牛队在球场上还是一如既往地光芒万丈。他们将三角进攻策略发挥到了极致，恢复了他们的控制力，就像乔丹从未离开过一样。罗德曼场均得分 5.5 分、15 个篮板球，库科奇和皮蓬加起来场均得分超过 32 分，而乔丹以每场 30.4 分在联盟中占据领先位置，也因此获得他 10 个得分王中的第八个。

有了更多的得分虎将，乔丹把更多的精力放在了比赛的防守端。他场均抢断超过两次，第六次入选"最佳防守第一阵容"。

公牛队以创纪录的 72 场胜利，结束了这个梦幻赛季。在总决赛中，公牛队以 4：2 击败了西雅图超音速队。在退出篮坛去打棒球实现了已故父亲的梦想后，乔丹以冠军的身份又回来了。那一年争夺冠军的比赛正好是在 6 月 16 日——"父亲节"。赢得冠军后，乔丹抱着奖杯，激动地流下了热泪。

下一个赛季，在总决赛中，公牛队对决犹他爵士队。犹他爵士队的约翰·斯托克顿和卡尔·马龙组合是罕见的雷霆双雄。随着系列赛以 2 比 2 打平，筋疲力尽的乔丹身患流感，带病上场，在第五场比赛中夺得 38 分并赢得比赛的胜利。

在第六场比赛中，公牛队有望赢得系列赛。但在离第四节比赛结束还有 28 秒的时候，芝加哥队叫了暂停。早在两场比赛之前，斯托克顿曾经在比赛的最后时刻，采用双人防守组合的方式从乔丹手中断球成功。乔丹预料这次会有同样的密集防守，他告诉史蒂夫·科尔，如果他是空位，乔丹会把球传给他。"在我紧张得心脏停止跳动几秒后，"科尔回忆道，"我说，'我会准备好的。'"

比赛推进到最后 5 秒的时候，果然不出所料，乔丹从双人组的夹击中把球传出，被正好处在空位的科尔接住了球，科尔屈身一个跳投。"我对自己说，'好吧，我想我又拯救了乔丹。'"几天后，科尔在冠军游行时开玩笑说。

菲尔·杰克逊在1997—1998赛季开始前，就已经称之为"最后一舞"了。八个月之后，在1998年公牛队第六次夺冠庆祝游行中，他对30万名观众说："这是一曲美妙的华尔兹。"

最后的冲刺，也是最艰难的。芝加哥队以 8 胜 7 负开始了这个赛季，并且在次年 1 月份之前，一直没有皮蓬的参与，因为他在 1997 年总决赛中背部受伤。皮蓬和杰克逊、乔丹一样，是在合同的最后一年。在过去的三年里，他每年都在最有价值球员奖投票中名列前七，但在联盟收入最高的球员中仅仅排在第 122 位。芝加哥队总裁杰里·克劳斯已经明确表示，他虽然愿意为乔丹倾家荡产，但他无法做到对所有人都一样。

公牛队连续两年在 6 场比赛中击败爵士队。这一次要归功于乔丹最具标志性的"世纪一投"，即在终场前的急停跳投绝杀。在比赛还剩下 41 秒的时候，乔丹落后 3 分。他突破爵士队的防守带球上篮，又在防守时拦截了马龙手中的球，然后阔步冲过半

场，创造了三连冠的不朽神话。

乔丹获得了他的第六个总决赛最有价值球员奖，是其他球员的两倍多。"要想把一件事情做到极致，"乔丹说，"你必须热爱它。"

比尔·拉塞尔和波士顿凯尔特人队王朝在13年内夺得11个冠军后，人们认为没有球队会接近这一战果。有了乔丹，公牛队更加抵近了顶峰。芝加哥队荣膺的第二个三连冠，也铸就了其登峰造极的辉煌。"飞人"乔丹，其成功无法复制。

　　三连冠之后的那个夏天，皮蓬不出所料离开了球队，签约休斯敦火箭队。教练杰克逊准备休假一年。乔丹的未来计划仍然悬在空中，那是属于"飞人"的地方。

1997年，罗德曼、乔丹和皮蓬出现在赛场上。

155

1996
空中大灌篮

1996 年夏天，很难想象迈克尔·乔丹到底有多受热捧。

作为这个星球上知名的体育人物，没有一个运动员能像乔丹一样在球场上和球场外都达到巅峰。

"飞人乔丹"是他一个人的产业。他的形象出现在很多商品之上，他拍摄了影响行业方向的商业广告，他代言了全球范围内许多种类的产品。无论乔丹走到哪里，都有成群的崇拜者因敬仰而追随其后。

乔丹开创了运动员们的超级名人时代，他创造了一个平台，帮助那些与他一起激战沙场的球员成为明星，例如，沙奎尔·奥尼尔、"便士"哈达威和查尔斯·巴克利也成了家喻户晓的名字。

篮球是一项大生意，电影行业的猎头也关注到了这一点。

乔丹的名气如此之大，他因此获得了无数扮演电影中角色的邀约。他的经纪人大卫·福尔克，多年来一直拒绝好莱坞的邀请。当乔丹问他为什么时，福尔克解释说，只有一个角色适合他这位如此重量级和文化地位的球员。

"那是什么？"乔丹问，"第一个黑人007？"

"不是，"经纪人回应道，"是迈克尔·乔丹的角色。"

两人着手寻找合适的媒介载体，最终成就了《空中大灌篮》。

《空中大灌篮》将乔丹与另一个大品牌联系在了一起，那就是华纳兄弟影业的兔八哥卡通世界。根据乔丹与公牛队之间的协议，回报丰厚的代言及他通过门票销售和电视收入所分得的利润，使乔丹的收入高达 100 亿美元。与此同时，华纳兄弟承诺为这部电影的预算拨款超过 1.7 亿美元，使其成为迄今为止最为昂贵的项目之一。

对于不知情的读者，《空中大灌篮》剧透如下：迈克尔·乔丹，大约在1994年，在他成名和成功的巅峰时期，他正与拉里·伯德和喜剧明星比尔·穆里进行高尔夫球比赛，却被带到了兔八哥游乐场。在那里，他被请求通过赢得一场篮球比赛，来帮助拯救卡通世界的公民们。

不用说，他是最终的敲门砖，帮助兔八哥公司击败了一群由巨大的外星人组成的"怪物奇兵"，他们窃取了 NBA 一些最伟大的球星的篮球绝技，这些人包括查尔斯·巴克利、帕特里克·尤因、拉里·约翰逊、马格西·博格斯和肖恩·布拉德利等。

查尔斯·巴克利刚刚在前几年的总决赛中对阵乔丹和他的公牛队；帕特里克·尤因，是尼克斯队有史以来最受欢迎的球员之一；拉里·约翰逊极有可能成为夏洛特黄蜂队的下一个大人物，而他的队友马格西·博格斯，这个身高只有 1.68 米的控球后卫，进入职业生涯近 10 年，是联盟最知名的人物之一；还有肖恩·布拉德利，这位 1993 年首轮选秀第 2 顺位的选手，也是 NBA 急于推广的球员，他 2.29 米的身高很好地诠释了旷世巨星的主题。

电影拍摄日期定在 1995 年的停赛期，此时的乔丹正经历一个最失望的时期。

在整个 1993—1994 赛季去追求职业棒球生涯后，乔丹于 1995 年 3 月重返篮坛，正好赶上了常规赛的最后 17 场比赛。虽然他的得分数据表明他状态未失，但公牛队在季后赛中苦苦挣扎，在第二轮输给了奥尼尔、哈达威和奥兰多魔术队。这是乔丹 5 年来第一次输掉季后赛。

作为乔丹同意参加并把他夏天的大部分时间用于拍摄的条件之一，华纳兄弟公司为他建造了一个巨大的空调穹顶房，里面有一个和 NBA 篮球场一样大小的篮球场。通过电影提升品牌的机会对乔丹而言是巨大的，没有什么能让他"退役"后的第一个完整赛季 留下遗憾。他需要保持比赛的状态。

在拍摄的间隙，乔丹邀请雷吉·米勒、阿朗佐·莫宁和格兰特·希尔这些 NBA 球星一起前来热身比赛。一些穿着绿色套装、在篮球场景中扮演"怪物奇兵"的临时演员（之后会通过最新的电脑技术替换为卡通形象）也被邀请参加。因为他们没能逃过乔丹没完没了的劝说。

1996 年 11 月 15 日，NBA 赛季开始两周之后，《空中大灌篮》在世界各地上映。在当晚的一场比赛中乔丹不负众望夺得 38 分，这仅仅是乔丹在本赛季连胜 12 场之中的一场，而本赛季也将以公牛队荣膺另一个冠军头衔而结束。

1996 年发行的第一部基于 NBA 主题的电影并不是《空中大灌篮》，而是由

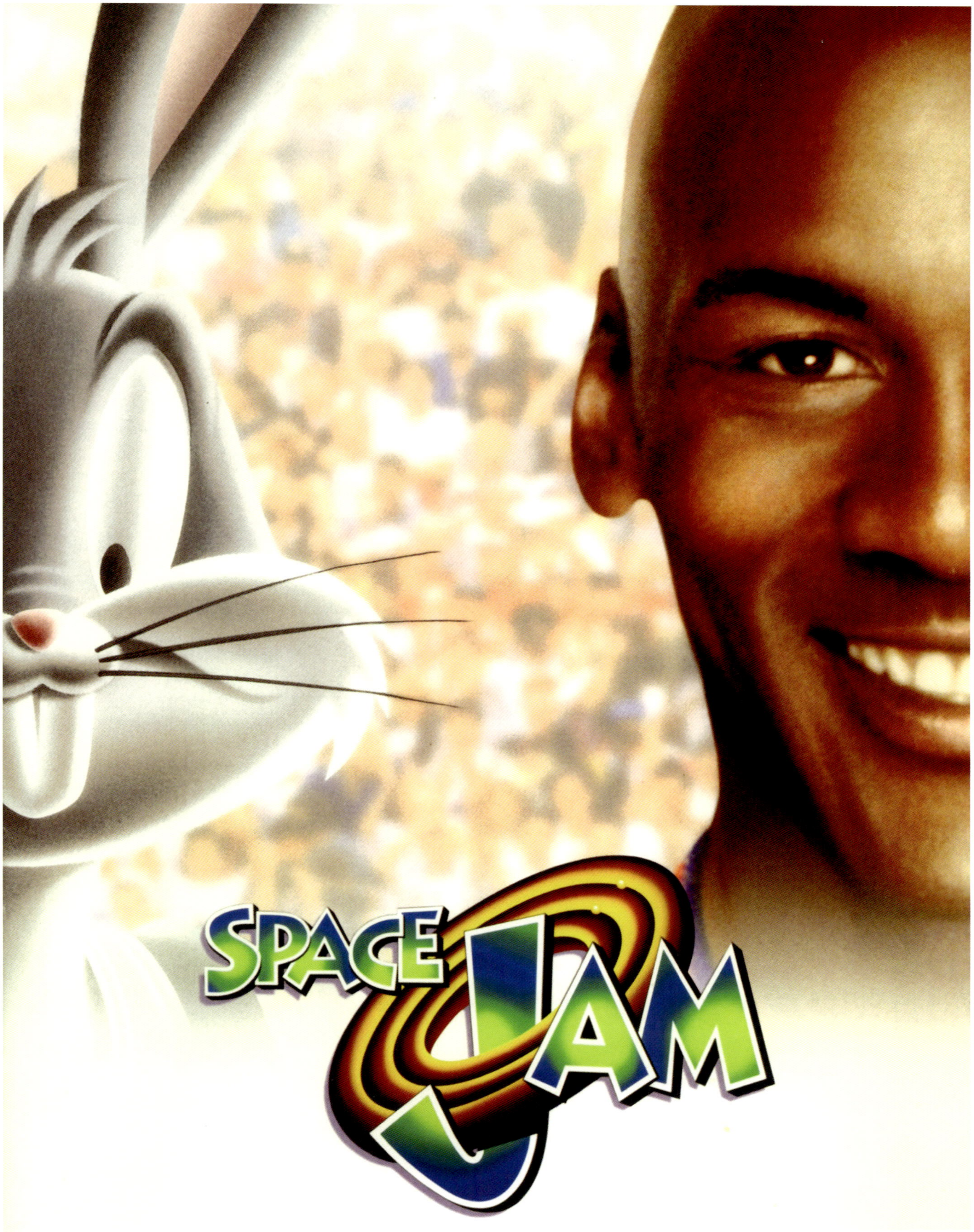
SPACE JAM

贾德·阿帕图原创的《阿达球迷闹篮坛》。在该片中，由丹·艾克罗伊德和丹尼尔·斯特恩所扮演的凯尔特人队超级球迷，在NBA总决赛前绑架了虚构的犹他爵士队球星刘易斯·斯科特，后者由达蒙·威亚斯扮演。

1996年上映的其他篮球题材的电影还包括《埃迪/疯狂教练》，这部电影由著名影星乌比·戈德堡主演，片中的主角是一名球迷，她赢得了成为纽约尼克斯队主教练的机会。这部电影还有马克·杰克逊和约翰·塞利等在其中担任配角。此外还有电影《精灵也疯狂》，由沙奎尔·奥尼尔主演一个神奇的精灵。"大鲨鱼"奥尼尔可能是夺得冠军杯数量仅次于乔丹的第二大NBA明星。

在乔丹短暂的退役期间，出现了这么多篮球题材的电影，并非巧合。NBA电影的繁荣在一定程度上是因为联盟的努力，联盟渴望在一个没有乔丹的篮球联盟里能保持球迷群体的不断增长。同时，也恰逢联盟成立50周年。

但是，没有一部电影能与《空中大灌篮》的规模及成功相提并论。这部电影作为营销工具所带来的影响是不容忽视的，也是针对NBA明星的最新投资，它为下一代明星运动员描绘了一幅奋进的蓝图。

电影公司罕见地斥资7000万美元用于电影相关产品的推广，包括从"空中大灌篮"品牌的开心乐园餐到吉露果子冻，几乎无所不含。在2009年的20周年纪念日，乔丹品牌商甚至根据乔丹在电影中穿的那双鞋，发布了一款以《空中大灌篮》为主题的"飞人乔丹"运动鞋。

对于乔丹的表演，人们的反应是肯定的。这说明乔丹并不需要有太多的顾虑。《纽约时报》在一篇评论中写道："作为一个如此著名的体育明星，他的一举一动都引人瞩目，乔丹先生在这里只需要展示他的体育精神并好好打球就行了。"

评论家对奥尼尔则不太友好。他的第二个重要角色，是在1998年的超级英雄电影《魔鬼任务》（Steel）中扮演主角，那是一个巨大的失败。一篇评论这样写道："奥尼尔先生应该把剧本丢进身边的废纸篓里。"

在电影中出演自己本人，乔丹突破了以前的固有模式。但是在扮演一个篮球运动员的角色时——一个荣耀的客串角色——他踏着一条在他之前的NBA球星所走过的路。

1979年，朱利叶斯·欧文在低成本喜剧《匹兹堡的救生鱼》（Saved Pittsburgh）中扮演了一个街球传奇人物。

一年后的1980年，卡里姆·阿布杜尔·贾巴尔，这位NBA辨识度最高的明星，在轰动一时的喜剧片《空前绝后满天飞》中有了更加令人难忘的亮相！贾巴尔扮演副驾驶罗杰·默多克，但在一个场景中，他刻画了令人难忘的角色。

贾巴尔以前曾在电影中出现过一次，在1978年李小龙的电影《死亡游戏》中扮演一个功夫打斗角色。但到了20世纪70年代末，他在球场外的声誉并不好。球迷们认为贾巴尔粗暴无礼、极不友好、毫无乐趣。而之后的《空前绝后满天飞》，对于一个形象需要挽救的超级巨星来说，是一个成功的公关策略。

"我已经被（球迷们）塑造成了一个忧郁的黑人，"贾巴尔说，"我只是看起来像一个搞笑人物，人们能够取笑我的形象……这改变了他们的想法。"

尽管与《独立日》《龙卷风》《碟中谍1》等大片在同一年上映，但《空中大灌篮》仍然跻身票房前10名，全球票房收入超过2.5亿美元。

《空中大灌篮》大获成功之后，好莱坞向NBA球星敞开了大门。因为乔丹，运动员和娱乐明星之间的界限，从此变得模糊。

到2018年，实力强大的经纪公司威廉·莫里斯的客户名单上有12名以上的NBA球员。一些球员像埃尔顿·布兰德和科比·布莱恩特，可以成功创办制作公司。科比甚至作为2017年《亲爱的篮球》（Dear Basketball）的执行制片人，还获得了奥斯卡最佳动画短片奖。

2019年夏天，勒布朗·詹姆斯开始拍摄《空中大灌篮》续集。这证明在20多年后，乔丹依然是很多人心中的楷模。

NBA明星"触电"好莱坞

在贾巴尔1980年客串《空前绝后满天飞》之后的几年里，好几位NBA球员在大银幕上登台亮相。1984年，威尔特·张伯伦在《毁灭者柯南》中与阿诺德·施瓦辛格演对手戏扮演反派角色；在成为现实生活中的队友之前，"大鲨鱼"奥尼尔和"便士"哈达威在1994年的经典《火爆教头》中扮演了大学生篮球明星；1998年，雷·阿伦与丹泽尔·华盛顿在斯派克·李导演的电影《单挑》中出演对手戏；2015年，勒布朗·詹姆斯在贾德·阿帕图执导的电影《生活残骸》中与比尔·哈德尔和艾米·舒默一起展示了他的喜剧天赋；凯里·欧文主演了2018年的《德鲁叔叔》，这部电影是根据百事可乐的一次成功广告活动改编而来的。

1997
NBA：一颗璀璨的商业明珠

时机完美。1984年总决赛前几个月，出生于纽约的律师大卫·斯特恩接替拉里·奥布赖恩出任NBA总裁。自1966年以来，斯特恩一直在联盟工作。

斯特恩接手的时候，联盟正面临财务上的难题，而且在北美体育迷当中的名声也有些变坏了。他审视了他的新帝国，看到了总决赛明星"魔术师"约翰逊和拉里·伯德的成长，由此制定了一个愿景，不仅要从危机中拯救联盟，而且要将其发展到难以企及的高度。他将用联盟中最杰出人才的主流吸引力来重塑NBA的形象。

不承想，斯特恩首先就投出了一个"篮外空心球"——无意中促使NBA成了一个数十亿美元的企业，并且让NBA的明星们变身巨贾大富。

大约在斯特恩接任总裁的同时，1984年首轮选秀第3顺位的探花迈克尔·乔丹正在与耐克公司就第一款以他的名字命名的运动鞋进行谈判，这款运动鞋被称为"乔丹一代"球鞋。乔丹是这家正处于爬升期的公司的完美代言人。他英俊潇洒、谈吐得体，是体育界最激动人心的运动员。

一个球员拥有自己的品牌鞋是非常罕见的，更不用说一个菜鸟了。第一个吃螃蟹的人是20世纪早期的半职业篮球运动员查克·泰勒，他与匡威合作，推出了以他的名字命名的标志性运动鞋。在超过50年

位于俄勒冈州波特兰市耐克镇商店外的"飞人"标志。

的时间里，这些鞋子一直是时尚文艺青年们的挚爱。

1973年，纽约尼克斯队控球后卫"侠盗克莱德"沃尔特·弗雷泽与彪马（Puma）联手，发布了"彪马Clyde"。当乔丹与耐克公司联手合作的时候，两大豪门湖人队和凯尔特人队的明星"魔术师"约翰逊和伯德在两年后成为匡威的代言人。

乔丹的经纪人大卫·福尔克，在合同中增加条款要求耐克公司在乔丹的新秀年之前至少需要花费100万美元推广该产品。

随后，耐克公司开始采用广告牌和电视广告等方式向大众推广"飞人乔丹"。

然而，当乔丹在他的第一场季前赛中穿上黑红相间的运动鞋时，被认为违反了NBA的"统一制服"规则，因为它们不是公牛队的官方球队指定的服装颜色。斯特恩和联盟禁止了这款热门炒作的签名运动鞋。

机会来了！耐克公司敏锐地抓住了这一公关良机。他们立即在全国发布了一个平面广告，上面写着："10月15日，耐克公司推出了一款革命性的新款篮球鞋；10月18日，NBA却将它们赶出了赛场。所幸，NBA不能阻止你穿上它。"

不管怎样，乔丹偶尔还是会穿上这双鞋，尽管要被罚款，反正有人替他买单。这款鞋十分畅销，货架经常被一扫而空。仅在第一年，被"禁止"的"乔丹一代"球鞋就创造了超过1亿美元的销售额，也助力将乔丹推向名人的巅峰。历经多年的发展，耐克公司垄断了90%的运动鞋市场。

不知不觉中，斯特恩从第一天起就帮助"乔丹品牌"飞速发展。耐克公司在"乔丹品牌"营销方面的成功是不可忽视的，总裁先生很快学会了与个人球员品牌拥抱——而不是战斗。

斯特恩试图复制迪士尼的模式。正如迪士尼对米老鼠、布鲁托和唐老鸭的成功营销，NBA也将更加注重明星们而不是球队本身的推广。这就是斯特恩能够成功的原因。在他作为总裁的第一个完整赛季，一批新秀在他的眼皮底下进入NBA，其中包括哈基姆·奥拉朱旺、查尔斯·巴克利，当然还有乔丹。10年之内，沙奎尔·奥尼尔、格兰特希尔及"便士"哈达威等人才不断后继接力。

为了进一步推广NBA的杰出人才，联盟积极争取与世界上一些大的公司达成许可协议。到20世纪90年代中期，这样的合作已经超过150家。麦当劳和可口可乐是最值得关注的合作伙伴。在麦当劳，孩子们通过开心乐园餐可以得到身着他们最喜欢的NBA球员球衣的玩具。1994年，雪碧成为"NBA官方软饮料"。这些交易不仅产生了巨额的收入，还提高了NBA球员在全球的知名度。

机缘巧合，天助斯特恩！1989年，作为篮球运动的国际管理机构，国际篮联（FIBA）改变了其规则，允许职业球员在国家队参加比赛。NBA利用这个机会与美国篮球队合作组建了"梦之队"。1992年巴塞罗那奥运会期间，"梦之队"成员担任了NBA全球大使的角色。

20世纪90年代初，美国大学生篮球联赛（NCAA）锦标赛开始人气飙升。随着几十场比赛在全国范围内的电视转播（1990年至1995年间，其冠军决赛平均观众人数为3100万人），锦标赛帮助未来的NBA球员在进入联盟之前就成了家喻户晓的明星。

因此，越来越多的球员在参加NBA比赛之前，就收到了创意无限的众多运动鞋品牌商的广告营销代言收入，如"大鲨鱼"奥尼尔、格兰特·希尔和阿伦·艾弗森就是众多受益者中的一员。

当然，说到品牌，没人能和乔丹相提并论。借助"飞人乔丹"运动鞋的成功，到1996年，耐克公司占据了运动鞋市场44%的份额，销售额超过36亿美元。

1997年9月，耐克公司首开先河，给乔丹单独推出了一个子品牌——Team Jordan。乔丹亲力亲为，亲自挑选球员穿着他的"小飞人"专业篮球鞋。他还指定有着两年NBA球龄的明星雷·阿伦作为第一个代言该品牌的运动员。阿伦因此放弃了与斐乐（Fila）之间的合作机会，加入了"乔丹品牌"。

自此，篮球运动鞋文化成了一个独特的产业。"飞人乔丹"像艺术品一样被收藏和交易。一双罕见的"飞人乔丹"运动鞋，在拍卖会上可以卖到3万美元。运动鞋行业整体规模已经开始转型。当乔丹在1984年首次与耐克公司签约时，5年内加上授权使用费，乔丹赚取了250万美元。而在2019年，凯文·杜兰特与耐克公司的交易，一年就收入了3000多万美元。

斯特恩被提升为总裁时，他的任务是带领一个陷入困境的联盟，让它成为价值数十亿美元的企业明珠。10年的时间，他成功了。他致力于建立NBA的品牌，大张旗鼓，把联盟和联盟的明星贴在阳光下的每一件产品上。他积极推进NBA篮球比赛在世界各地的电视转播，并与180多个国家和地区达成了转播协议。

NBA生财有道，大获成功！1986年，NBA的门票销售和电视转播收入共计2.55亿美元。到1996年，这个数字飙升到12亿美元。再加上与其他企业的合作，仅在那一年，NBA就获得了超过40亿美元的总收入，这还不包括所带给明星球员的巨额财富和机会。

NBA在营运上的成功，部分归功于斯特恩。但很难想象，如果没有乔丹的新星崛起和对麦迪逊大道的广告吸引力，联盟转型会发生什么样的变化。

毕竟，没有米老鼠，哪来的迪士尼乐园啊！

NBA商业奇才

很少有球员像朱尼奥·布里奇曼一样，利用他在NBA的收入，华丽转身成为商业大亨。布里奇曼，1975年至1987年间主要效力于密尔沃基雄鹿队。作为一名12年的老将，他利用夏天的时间学习快餐行业的经营之道。随后，他投资加盟了一家温迪（Wendy）快餐店。他在结束自己的运动生涯之后，已经拥有了100多家温迪快餐店和奇利（Chili）餐厅。1988年，他成为布里奇曼食品责任有限公司的总裁兼首席执行官，并引入了更多的食品连锁品牌。布里奇曼目前是世界上拥有温迪快餐店较多的第二人。据报道，他的公司已盈利超过7亿美元。

1997
WNBA在行动:"我们拥有未来!"

1984年,谢里尔·米勒带领美国队夺得奥运会金牌。

1995—1996赛季，NBA希望抓住乔丹的热度广进财源。有传言称，NBA旗下将推出两个联盟：一个小职业发展联盟和一个全部由女运动员参与的WNBA，也叫美国国家女子篮球联盟。

美国女子篮球运动的发展，要感谢得克萨斯利福尼亚理工大学的谢里尔·斯沃普斯、南加利福尼亚大学的丽萨·莱斯利和康涅狄格大学的丽贝卡·洛博这三位女生，她们因为刚刚获得了美国大学生篮球联赛（NCAA）"年度最佳女运动员"奖而大受欢迎。

1992年"梦之队"给NBA带来了全球影响力。随着1996年亚特兰大夏季奥运会的临近，NBA看到了另一个借力奥运会的机会。

奥运会之前，NBA同意承担大部分营销职责和费用，以推广参加奥运会的美国女子篮球队。作为交换，NBA将有机会评估女子篮球运动的潜在机会。

NBA为美国女子篮球队组织了一次巡回表演赛，并与娱乐体育节目电视网ESPN签署了10场比赛的转播合同。结果反响很好，观看女子篮球比赛的观众众多，说明这是市场的一大空白。

这些年来，各样的女子联盟"花开花落"。甚至还有一个对手联盟于1996年成立，叫作美国篮球联盟（ABL）。与之前的很多联盟一样，这个联盟只持续了一年。但多年来，有潜力的美国女子职业球员，只能在欧洲联赛中获得一份不太可靠的工作。

女子职业比赛在美国一直找不到立足之地，并不是因为这些球员缺乏天赋；在WNBA诞生之前的几十年里，涌现了很多杰出的女性球员。谢里尔·米勒是南加利福尼亚大学的国家级明星，曾两次获得美国大学生篮球联赛冠军并夺得1984年奥运会金牌，但她并非职业运动员。

南希·利伯曼，在弗吉尼亚州上大学期间打破了助攻纪录，因此赢得了"女魔术师"的昵称。她还参加了第一个美国女子职业联盟，即女子职业篮球联盟（WPBL）。三年后的1981年，WPBL倒闭。由于选择有限，1986年，利伯曼签约美国篮球联盟（USBL），成为第一位在男子职业联盟打球的女性。

但在接下来的10年里，情况发生了很大的变化。1996年4月24日，NBA管理层点头同意，宣布国家女子篮球联盟（WNBA）成立。开赛时间定在第二年的夏天。

1996年7月，女子"梦之队"出现在《体育画报》的封面上。"看到这样一张杂志封面，真是一个不可思议的时刻。"WNBA首任总裁瓦尔·阿克曼回忆道。

就在这一期杂志上市的当天上午，阿克曼和NBA总裁大卫·斯特恩与潜在的赞助商会面了。斯特恩在去开会的路上买了一份杂志。会面一开始，还未开口讲话，他就把杂志放在了桌面上——似乎什么都不用多说了。

"如果NBA愿意将自己的名字嵌入WNBA，就给了人们信心。这不仅仅是'试试看'的作秀，而是一个长期的承诺。"联盟执行主管里克·韦尔茨说。

在斯特恩看来，NBA成立WNBA是双赢。在NBA的停赛期，有机会出售门票并将空闲的球馆利用起来，WNBA也有潜力激励整整一代年轻女孩，因为她们也会成长为消费者。"因为如果你打球，你更有可能成为一名终身的篮球迷。"他解释道。

但是，回报远不止是金钱上的。"我们团结一致，使命在肩，"阿克曼说，"我们必将推动篮球运动的发展。"

像之前的美国篮球协会（ABA）一样，WNBA想要脱颖而出，就要从球的外观开始。由于加入了NBA，WNBA的比赛将在第一个赛季向全国播出，它希望能吸引一批新观众的眼球。1967年，ABA采用了红、白、蓝三种颜色的篮球，而WNBA则选择了橙、白双色，其白色也被称为燕麦片色，或米白色。

WNBA在已有NBA球队的8个城市建立了球队，试图将球队与NBA同行联结起来。例如，洛杉矶火花队，就像他们的兄弟湖人队一样穿着紫金色的球衣。

1997年6月21日，WNBA首场比赛在洛杉矶火花队与纽约自由人队之间展开。WNBA之所以选择了两个最大的媒体市场，并非巧合。

赛前，洛杉矶各处的广告牌上都印上火花队明星丽萨·莱斯利和自由人队球员丽贝卡·洛博的巨幅照片。印在她们脸颊旁边的广告词是："我们拥有未来！"

对自由人队宿将特雷莎·韦瑟斯庞来说，这个机会十分难得，她在过去的8年时间里一直在俄罗斯和意大利打球。"我们紧张得要死，"她说，"不是怕打球，而是我们想做得好一些，因为有电视转播。"

这场比赛的情况在一个周六下午由美国全国广播公司（NBC）播出。未来的一代WNBA明星，她们参与见证了历史。

塔米卡·凯金斯当时在庆祝她的18岁生日，她记得自己看着火花队的彭妮·托勒打进了WNBA历史上的第一个进球。"我多么想身临其境，"凯金斯说，"我多么想成为这场运动的一分子。"凯金斯在印第安纳狂热队度过了15个赛季。

那天下午，纽约自由人队击败了火花队，随后打入了WNBA总决赛。在决赛中，自由人队不敌联盟的第一个状元秀蒂娜·汤普森及她效力的休斯敦彗星队。

随后的几年里，WNBA在体育市场上站稳了脚跟，也出现了更多的精彩瞬间。比如2000年总决赛第二场比赛中，辛西娅·库珀在比赛临结束前一记跨越全场的远投入篮，取得了比赛的胜利；两年后，蒂娜·查尔斯这位2010年的首轮状元秀，惊奇地目睹了丽萨·莱斯利完成了WNBA历史上的首次扣篮。

事实证明，维持早年的成功并非易事。1998年，WNBA的比赛平均上座率达到11,000多人的峰值，但到了2019年，这

一数字降至 6800 人。

"我永远无法理解媒体报道的脱节和缺失，"大卫·斯特恩说，"那是我们赢得关注的重要资源。"

但无论如何，WNBA 对一代年轻女性的影响是不可估量的。2017 年，当丽贝卡·洛博和乔治·麦金尼斯、特雷西·麦克格雷迪等人一起被载入奈史密斯篮球名人堂时，她走上演讲台，讲述了一个关于她女儿的故事。

像她的朋友们一样，女儿从小就接

2009年季后赛的第一场比赛中，丽萨·莱斯利阻攻卡米尔·莉特尔。

触到女子篮球比赛，跟随着她最喜欢的 WNBA 和她最喜欢的球员——她的妈妈。一天晚上，女儿和爸爸在家里，而她的爸爸正在观看 NBA 比赛。女儿很惊讶地看到男人们也在做这项运动。

"男生也打篮球吗？"她问道，"我不知道男生们也打篮球。"

WNBA总冠军排行榜

1. 明尼苏达山猫队		4**次**
休斯敦彗星队		4**次**
3. 洛杉矶火花队		3**次**
底特律震动队		3**次**
菲尼克斯水星队		3**次**
西雅图风暴队		3**次**

163

1999
停摆：谁动了谁的蛋糕

NBA历史上，有很多令人印象深刻的连续纪录。1972年，洛杉矶湖人队创下33场连胜的奇迹；1965年，"篮球皇帝"威尔特·张伯伦连续65场比赛得分超过30分；蒂姆·邓肯连续在1310场比赛中投篮命中；圣安东尼奥马刺队连续22年打入季后赛。

但是在1998年，所有这些连续纪录中最长的一个，令人震惊地被中断了。如果追溯到NBA成立之初，联盟已经连续运作了52个赛季的比赛。但是在1998—1999赛季，球员工会和老板们之间酝酿已久的争端改变了这一切，并导致了NBA赛事持续207天的停摆。NBA因此损失了半个赛季，同时也让NBA日益增长的影响力受到了很大影响。

此前的1997—1998赛季战绩辉煌，创下了收视纪录。有近3600万名电视观众观看了迈克尔·乔丹在总决赛中对阵犹他爵士队决定胜利的"最后一投"。

在"飞人"乔丹的带动下，NBA已经上升到了前所未有的高度。联盟和它的球员，正在收获丰厚的经济利益。球员的收入提高了，球队的收入也比以往任何时候都多，联盟也享有了全球的影响力。

NBA似乎高歌猛进，但在幕后，早在乔丹标志性的"最后一投"之前，老板和球员们就都预感到了联盟历史上第一次漫长的停工。

1998—1999赛季的停摆，说起来已经是4年来的第三次了。1994年，界定NBA工资体系的集体劳资协议（CBA）到期，新协议的谈判在1994—1995赛季持续进行。球员们正在寻求解除工资封顶的限制，删除球队有续约优先权这样的不合理条款，所有这些都是为了给球员们争取更多的权利。他们还希望废除大学毕业生选秀制度，以便让所有的新人都能够有平等的机会。为了这一点，球员们已经努力好几十年了。

在停赛期间，美国全国篮球球员工会（NBPA）起诉了NBA，声称这些限制是非法的。一名美国地方法院的法官对此不予支持，并斥责双方"利用法院作为集体劳资谈判的筹码"。

1995年总决赛一结束，球队老板们立即实施了停摆。NBA在夏季关闭了三个月，结果想出来一个拼凑的解决方案，确保不会牺牲即将到来的1995—1996赛季的任何一场比赛。与此同时，由乔丹和帕特里克·尤因领导的一群球员，推动解散球员工会，因为他们认为当时的球员工会背叛了球员们的利益。如果没有工会的存在，停摆就是非法的。1995年9月举行了一次投票，结果这次解散球员工会行动以226票不同意对134票同意宣告失败。

1996年总决赛后，又发生了一次停摆，但这一次只持续了两个小时，双方即时达成了新的集体劳资协议。该协议包含一项"选择退出"条款，即如果球员工资超过联盟篮球相关收入的51.8%，该条款将在1998年生效。

到1997—1998赛季，球员的收入占到了联盟篮球相关收入的57%。1998年3月23日，在乔丹著名的"最后一投"的82天前，球队老板们投票表决，决定实施"选择退出"条款，重新启动CBA谈判。

之前的协议旨在防止球员工资的激增，但球员经纪人们找到了绕过这一限制条款的创造性方法——特别是一个允许大额合同扩展到第二个赛季球员的漏洞。结果使年仅21岁的凯文·加内特在1997年创纪录地获得了一份为期6年，总值1.26亿美元的合约，一举加入沙奎尔·奥尼尔、朱万·霍华德、阿朗佐·莫宁和肖恩·坎普等在内并日益扩大的亿元俱乐部。

NBA已经成为一个10亿美元量级的产业，球员们正在从中获利。但双方都有担忧，多年的不信任占据了上风。毕竟，联盟不会急于保护自己球员的利益。

篮球球员工会，由波士顿凯尔特人队球星鲍勃·库西于1954年创建，是集体体育运动项目中的首个同类组织。在此6年之前，NBL和BAA的合并催生了NBA，但这意味着球员们不能再利用联赛的相互竞争而在谈判中获取筹码。老板们拥有了比以往更多的主动权。球员工会的必要性凸显出来了。然而又过去了10年，联盟才真正认识到球员工会的重要性，这要归功于1964年全明星赛开赛前的球员罢工。

1967年ABA的出现，给劳资关系增添了一个新变数，运动员们又有了谈判的筹码，他们利用两个联赛相互对抗，轻松

获益。1970年，当ABA与NBA合并谈判开始时，奥斯卡·罗伯特森发起了一场反对NBA联盟的诉讼，试图阻止这场合并。罗伯特森诉NBA一案，虽然在几年后未能成功阻止NBA吞并ABA，但在1977年，法院裁定联盟不能将一名球员与一支球队捆绑在一起。这一里程碑式的判例，造成了有限范围内自由代理制度的实施，一方面给予球队优先签约权，另一方面允许球员在公开市场上去寻求自己的价值。

1987—1988赛季前，球员罢工的威胁造成了对球员的更多让步，包括确立所有非新秀交易无限制的自由代理体系。但球员和联盟之间的关系在1991年严重恶化，当时球员工会得知NBA并没有完全披露其收益。一家法院做出了有利于球员的裁决，球员们继续带着合理的怀疑态度进行未来的谈判。

到了1998年，运动员的声音比以往任何时候都要响亮。乔丹在20世纪90年代的出色表现，创造了一个崭新的NBA。球员们可以更加直言不讳地表达他们的不满。而签署创纪录高额合约的老板们，对运动员的要求更加缺少真切的感受。

当老板们投票重新启动劳资谈判时，双方都为停摆和冗长的谈判做好了准备。

球员工会聘请曾经的美国职业橄榄球大联盟（NFL）球员比利·亨特出任执行主席。亨特从球场退役之后成了一名联邦检察官，并将全世界最臭名昭著的摩托车黑帮"地狱天使"和"黑豹党"送上了法庭。现在有29名10亿美元级富翁的人向他提出了一个新的挑战，亨特也发现NBA总裁大卫·斯特恩是一个值得一较高下的对手，后者是一位精明而又冷酷的谈判高手，却给自己取了一个绰号叫作"平易的大卫"。

球员们再次要求打破工资限制，老板们则坚持工资封顶。双方都紧盯着联盟不断增长的收入，希望分得更大的一块蛋糕。

1998年8月6日，在球员和老板们

大卫·斯特恩宣布因2011年停摆，暂停NBA比赛。

之间最早的一次正式谈判中，谈判的基调确定了下来。午餐休息15分钟后，老板们一起离开了座位，怒气冲冲地走出了房间。

双方的谈判继续激烈进行。12月份的一次谈判中，将在1999年1月正式退役的乔丹现身会场，让华盛顿奇才队老板亚伯·波林哑口无言。乔丹对他说，"如果担心赔钱，就应该选择放弃，卖掉自己的球队。"又是12小时，一白天的谈判再次陷入了僵局。

到10月份，NBA已经取消了季前赛和首轮的20场比赛，就连全明星周末也取消了。圣诞节前两天斯特恩宣布，如果在来年1月7日之前没有达成协议，他建议将整个赛季的比赛全部取消。

1月6日，双方终于达成协议，赛季定于2月5日重启。

球迷们关注着百万富翁们和亿万富翁们之间的争端，但对于谁是谁非显得无动于衷。在NBA业已建立起来的球迷基础正在遭到动摇。12月，由帕特里克·尤因和阿朗佐·莫宁分别领衔的全明星队之间的一场慈善比赛，勉强卖出了1200张门票。

停摆期间，NBA的品牌商品销售额估计下降了50%。比赛恢复之后，整个联盟的观众人数也下降了。直到2003—2004赛季，当"小皇帝"勒布朗·詹姆斯带领新一代明星进入联盟，票房才恢复到停摆前的水平。1999年的总决赛见证了圣安东尼奥马刺队横扫纽约尼克斯队，开启了他们的现代王朝，但收视率比前一年下降了40%。

停摆还带来一个结果，就是球队被迫将50场比赛的时间表压缩到90天，出现了多次连场比赛，导致联盟内的球员出现了比平时更多的伤病。

球员们得到了健康福利补贴，老板们限制了球员的工资，双方都感觉到不开心。

这一次停摆，让NBA在52年之后才付出了牺牲比赛的代价。而在10年之后，噩梦再现。

2011年全明星赛之前，亨特和斯特恩之间爆发了一场口水战，仿佛他们又回到了谈判桌前。由于集体劳资协议（CBA）将在本赛季结束后到期，两人在开赛前分别向球员们发表了讲话。亨特高度评价了1964年全明星赛，当时球员们威胁说，在他们的要求没有得到满足之前，他们不会上场；斯特恩则告诉亨特和队员们，坑是他自己挖的，所以他知道该怎么做。

这一次的主要争议是收入分成。运动员们希望分得53%的收益，而老板们不愿做出超过47%的让步。运动员们再次停摆。

1998年，卡尔·马龙和阿朗佐·莫宁在NBA劳资谈判中大声疾呼。

这一次，纠纷持续了161天，将2011—2012赛季的开始时间推迟到了12月25日。

很少有人比迈克尔·乔丹的停摆时间更长。经历了历史上最长的停摆，13年后乔丹坐到了谈判桌的另一端。现在，他是夏洛特山猫队的老板，他带领一群老板们拒绝任何超过50比50的收入分成提案。

NBA现行的集体劳资协议，将在2022—2023赛季后到期。有传言称，停摆可能还会发生。

2000
科比与奥尼尔的恩恩怨怨

2000年西部赛区决赛的第七场比赛，洛杉矶湖人队对阵波特兰开拓者队，比赛进入第四节。10分钟前他们落后15分。开拓者队对湖人队的超级巨星二人组毫无招架之力。21岁的科比·布莱恩特，已是两届全明星球员，关键时刻表现出色。和往常一样，他的队友沙奎尔·奥尼尔，作为联盟最有价值球员（MVP），如日中天、

1999年对阵休斯敦火箭队的比赛中，沙奎尔·奥尼尔搂着科比和他的队友们。

167

在2004年NBA总决赛中,理查德·汉密尔顿防守科比。

势不可当。

比赛还剩下50秒，湖人队领先4分，科比控球。只见他双手交替运球，冲进前场。双人组发力，看到奥尼尔的暗示，科比将球传向篮筐。奥尼尔空中接力，一记猛扣，锁定胜局。湖人队继续一路挺进，夺取了新千年三连冠的第一个冠军奖杯。

奥尼尔和科比领军的洛杉矶湖人队统治了联盟，在2000年至2002年的总决赛中，赢得了15场比赛中的12场。俩人让湖人队无敌于联盟的组合，理论上也是有史以来最好的组合。但是他们开始心生怨恨，反目成仇。他们的关系，真像是为好莱坞量身定做的闹剧，是NBA最大的肥皂剧，也缩短了湖人王朝的"寿命"。

1996年夏天，在魔术队待了四年的奥尼尔，开始寻觅新的环境。在魔术队，他在季后赛中击败了迈克尔·乔丹，带领魔术队进入了总决赛。湖人队总经理杰里·韦斯特心里很清楚，奥尼尔是NBA最能改变比赛格局的一名球员。于是，洛杉矶湖人队不惜重金，与奥尼尔签下了一笔1.2亿美元的合约，使他成为NBA收入最高的球员。

奥尼尔和韦斯特亲自会面敲定了这笔交易，当时湖人队传奇人物对执行总裁韦斯特说，"我刚签约了一个年轻小伙子，你们两人联起手来，一定会赢得三四个冠军。"

这个小伙子就是科比·布莱恩特，他出生在费城，在意大利长大，因为他的父亲，前76人队绰号"甜豆"的乔·布莱恩特，离开NBA后在意大利继续职业篮球生涯。科比努力学习意大利语，尽力融入周围的孩子们当中，可他还是经常感到孤独。这段经历让他变得非常具有防守意识。但每当他步入篮球场时，他觉得自己就像穿上了一副不可攻陷的盔甲。

他生来就是一个特殊的天才，异常相信自己的能力。到11岁时，他就经常挑战父亲的队友，与他们玩投篮比赛或一对一单挑，而且他总能够获胜。当他遇到乔丹这位他在球场上经常模仿其一举一动的榜样时，他对这位"篮球之神"说，一旦他进入NBA，他一定要将乔丹打败。当他和家人一起搬回美国后，他成为美国高中生篮球运动员中的佼佼者。之后他从费城劳尔梅里恩高中跳到了NBA，成为第一个从高中直接进入职业球队的后卫。

1996年11月3日，他18岁零72天。这天他首次出场，成了NBA比赛中最年轻的球员。他的新秀赛季的成绩大多平淡无奇（但他确实赢得了全明星扣篮大赛），在季后赛对阵犹他爵士队的淘汰赛中，他展现出了一名有天赋的年轻后卫的能力。

湖人队在系列赛中以1∶3落后。奥尼尔在第五场比赛快结束时犯规，于是科比被推到了聚光灯下。他连续投出三个"三不沾"，其中包括加时赛最后一分钟时所投出的两个。虽然湖人队输掉了比赛，但是科比在湖人队中留下了好的印象。"科比是当时唯一有勇气那样投篮的人。"奥尼尔说。他当时搂着这位新秀离开了球场。

下一个赛季，19岁的科比成了NBA历史上最年轻的全明星。他和奥尼尔一道加入了西部全明星队，赢得了得分王的荣誉。科比迅速蹿红，成为超级巨星，被联盟作为乔丹的继任者加以推广，他也非常高兴自己能像他的偶像一样去接管比赛的阵地。

虽然奥尼尔会说科比有时比赛打得太自我，但他乐于让一个朝气蓬勃的科比在常规赛中占据主导地位。但是当季后赛到来时，"大鲨鱼"依然要保持自己的当家地位。湖人队的新教练，绰号"禅师"的菲尔·杰克逊赞同奥尼尔的想法。

毕竟，奥尼尔数十年铁血争霸，风头正劲。1999—2000赛季，他场均得分29.7分，13.6个篮板球和3次盖帽，赢得了他的第一个常规赛MVP奖。在季后赛中，他的表现愈加突出，打出了他在对阵波特兰队第七场空中接力那样的绝杀，让NBA球队大为震撼。奥尼尔在那一年被评为总决赛最有价值球员（FMVP）。在接下来的两年里，他接连赢得了同样的荣誉。

奥尼尔和科比的功绩铭记史册。他们是洛杉矶湖人队世界级明星组合的最新成员——之前有韦斯特和贝勒、"魔术师"约翰逊和贾巴尔。现在他们的时代到来了。

赢得他们的第一个冠军后，奥尼尔来到训练营，他身体状况不佳，正在养伤。科比整个夏天都在健身房训练。那个赛季科比又飞跃了一大步，他对奥尼尔表示出不满，叫嚷着要在球队中扮演更重要的角色。"禅师"杰克逊顾全大局，让科比担当主角。奥尼尔则很不开心。

"当明确由我挑大梁时，"奥尼尔在1月份对记者提起了之前的比赛，"结果是67胜15负，我们打得激情四射，整个城市欢呼雀跃，还有游行狂欢。现在呢，我们23胜11负。你们自己心里都明白。"

在被问及对此有何评论时，科比的回应是埋怨奥尼尔的防守有问题。在接下来的两年里，他们就这样对彼此不满，在公开场合甚至发生过争吵。

不过在球场上，湖人队仍然是一支不可小觑的力量。配合奥尼尔和科比的是一群经验丰富、担当不同角色的球员，包括罗伯特·霍里、德里克·费舍尔和里克·福克斯，还有霍雷斯·格兰特、罗恩·哈珀，后者是教练杰克逊20世纪90年代赢得冠军的芝加哥公牛队的成员。2001年，湖人队在总决赛横扫新泽西篮网队。2002年，他们以5场比赛击败了费城76人队。

奥尼尔在2001—2002赛季受到伤病问题的困扰。他没有在休赛期接受手术，而是等到集训开始。"我在上班时间受伤，所以我要在上班时间治疗。"他说。科比像乔丹一样，打起球来不知疲倦，同时追求胜利，他对此行为感到厌恶。但是缺少了奥尼尔，湖人队在赛季一开局打成了11∶19。他们在季后赛第二轮输给了圣安东尼奥马刺队。

2003年夏天，湖人队增加了两名未来的篮球名人堂成员，他们是加里·佩顿和卡尔·马龙。这让湖人队拥有了科比-奥尼尔时代最耀眼的明星阵容。尽管科比在集训期间诉讼事务缠身，奥尼尔依然告诉外界，科比并未缺席。"整个团队都在这里。"他说。

但这是一个不正常的赛季。科比经常离开球队。但当他在球队的时候，他也有意疏远队友，对杰克逊不友好。杰克逊希望科比转会。在对丹佛掘金队的一场比赛中，科比在第二节比赛时才从法庭赶到赛场。紧接着他在终场哨声响起时跳投命中，赢得了比赛。"我真不明白他是如何转换脑子的。"杰克逊说。

酝酿已久的奥尼尔和科比的纠葛，随着科比的官司而恶化升级。在记者面前，奥尼尔建议科比在赛季结束后选择退出，另选高明。湖人队是奥尼尔的球队，他有三个总决赛 MVP 的奖项为证。

在一次全国性电视访谈中，科比同意湖人队是奥尼尔的球队这一说法——这正是让科比感到沮丧的地方："是时候让他表现出这样的姿态了，也就是说，他不能再拖着肥胖的身体和状况不佳的样子进入训练营了。"

在他们迈向夺冠的征程中，杰克逊经常让这两个人互相较劲。他是一个木偶大师，相信这是一种充分利用他的明星球员的方法。但是到了 2003—2004 赛季，就连他也知道事情已经到了失控的地步。杰克逊甚至聘请了一位心理学家，来调理他失调的团队。

但湖人队的更衣室里还是被划清了界限。科比超凡的能力和职业道德，使他成为球队中最好的球员。但作为一名领袖，他还需要努力。比赛中，科比经常会在队友犯错后对他们大喊大叫。杰克逊会告诉科比，乔丹会一直等到比赛后，私下对他的公牛队友大声叫嚷。

相反，奥尼尔是一个好队友。"他告诉你他会顶你，"卢克·沃尔顿回忆道，他是比尔·沃尔顿的儿子，也是那个赛季的新秀。"如果有人对你犯规，他会对你说，'交给我来处理。'"

科比想摆脱奥尼尔的阴影。有传言说他已经和洛杉矶快船队秘密会面了。"让我离开这里吧。"他在一场比赛中跟队友说。

与此同时，奥尼尔对湖人队的管理层也表示出不满，公开表示希望在赛季结束时大幅加薪。

尽管闹剧仍在继续，但湖人队在本赛季以 18 胜 3 负开局，并于 2004 年重返总决赛。这要感谢德里克·费舍尔，在西部赛区决赛中倒计时 0.4 秒时，打出奇迹般的最后一投绝杀球，击败了圣安东尼奥马刺队。

但在总决赛中，湖人队被底特律活塞队搞得心烦意乱，他们巧妙利用了奥尼尔和科比之间互相对抗的尴尬局势。在最初的几场比赛中，他们会单人防守奥尼尔，知道湖人队会努力低位传球给他。"接下来会发生什么，"总决赛最有价值球员（FMVP）昌西·比卢普斯解释道，"科比会因为总是拿不到球而有点沮丧……他就会急。"

湖人队输球后，待定的自由球员科比，开始寻找新的球队。他和他的家人在芝加哥地区寻找房子和学校，科比矢志要和公牛队签约。

"我再也不会和奥尼尔一起打球了，"科比说，"我不顾个人得失，拼命想赢得冠军，现在我却为此受到指责。我要让你们看看，我是多么努力。"

2004 年的休赛期决定了湖人队的未来。杰克逊私下坚称，如果科比还在球员名单上，他就不想再回到球队。但是湖人队高层对于为一个过了全盛期的 32 岁的奥尼尔承担风险而犹豫不决。意识到管理层在支持科比，奥尼尔要求转队。7 月 14 日，奥尼尔转会迈阿密热火队。第二天，科比与湖人队签订了一份为期 7 年、价值 1.36 亿美元的续约合同。

随后的一个赛季，湖人队未能进入季后赛，因为科比孤掌难鸣。这也让他认识到，一个人的力量是有限的。

2006 年，奥尼尔和 NBA 新一代杰出的得分后卫德怀恩·韦德一起赢得了冠军。

奥尼尔和科比公开和好，但他们的芥蒂从未真正化解。在 2019 年的一次采访中，科比说如果奥尼尔能够保持良好的体型，他肯定就已经拿下 12 枚总冠军戒指了；奥尼尔则反唇相讥，他说如果科比在对阵底特律活塞队的比赛中更多地传球给他，他早就已经拿下 12 枚总冠军戒指了。

在对阵达拉斯小牛队狂猛扣篮后，奥尼尔奔回球场。

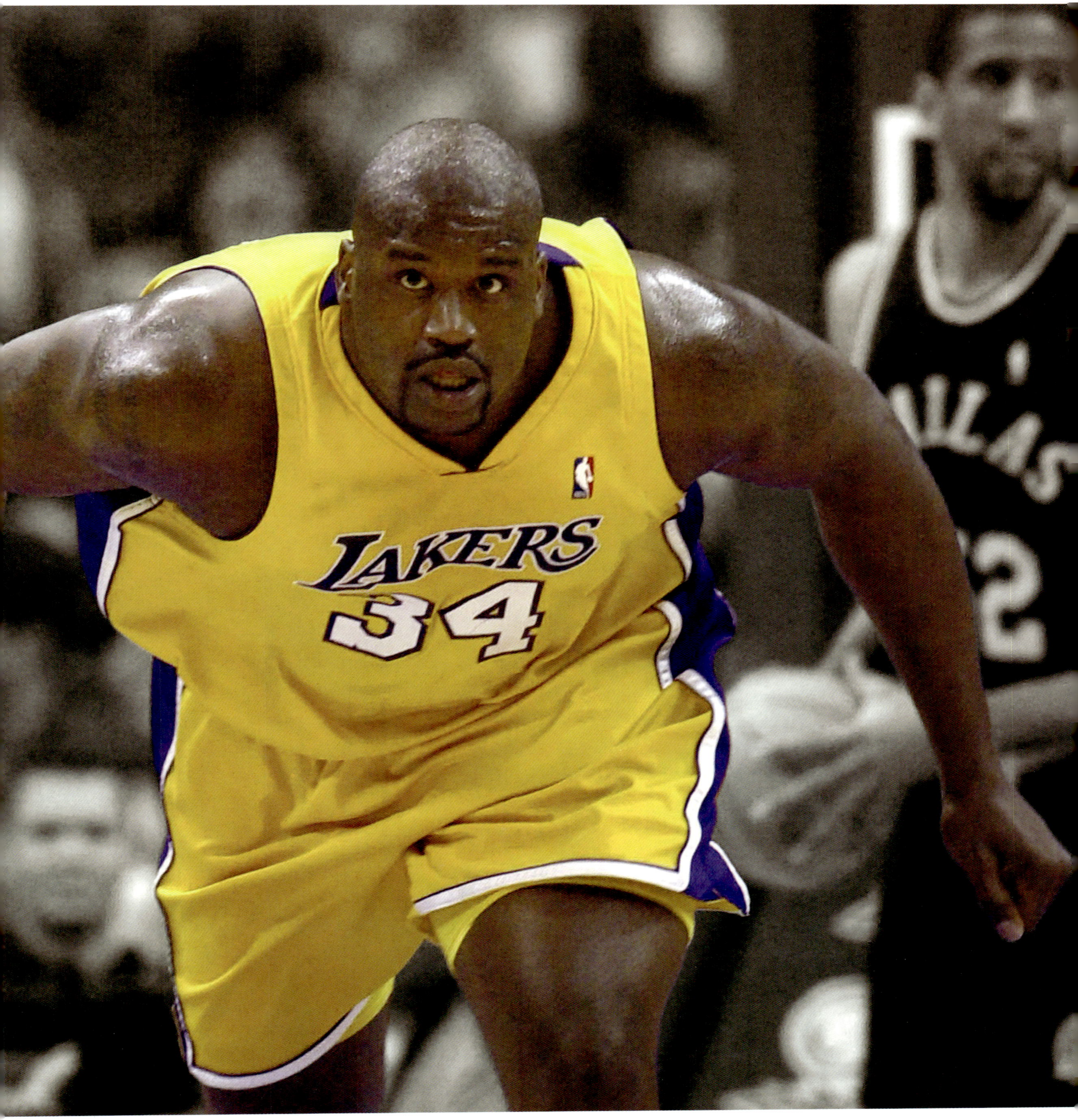
LAKERS
34

2001
迈克尔·乔丹：永不言弃

迈克尔·乔丹 1997—1998 赛季的"最后一投"，帮助芝加哥公牛队第二次夺得三连冠——乔丹的职业生涯画上了一个完美的句号。

次年 1 月，乔丹第二次宣布退役。这一次，他已经 37 岁，似乎有史以来最杰出的球员就要永远离开了。

他说，他已经失去了激励他挑战最强者的竞争动力，还补充说，他"99.9% 确定"：观众不会再在 NBA 赛场上看到"飞人"乔丹了。这似乎意味着，还有机会……

篮球世界失去了一代偶像。没有乔丹，下一代的 NBA 球星们开始竭尽全力去填补这一空缺。1998—1999 因停摆而压缩的赛季，也是乔丹退役后的第一个赛季，像基斯·范霍恩和谢里夫·阿卜杜-拉希姆这样的球员都进入了得分榜的前 5 名，只有两名球员，阿伦·艾弗森和沙奎尔·奥尼尔，场均得分超过 24 分——远低于乔丹在公牛队的职业生涯平均得分 31.5 分（这是联盟历史上场均得分的最高纪录）。

球迷们并没有等太久，就看到了乔丹的再次回归，不过这次情况不太一样。2000 年 1 月 19 日，他成为华盛顿奇才队的股东之一，并出任该队的运营总裁。

华盛顿奇才队长期以来一直是 NBA 的鱼腩队伍。球队的名称从原来的子弹队改名为奇才队，而曾经在 1978 年夺得冠军的辉煌也早已被人忘却，消失于历史的尘埃中。

更改名称还在其次，重要的是这支球队在联盟里完全没有存在感：自 1989 年以来，它只进入过一次季后赛，1997 年第一轮就被乔丹带领的公牛队横扫出局。曾经被称为"垃圾话之王"的乔丹在季后赛的第一场开赛前，手里拿着雪茄大摇大摆地走进奇才队的更衣室，问道："今晚谁来防守我？"

自从乔丹 1984 年加入 NBA 以来，他已经打了 179 场季后赛。奇才队呢？只有 15 场。

乔丹的加入瞬间就给球队带来了信心和关注度，这都是这支球队所严重缺乏的。但乔丹作为管理者的经验完全是空白的，即便如此，他还是被赋予了所有篮球事项的决策权，希望乔丹为球队注入新的元素。

乔丹聘请了道格·柯林斯担任主教练，柯林斯曾在芝加哥公牛队给乔丹执教过三个赛季。2001 年的选秀大会上，乔丹用第 1 顺位选择了高中生夸梅·布朗，这位身高 2.13 米的选手后来被认为是有史以来最令人失望的"水货状元"之一。

伴随着球队陷入失败的"泥沼"，争强好胜的乔丹却只能在包厢里暗自神伤，看来他亲自下场只是时间问题。关于乔丹可能复出的猜测日渐增多。整个 2000—2001 赛季，ESPN 甚至在其网站上挂上了一个"乔丹回归倒计时表"。

其实，乔丹重返赛场的想法在加入奇才队之前就已经萌发了。

1999 年 11 月 11 日，在 NBA 日历上本是一个平淡无奇的日子，但在这一天，乔丹退役后第一次回到芝加哥公牛队的训练基地，用他的话说，为了"提高士气"。面临着后乔丹时代的严峻形势，公牛队以 4 连败的劣势进入了新赛季。

乔丹与公牛队 21 岁的新人科里·本杰明进行了一场一对一的单挑。当然，乔丹赢了。"可惜，他的体能还不如我。"乔丹随后说道。

本杰明后来告诉记者："我认为他在作弊，有多次明显的犯规。"

乔丹很快就否定了再次回归的可能性，说篮球对他不再是一个挑战，他最狂热的爱好之一是高尔夫球，那才是他的新目标。

"我就是顺道来拜访一下，不要想得太多。"他说。当被问及是否打算重返公牛队时，乔丹否认了，并补充道："我从未想象过自己再次穿上球衣的样子。"

然而，在他管理奇才队的第一个赛季结束时，情况发生了变化。奇才队只赢了 19 场比赛。乔丹眼睁睁地看着自己所组建的球队溃不成军，这让他情何以堪，尤其是在他很清楚自己还宝刀未老的情况下。

他可能在脑海中一遍又一遍地回放两年前与 19 岁的科比·布莱恩特——他的王位继承人——的一次对话。这位湖人队后起之秀告诉乔丹，他会在一对一单挑中"把

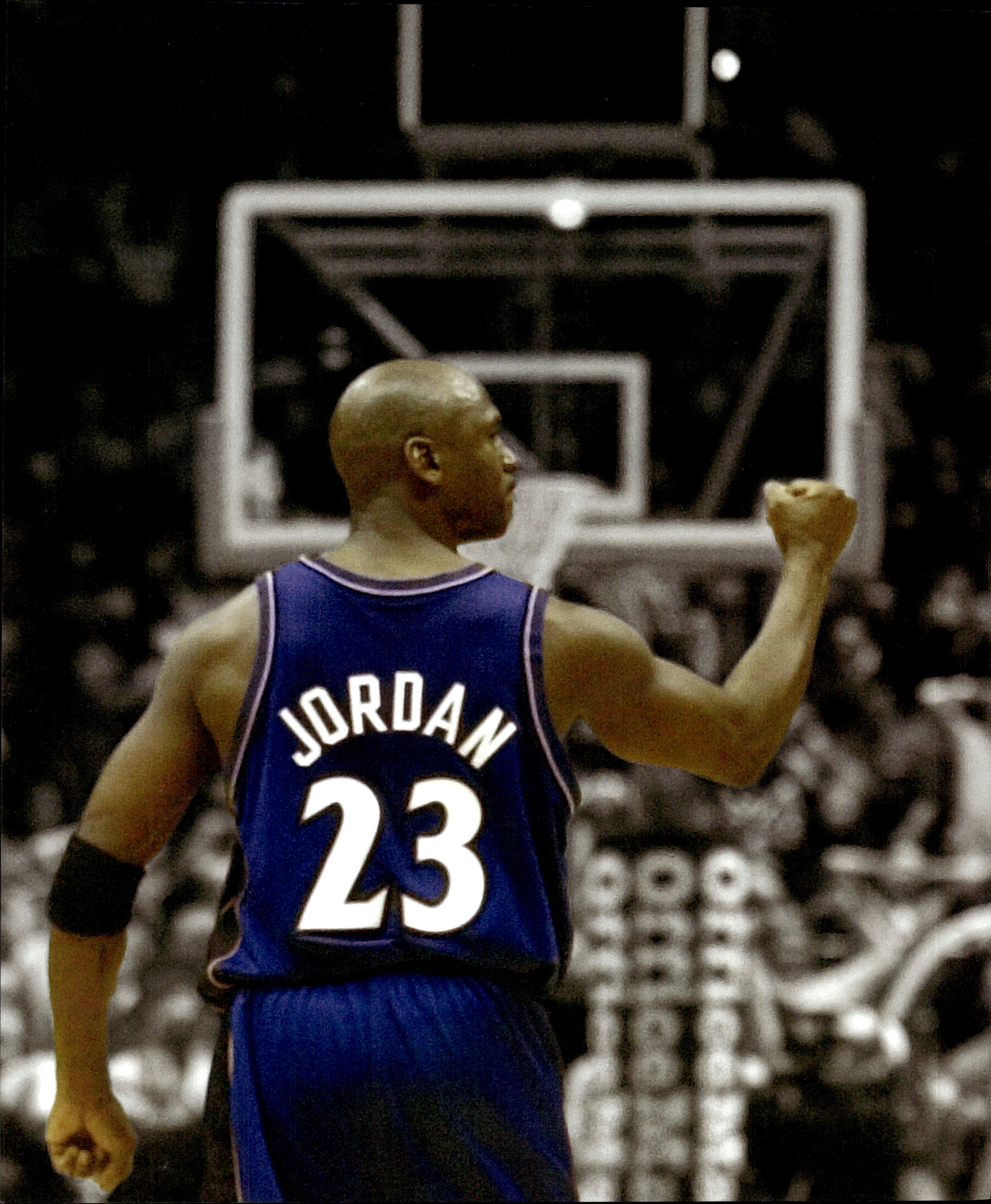
JORDAN
23

他拿下"。这激起了乔丹的斗志。

乔丹也密切关注着与他同时代的另一位体坛偶像，北美职业冰球联赛（NHL）的明星马里奥·拉缪，他在自己退役后成功重返冰上。乔丹经常给拉缪打电话，详细了解他是如何准备复出的。

2001年夏末，乔丹出现在奇才队的举重训练房里。柯林斯捕捉到了他眼中的光芒，于是这个教练告诉所有人："乔丹要上场了。"

这是有着偏执狂般竞争欲望的乔丹——记住，就是这个家伙在主场比赛前先向赛场官员打听清楚哪个球队吉祥物会赢得比赛，然后去说服队友和他打赌——根本不需要他去参与竞争。（译者注：当年公牛队主场比赛前，都会播放一段三只吉祥物小牛赛跑的视频，让球迷竞猜哪个小牛能够拿到第一，获胜的球迷有机会获得公牛队赠送的奖品，当时很多球员也乐于参与其中。）

2001年9月25日，乔丹宣布他将重返球场，在那个赛季为奇才队出征。他退出了管理层，卖掉了在球队中10%的股份，并将他的100万美元年薪捐出，用于不久前发生在纽约世贸中心"9·11"袭击事件后的灾后重建工作。

不用说，看到乔丹并非穿着芝加哥公牛队的球衣征战NBA，很多人都觉得不适应。当然，有很多传奇巨星都是穿着球迷们不习惯的队服结束了自己的职业生涯——休斯敦火箭队的哈基姆·奥拉朱旺，退役时穿着多伦多猛龙队的紫色恐龙球衣；犹他爵士队的卡尔·马龙穿上了湖人队的金色球衣。球迷们的脑海中还会浮现出尼克斯队帕特里克·尤因穿着奥兰多魔术队球衣的模样。

但乔丹就是公牛队的标志。可后来他选择了一支令人遗憾的球队，并使之成为世界上辨识度最高的球队。乔丹的个人品牌甚至影响更大，这使得奇才队2001—2002赛季主客场的关注度都成为NBA的领头羊。

但此时乔丹已经38岁了，有三年时间未参加过比赛，人们对他的期望值并不高。

"我们将开始称他为'地板上'的乔丹，而不是'飞人'乔丹。"ESPN的一位观察员在乔丹回归之前这样说道。

诚然，高空杂技已不复再现，但以奇才队球员身份出场的乔丹仍然技高一筹。在他回归的第一个赛季，他场均得分23分，排名联盟第十位。遗憾的是仅复出60场比赛后，多年赛场征战让他的膝盖不堪重负，乔丹不得不终止了出赛。

但乔丹并不缺乏精彩的表演。2001年12月29日，在对阵夏洛特黄蜂队时，乔丹独得51分，成为单场比赛超过50分的最老的球员——在前一场比赛中他只得了6分，这是他职业生涯中的最低得分，不过并这不重要。

乔丹最值得自豪的时刻，是与NBA冉冉升起的新秀明星之间的对抗，他渴望让这些年轻人知道，他可不仅仅是一个杰出的得分手。面对保罗·皮尔斯，在一场对抗异常激烈的第四节比赛中，他将这位凯尔特人队的球星得分限制在了2分；在对阵猛龙队的一场比赛中，他让文斯·卡特1分未得。据说卡特在球场上当场向乔丹索要电话号码。

球员对乔丹的尊重也显而易见。2003年的NBA全明星赛，正值乔丹最后一个赛季的中期，全明星队友特雷西·麦克格雷迪、阿伦·艾弗森和文斯·卡特这些得票领先的球星们自愿将他们在首发阵容中的位置让给40岁的乔丹。这是NBA历史上最经典而感人的一幕。

那是乔丹第14次参加全明星比赛，也为他迎来了一个闪亮的时刻：随着比赛在加时赛中进行到最后10秒时，乔丹得到了来自右肘方向的传球。就像往常那样，乔丹运用一连串的熟悉动作，背身单打晃过防守队员，向底线运球然后跃起后仰投篮——嗖！命中！

2003年3月16日，赛季的最后一场比赛前，各路传奇人物们都来到现场向乔丹告别。J博士朱利叶斯·欧文和摩西·马龙送给乔丹一辆定制版的高尔夫球车。奇才队被打得溃不成军，乔丹在板凳上度过了大部分的时间。"我们要迈克尔·乔丹！"球迷们高呼着。

乔丹重返赛场也无力托起一支平庸的球队。乔丹在奇才队的两个赛季，奇才队依然无缘季后赛。

就像在芝加哥公牛队一样，乔丹和奇才队也是不欢而散。2002—2003赛季结束后，球队的老板们告诉他不再需要他的服务，乔丹因此火冒三丈。自从高中校队以来，他从未被淘汰过。乔丹坚持声明，他被许诺在退役时可以重新获得股权，但并未如愿以偿。

之后，人们可以通过手机视频看到关于乔丹的最新花絮，比如一个43岁的乔丹在他的夏季训练营里击败最优秀的高中生的视频。偶尔，在黄蜂队的练习之后，他会与年轻球员进行激烈的一对一单挑，即使这意味着在之后的几天里他不得不用冰袋来敷一敷剧痛的膝盖。

乔丹在奇才队的日子，经常被认为是一个巨星去加持一支与其不相称的球队。但对于一个难以远离比赛的斗士来说，这不也是一个符合宿命的结局吗？！

正如乔丹在2009年入选篮球名人堂的演讲中所说："永不言弃。因为某些极限，比如恐惧，不过是一种幻觉而已。"

他于2010年3月重新回到NBA，成为夏洛特山猫队（2014年更名为黄蜂队）的大股东。他的业绩却并未得到多大改善，作为管理者的乔丹对球队的影响，似乎与球员乔丹截然相反。

NBA效力球队最多的运动员排名榜

1. 查基·布朗　　　12支（1990—2002）
   吉姆·杰克逊　　12支（1993—2006）
   托尼·马森伯格　12支（1991—2005）
   乔·史密斯　　　12支（1996—2011）
5. 迈克·詹姆斯　　11支（2002—2014）
   凯文·奥利　　　11支（1998—2010）
   伊斯梅尔·史密斯　11支（2011—2020）

2004年的一场比赛中，阿伦·艾弗森试图突破史蒂文·杰克逊上篮。

2001
AI 式嘻哈与 NBA 融合

1997年3月12日，卫冕冠军芝加哥公牛队，在费城客场迎战76人队。这个赛季76人队打了22胜场。球馆内座无虚席，观众们争相目睹了迈克尔·乔丹和1996年新秀状元、绰号为"答案"的阿伦·艾弗森的双雄大战。

像这一代明星一样，艾弗森从小就崇拜乔丹。曾经，只要有人愿意听，艾弗森就会告诉他，总有一天他会向这位常青冠军发射他连珠炮似的变向交叉运球火力。

艾弗森在罚球区顶端拿到了一个传球。"迈克尔·乔丹！"教练菲尔·杰克逊在边线上大喊，只见乔丹转身冲向76人队的这位新秀。面对身高只有1.83米、体重仅有75千克的艾弗森，乔丹仿佛是一座铁塔。

其他8名球员退到一边，为使球迷们能更清楚地观看到他们期待已久的单挑。艾弗森发起快速变向交叉运球，费城的观众们不由自主站了起来。乔丹并未上钩受骗，但刚一站稳，艾弗森跃身而过，一骑绝尘，将曾经的年度最佳防守球员甩在了后面。只见艾弗森向右侧跃起，急停跳投。等到乔丹回过神来的时候，为时已晚。球嗖地入网了，人群欢呼雀跃。

一场本来乏善可陈的常规赛，如果有那么一个精彩瞬间可以塑造联盟的未来，这就是那样的一个瞬间。

艾弗森在乔治城大学的篮球生涯非常出色。在1996年硕果累累的选秀大会上，他作为状元秀被选中，参加这一年选秀的还有科比·布莱恩特、史蒂夫·纳什和雷·阿伦等后卫。艾弗森受街球影响的华丽球风使之与众不同、脱颖而出，这套打法建立在眼花缭乱的迷惑性手法和大胆的带球上篮的基础上。

他和年轻的球迷们颇有共鸣。尽管艾弗森是一名出奇的运动员——足球及篮球两项运动的明星和冠军——但他很有亲和感共情力。他小号版的身材，冲向篮筐的样子，就像一个普通人穿越丛林，但他勇往直前，所向披靡。他很快成为流行文化中兴起的嘻哈运动的代表。评论家迈克尔·埃里克·戴森曾说："他就像是跳投中的说唱歌手图帕克。"

选秀结束后，他与体育服饰品牌锐步公司签署了一份价值5000万美元的协议。锐步公司急于将他塑造为"叛逆之子"。换句话说，就是乔丹的另类。

乔丹每天穿着西装打着领带去上班。他热爱高尔夫球，喜欢抽雪茄。他是美国企业家的形象。艾弗森，不用说，完全不是这种形象。他选择了用金链子装饰的破旧和宽松的衣服，这是他那一代人的装束。

锐步希望艾弗森能像70年代的J博士朱利叶斯·欧文一样，去改变NBA的形象和感觉，为一个越来越多年轻观众觉得过时了的游戏带来新的风格和态度。但联盟对此有着不同的想法。

1997年，艾弗森场均得分超过23分，被评为年度最佳新秀。他在一个新闻发布会上接受了这个奖项，当时他戴着一顶白色锐步品牌的无边便帽。"看起来像是人们在监狱里穿戴的衣帽。"副总裁拉斯·格拉尼克说。

下一个赛季，艾弗森换了一种新发型——地垄沟发型，将自己打扮成一位新潮流的引领者。

进入第三个赛季，艾弗森成为NBA的得分王。与此同时，随着艾弗森明星地位的提升，NBA也继续与他的嘻哈形象纠缠在一起。2000年1月，当他出现在NBA出版的《扣篮》杂志封面上时，他上身的文身被修图遮盖了。

"如果他们不想让我成为一个完整的自己，他们可以用其他人。"艾弗森说。他的文身图案里有他的母亲、祖母和孩子们的名字。"修掉他们，那是在打我的脸。"

联盟可能一直在试图掩艾弗森的嘻哈形象，担心这会使NBA更难获得企业合作伙伴的认同。但是球迷们并不这样看。被人称作"答案"的艾弗森，作为同代人的海报男孩，他所代言的锐步运动服，销售异常之好。像嘻哈音乐本身一样，他是主流的反主流文化。

球场上，艾弗森如日中天。2000年夏天，76人队扩充阵容，增加了中锋迪肯贝·穆托姆博，并聘请拉里·布朗为教头，后者围绕他们的超级巨星后卫量身打造了费城76人队的进攻策略。在2000—2001赛季，76人队在东部赛区排名第一，艾弗森场均得分31.1分，拿下了他4个得分王中的第二个，被评为2001年最有价值球员（MVP）。

在那个赛季，艾弗森带领76人队第一次打入总决赛，对阵奥尼尔、科比带领的洛杉矶湖人队，就像牧童大卫与传奇巨人哥利亚的悬殊较量。在第一场比赛中，艾弗森夺得48分，76人队在加时赛赢得胜利——这是湖人队在那个季后赛中唯一的一场失利。最终，湖人队以4∶1拿下了这个系列赛。

1998年至2006年间，艾弗森得分之多，联盟中无出其右者，但他再也没有打入总决赛。

2003年乔丹退役之后，艾弗森成为联盟最受欢迎的球员，但电视收视率每况愈下。自2005年11月1日起，NBA颁布了着装禁令。从表面上看，这是对上一赛季奥本山宫殴斗事件的回应，但这一偶发事件对联盟及其新星们的形象并无直接的关联。本质上，这是针对艾弗森的一个措施。

这项禁令禁止球员身着T恤、链子和其他嘻哈用品。大卫·斯特恩总裁称这项禁令是"自由和随和的"。艾弗森则反驳道，"他们的目标是针对我这样的嘻哈一代。"

几位杰出的运动员公开反对这项禁令。杰森·理查德森称之为"某种种族主义歧视"，并说这项规定是公然针对黑人球员的。

斯特恩坚持认为着装规范是有益的，在一个几乎总是以黑人成员为主导的联盟中，关于种族的话题是不可避免的。"在每次集体劳资谈判中，我都被指责有种植园主阶级心态。"他说。

这不是艾弗森第一次处于种族紧张局势的焦点中。

作为一名高中生，他曾在家乡弗吉尼亚州纽波特纽斯卷入一群黑人和白人青少年之间的斗殴事件中。艾弗森高中时是一个招摇的明星，对自己在球场内外傲视同侪的能力感到傲慢而得意。

事件发生时，他还是未成年人，但检

1997年的一场比赛中，阿伦·艾弗森试图骗过哈基姆·奥拉朱旺。

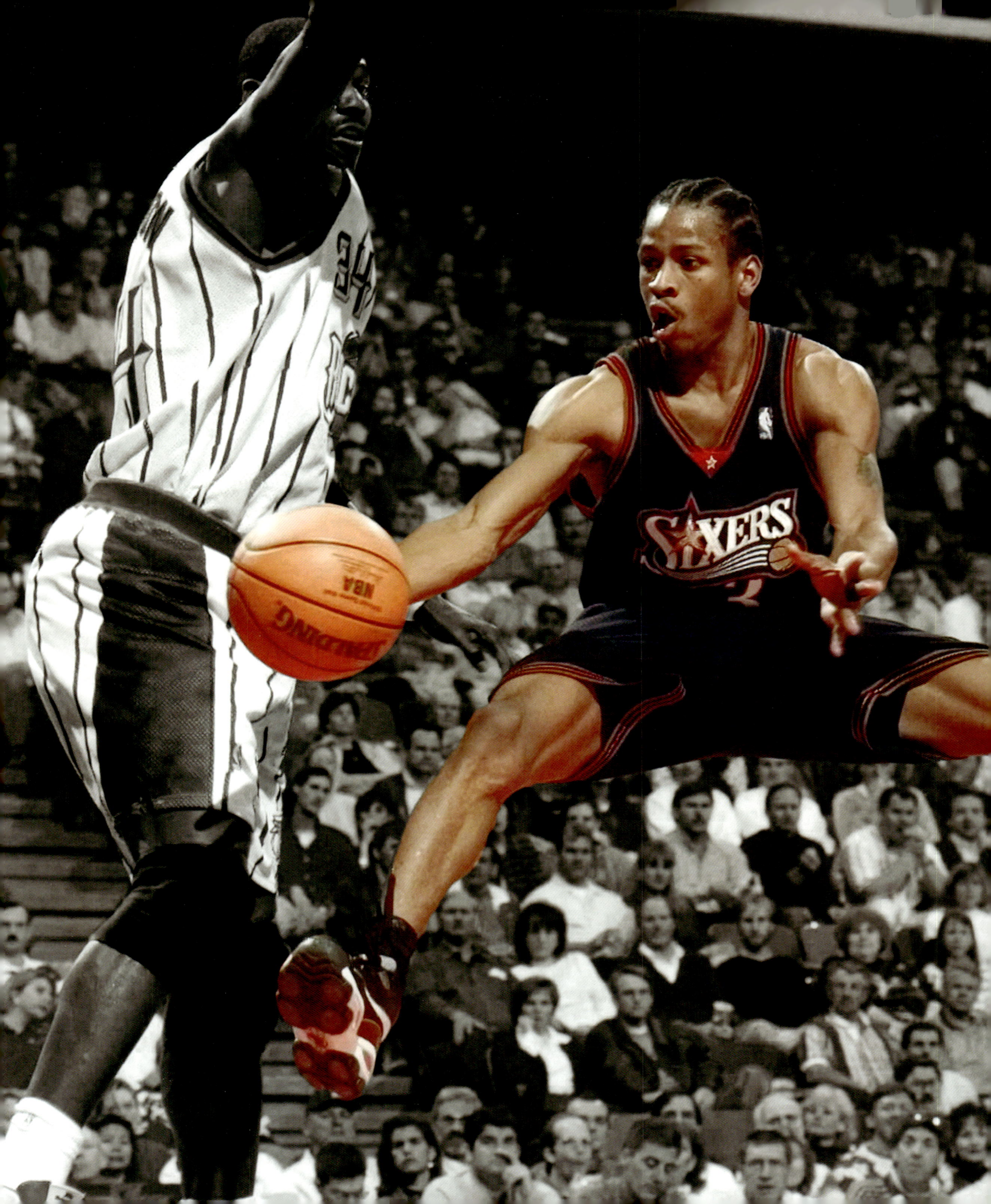
SIXERS
SPALDING
NBA

察官拖延了案件审理的时间，审理时致使艾弗森被认定为成年人受审。

因为他是作为一名来自非裔美国人社区的杰出人物而受审的，法院急于拿艾弗森开刀。他被指控犯有"暴民致残"罪，被判 15 年监禁。对他的这一指控罪，最初是为了打击内战后的私刑而添加到弗吉尼亚成文法中的，多年来一直没有使用过。在他服刑 4 个月后，弗吉尼亚州第一位黑人州长道格拉斯·怀尔德赦免了他，最终定罪也被推翻。

艾弗森的职业生涯从未达到其他伟大运动员的巅峰。2001 年总决赛后，他再也没有机会打第二轮。但毫无疑问，他是一位卓越的球员。尽管他在篮球场上是较矮小的球员，但他无所畏惧的精神，受到了同龄人的尊敬。他的最有价值球员奖，是对他在比赛中出色表现的认可。他作为非裔美国超级巨星新面孔的角色，为勒布朗·詹姆斯和随后骄傲直言的一代人铺平了道路。

2016 年，艾弗森入选篮球名人堂。"让我最自豪的是，"他在入选演讲中告诉人们，"我用我的方式做到了这一点。我从来没有忘记我是谁。"

2006年的一场比赛中，艾弗森倒地遗憾失球。

NBA球星们推出的唱片

阿伦·艾弗森不仅仅代表嘻哈，他也是一位说唱歌手。艾弗森在 2005 年推出的单曲《40 小节》（40Bars），但这并不是唯一一位 NBA 球星涉足音乐世界：

- 《功夫沙克：回归》——沙奎尔·奥尼尔
- 《从来就没有一张完美的专辑》——路易斯·威廉姆斯
- 《柴油机沙克》——沙奎尔·奥尼尔
- 《字母 O》——达米恩·利拉德
- 《40 小节》——阿伦·艾弗森

2002
中国姚明：连接NBA的"移动长城"

作为2002年的A状元秀，休斯敦火箭队选中了来自中国上海东方大鲨鱼俱乐部的姚明。

随着姚明选秀消息的宣布，电视画面切换到了姚明在上海家中的客厅。客厅里大块的白色墙面并不引人注意，但沙发上这位与父母和一位翻译坐在一起、身高2.29米的巨人，吸引了所有人的目光。

在一名NBA工作人员的提醒下，他们相互击掌以示庆贺，但显得颇有些惊讶的样子。

很快，姚明就让祖国为之感到骄傲。姚明在NBA的首秀年，就赢得了NBA全明星的荣誉。他为NBA的全球化打开了大门，为篮球运动在中国的普及做出了杰出的贡献。

但在那个选秀之夜，坐在沙发上的姚明显得有些疲惫。

熬过了一段漫长而又艰辛的历程，姚明才走到了这一步。这些年来，他一直在与中国上海东方大鲨鱼俱乐部商谈，安排他转会到美国。克服重重困难，姚明最终

2006年在对阵金州勇士队的一场比赛中，姚明突破上篮。

在 21 岁时获得批准去参加 NBA 选秀。"我历经了很多挫折，"姚明在 4 月份对当地媒体说，"再多的困难，我也不会崩溃的。"

甚至在选秀前的几个小时，姚明的母亲方凤娣还表示说，如果不能给他们一个公平的解决方案，她的儿子将彻底退出比赛。

在姚明的成长过程中，母亲一直扮演着举足轻重的角色。姚明的母亲方凤娣身高 1.88 米，曾效力国家女子篮球队并担任队长。姚明的父亲姚志源，身高 2.08 米，曾经是上海男篮的中锋。

中华人民共和国成立以来，党和政府就非常重视未来体育人才的培养。篮坛的前辈们担当了红娘的角色，姚明父母的关系也得到了上级领导们的鼓励。

1979 年，姚明的父母走入婚姻的殿堂，成为当时在国内个头最高的一对夫妇。一年后，他们儿子来到了这个世界上。

姚明出生时体重近 5 千克，身长 58 厘米，比普通新生儿重了许多。他一出生，消息就传遍了上海体委，姚明进入篮坛开始进入倒计时。

"我们老中青三代人都在翘首期待姚明的到来。"一位当地青年队教练，也是姚明父亲的前队友这样说。

8 岁的时候，姚明已经和我国的普通成人一样高了。还没到 10 岁生日，他就被选中进入了上海一所少年体校进行篮球训练，吃住都在体校。那时，运动对他来说就像是一份工作，日复一日的单调训练，剥夺了姚明对这项运动所感到的任何快乐。他会沮丧地回到家里，希望再也不要拿起篮球来。

大约就在这个时候，哈林队在亚洲巡演时经过了上海。一个星期天的下午，妈妈方凤娣为她和儿子买到了演出票。这对姚明来说是一次改变人生的经历。哈林队娱乐与绝技共舞，引发观众阵阵欢呼，小姚明被他们的表演技巧所吸引。篮球原来可以妙趣横生啊！

从此，姚明对这项运动有了全新的感悟，他的球技也随着身体的成长而不断完善。13岁时，身高2.00米的姚明加入了上海大鲨鱼少年队；18岁时，他已经成为上海男篮的主力。

1996 年，姚明（当时 16 岁，身高 2.18 米）被访问上海的耐克公司代表所发现，当时他们正试图打入利润丰厚的中国市场。中国政府批准姚明参加了 1997 年在巴黎举行的"耐克篮球训练营"，姚明在 1998 年到美国访问旅行，在那里他见到了迈克尔·乔丹——当时他紧张极了，在这位偶像面前，他连基本的投篮技巧都发挥失常了。在中国，党和政府高瞻远瞩，他们看到了一个难得的机会，即通过姚明、通过姚明所投身的篮球运动，向世界传播中国的力量。

到 2002 年，21 岁的姚明（身高 2.26 米）已经势不可当。他带领中国国家队斩获了 2001 年亚洲篮球锦标赛的金牌。在中国篮球协会的联赛中，姚明均场得分 39 分、20 个篮板球，带领上海东方大鲨鱼队获得冠军。该是时候走向世界舞台了。

休斯顿火箭队以状元秀选择姚明时，很多人抱有怀疑的态度。对一些人来说，姚明只是一个配角球员，他在球场上的成功是在中国取得的。NBA 赛场会把他"生吞活剥"的。

由于肩负中国国家队的使命，他在新秀年错过了集训和季前赛。他在 NBA 的首次亮相，估计有 3 亿中国观众通过电视收看。但姚明上场 11 分钟，寸功未立。

NBA 首次与中国的官方接触是在 1989 年，当时大卫·斯特恩会见了中央电视台的管理层，希望 NBA 比赛能在中国转播。之后的 5 年，NBA 总决赛在中国全国转播。但 NBA 始料未及的是，姚明的新秀赛季会出现那样惊人的收视率。

随着姚明在 NBA 越来越得心应手，他的球技也开始展现出来。他将自己非凡的身高和粗壮有力的大腿与灵巧的投篮、灵活的步法和灵性的传球及左右开弓的投球能力融为一体。

与 NBA 之前的巨人（如身高 2.31 米的乔治·穆雷桑或马努特·波尔）所不同的是，姚明从小就开始打篮球。他的童子功开始显现威力。在他新秀赛季的 12 月份，姚明场均得分 17 分，夺得 10 个篮板球和近 3 次盖帽。

即使是在巨人云集的 NBA，姚明，一个 2.29 米的小伙子，也像在上海那样引人注目。随着在 NBA 的崛起，姚明也经历了一些难堪的时刻。比如在迈阿密的幸运曲奇之夜，当时姚明的火箭队对阵迈阿密热火队。

就在他们首场比赛前，一段采访视频浮出水面，视频中沙奎尔·奥尼尔似乎在嘲笑姚明，同时极不友善地模仿中国人胡言乱语的样子。NBA 对此视而不见。

后来"大鲨鱼"道歉了，他说，"这是一个没有成功的无聊笑话。"姚明优雅地化解了尴尬的局面。"我相信正像他所说，沙奎尔·奥尼尔是在开玩笑。"他告诉记者，"但我猜很多亚洲人会不知所云。"

两大巨头的初次相遇是在 2003 年 1 月 17 日，当时洛杉矶湖人队造访休斯敦火箭队。比赛的电视转播已经提前公布。"大鲨鱼"是唯一一位体重超过姚明的 NBA 球员，大家都传说这位中国新秀对巅峰期的"大鲨鱼"绝对无力招架，除了哈基姆·奥拉朱旺，没有人能让奥尼尔慢下脚步。

比赛第一次控球时，"大鲨鱼"进攻姚明，持球变向。他不想简单地压倒姚明，那样显得太过容易。相反，他尝试胯下交叉运球，腾空带球上篮，但出乎意料，姚明成功盖帽，而且毫不费力。观众热血沸腾，爆发出雷鸣般的掌声。

下一个回合，姚明和"大鲨鱼"篮下"姚鲨对决"，姚明转身一个流畅的勾手投篮。

NBA国际球员得分排行榜

1.	德克·诺维茨基	31,560 分
2.	哈基姆·奥拉朱旺	26,946 分
3.	保罗·加索尔	20,894 分
4.	托尼·帕克	19,473 分
5.	史蒂夫·纳什	17,387 分

2004年季后赛中，姚明和沙奎尔·奥尼尔抢夺篮板。

嗖！又轮到"大鲨鱼"了。这位三届总决赛最有价值球员（MVP），拿出他篮下招牌绝技——兔仔跳。但姚明再次封盖，只见这位火箭队新秀马踏飞燕，快速越过球场突破上篮，他的队友看到他又一次成功进球。姚明对阵"大鲨鱼"2∶0！

几次交手后，姚明背对奥尼尔，转身后仰跳投，球不偏不倚地落进篮网。奥尼尔怒不可遏。他背向姚明，用蛮力向姚明猛扣。连续三次，姚明盖帽成功。火箭队继续乘势，以4分的优势获胜。

在中国，全国上下为姚明欢呼，并举办庆祝活动。NBA的比赛平均吸引1000万名电视观众观看，姚明成为NBA的营销天使，在国内外出演了无数商业广告。

"姚鲨对决"让世人大开眼界，姚明入选全明星首发阵容。在新的环境中他变得越来越游刃有余，在面对NBA天才球员的时候，姚明的个性也开始显露出来了。他风趣、自嘲、犀利。

2004年，联盟头号得分手特雷西·麦克格雷迪转会休斯敦火箭队。火箭队取得了51场胜的佳绩。在中国球迷的助推下，姚明获得创纪录的2,558,278张选票，连续三年入选全明星首发阵容。

姚明和麦克格雷迪，创造了雷霆双雄的"姚麦时代"。但是，在他的第三个赛季后，姚明开始遭受脚伤的困扰，这严重影响了他的职业生涯。在那之前，他一直是身体健康的典范，在246场比赛中只缺席了两场。在NBA，脚伤的问题由来已久，比尔·沃尔顿、格雷格·奥登和凯文·杜兰特等的职业生涯都受困于脚伤。甚至乔丹在大学二年级的时候也摔伤了脚。

姚明也未能幸免。

脚伤持续。他被迫放弃了整个2009—2010赛季。第二年他回到赛场，但是仅仅打了5场比赛，姚明不得不再次放弃。从此，他再也没有出现在NBA的球场上。

姚明仅仅打了8个赛季就从NBA退役了。8次入选全明星，5次入选最佳阵容，篮球在他的一生中第一次退居二线。小时

2002年姚明以状元身份加盟休斯敦火箭队。在9年的NBA生涯中，7次入选NBA全明星，两次入选NBA二阵。在486场比赛中，场均出战32.5分钟，贡献19.0分、9.2个篮板球和1.9次封盖。

候，姚明梦想成为一名建筑师或政治家，他做梦也没想到会进入NBA。从NBA退役后，他继续担任篮球运动的全球大使，也有了时间尝试其他兴趣。他投身慈善事业，并成为促进野生动物保护的积极代言人。

2017年，也就是火箭队让他的11号球衣退役的那一年，姚明被任命为中国篮球协会主席。中国篮球协会不断发展壮大，也成功吸引了斯蒂芬·马布里、史蒂夫·佛朗西斯和肯扬·马丁等NBA球星的加入。

今天，NBA成为中国最受欢迎的联盟，篮球运动在中国得到了前所未有的发展，姚明功不可没。

尽管NBA职业生涯相对短暂，但姚明还是在2016年与奥尼尔一起入驻了篮球名人堂。比尔·拉塞尔、比尔·沃尔顿和迪肯贝·穆托姆博是他的推介人。

在入选篮球名人堂的演讲中，姚明首先感谢了他的母亲，以及他整个篮球生涯的队友和教练们。

"篮球运动激励了全世界数十亿人，"他在演讲结束时说，"作为其中的一员，我会继续尽力推动篮球运动的发展。"

NBA在中国大受欢迎

多亏了姚明，篮球运动在中国遍地开花。2004年，NBA成为第一个在中国进行表演赛的北美体育联盟；2008年，NBA成立了"NBA中国"，价值超过40亿美元；2015年，NBA与腾讯科技（深圳）有限公司（以下简称"腾讯"）达成了一项价值5亿美元的合作，使其成为NBA最大的国际合作伙伴；2017年总决赛期间，NBA通过社交媒体微博在中国创下了29亿次的视频浏览量；2019年7月，NBA以15亿美元的价格将与腾讯的合作伙伴关系再延续5年。

2004
群殴事件：NBA永远的痛

那是2004年11月14日，当绰号"阿泰"的罗恩·阿泰斯特从底特律的奥本山宫被护送出球场时，他的印第安纳步行者队球衣被撕裂，还被啤酒浸湿。球衣领口挂在胸前，他脸上露出一种疯狂的表情。

就在刚才，在比赛还剩下最后45秒时，步行者队和底特律活塞队之间爆发了一场斗殴事件。混战中，一只蓝色的杯子从看台上飞出，正好砸在阿泰身上。暴怒的阿泰冲进人群，试图寻找杯子的主人。只见他抓住一个球迷，冲着脸上就是一拳。虽然阿泰找错了对象，但就此引发了北美职业体育史上规模最大、最为丑陋的一场群殴。

阿泰斯特的队友们在斯蒂芬·杰克逊的带领下，跟着他冲进看台。球员们与球迷们相互挥起拳头。许多球迷冲向球场，造成了前所未有的混乱局面。

随后在客队更衣室，阿泰斯特转向杰克逊问道："杰克，你说我们会有麻烦吗？"

从NBA创建之初开始，打架就是家常便饭，当时球员之间动手和恶意中伤，几乎和跳投一样频繁；20世纪40年代和50年代，每个更衣室里都会有装假牙的盒子。但是，NBA历史上从来没有发生过如此恶

罗恩·阿泰斯特攀上看台后返回球场。

性的斗殴事件。

这一切都始于2004年季后赛的一个黑肘。步行者队凭借大个子杰梅因·奥尼尔和38岁的雷吉·米勒主导的强大阵容，打得酣畅淋漓，以联盟最佳的61场胜结束比赛，并有望在最近的三个赛季中第二次重返总决赛。活塞队则另有想法。在东部赛区决赛中，活塞队也希望淘汰对手，而恶名昭著的阿泰斯特此时用一记重拳打在了活塞队明星球员理查德·汉密尔顿的脸上，全然不顾后者因鼻梁受伤还戴着防护面罩的情况。

这种肮脏伎俩对阿泰斯特来说，一点儿也不奇怪。在纽约市皇后区出生并长大的阿泰斯特，在他22岁加入步行者队时，已经被认为是NBA最好的后卫之一，也是绝对的暴脾气。到2004年，他已经在6个赛季中8次被禁赛。在他15年的职业生涯结束时，这个数字已经被他提高到了14次。

阿泰斯特可以说是步行者队最核心的球员，一位能攻能守的全明星，是联盟中杰出球员的典范之一。

理论上，2004—2005赛季的步行者队甚至比前一个赛季实力还要强大。尽管米勒在赛季开始时手受伤了，但球队在休赛期得到了杰克逊，在小奥尼尔和阿泰斯特之后又增加了充满活力的第三位得分手。

2004年11月14日，活塞队和步行者队之间的复赛时间已经被圈在了日历上，并通过ESPN向全国观众播出。这是步行者队向活塞队和联盟其他成员传递信息的好机会："我们势不可当。"

步行者队在整场比赛中处于上风，井喷式轻松得分。尽管在第四节比赛快结束时领先15分，但步行者队教练里克·卡莱尔还是把他的首发球员留在了场上，希望通过提高比分来传递信息。就在此时，事情变得糟糕起来。

在比赛还剩下1分11秒的时候，活塞队中锋大个头本·华莱士粗鲁犯规，导致阿泰斯特摔倒在立柱上——这显然是对上一个赛季的报复。在接下来的比赛中，阿泰斯特做出了回应，从后面推了活塞队的大个子华莱士。华莱士转头看是谁推了他，结果看见阿泰斯特，就用双臂狠狠击打阿泰斯特的脖子。这时几乎可以听到结束的铃声就要响起来了。

华莱士继续追赶阿泰斯特，阿泰斯特退到了边线。当双方球员继续在他面前互相推搡的时候，阿泰斯特躺到了记分员的工作台上，这张桌子同时也是球员和球迷之间的隔离墙。他这样做，本是为了展示他的成熟，表明他不会卷入这场打斗，直到局势平静下来。这好比是一个漫长的等待！

正当他躺在那里时，一个蓝色的杯子从看台上飞下来，正好打在他的脸上，里面的液体溅了他一身。本能的冲动之下，他扑向了看台。

还没等任何人反应过来，阿泰斯特就冲上了第十排座位，直奔那个他认为向他扔了杯子的无辜球迷。他把那位球迷推倒在地，而活塞队的球迷们也开始围攻阿泰斯特。约翰·格林，实际上是那个扔杯子的人，从后面抓住阿泰斯特，挥拳打向阿泰斯特的后脑勺，更多的啤酒瓶也劈头盖脸地扔向了这位愤怒的步行者队球星。杰克逊急于保护他的队友，紧跟着阿泰斯特，怒不可遏地向另一名球迷挥拳猛击。

越来越多的双方球员和教练赶到了看台上，看起来与其说是为了平息事态，不如说是为了让球员们躲避，因为球迷的人数远超球员的人数，二者的比例大约为10:2吧，许多球迷在酒精的作用下变得勇猛无比，试图与身高马大的篮球运动员一比高下。

队友们帮助阿泰斯特回到球场，此时仍有两个球迷向他挑战，其中一个被小奥尼尔打倒。似乎是一场真正的骚乱爆发，步行者队严阵以待，好像他们的生命危在旦夕。他们慢慢被护送出球场，穿过通道走向更衣室时，满天的瓶子砸向他们，各种液体向他们身上泼去。

这场群殴事件发生之后，NBA出台了迄今为止最为严厉的处罚。杰克逊被停赛30场。"我不后悔保护队友，"多年后他说，"我后悔冲上看台打伤了球迷。"

小奥尼尔被判停赛25场，在他申诉之后被减到15场，而华莱士则因参与导致局势恶化而被禁赛6场。

与此同时，法院也提出了几项指控。向阿泰斯特扔杯子的球迷格林，因第三次酒后驾车当时正在缓刑期，被终身禁止观看活塞队的所有比赛，他的季票也被撤销，最终被判处了30天监禁。总共有5名球员和5名球迷被指控暴力犯罪。球员们请求无罪辩护。阿泰斯特、杰克逊和小奥尼尔被判缓刑一年，并被强制接受愤怒情绪管理的辅导。

锤子沉重地砸落在阿泰身上。他被禁赛余下的赛季和季后赛，总共包括86场比赛，实属史无前例。迄今为止，这仍然是NBA史上因球场事件导致的最长的停赛处罚。

"我花了好长一段时间才恢复过来，"多年之后阿泰斯特说，"当我打架的时候，我陷入了真正的抑郁。此前我的状态一直很好。前一年我还是全明星，在东部联盟可能还有更多的全明星荣誉在等待着我。我当时体重在111千克到113千克之间，自我感觉良好。这次事件之后，我的体重很快就涨到了125千克。我做好了退役的准备。"

为了寻找新的开始，阿泰斯特在接下来的赛季中期要求转队。他与萨克拉门托国王队签约，并帮助后者打入了季后赛。最终他又签约了洛杉矶湖人队，成为2010年湖人队夺冠的关键成员。在对阵波士顿凯尔特人队决定性的第七场比赛中，阿泰斯特得了20分，抢断5次，出场46分钟，创下比赛新高。在赛后的采访中，随着五彩纸屑如雨点般落在球场上，阿泰斯特表示要感谢的第一个人是他的心理医生。

2011年4月，他获得了NBA的肯尼迪公民奖。那年夏天，他正式把自己的名字从罗恩·阿泰斯特改成了"慈世平"，寓意"慈善、世界、和平"。

2004年东部赛区决赛第三场，罗恩·阿泰斯特投球，拉希德·华莱士盖帽。

NBA暴力丑闻

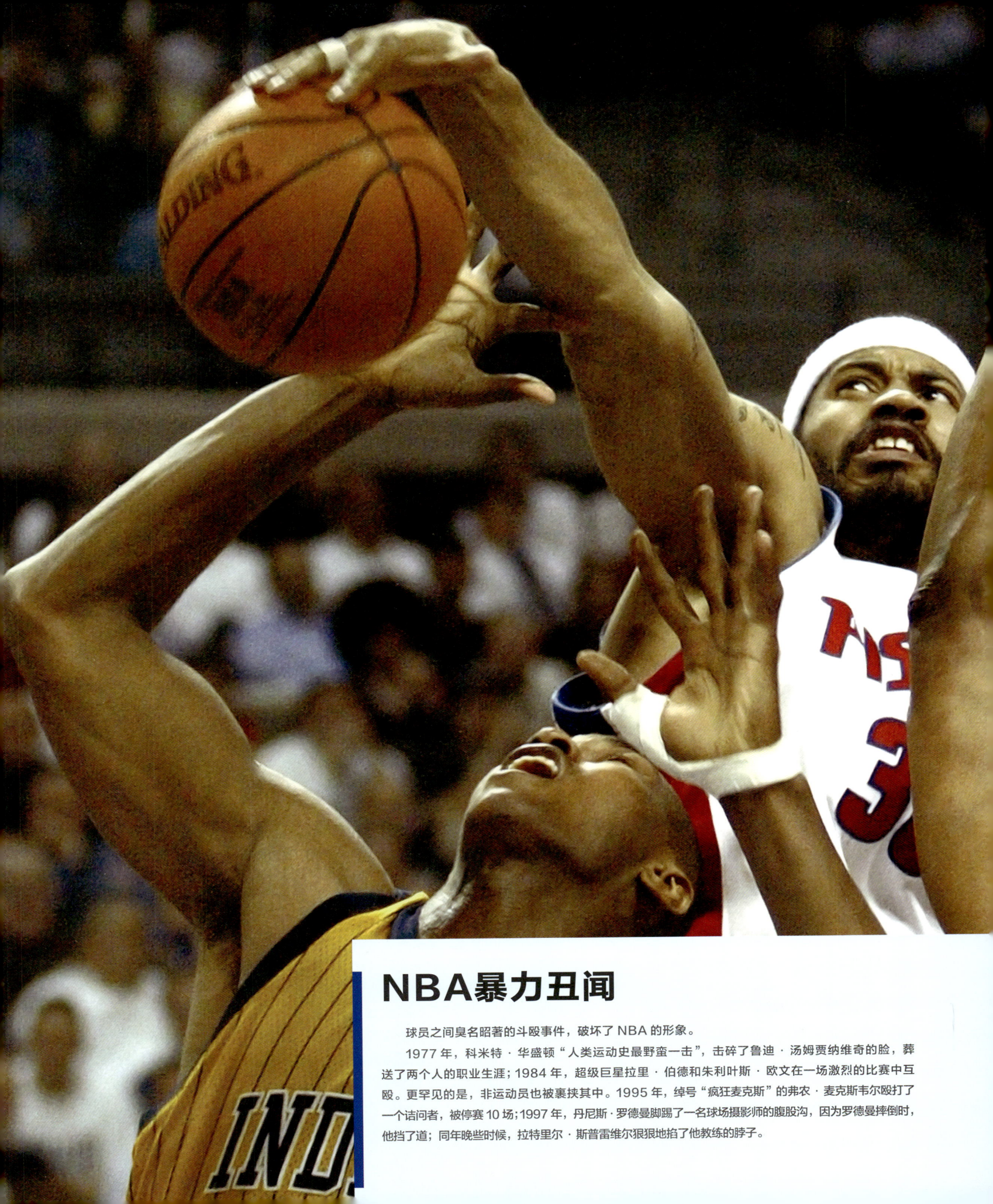

球员之间臭名昭著的斗殴事件,破坏了NBA的形象。

1977年,科米特·华盛顿"人类运动史最野蛮一击",击碎了鲁迪·汤姆贾诺维奇的脸,葬送了两个人的职业生涯;1984年,超级巨星拉里·伯德和朱利叶斯·欧文在一场激烈的比赛中互殴。更罕见的是,非运动员也被裹挟其中。1995年,绰号"疯狂麦克斯"的弗农·麦克斯韦殴打了一个诘问者,被停赛10场;1997年,丹尼斯·罗德曼脚踢了一名球场摄影师的腹股沟,因为罗德曼摔倒时,他挡了道;同年晚些时候,拉特里尔·斯普雷维尔狠狠地掐了他教练的脖子。

2005
纵马长歌
唯我马刺

1999年夏天，成千上万名的球迷聚集在圣安东尼奥河畔步行街，观看了装点成银黑色的浮动驳船缓缓顺流而下的情景。

船上的圣安东尼奥马刺队主教练兼总经理格雷格·波波维奇，一位平时举止矜持的空军老兵，激动地向人群大声呼喊。一年前，蒂姆·邓肯被他作为状元秀选中——这是他职业生涯中做出的最正确的决定。当人群向他们欢呼时，34岁的中锋大卫·罗宾逊，这位球队的台柱子和前NBA最有价值球员奖获得者，像一个竞选活动中的政治家一样微笑着向大家挥手致意。

马刺队正在庆祝自NBA和ABA合并以来赢得的第一个冠军头衔。邓肯和罗宾逊率军，带领球队在1999年的季后赛中以15胜2负的优势领先。年仅23岁的邓肯，继"魔术师"约翰逊之后成为获得总决赛最有价值球员（FMVP）的最年轻球员，他在对阵纽约尼克斯队的比赛中，场均得分27分、14个篮板球和2次盖帽。遇上这样的对手，纽约尼克斯队真是时运不济啊！

马刺队在因停摆而缩短的1998—1999赛季中崛起，夺冠之路，惊喜连连。很少有人会想到，这样的冠军庆典会成为得克萨斯州东南部的一个传统节目。在15年内，马刺队荣膺5次冠军，在NBA辟开了一片天地，铸就卓越，打造了一支常青冠军队，很少有球队能与之相比。

马刺队赢了。还在ABA时期，马刺队就凭借乔治·格文的精彩得分而斩获冠军。1987年选秀中马刺队以状元顺位选中大卫·罗宾逊，再接再厉继续实现冠军之梦。大卫·罗宾逊加入NBA前曾在海军服役，因此被昵称为"海军上将"。

自1976年ABA和NBA合并后接下来的20年里，马刺队有5个糟糕的赛季，但都没有比1996—1997赛季输得更彻底了。当时罗宾逊因伤缺席了除6场带伤上场之外的所有比赛，结果马刺队以20胜62负的不堪成绩，创下西部倒数第二的垫底纪录。上天垂怜，否极泰来，他们却赢得了选秀抽签，得以选择了邓肯这位美国大学生篮球联赛（NCAA）年度最佳球员。

绰号"石佛"的邓肯，成长于美属维尔京群岛的圣克罗伊岛。他做梦也没有想过会成为篮球运动员。他几乎都是在水中长大的，宽阔的身躯和长长的四肢，具备一名游泳运动员的天资，有望成为奥运会游泳队的选手。但维克森林大学魔鬼执事队主教练戴夫·奥多姆慧眼识珠，决定让邓肯在篮球场上一试身手。

邓肯聪慧好学，很快找到了感觉。

首个NBA赛季，邓肯获得最佳新秀奖；第二个赛季，他摘得总决赛最有价值球员奖；2002年和2003年，他连续获得常规赛最有价值球员奖；在带领马刺队战胜新泽西篮网队获得冠军后，他又获得了第二个总决赛最有价值球员奖。

邓肯成了马刺队成功之路的象征人物。他默默做好自己的事，支持、鼓励队友，在最重要的时刻会顾全大局、挺身而出。邓肯注重获胜的细节小事，对NBA明星身份的浮华和魅力泰然处之、淡然若水。事

实上，他喜欢打不起眼的中距离擦板球就说明了一切。

在职业生涯的前8年，邓肯场均得分超过22分和12个篮板球，而这些得分成绩在季后赛中总是蹿升得更高。他一直打到40岁，仍然宝刀未老，以至于对手开始用美国民间故事"土拨鼠日"来戏谑他。

"土拨鼠日"也可能指的是马刺队。1999年获得第一个冠军后，马刺队在接下来的18个赛季中，每年都赢得50场或更多的比赛。其中有6个赛季，马刺队赢得了60场比赛。

邓肯和波波维奇是马刺队当家的定海神针，他们为每一位身着银黑色球衣的马刺队球员树立了榜样。

波波维奇在空军服役5年，在此期间，他还参加了美国武装部队篮球队，代表美国参加国际比赛。他获得了苏联的研究学位，考虑成为一名中情局特工，后来才决定成为职业篮球队的教练。

他在马刺队做了4年助理教练，1996

年以总经理的身份重返马刺队。糟糕透顶的 1996—1997 赛季刚刚打了 18 场比赛，波波维奇就解雇了教练鲍勃·希尔，亲自兼任主教练，从此笃定前行。

波波维奇沉稳坚定的风度，加上机智冷静的幽默感，深得球队上下的认同。在邓肯职业生涯的后期，一些毫无意义的常规赛他便不再让邓肯上场，还在球员名单中将这位明星前锋标注为"老宝贝"。

对波波维奇来说，球员们必须做到最好，这不是要求，而是命令。无论球员薪水高低，也不论球员身上有多少荣誉的光环，波波维奇对他们一视同仁。他有时会让明星球员在全体球员面前下不来台。在职业球队，这往往会招致教练本人被解雇，毕竟这是一个以球员为本的联盟。但波波维奇知道邓肯不会计较这些。对于其他球员来说，这就是杀鸡给猴看。这是波波维奇的管理哲学。

波波维奇解释道："如果你的超级明星能够时常经受敲打，其他人都会闭嘴，乖乖听话。（邓肯）很尊重我。"

邓肯是核心灵魂，但马刺队另有一种不可思议的鉴才能力。他们擅用第二轮选秀权、慧眼识珠选择小联盟球员，将看起来并不起眼的天才球员列入球队的花名册。

布鲁斯·鲍文参加选秀四年却一直未被选中，在三支球队中漂泊不定，直到 2001 年被马刺队选中，之后 8 次入选 NBA 最佳防守阵容。丹尼·格林在被马刺队选中之前，一直在 NBA 发展联盟默默无闻，他后来成为马刺队首发球员，并在 2013 年创下了总决赛三分球的最高纪录。马刺队在选秀之夜选中科怀·伦纳德时，他落在第 15 顺位。2013—2014 赛季，也是他本人的第三个赛季，他有效地防守并击败了如日中天的"小皇帝"勒布朗·詹姆斯，被评为总决赛最有价值球员。

这样的例子，不胜枚举。

"他们知人善任。"贾伦·杰克逊说。在 1997 年马刺队与他签约之前，他是一名在选秀中"屡试不第"的后卫，只能在三个联赛中为 12 支球队打球。在马刺队 1999 年的冠军争夺战中，贾伦·杰克逊的三分球在马刺队排名第一。

"我们喜欢尽职尽责的乖乖男，"波波维奇说，"关键之一是把那些能超越自我的人才引入进来。他们既有突出的个性，又能遵规守纪，执行战术。"

2008 年，马刺队 GDP 三巨头上场迎战俄克拉荷马城雷霆队。

但是在比赛当中，马刺队并不墨守成规。2005 年总决赛，马刺队对阵底特律活塞队，恪尽职守的罗伯特·霍里——也被称作关键投手——在加时赛中投中制胜三分球，赢得"大人物罗伯"的美誉。尽管如此，邓肯作为马刺队的王中之王，地位毋庸置疑。当他们在第七场比赛中获胜时，邓肯获得了他的第三个总决赛最有价值球员奖。

谈到沙里淘金、慧眼识珠，马刺队最精彩的案例就是托尼·帕克和马努·吉诺比利了。

绰号"法国小跑车"的帕克，在法国长大，在 2001 年选秀中以第 28 顺位被马刺队选中。作为一名 19 岁的新秀，他被推到了首发控卫的位置。他有闪电般的速度，有突破第一道防线的能力，进而在禁区跑投，让对手抓狂唏嘘。从他身上，波波维奇看到了一个未来的领军者，所以在早期阶段，波波维奇就对他要求特别苛刻。心血没有白费，帕克不负众望。2007 年，马刺队在总决赛中横扫克利夫兰骑士队，获得他们 6 年来的第三个总冠军，帕克被评

为总决赛最有价值球员。

1999年NBA选秀中，马努·吉诺比利作为第57顺位被马刺队选中，他当时在阿根廷已经是一名出色的球员了。2002年，他首次亮相NBA，成为联盟中很独特的球员之一。他似乎在玩快进游戏，拥有一系列急停变向动作和疯狂的、马戏般的投篮绝技。

在吉诺比利的首个赛季，波波维奇反复告诉他要慢下来，缓和自己狂躁的原始冲动。"我要的就是这个。"他告诉波波维奇。教练有意识地放开了缰绳。吉诺比利成为马刺队拼图中关键的一块。他既是一个顽强的防守球员，在进攻时又极具爆发力。和邓肯一样，他一直打到40岁才退役，且老当益壮。

波波维奇的马刺队最引人注目的一点是他们多年来不断重塑自己。他们与时俱进，随着篮球的变化而变化。在他们漫长的王朝统治中，他们从一个缓慢、吃力、防御性的庞然大物，演变成了一个快速移动的进攻机器。

也许最有获得感的是2014年的冠军荣誉。他们在前一个赛季总决赛中遭到一场毁灭性的失败，输给了勒布朗·詹姆斯和他的迈阿密热火队，部分原因是雷·阿伦在第六场比赛中英雄般的出色表现。随着核心球员步入年迈——邓肯已经征战16个赛季，帕克是第十二个赛季，吉诺比利也进入第十个赛季，再加上常年季后赛的无休止奔波——马刺队以弱势打入了2014的系列赛。但凭借科怀·伦纳德的突出表现和邓肯场均得分15分、10个篮板球，他们以5场比赛打出了令人信服的漂亮仗。

科怀·伦纳德就是完美的"马刺"。他任劳任怨，不知疲倦地追求卓越。他的出现仿佛就是为了成为邓肯的接班人。他和邓肯一样淡定内敛，但同样霸气十足。邓肯率领马刺队赢得第一个冠军时，伦纳德还是一个8岁小男孩。15年后，他助力马刺队续写了一场非凡的夺冠之旅。

蒂姆·邓肯和波波维奇5次夺冠成功。虽然他们从未蝉联冠军，但无论从哪个方面来看，马刺队都不愧为NBA最杰出的王朝之一。

马刺队的凝聚力令人无法估量。其常青树般的三人组合，加上中流砥柱"石佛"邓肯的无私奉献，马刺队在任何意义上都是一支铁打的营盘。

蒂姆·邓肯庆祝马刺队荣膺2014年NBA总决赛冠军。

征战冠军的旅途上，波波维奇经常为他的球队组织聚餐。如果环顾四周，你会发现餐桌上有很多曾经的马刺队球员——有碰巧到圣安东尼奥市办事的退役球员，有后来更换了球队的助理教练，甚至还有球场上的对手。一日为"马刺"，终身是"马刺"！

孜孜努力、默默奉献、有乐有趣、家庭氛围，最重要的是夺取胜利——这就是"马刺之道"。

NBA史上季后赛胜率排行榜

1. 洛杉矶湖人队	597 场
2. 波士顿凯尔特人队	568 场
3. 巴尔的摩子弹队	563 场
4. 迈阿密热火队	554 场
5. 圣安东尼奥马刺队	551 场

2005
太阳队的"7秒快攻"

这是一个简单的概念：不到7秒就要完成进攻。

防守中抢夺篮板球，迅疾发起攻击。不要浪费时间运球——接球——扔出，"跑轰打法"是这个游戏的精髓。最大限度地增加控球，最快速度闪电攻击，让NBA其他球队无法跟上节奏。

"我们想让对方球队崩溃，"控球后卫史蒂夫·纳什说，"我们欣喜地看着我们的对手在比赛结束时蔫得像霜打的茄子。"

进入2004—2005赛季，菲尼克斯太阳队需要打出自己的特色。在上一个赛季的比赛中，太阳队打了29胜场，任何的新尝试都是他们所希望的。

2003—2004赛季中期，太阳队解雇了主教练，提拔助理教练麦克·德安东尼担起重任。德安东尼曾是一名ABA的控球后卫，20世纪90年代的大部分时间都在欧洲执教，现在被赋予太阳队的控制权。太阳队希望有一个全新的开始，但期望值并不高，如果能在联盟中排名中游就很不错了。

没有过高的期望，却拥有一个进攻型的阵容，德安东尼于是决定大胆尝试。结果呢？在德安东尼的指挥下，"7秒快攻"推动了太阳队，使之变身为超级巨星，太阳队不仅成为NBA最大的赢家，而且直到今天也是最令人兴奋的一支球队。

德安东尼在意大利执教时曾采用了疯狂的进攻方式，但他从未想过将这种风格"移植"到NBA。"每个人都告诉我，'你会把球员累死，你会被解雇的'。"这一战术如果要成功，太阳队需要完美的控卫，使进攻提升到异乎寻常的速度。正好，史蒂夫·纳什来了。

纳什出生在南非，在加拿大温哥华长大，他从小踢足球。小时候，他学会的第一个词是"射门"。一群热爱篮球的朋友向他介绍了篮球运动，如果不是因为NBA在20世纪80年代末的全球大流行，他很可能成为一名职业足球运动员。

"NBA真的、真的太了不起了，有'魔术师'约翰逊、'飞人'乔丹和拉里·伯德，"他回忆道，"我完全沉迷于篮球运动，完全陶醉于各种眼花缭乱的绝杀技。"

纳什把他在足球球场上形成的场地视野，转换到了篮球硬木地板上。他是一个天生的进攻组织者，可以洞察到别人看不到的传球线路，极为擅长为队友制造进攻机会。

在职业生涯的早期，他对投球犹豫不决，需要察言观色才去投篮。但他很快成为联盟中最稳定的投手之一，意识到他的跳投可以打乱防守球员的传球，这进一步扩大了他在球场上的施展空间。

加拿大算不上是NBA天才的"温床"，他被名不见经传的圣塔克拉拉大学招至门下，只有这一所学校向他提供奖学金。他不顾一切，参加了1996年的选秀，在首轮选秀中就被太阳队选中。两个赛季之后，他成为继贾森·基德和凯文·约翰逊之后排位第三的控卫。之后纳什转队到达拉斯小牛队（2018年更名为达拉斯独行侠队），在那里他和德克·诺维茨基一道成长为全明星球员。

尽管纳什从来都不是速度最快或最有运动天赋的球员，但他无穷无尽的创造性传球，似乎根本就不合逻辑。"他快速冲向对手，即使被对手拦堵困在半空中，也能神乎其技地把球从胯下扔给角落里的得分手。"诺维茨基对这位前队友非常敬畏。

纳什一头长长而蓬松的头发，习惯性地藏在耳朵后面。他身材瘦削，体重79千克，看起来更像是另类摇滚乐队的贝斯手，而不是NBA的顶级球员。但是当他2004年夏天回到太阳队，签下一份收入丰厚的6年期合同时，德安东尼眼前出现了一位完美的控球后卫。

太阳队不是在"打球"——这太浪费时间。纳什被赋予了进攻的完全控制权，立即成为球队的场上灵魂。

"纳什是我们想要的完美篮球运动员，"德安东尼说，"他把篮球带到了我无法想象的高度。"

随着崭新进攻阵容的就位，太阳队旗开得胜，以31胜4负的纪录开启了2004—2005赛季。在其中的26场比赛中，纳什助攻数均达到两位数。

但要让太阳队的进攻实验真正结出硕果，纳什需要完美的场上伙伴，可以驰骋球场，在奔跑中接球、传球，然后瞬间爆发冲入篮下，或者更为有效的是，直接在空中接球、传球。

肖恩·马里昂和阿马雷·斯塔德迈尔来得恰逢其时。马里昂是一位出色的跳投手和全能型后卫。对于身高上的不足，他用反应迅疾的肌肉和天赋异禀加以弥补。

斯塔德迈尔是一个典型的野兽派怪胎，似乎天生就适合和纳什一起挡拆。2002年

2010年季后赛中,"风之子"史蒂夫·纳什快速上篮。

从高中直接被选中,他是纳什最喜欢的目标,也是联盟中最凶猛、最敏捷的扣篮手之一。斯塔德迈尔给自己起了个外号"STAT",代表"高瞻远瞩,才华横溢"。

"比赛变得如此流畅,完全出乎了我的意料。"他开始和纳什一起比赛时说道。

太阳队的进攻阵容中,还需要三分线后面埋伏的投手,随时准备一接到信号即刻飞身投篮。乔·约翰逊和昆廷·理查德森适时加入进来。

随着时间的推移,太阳队成为NBA三分球的黄金标准,更多的边锋球员将承担起这个角色。太阳队通常不会在快攻时冲向篮筐,而是选择从角落发起进攻。这是一个新奇的点子,慢慢也成了NBA的时尚。

2004—2005赛季,太阳队以796个三分球领先联盟,在接下来的赛季再次刷新了自己的这一纪录。

万事俱备,东风浩荡,太阳队俨然成为NBA中的哈林队。他们打出了62胜场,在NBA取得了最好的成绩。在2004—2005赛季,NBA各球队平均每场得分为97分,而太阳队平均得分为110分,比得分最高的球队还高出7分。

纳什作为联盟最强有力的进攻大师,自然入选NBA最有价值球员(MVP)。

他场均11.5次助攻,得分15.5分(命中率超过50%),是自1969年韦斯·昂塞尔德以来最有价值球员中得分最低的,但得分并不是检验巨星的唯一标准。纳什的助攻次数比其他任何球员都多出将近200次,他在效力太阳队的合约期内一直保持着这一优势。2004年至2011年间,纳什的助攻次数达到了5933次,比第二名贾森·基德多了1000多次。

"纳什展示了一位出色的控球后卫在开放式进攻和自由发挥情况下的所有可能性,"德安东尼说,"比赛燃爆了。"

随着史蒂夫·纳什"7秒快攻"策略的全面开花,太阳队在2005—2006赛季再次成为太平洋赛区冠军。纳什也再次获得了最有价值球员奖。他与威尔特·张伯伦、卡里姆·阿布杜尔·贾巴尔、摩西·马龙、拉里·伯德、"魔术师"约翰逊、迈克尔·乔丹和蒂姆·邓肯一起登上了连续获得最有价值球员奖的独家名单。

纳什的太阳队孤注一掷、破釜沉舟,要么获得一切,要么一切都不要,他们选择进攻,放弃防守。他们的得分超过了对手,但也比其他任何一支球队都放弃了更多的分数。这种风格在季后赛中并不奏效,"进攻赢得票房,防守赢得总冠军",看来确实是真理啊。

太阳队在2005年和2006年的西部赛区决赛中被淘汰。但是在2006—2007赛季,一个平衡而强大的太阳队蓄势待发,14年来第一次打入了总决赛。

在第二轮对阵圣安东尼奥马刺队的系列赛中,前三场太阳队以1比2落后于马刺队。进入第四场比赛,多亏纳什的15次助攻和斯塔德迈尔的29分,尽管出现了有争议的裁决,但太阳队扭转了局势,扳平了系列赛。

在比赛的最后一分钟,马刺队的罗伯特·霍里一个曲棍球式的臀部阻截,让纳什重重地摔到了记分员的技术台上。斯塔德迈尔和太阳队首发球员鲍里斯·迪奥怒气冲冲地从替补席上冲了上来。虽然没有实质性的冲突发生,但两人离开板凳违反了联盟规则,导致双双被禁赛下一场比赛。自此太阳队功亏一篑,在下一场比赛中以85∶88惜败马刺队。

2008年,太阳队6年来第四次在季后赛中败给马刺队,这次他们在首轮以1∶4的比分迅速出局。那年夏天,德安东尼离开太阳队去纽约尼克斯队执教。随着老将格兰特·希尔和沙奎尔·奥尼尔在即将到来的赛季中加盟,太阳队的快攻型打法几

2010年,在西部赛区对阵湖人队的决赛中,纳什鼻子出血。

乎走到了头。

纳什仍然是一位顶级的组织者。2010—2011赛季,36岁的纳什成为NBA单赛季助攻次数最多的最高龄球员。但是太阳队没能进入季后赛,纳什在此后不久就面临了新的挑战。2012年夏天,他与洛杉矶湖人队签约。但仅仅一场比赛之后,他摔断了左腿。终场大幕合上了。

在那些日子里,纳什的太阳队就是一个异类。

不到10年之后,他们的"跑轰"风格被证明是现代篮球的模板。加快速度,最大限度地增加控球机会,尽早投篮,多多投篮,尽量多地投三分球。太阳队打的是惊艳的快攻球,马里昂打大前锋,斯塔德迈尔打中锋——这在当时是实验性的,但在今天成了NBA的基本共识。

"TMC"组合

在"7秒快攻"的太阳队在NBA重新定义高强度"跑轰"进攻之前,金州勇士队在主教练唐·尼尔森的带领下为"跑轰"篮球绘制了一份蓝图。1989年至1995年间,金州勇士队在尼尔森为俱乐部效力的两个任期中的第一个任期内多次得分位列联盟前茅。他设计了由蒂姆·哈达威、米奇·里奇蒙德和克里斯·穆林担纲主角的小阵容"TMC",其中有三名后卫和两名前锋,以快速的进攻速度,在那段时间里4次进入季后赛,证明了可以在优先得分而不是防守的情况下赢得比赛。他于2010年从教练的岗位上退休,成为NBA历史上的赢家领袖。

2011年NBA总决赛中,德克·诺维茨基腾挪投篮。

2006
诺维茨基:
绝版德国战车

这是 2006 年季后赛第二轮的第七场生死战。达拉斯小牛队对阵卫冕冠军圣安东尼奥马刺队，比分落后三分。德克·诺维茨基和蒂姆·邓肯，这对 NBA 的头号大前锋，从一开场就打得难解难分。

全场只剩下 26 秒，小牛队眼看着本赛季的比赛即将全部结束，诺维茨基明白，天降大任的时刻到了。

从德国郊区的一个小体育馆到 NBA 的大舞台，经历数十年磨炼、成千上万个小时的投篮练习才走到这一刻。诺维茨基有备而来。

他在三分线内背身单打布鲁斯·鲍文。鲍文，这位 8 次入选 NBA 最佳防守阵容的选手，拼命坚持，但他承受不住身高 2.13 米的诺维茨基把所有的重量都压在他身上。诺维茨基逼退鲍文，向右旋转，向篮筐射去。他几乎没有跳离地面——重力一直是一个障碍——在被判为犯规的同时把球放到了篮筐里。他随即从篮下走向罚球线，希望有机会扳平比分。

为了让自己冷静下来，诺维茨基，这位本赛季罚球命中率高达 90% 的选手，已经习惯了在罚球线上给自己哼一首曲子。最近，他一直在哼唱大卫·哈塞尔霍夫的《寻找自由》，这首歌是他童年时的热门歌曲。诺维茨基罚球投篮，嗖！在球场的另一端，他盖帽了邓肯的上篮，帮助达拉斯队进入加时赛，进而赢得系列赛，最后登上了冠军的宝座。

就篮球运动而言，德国的维尔茨堡是一个相当落后的地方，但它诞生了诺维茨基——NBA 历史上第六位领先得分手，造就了一位冠军和联盟最有价值球员（MVP）。

"他改变了所有人，"马刺队教练格雷格·波波维奇后来说，"联盟必须做出回应，因为防守他和防守任何与他一样块头的运动员完全是两回事。"

诺维茨基从一开始就与众不同。他来自一个运动员家庭，母亲是一名职业篮球运动员，父亲则是德国国家手球队的成员。因此，在这样的家庭氛围下他茁壮成长为一个 2.13 米高的大块头。

霍尔格·格希维德纳敏锐地看到了他的无限潜能。

格希维德纳曾于 1972 年为原西德奥林匹克队效力，当时他正在维尔茨堡郊外的一个高级联赛打球，等待当地一场青年比赛的结束。当比赛进入加时赛时，他走进球场观看比赛。他的眼睛盯上了一个高瘦的男孩，看出这个男孩的球感非常好。

比赛结束后，男孩正跑向更衣室，格希维德纳叫住了他。"谁在教你基本知识和基本功？"他问这个男孩。

"没人教我。"男孩回答。

在诺维茨基父母的支持下，两人在当地的体育馆开始了训练。

至少可以说，格希维德纳的训练方法是非正统的。他请来了一位萨克斯手演奏爵士乐，让学生们随着音乐的节奏运球和传球。他不赞成让年轻运动员练习举重；他鼓励用划船的方式来增加上身力量，用指尖俯卧撑来提高投篮的能力。他不是以尺寸而是用脚步来丈量球场的，并用几何学来说明他的许多球场原则。后来，他把他的篮球工作室戏称为"胡闹研究所"。

在与诺维茨基合作期间，格希维德纳发现完美的投球是以与地面成 60°的角度投出去的。随后，他使用精确的测量来确定诺维茨基的最佳投篮弧度和投球点。

经过多年的探索，他们得出了 NBA 有史以来最难忘的跳投之一：德克两脚叉开，腾空而起，后仰并踢出右腿保持平衡，然后把球高高地抛向空中。就像贾巴尔的"天勾"和乔治·格文的指尖挑篮，后仰跳投成为德克标志性的观赏动作，同时也是致命的武器。

在维尔茨堡的那个小谷仓里，格希维德纳和诺维茨基正在创作一部让全世界都会欣赏到的杰作。

1998 年在圣安东尼奥举行的"耐克巅峰赛"成为诺维茨基崭露头角的好机会，这是一场选秀前的展示活动，让国际青年选拔队与高中毕业生组成的全美青年选拔队对阵。结果国际青年选拔队获胜，让美国全国上下非常震惊。诺维茨基得到了 33 分和 14 个篮板球，是场上表现最优异的球员，2.13 米的身高，不可阻挡的跳投，加上极高的篮球智商，让他成为 NBA 球探们关注的焦点。

小牛队总经理唐尼·尼尔森观看了当晚的比赛，在 1998 年选秀中以第 9 顺位选择了这位 20 岁的德国小伙子。

那年夏天，24 岁的控球后卫史蒂夫·纳什也转队到了达拉斯小牛队。当诺维茨基和史蒂夫·纳什出现在新闻发布会上时，他们都留有一头长长而蓬乱的金发，脸上带着腼腆的微笑，看样子并没有激发起人们对达拉斯队重振雄风的信心。

"我还以为是摇滚乐团'沙滩男孩'的两位成员走丢了呢。"唐尼·尼尔森的父亲、"疯狂科学家"唐·尼尔森开玩笑地说。

来到 NBA 的诺维茨基，很可能与联盟以前见过的任何球员都不相同。也有擅长投篮的 2.13 米高的球员，但没有人认为这是他们最大的特点。不过，要等很长时间人们才会将他作为 NBA 的大牌球星加以认可。

他的新秀赛季在挣扎中度过。由于不确定如何发挥诺维茨基的优点，小牛队让他尝试了多个角色——或者说他在挣扎，是因为根本没有他的位置。他首个赛季平均每场得分 8 分，信心一天天地开始动摇。

休赛期前，格希维德纳会见了主教练唐·尼尔森。然后他和诺维茨基回到了维尔茨堡的工作室。夏季联赛的强劲表现给了诺维茨基一个动力，他与纳什形成了一个强有力的组合，这个完美组合帮助他开启了新的征途。

到了第三个赛季，诺维茨基的平均得分已经超过了每场 20 分，在联盟中排名第八——在接下来的 10 年里，他的得分一直保持在前 10 名。

"三剑客"纳什、诺维茨基和迈克尔·芬利领衔的小牛队，在 2001 年打入了季后赛，这是 11 年来破天荒的第一次，也是诺维茨基 14 次入选全明星的第一次。

纳什 2004 年返回了菲尼克斯太阳队，这迫使诺维茨基扮演了一个更重要的角色。他不再是那个紧张不安、犹豫不决的少年；现在他是诺维茨基，一个自信的得分手，他想在比赛一开始就把球抢到手。

在 2006 年季后赛对阵马刺队的比赛

中,诺维茨基关键时刻突破上篮,这只是开始。在接下来的一轮比赛中,面对纳什和他的太阳队,诺维茨基在第五场比赛中独得50分,带领小牛队一路杀入总决赛,与迈阿密热火队拉开了对阵。

多年来,NBA见证了大量的欧洲人才,如克罗地亚的托尼·库科奇和德拉岑·彼得洛维奇、塞尔维亚的弗拉德·迪瓦茨,还有德国的德特雷夫·施拉姆夫等。他们在自己的祖国是最闪亮的明星,来到NBA担当起非凡的角色。但是诺维茨基重新定义了欧洲球员的能力,为拉脱维亚的克里斯塔普斯·波尔津吉斯和斯洛文尼亚的卢卡·东契奇树立了榜样——他们在达拉斯开始的新秀赛季,正是诺维茨基最后的告别赛季。

在2006年的总决赛中,小牛队以2:0领先,但诺维茨基打得还是很艰苦。当他恢复常态时,为时已晚。迈阿密热火队的"闪电侠"德怀恩·韦德,这位26岁的绝技杀手,上演了有史以来最激动人心的总决赛表演之一。韦德在系列赛中场均得分39.3分,18次罚球机会。不过,如果你是小牛队的球迷,你对这个数字会相当质疑。

2007年,诺维茨基被评为NBA最有价值球员,小牛队取得了67胜15负的联盟最佳成绩,并成为联盟最受欢迎的球队,也是进入季后赛的头号种子。但是在第一轮,他们被金州勇士队以4:2击败,这是NBA有史以来最让人吃惊的一场失利的季后赛。

疲惫而沮丧的诺维茨基隐退到了澳大利亚,在那里度过了难熬的夏天。他两个月没碰过篮球,对成年的诺维茨基来说,是时间最长的一次。

"当我回顾这个赛季时,我不会想到最有价值球员,"诺维茨基在那个夏天说,"我想我可能比联盟中的任何人都更难承受这个失败。"

岁月交替,年轮转换。诺维茨基和格希维德纳每年夏天都会回到维尔茨堡的工作室,对诺维茨基不断提高的球艺进行改进。在达拉斯,他们会通宵练习投球。偶尔,队友会加入,但往往都会认输。

不管付出多少努力,他仍是从未赢得冠军的最佳球员之一。2011年,诺维茨基又获得了一次夺冠的机会——与韦德和他的热火队再次对决。

这一次,迈阿密热火队焕然一新。今非昔比,韦德现在有勒布朗·詹姆斯和克里斯·波什的助攻,热火队新组建的三巨头组合正值巅峰炸裂的第一年。

就在第四场比赛之前,他的球队在系列

2011年西部赛区决赛中,小牛队对阵俄克拉荷马城雷霆队获胜,诺维茨基与观众一起庆祝胜利。

赛中以1:2落后,诺维茨基高烧39℃,但他坚持带病上场。暂停时,他坐在长凳上,头上敷着毛巾,大口喝下矿泉水。他自比迈克尔·乔丹的"流感比赛",夺得21分,包括一投定乾坤的带球上篮扳平了系列赛。两场比赛之后,小牛队加冕冠军!

球队在迈阿密的球场上庆祝时,"诺天王"诺维茨基回到更衣室百感交集、泪流满面。外面竞技场上,坐在看台上的格希维德纳,也正在擦去自己的眼泪。

20年来,他们做着同样的训练,从未间断。"明天,"格希维德纳笑着说,"他可以休息一天。"

诺维茨基的比赛打到了40岁才退役。虽然在他职业生涯的最后几年,这位老将得分不如从前,但每当他腾空跃起、单腿踢出,标志性地后仰跳投,球总是稳稳入网。

在他的退役仪式上,一些著名球员到场致敬:拉里·伯德、查尔斯·巴克利、斯科蒂·皮蓬、肖恩·坎普和德特雷夫·施拉姆夫等。所有人都唏嘘不已:江湖上不会再有诺维茨基了。

2006
致敬"81分先生"

2004年夏天，在总决赛令人震惊地败给底特律活塞队之后，沙奎尔·奥尼尔转队离开，科比如愿以偿。

终于从前搭档巨大阴影中解脱出来的科比，自1996年进入NBA以来，第一次可以声称湖人队是他的球队了。

讨厌的他们都走了。

科比的三个篮球名人堂队友都离开了，他们是"大鲨鱼"奥尼尔、卡尔·马龙和加里·佩顿。同时离开的还有菲尔·杰克逊这位在幕后协调自以为是的奥尼尔和科比的主教练。取而代之的是一份未经检验的人才名单，还有科比。

奥尼尔离开之后，生活并非科比所想象的乌托邦。当然，投篮得分的机会更多了，每天的戏剧冲突也已经平息下来了。但8年来，湖人队第一次找不到感觉了。

在后奥尼尔时代的首个赛季，科比在得分上名列NBA第二，但由于脚踝受伤休息了一个多月，等他归队时，湖人队即将以2胜19负结束本赛季。自1994年以来，湖人队第一次无缘季后赛！

对于一个疯狂模仿迈克尔·乔丹的球员来说——甚至模仿他在球场上的一举一动——这是一颗难以下咽的药丸。乔丹从未错过季后赛！

下一季必须采取有效的措施了。2005年秋季，湖人队的花名册随着卡隆·巴特勒的离去而进一步被掏空。卡隆·巴特勒是湖人队送出沙奎尔·奥尼尔交易而来的主力队员之一。这下，除了科比，球员阵容是联盟最差的。但是，为了避免再次缺席季后赛，科比决心背水一战。所以他要得分，要得很多很多的分。

结果，联盟出现了40年来从未见过的得分爆棚。

12月份，科比在三节的比赛当中拿下了职业生涯最高的62分，完胜达拉斯小牛队。在接下来的几周内，他两次夺得50分，在NBA的得分竞赛中独占鳌头。在次年1月的9场比赛中，科比场均得分超过41分，与威尔特·张伯伦比肩，成为仅有的保持这一得分水平长达一个月的球员。

但这看起来并不让人开心。在科比职业生涯的这个新阶段，他也得到了一个"傲慢球猪"的恶名。现在的湖人队不再是冠军争夺者，而是比以往任何时候都不太讨人喜欢的球队了。

科比尤其不喜欢的一个目标是斯穆什·帕克，一名前街球运动员，他在训练营试训后加入了球队，并从第一天起就被列入了首发阵容。"他不应该留在NBA，"科比后来说，"但是我们太拮据，没法满足一个控球后卫的要求，所以我们继续留下他。"

在科比看来，他需要主宰比赛，才能给士气低落的湖人队赢得每一场胜利的机会。他是对的。但也正是因为这样，很多人对科比创造历史的那一场比赛才会刻骨铭心。

那是2006年1月22日，一个周日的晚上，斯台普斯中心球馆，多伦多猛龙队到洛杉矶对阵湖人队。如果你没有把这场比赛日在日历上圈出来，那你可真是不上心啊。著名演员杰克·尼克尔森也决定跳过这场比赛——但他很快就后悔不已。后文斯·卡特时代的猛龙队，以14胜27负被湖人队踩在脚下。

中场休息时，猛龙队轻松领先，湖人队陷入了早期的困境。科比在前两节夺得26分，但多伦多队以63∶49领先。科比从更衣室出来，准备血战到底。很快，他把猛龙队彻底打蒙了。他在篮下防守队员之间左冲右突，猛力扣杀，打得血脉偾张。

比赛进入第三节，科比拿下27分，湖人队以91∶85领先6分。随着湖人队的领先优势在第四节迅速扩大，科比继续加油"挥毫泼墨"，开启了杀神模式。主场观众高呼，"MVP！MVP！"在比赛还剩下43.4秒的时候，科比投入了最后两个罚球。他以81分结束了这一夜的比赛，打得惊天地、泣鬼神。81分！下半场，他投篮46次，单枪匹马以55∶41击败猛龙队。

这是NBA历史上得分最高的非中锋运动员，仅次于1962年威尔特·张伯伦的100分之夜。

"我小时候做梦也想不到会有今天，"科比说，"绝对不可能。"最重要的是，他在赛后说，"我投进篮筐里的分数，对湖人队转败为胜至关重要。"

"很漂亮的成绩，"菲尔·杰克逊说，"达到了一个新的高度。"但是他补充道，"这并不是你希望球队赢得比赛的方式。"

这是NBA球员和教练的共同感受，好像得81分没什么了不起的。"我们联盟有

2005年的一场比赛中，科比·布莱恩特飞身救球。

很多人，如果他们投篮70次，他们会得到更多的分。"迈阿密热火队教练帕特·莱利第二天说。

几年后，在讨论这场历史性的比赛时，科比想起来湖人队当晚的第二得分手是斯穆什·帕克。"现在你知道为什么我必须得81分了。"他说。

那个赛季，科比投篮2173次，超过所有球员成为有史以来的第七名，这个赛季也成为投篮次数前35名中唯一一次发生在1990年之后的一个赛季。

这个赛季，科比场均得分35分，获得了他的第一个得分王，并成功地将湖人队带进了季后赛。湖人队在第一轮以3∶1领先菲尼克斯太阳队，但在第七场比赛中输掉了系列赛。

之后的两个赛季，随着全明星大个子保罗·加索尔的到来，科比如虎添翼，热血复活，再次打入总决赛，并拿到了两个冠军，达到了职业生涯的巅峰。他证明了自己不愧为一个空前伟大的运动员，而非仅仅是一个空前的神投手。但是2013年因跟腱彻底撕裂，他的职业生涯遭遇重创。

他又打了两个因伤病而被迫缩短的赛季。在他职业生涯后期的日子里，又因为球队太差而拼命投篮得分。2014年，已经36岁的科比又回到了他的老战场上。12月，他冲出训练场，在离开的路上对湖人队总经理米奇·库普切克大喊大叫，"我们应该通过训练来变得更好，米奇。我与这些人为伍，怎么能更好？！"

科比职业生涯的封刀之役，发生在2015—2016常规赛的最后一夜。在斯台普斯中心球馆的观众面前，科比昔日风采再现，投篮50次，正好打破了乔丹在单场比赛中投篮次数的最高纪录。科比最终独得60分，湖人队领先5分获胜，观众对他的每一个动作都报以热烈欢呼。这是他们在那个赛季的第17场胜利。当终场哨声响起时，队友与他激情相拥！"这是不可思议的一年，"科比赛后反思道，"你从一个'恶棍'变成了某种英雄，从每个人要你传球，到每个人告诉你要投篮。"

2006年季后赛，科比投出一记压哨绝杀球。

他在NBA的最后落幕：传球。最后4.1秒，科比将球传给前场的乔丹·克拉克森。后者一个猛扣，湖人队锁定胜局！

2020年1月26日

通常，科比首选的交通工具是直升机。为了避开洛杉矶一直以来饱受诟病的交通拥堵，他在职业生涯期间都是从家里乘直升机去湖人队、训练场或竞技场。2020年1月26日早上，41岁的科比和他14岁的女儿吉安娜乘坐一架私人直升机一起去参加一场篮球训练。女儿吉安娜继承了父亲科比在篮球方面的天赋，最有可能继承父亲的衣钵。但这一次他们并没有顺利到达训练场。直升机在加州卡拉巴萨斯上空坠毁，科比、吉安娜和机上9人全部遇难。这场悲剧让NBA世界陷入了停滞。洛杉矶湖人队和洛杉矶快船队取消了第二天的一场预定比赛，湖人队在斯台普斯中心球馆为球迷举行了感人的追悼会，来自全世界的哀悼者向科比致敬。帝国大厦、洛杉矶机场、麦迪逊广场花园和迪拜的哈利法塔——地球上最高的塔——都点亮紫金色来纪念科比。两周后的2020年全明星赛上，一个队的球员都穿着科比的24号球衣，而另一个队的球员都穿着吉安娜的2号球衣以示纪念。

2007
詹姆斯："天选之子"

2008年，勒布朗·詹姆斯习惯性的赛前亮相。

2007年5月31日，在底特律进行的东部赛区决赛第五场。本次系列赛2∶2打平，在第二场加时赛还剩下11.4秒时，比分以107扳平。绰号"小皇帝"的勒布朗·詹姆斯控球并环视全场。

此时距詹姆斯过完22岁生日刚刚5个月，但这个系列赛打得精疲力尽，他看起来又沧桑了5岁。这是詹姆斯的克利夫兰骑士队和悍将云集的底特律活塞队继去年第二轮系列赛之后的再次对决。活塞队如果再次获胜，将成全他们4年内第三次打入总决赛。而骑士队也虎视眈眈，满心期望成就建队以来首次闯入总决赛。这是一个实现詹姆斯作为克利夫兰队"救世主"命运的好机会。

在罚球区的顶端，詹姆斯握球蓄势待发。只见他提了提自己的短裤，向右一闪，然后向左猛冲向篮筐。他在活塞队的防守中迂回前进，就像一辆救护车在车流中穿行。活塞队队员密集围堵。此时的詹姆斯已经连续拿下23分了。

早在詹姆斯参加NBA比赛之前，就已经加冕为"王"了。高中时，当地报纸就称这位俄亥俄州的优秀选手为"詹姆斯国王"（简称"詹王"），这个绰号一直沿用至今。

詹姆斯在俄亥俄州的阿克伦的一个单亲家庭长大，母亲是格利亚。除了两年的寄养生活，詹姆斯和格利亚一直住在阿克伦公共住房里，从一个公寓搬到另一个公寓，可谓居无定所。

詹姆斯从小就崭露头角。他是第一个被提名为俄亥俄州篮球先生的学生。当詹姆斯进入高中时，他已经有望成为未来的 NBA 明星了。

媒体对这位高中生的报道，似乎比 NBA 其他任何活跃的球员都多。2003 年，当他的母亲贷款给他买了一辆悍马 H2 越野车作为他 18 岁的生日礼物时，这件事被渲染成为全国性的新闻，引发了对贷款的调查。但是詹姆斯对争议嗤之以鼻。他注定要进入 NBA——作为选秀状元，这似乎是命中注定的。

高中生进入 NBA 的纪录，千差万别。但是没有一个高中生能和詹姆斯相匹敌。

"（其他球员）能将球投进篮筐，"詹姆斯在十几岁的时候就说，"但我在事发之前，就能知道将要发生的一切。"

球探认为詹姆斯是"魔术师"约翰逊的进化版，一位身高 2.03 米的控球悍将。除此之外，他还像科比一样跳跃自如，像乔丹一样能征善战。

在任何时代，詹姆斯都会被誉为高位选秀球员。但是风起云涌的互联网时代，助推了他的炙手可热。詹姆斯在高中期间的精彩赛事，通过 ESPN 向全国直播，圣文森特 - 圣玛丽高中比赛是如此热门，观众爆满，不得已被转移到阿克伦大学容量更大的体育馆。詹姆斯为杂志封面增色添辉，包括 2002 年 2 月发行的《体育画报》，这位 17 岁的少年被称为"天选之子"。詹姆斯非常喜欢这个绰号，他把它文在了背上。

詹姆斯像乔丹一样，在麦迪逊大道风生水起，在球场上表现出了超凡脱俗的能力。在他参加 NBA 比赛之前，他就被选定为是一位"乾坤大挪移"的运球明星了。在新秀赛季开始之前，他已经获得了与乔丹在巅峰时期相当的品牌代言费，据报道超过了 1 亿美元。

詹姆斯果然成了没有悬念的状元秀，NBA 也第一次将选秀抽签变成了 30 分钟的电视直播。丹佛掘金队和骑士队获得状元秀的胜算概率相等——这是一个改变球队命运、重新定义联盟的时刻。结果命运偏向骑士队一边，骑士队喜得詹姆斯，满怀希望这位家乡的男孩能拯救一支"惨淡垂死"的鱼腩球队。

纵观历史，骑士队在 33 年的大部分时间里都处于错误的历史阶段。他们只有两次打入季后赛，但遭遇乔丹后被淘汰出局。这一次，篮球之神给了骑士队一次机会。

2003 年 10 月 29 日，詹姆斯登台亮相 NBA 首秀，骑士队对阵萨克拉门托国王队。这是自姚明和沙奎尔·奥尼尔"姚鲨对决"以来，常规赛观众人数最多的一场比赛。观众们看到了一个意气风发的少年领军全场。詹姆斯夺得 25 分——是迄今为止高中生球员首次亮相得分最高的一次。相比之下，科比和特雷西·麦克格雷迪在他们的第一场比赛中都没有得分。仅仅两个赛季，詹姆斯入选了全明星。到 21 岁，他已经是 NBA 最具影响力的球员之一，场均得分 31.4 分、6.6 个助攻、7 个篮板球。

篮球场外，詹姆斯作为明星同样光芒四射。他与有史以来最伟大的说唱歌手杰（Jay-Z）共同主持晚会，出现在很多的电视广告中，他还现身《周六夜现场》综艺节目，一副万众瞩目的主流明星气派。

球场上，他已经确立了自己作为一位顶尖人才和善于协作的明星地位，愿意为同伴创造更多的机会。但是，在创造传奇的季后赛中，他还需要更多的历练。

2006 年，在他的第一个季后赛系列赛中，詹姆斯在对阵华盛顿奇才队的比赛中获得 45 分，但骑士队在第二轮的七场系列赛中不敌活塞队。活塞队是一支强硬的防守型球队，让人不由想起球队"坏小子军团"的时代。在最后决定性的比赛中，克利夫兰队被活塞队死死打压，只拿下 61 分，成为第七场比赛历史上的最惨得分。

活塞队是意想不到的黑马冠军争夺者。2004 年，活塞队由昌西·比卢普斯和本·华莱士率领，队员都是不显山不露水的马后炮和篮球流浪者，却打败了奥尼尔、科比、卡尔·马龙和加里·佩顿等众明星云集的洛杉矶湖人队而夺冠。第二年，活塞队重返总决赛，但惜败于圣安东尼奥马刺队。

活塞队证明自己是詹姆斯和骑士队的强大对手。2007 东部赛区决赛的第一场，詹姆斯被死死看住，仅得 10 分，不过他仍然拿到了 10 个篮板球和 9 次助攻。谁在乎呢？在接下来的比赛中，所有人都在乎的是，詹姆斯带球上篮，但把球传给队友唐耶尔·马绍尔，指望他投出制胜一球。唉，可惜马绍尔没投中。于是招来评论家们纷纷评击，说詹姆斯打球太被动。他们说，"要是科比，就会自己出手；要是乔丹，也会自己出手。"

"我打比赛要的是赢，"詹姆斯不予理会，"两个人要围攻你，而一个队友没有被防守，胜利游戏的玩法就是这样：放弃自我。就这么简单。"

到了第五场比赛，本系列赛已经变成了一场激烈的厮杀。詹姆斯带领他的球队，每场比赛打 45 分钟，创下联盟新高。在另一场势均力敌的比赛的第四节进行到一半时，詹姆斯已经夺得 19 分。詹姆斯的信条就是：要赢，就要投篮。活塞队的气焰被打下去了，詹姆斯让他们付出了代价。

詹姆斯能在 5 米开外跳投命中！几个回合之后，他突破活塞队的防守，上篮得分，接着又投进一个三分球，将骑士队与对手的差距拉近到只有 1 分。他突破进入禁区，仿佛时间凝滞、球员都化作了篮架、篮球变得硕大无比。随后的暂停中，詹姆斯告诉队友专心防守，他来进攻。

詹姆斯的跳投让活塞队暗自叫绝，他又开始杀气腾腾地攻城拔寨。还剩下 30 秒时，詹姆斯爆发了一次凶猛的底线扣篮。第四节结束时，他又一次猛扣，把比赛打入了加时赛。

活塞队调动他们所有的后卫围堵詹姆斯，但是青春盛极的他，势不可当。

"我可以诚实地说，我们已经尽力了，"比卢普斯事后说，"超凡奇才，大多都有这样的本事。可我从没见过他这样的人物。"

在第二场加时赛中，詹姆斯又命中一个三分球，将比赛打成 107 平。还剩下 11.4 秒时，活塞队的一次失误，把球交到了詹姆斯手中。这次，他没有选择传球。

只见詹姆斯把球夹入腋下，像《终结者》电影中的机器人 T-1000 一样环顾四周。他的队友让开了。詹姆斯越过活塞队的围攻，腾空带球上篮，稳稳滞空，以一个疯狂的大风车扣篮，华丽拉下比赛帷

2008年季后赛,詹姆斯夹在两个凯尔特人队员中间玩"8"字形进攻法。

幕,最终比分为109:107,骑士队获胜。

詹姆斯在50分钟的比赛中狂飙拿下48分。他为骑士队抢下最后的25分,成为骑士队中唯一一名在过去18分钟内投篮得分的球员。

这是联盟及球迷们期待的标志性时刻。詹姆斯不再是下一个大人物,他已登上了最高巅峰的王位。

在第六场比赛中,骑士队把活塞队轰下球场,历史上首次夺得NBA东部赛区冠军,首次在总决赛中亮相;但在总决赛中,骑士队被圣安东尼奥马刺队连胜4场击败,威风扫地。

对于詹姆斯来说,这是第一次打入总决赛,但似乎这只是许多次中的第一次。的确,在接下来的几年里,他将连续8次出现在总决赛中。但很少有人能预测到,这次之后,詹姆斯还要再过三个赛季,才能重返总决赛;而且,也很少有人能预测到,他会和另一支球队一同出现。

201

2007
NBA中的黑哨裁判

说起来很微妙：这里带球走步迟迟不吹，那里不该吹却急急吹响；把一个队送上罚球线，判罚另一个队犯规。起初，这种事情并不很明显，但谁心里都明白：NBA裁判队伍中不乏腐败。

2007年7月20日早上，《纽约邮报》出现一条新闻："NBA陷入'困境'"。报道称，一名现任NBA裁判因参与赌球被FBI调查，这是对纽约市一个由暴徒操纵的赌博团伙的深入调查时才被发现的。据透露，被质疑的裁判就是蒂姆·多纳吉。

当事实公布于众的时候，大卫·斯特恩总裁向媒体发布了一份对多纳吉的谴责申明："我们向球迷们保证，我们会不遗余力地投入时间和人力……将背叛了职业体育最神圣信条的人绳之以法"。

多纳吉是一名裁判的儿子。他出生在费城郊区，就读于宾夕法尼亚州斯普林菲尔德高中，在这里有三位学长曾长期担任NBA裁判。他很快也得以进入裁判队伍。1994年，他首次担任体育比赛裁判。到2006—2007赛季结束时，他一共执法772场NBA比赛。

多纳吉坐到了高位，他高中时期的熟人詹姆斯·巴蒂斯塔也没闲着。不过，巴蒂斯塔是在赌博和有组织犯罪的世界里一路爬升的。为了寻找赌博的情报，巴蒂斯塔找到了多纳吉，后者开始向外传递信息。

多纳吉也喜欢赌博，不久他就开始在自己执哨的比赛当中下注。

2016年12月，他们达成协议，多纳吉打电话给巴蒂斯塔或他的一个同伙，用代码传递比赛球员受伤的信息和其他提示。然后他会选择当天晚上他执法的比赛谁输谁赢。如果他选择的球队赢得赌注，多纳吉就会得到报酬。这是一个双赢的局面。用这种方式，他赢了很多钱，因为他选中了88%的投注。一份法庭文件后来透露，多纳吉早在2003年3月就开始赌球了。

遗憾的是，篮球有着丰富的假球历史。这是一个经常出现的问题，但主要发生在大学层面，一些比赛的巨星被牵涉其中。NBA历史上有两起案件——一起涉及一名叫杰克·莫利纳斯的球员，他被禁赛；另一起涉及一名裁判索尔·利维，他在1952—1953赛季被联盟禁赛并除名。赌博丑闻在20世纪50年代达到顶峰，后来很少出现。最近的一个事件发生在1979年，亨利·希尔操纵篮球比赛，贿赂波士顿大学篮球队球员，电影《好家伙》的主人公就是以希尔为原型的。

多纳吉事件，是近年来NBA最大的丑闻，给联盟蒙上了一层阴影。"他投了多少场我参加的比赛？"沙奎尔·奥尼尔想知道，联盟的其他成员可能也都想知道。

2007年8月，多纳吉承认了自己的罪行。他承认在自己执法的篮球比赛中下注——2006—2007赛季当中有两场——并说他从博彩公司得到了3万美元作为信息交换。但他否认自己合谋故意操纵比赛。FBI和NBA的调查得出了同样的结论。"找不到证据。"斯特恩谈到多纳吉参与改变比赛结果的证据时说。

多纳吉的裁判执法记录中，还有一些可疑的比赛。2006年12月底特律活塞队和新泽西篮网队的比赛令人侧目，根据多纳吉与博彩公司的交易，活塞队将会赢得事先设定的比分差距，而比赛的结果，活塞队真的做到了。

2003年1月，在波特兰进行了一场比赛之后，多纳吉在离开球场的路上，据报道受到了波特兰开拓者队前锋拉希德·华莱士的威胁。华莱士在当晚开拓者队对孟菲斯灰熊队的比赛中因一个有争议的技术犯规而心有不甘。因为这起事件，华莱士被停赛7场。

还有迈阿密热火队对纽约尼克斯队的比赛，纽约队比迈阿密队多投了31个罚球，而迈阿密队教练帕特·莱利和他的助手在比赛中都被判罚技术犯规。纽约尼克斯队被下注赌他们会以4%的分差胜出，结果他们以6%的分差赢得了比赛。

"如果这种情况普遍存在，可能造成不可挽回的伤害。"鲍勃·库西说。不过，恶

在1996年的一场比赛中，裁判蒂姆·多纳吉（55号）和迈克·卡拉汉（24号）在听丹尼斯·罗德曼的申辩。

劣的影响已经不可避免，球迷们纷纷质疑比赛的真实性。

2008年6月，多纳吉的律师发表声明称，还有其他裁判在NBA中操纵比赛。在2002年西部赛区决赛中，萨克拉门托国王队和洛杉矶湖人队之间的一场比赛受到了质疑。在一场势均力敌的比赛中，湖人队在第四节获得了27次罚球，而国王队只有9次。湖人队最终赢得了比赛和系列赛。裁判执法如此令人震惊，以至于著名的消费者权益倡导者拉尔夫·纳德要求进行后续的正式调查。

联盟否认了这些说法，坚称腐败的裁判是一个"流氓"。NBA裁判联盟的负责人拉梅尔·麦克默里斯说，"多纳吉是一个已被定罪的重犯，他还没有因他已经坦白了的犯罪行为而被判刑。他可能愿意说点儿什么来减轻自己的量刑……坦率地说，我们已经厌倦了多纳吉的猫鼠游戏。"

2008年7月29日，多纳吉被判处15个月监禁。

在此之前，北美四大体育赛事中，还没有任何一个赛事官员被指控操纵比赛。

NBA职业生涯累计犯规次数最多排名

1.	卡里姆·阿布杜尔·贾巴尔	4657次
2.	卡尔·马龙	4578次
3.	阿蒂斯·吉尔摩	4529次
4.	罗伯特·帕里什	4443次
5.	卡尔迪维尔·琼斯	4436次
6.	查尔斯·奥克利	4421次
7.	哈基姆·奥拉朱旺	4383次
8.	巴克·威廉姆斯	4267次
9.	埃尔文·海耶斯	4193次
10.	克里弗德·罗宾逊	4175次

2008
拯救超音速队

2008年6月16日，大约3000名西雅图超音速队球迷在西雅图第五大道举行集会。

他们身着绿黄色球衣，代表着成立了40多年的超音速球队，在身后联邦法院的建筑玻璃反射下闪闪发光。球迷们高举标语，手指着对面的星巴克门店。星巴克创始人霍华德·舒尔茨曾经是这支球队的老板。球迷们一边高呼"拯救我们的超音速队"，一边聆听全明星球员加里·佩顿和泽维尔·麦克丹尼尔向人群发表的讲话。

在这条大道的一幢建筑的14层楼上，一场为期6天的审理正在进行，这将决定超音速队在翡翠城（美国西雅图市的别称）的未来命运。

西雅图1966年冬天被授予NBA特许加盟权，借此成立了联盟的第十二支球队。早期，有兰尼·威尔肯斯和斯潘塞·海伍德这样的大明星为球队效力，但是直到1975年比尔·拉塞尔接任主教练后，超音速队才第一次出现在季后赛中。

又过了三年，兰尼·威尔肯斯成为教练，超音速队终于加冕NBA总冠军。20世纪90年代，由于"手套"加里·佩顿和"雨人"肖恩·坎普这两位耀眼明星的强强组合，这支球队开始走红。在那10年里，超音速队的球衣成为潮人的必备装备，球队也在西部赛区声名鹊起。

在1993—1994赛季，超音速队取得了NBA最好的战绩，但在季后赛第一轮输给了丹佛掘金队，这是有史以来最大的败绩之一。"我坐在浴缸里喝啤酒，一直喝到凌晨2点钟左右，"主教练乔治·卡尔说，"那是在一场下午的比赛后。"既是他们在那个赛季的最后一场比赛，也是NBA在西雅图中心体育馆举办的最后一场比赛。那年夏天，体育馆开始进行重大翻修，随后更名为"钥匙球馆"，于1995年10月重新开放。

有令人兴奋的球队活跃在场上，有从一开始就鼎力支持它的第一支职业运动队的城市，钥匙球馆成了NBA最激动人心的场所之一。当超音速队在1996年进入总决赛时，超音速队的主场观众，为自己的球队热血沸腾。

但进入21世纪，随着佩顿时代的结束，西雅图的体育馆需要再次修复，因为它已经显得落伍，17,000座的容量在NBA已经属于较小规模的球馆了。

2001年1月，超音速队及WNBA的西雅图风暴队，被以2亿美元的价格卖给了霍华德·舒尔茨。新官上任，舒尔茨想升级和改造钥匙球馆，以增加容量，并设置豪华包厢来吸引富有的球迷。但他有一个条件：他希望当地纳税人支付2.2亿美元的费用，并威胁说，如果西雅图市不支付这笔费用，他将在2010年球场租约到期后另找地方安置球队。

2006年，也就是他购买球队5年后，舒尔茨把球队卖给了一个以俄克拉荷马城为基地的集团，该集团由克莱·贝内特领导，后者与中西部最富有的家庭之一联姻，并在20世纪90年代短暂地成了圣安东尼奥马刺队的小份额股东。贝内特集团签署了"诚信"协议，购买了球队，承诺继续为改善西雅图的球场而努力。像舒尔茨一样，他也想用公共资金来资助这个项目。

舒尔茨威胁要异地安置球队之后，超音速球迷们了解了球场的建设问题是保持球队生存的关键。一个名为"拯救我们的

超音速队"的当地团体，开始为该市动用公共资金翻修钥匙球馆而展开活动。但是一个更大的自称"为公民争取更重要的东西"的团体，反对它所认为的浪费性支出。在2006年11月的选举中，选民们压倒性地表示，他们希望不要再为任何运动队去花费纳税人的钱了。

贝内特随后提议在华盛顿兰顿冷清的郊区新建一个价值5.3亿美元的设施。球场建设计划从一开始就令人怀疑其真实目的——如果纳税人不会为舒尔茨2.2亿美元的翻修计划买单，他们为什么要为城外的新建筑支付两倍以上的费用呢？关于贝内特集团的真实意图，阴谋论怀疑者比比皆是。

2007年8月，警钟敲响。所有权集团的成员之一奥布里·麦克伦登向俄克拉荷马城的一家报纸表示，他们从未真正想要翻修或是建设什么球馆。"我们买下这支球队，就不是为了让它留在西雅图。"

两年前，新奥尔良市被卡特里娜飓风摧毁，夏洛特黄蜂队暂时转移到了俄克拉

1979年NBA夺冠游行中的兰尼·威尔肯斯。

荷马市，在那里打了两个赛季。俄克拉荷马城的球迷挤满了当地的竞技场，这个城市的NBA实验取得了全面的成功。最重要的是，正如贝内特所注意到的，这里有利可图。

麦克伦登发表评论后，贝内特承认，他计划在2010年钥匙球馆租约到期后，尽快将超音速队迁移到俄克拉荷马城。2007年

9月，贝内特试图提前两年退出租约，并签署法律文件以达成这一目的。三天后，西雅图市政府起诉贝内特和他的所有权集团，试图让他们遵守租约。

与此同时，超音速队正在为2007—2008赛季做准备。尽管球队在西雅图的未来悬而未决，但由于球队首轮选秀第2顺位"榜眼"凯文·杜兰特的到来，人们有很多理由感到兴奋。杜兰特成为场均得分超过20分的第二位最年轻的球员（仅次于詹姆斯），但场外的戏剧性事件分散了新秀赛季的注意力。

11月，贝内特宣布，他在与NBA正式谈判，寻求批准搬迁，但他只想要超音速队。他说，"WNBA风暴队可以继续留在西雅图（2008年1月，风暴队被卖给了西雅图地区的一个妇女团体）。"

贝内特在西雅图变成了一个恶棍。但很快，NBA和大卫·斯特恩总裁也同意了他的计划。2008年4月，联盟理事会以28比2的票数支持搬迁。

法庭程序于6月开始，"拯救我们的超音速队"的人群聚集在法院外面。双方达成和解：贝内特和超音速队所有权集团将向西雅图市政府支付4500万美元，以解除对钥匙球馆的租约；如果西雅图在5年内没有获得新的加盟队，超音速队的所有者必须再另外支付3000万美元。

一场轰轰烈烈的战斗就这样画上了一个句号。

双方达成和解之后，霍华德·舒尔茨试图让NBA取消他7年前对球队的出售，声称贝内特违反了他们之间的"诚信"协议。联盟站在贝内特一边，舒尔茨只好放弃了诉讼。

超音速队从2008—2009赛季开始，被重新命名为俄克拉荷马城雷霆队。在西雅图的最后一年，也是杜兰特的新秀赛季，超音速队只赢了20场比赛，创下球队历史上最糟糕的纪录。

岁月流逝，失去球队成为西雅图球迷永远的痛，他们看着杜兰特打造篮球名人堂的职业生涯，更感悲伤。但是他们能够证明西雅图对职业篮球的热情，与任何一个NBA城市一样炙热。而西雅图风暴队，则成了WNBA最成功的球队之一。2018年，风暴队赢得了第三个总冠军，球迷们挤满钥匙球馆，创下门票销售一空的球队纪录。

超音速队虽已远去，但是篮球运动仍然活跃在西雅图。

苏·伯德庆祝赢得2010年WNBA总冠军。

第三回合
湖人队与凯尔特人队的巅峰对决

系列赛第七场生死战结束，科比大喜过望。

波士顿凯尔特人队和洛杉矶湖人队自1987年在总决赛中相遇——这是他们创纪录的第十场冠军巅峰对决——之后，NBA最激烈的竞争进入了休眠状态。

接下来的20年时间里，两支球队经历了各自不同的发展轨迹。在洛杉矶，奥尼尔-科比-菲尔所组成的湖人队"三驾马车"保持他们的胜利之路畅通无阻，2000年至2002年间连续三次夺得联盟总冠军；而在波士顿，凯尔特人队在1993年至2007年间仅有两次冲出季后赛第一轮。

但是在2007年的休赛期，凯尔特人队完成了一对重磅交易，得以凤凰涅槃，浴火重生，他们有望卷土重来，重新加入冠军争夺战。在6月份的选秀之夜，杰夫·格林在首轮选秀第5顺位被凯尔特人队选中，随后被交易到西雅图超音速队，凯尔特人队换取了明星得分后卫雷·阿伦。一个月后，凯尔特人队又从明尼苏达森林狼队得到了10次进入全明星阵容的"狼王"凯文·加内特。

32岁的雷·阿伦，普遍认为是篮球界最好的得分手。三年内他打破了雷吉·米勒的三分球纪录并开启一个得分手职业生涯；31岁的加内特，2004年被评为联盟最有价值球员（MVP），成为比赛中最凶猛且能攻善守的球员。但是他们的黄金时代渐渐离去，谁都没有在季后赛中留下浓墨重彩的印记，这给他们的职业生涯留下了遗憾。

凯尔特人队现有的球星、30岁的保

207

罗·皮尔斯也是壮志未酬，10年的职业生涯，都是身披凯尔特人队的绿色球衣。皮尔斯在联盟中享有最顽强球员之一的盛誉。2000年9月，他在波士顿一家夜总会受了伤。他肺部衰竭，接受了紧急手术，但不到一周就出院了。他在11月1日的赛季揭幕战中及时回到了球场上，打完了那个赛季的每一场比赛。

皮尔斯也是凯尔特人队的头号得分手，在过去的7个赛季中，他平均每场得分25分。随着阿伦和加内特的加入，凯尔特人队重新燃起了夺冠的雄心。

波士顿队的三大巨头，随即带领球队赢得了66场胜利，仅比标志性的1986年凯尔特人队少了一场。

与此同时，在洛杉矶，湖人队自己也经历了一场大换血。2004年沙奎尔·奥尼尔转队离开后，科比的"独奏"生涯并非预想的那么顺利。2004年至2007年间，湖人队胜场121，而输场125。也许是科比的阵容不够强大，虽有两次进入季后赛，但两次都在第一轮被淘汰出局。

在2007—2008赛季，科比连续三年获得联盟得分王，湖人队开局35胜20负。科比在职业生涯中第一次，也是唯一一次被评为最有价值球员。2008年2月1日，湖人队从孟菲斯灰熊队获得了前状元秀和常年全明星球员保罗·加索尔。加索尔是一个全方位的低位球员，早在两年前，他曾带领西班牙国家队获得了国际篮联世界杯的金牌。

加索尔填补了湖人队自"大鲨鱼"奥尼尔转队之后就一直缺少的低位球星，再加上20岁的新秀中锋安德鲁·拜纳姆，这位身高2.13米、体重129千克的小伙子及"瑞士军刀"前锋拉马尔·奥多姆这位热火队换取"大鲨鱼"奥尼尔的主要筹码，湖人队的阵容恢复到了和过去几年一样强大。湖人队重振雄风，以22胜5负的比分结束了本赛季，强势进入总决赛。

凯尔特人队从波士顿花园球馆搬到了一个新的、更先进的竞技场，离他们的旧居只有9米远，足以让花园球馆的老幽灵对湖人队仍然能造成心理上的困扰。

波士顿队在本轮系列赛中以2：0领先开场。科比在第三场比赛中夺得36分，湖人队扳回一局。第四场比赛中，湖人队在上半场领先24分。慢慢地，凯尔特人队逐渐追了上来，到第四节还剩下3分48秒时，凯尔特人比分首次领先，多亏雷·阿伦的劲爆投篮，凯尔特人队到关键时刻仍处于领先地位。科比传球，加索尔猛扣，将凯尔特人队的领先优势缩小到3分，但雷·阿伦在全场还剩下15.7秒的时候带球上篮，使凯尔特人队完胜第四场，锁定3：1的领先优势。

"我们打得太窝囊了。"沮丧的科比说。他19投6中，得了17分。过去的三个月里，他的投篮手一直遭受韧带撕裂的伤痛。

第五场湖人队103：98击败凯尔特人队，将比分扳成2：3，保持一线生机。第六场波士顿以131：92大胜，获得了22年来的第一个总冠军，也是凯尔特人队历史上的第十七个总冠军，创造了NBA的纪录。"一切皆有可能！"在赛后采访中，情绪激动的加内特喜极而泣，对着球馆的穹顶失声大喊。这一声呼喊，不禁让大家想起他在阿迪达斯广告中广受欢迎的一句口号——"没有什么是不可能的"。

在本轮系列赛中，波士顿队得分最高的皮尔斯，被评为总决赛最有价值球员。

"在某处，某个地方，"大卫·斯特恩总裁在给波士顿队颁发拉里·奥布赖恩冠军奖杯时说，"奥尔巴赫就在那里，正点燃一支胜利的雪茄。"

接下来的一个赛季，凯尔特人队不敌奥兰多魔术队，而后者在总决赛中不敌湖人队，以5场比赛败北。科比终于获得了他的第一个总决赛最有价值球员奖。

但是在2010年，凯尔特人队和湖人队再次狭路相逢。像1987年一样，凯尔特人队的核心问题是球员年龄偏大。不过这个团队仍然很强大，而且又得到了23岁的生力军拉简·朗多，他在季后赛中场均得分15.8分、9.3次助攻。

与此同时，湖人队在2009年休赛期间与30岁的罗恩·阿泰斯特签约，他既是NBA最好的防守队员，也是最具爆发性的球员。在总决赛的第一场比赛中，阿泰斯特证明了他的价值，他牛皮糖似的紧逼皮尔斯和雷·阿伦，致使两人仅有21投9中，这让科比和加索尔内线和外线组合屡屡得手，湖人队首战告捷。

第二场比赛，雷·阿伦恢复正常，打出令人惊艳的8个三分球，创造了总决赛纪录，带领凯尔特人队获胜。

接下来的两场比赛中，两队打得难分难解，各自拿下一场，比分战成2：2平。第五场比赛中，科比独得38分，但湖人队其他队友的得分都没有超过12分，凯尔特人队夺得胜利。湖人队殊死搏斗，在第六场将对手得分控制在67分，再次扳平。历史上第五次，凯尔特人队与湖人队的总决赛对决，进行到决定性的第七场生死战。不过到后来，每次都是凯尔特人队笑到最后，无一例外。

进入第七场生死决战，湖人队在比赛的大部分时间里都处于主导地位，但是凯尔特人队在还剩下一分多钟的时候设法把对手的领先优势降低到了只有3分。随着1:03的倒计时，科比，这位在职业生涯中一直受到队友、教练和媒体诟病，指责他不信任队友而放弃传球，说他是一位自私的人，此时，在对手的双人夹攻下，将球传了出来。

球在三分线后飞向阿泰斯特。阿泰斯特一个急停，又退了一步，皮尔斯匆忙调整防守，但为时已晚，只见阿泰斯特的三分球悬在空中，嗖的一声穿过了篮筐，主场湖人队球迷失声尖叫！

可谓决定性瞬间，湖人队83：79获胜，蝉联冠军，一雪两年前总决赛败绩。湖人队教练菲尔·杰克逊，赢得了他的第十一

NBA球队
总冠军数排名

1.	波士顿凯尔特人队	17**次**
2.	洛杉矶湖人队	16**次**
3.	金州勇士队	6**次**
	芝加哥公牛队	6**次**
5.	圣安东尼奥马刺队	5**次**

枚总冠军戒指，比奥尔巴赫多了两枚。

阿泰斯特以 20 分拉下第七场比赛的帷幕。科比以 24 分和 15 个篮板球，获得他的第二个总决赛最有价值球员。

这是科比职业生涯夺得的第五个总冠军头衔。对于像科比这样一生为湖人队效力的球员来说，他从小就对"魔术师"约翰逊和"表演时刻"的湖人队充满敬畏，敏锐地意识到凯尔特人队对湖人队的传统压制，2010 年的冠军奖杯可谓意义非凡。战胜凯尔特人队赢得第七场比赛，就像驱除了湖人队的心魔。

"这是迄今为止最甜蜜的一场胜利，"科比说，"因为战胜的是'他们'。"

2008年的一场比赛中，科比被保罗·皮尔斯和凯文·加内特封堵。

2010
詹姆斯的"决断"

德怀恩·韦德与勒布朗·詹姆斯配合上演空中接力。

"这个秋天，伙计，会很艰难。"绰号"小皇帝"的勒布朗·詹姆斯看起来很紧张。你会认为这是一场淘汰赛第四节的比赛。

非也！这是2010年7月8日的晚上。詹姆斯换掉他酒金色的克利夫兰骑士队队服，穿上了一件格子衬衫。他正出现在电视直播画面中，即将宣布他职业生涯中最重要的一次改变。

这档75分钟名叫《决断》的特别直播，成为NBA进入21世纪受关注度最高的一个特殊时刻。直播进入高潮，有超过1300万名观众在收看——比当晚播出的FIFA世界杯比赛还多出1000万名——大家都在关心，下一个赛季詹姆斯将披上哪支球队的球衣。

25岁的詹姆斯已经成为当地最了不起的球员之一。他在克利夫兰的时光俨然就是一个童话故事：他是从邻近阿克伦市降临的一位"神童"，他从NBA黑暗的地下室里救出了骑士队，一路披荆斩棘并闯入NBA总决赛。

詹姆斯的骑士队，仿佛是他的独角戏。2007年东部赛区决赛，在对阵底特律活塞队的关键性第五场比赛中，詹姆斯一人拿下了克利夫兰队最后的25分并取得了比赛的胜利。在总决赛中——这也是他们迄今为止唯一的一次亮相总决赛——骑士队被圣安东尼奥马刺队横扫出局。他们看起来就像是一支对抗NBA总冠军的高中球队。

2009年夏天，骑士队试图为詹姆斯提供一些支持。他们引入了37岁的沙奎尔·奥尼尔和33岁的安托万·贾米森。不过，这两位全明星的职业生涯已经接近尾声，可谓壮士暮年。

2009—2010赛季，骑士队创下了在NBA的最佳战绩，詹姆斯连续两年获得最有价值球员（MVP）。他的球队在第二轮以2:1领先波士顿凯尔特人队，但第五场比赛又被凯尔特人队打得落花流水，詹姆斯14投3中的糟糕表现加深了人们的成见。在他的整个职业生涯中，人们总是拿他与历史上最伟大的球员们相提并论，指责詹姆斯在关键时候总是掉链子。

现在，在他的职业生涯中，他第一次成了自由球员。

在多伦多猛龙队，克里斯·波什也遭受了与詹姆斯相似的命运，只是没有机会流露出来。作为2003年首轮选秀第4顺位，波什在低位极具威胁，他的中距离投篮对对方后卫而言犹如噩梦。自2006年以来，他每年都入选全明星，但他效力的猛龙队，在7年内只有两次进入季后赛，而且从未赢过一次系列赛。

波什和詹姆斯在2010年同时成为自由球员，此外还有德克·诺维茨基、姚明、阿马雷·斯塔德迈尔和"闪电侠"德怀恩·韦德。在他所效力的迈阿密热火队支离破碎之前，韦德曾在2006年带领球队一路过关斩将，赢得总冠军。

在詹姆斯下定决心做出抉择的前一天，波什与热火队签约，此前韦德也已经签下了续约合同。

此时，所有的目光都聚焦在詹姆斯身上。

有6支球队争相角逐，希望将詹姆斯纳入麾下。他们是克利夫兰骑士队、芝加哥公牛队、纽约尼克斯队、新泽西篮网队、迈阿密热火队及洛杉矶快船队。

詹姆斯在CNN的一档节目中告诉主持人拉里·金，他会优先考虑骑士队，因为他的家乡位于俄亥俄州，对骑士队有别样的亲切感。

与此同时，詹姆斯也与每支球队进行了接触。这些球队纷纷向他伸出橄榄枝。而纽约尼克斯队知道詹姆斯是电视剧《黑道家族》的超级粉丝，甚至聘请演员詹姆斯·甘多菲尼和伊迪·法尔科分别扮演托尼和卡梅拉（《黑道家族》的男女主人公），专门拍摄了一段场景用以告诉詹姆斯，为什么他应该选择麦迪逊花园球馆作为自己的家。

骑士队对阵热火队的常规赛中，热火队总经理帕特·莱利安排了他自己、詹姆斯和迈克尔·乔丹三人的一次见面。在那个夏天的正式招聘会上，莱利把他的5枚总冠军戒指放在了桌子上——其中4枚是他与"魔术师"约翰逊和"表演时刻"的湖人队一起获得的，第五枚则是在迈阿密与詹姆斯的密友韦德一同获得的。

211

2012年在对阵圣安东尼奥马刺队的一场比赛中，詹姆斯投篮。

还需要再多说什么吗？

在《决断》的直播中，30分钟过去了，詹姆斯终于宣布了他的决定。

"今年秋季，我会把我的天赋带到南部海滩，加入迈阿密热火队。"

一份纽约杂志的头条赫然出现了这样的标题："作为一个体育迷，从来没有感到如此被愚弄"。另一个头条标题称之为"公共灾难事件"。

"就像他在对阵波士顿队的第五场比赛中一样，詹姆斯抛弃了骑士队，"一位纽约专栏作家这样写道，"这个家伙认为他可以成为另一个迈克尔·乔丹吗？他甚至和科比都不在一个层次上。"

《决断》并非有意而为，但詹姆斯似乎公开抛弃了他的家乡和捧他为"詹王"的那些球迷们。事后说起来，詹姆斯表示如果可以，他会用不同的方式宣布自己的抉择。但是覆水难收，伤害已经无法挽回了。

在克利夫兰，球迷们烧掉了詹姆斯的球衣，用詹姆斯的纪念品点燃篝火。骑士队老板丹尼尔·吉尔伯特在当地报纸上用甚为不恭的漫画字体发表了一封公开信，恶意指责詹姆斯的决断是"令人震惊的不忠行为……无情无义的冷酷行为。"

詹姆斯对这样的反应感到十分震惊。他没想到会这样。"我当时25岁，很想让大家都喜欢。"他几年后说道。

《决断》播出几天后，一场光彩照人的"新闻发布会"火上浇油。詹姆斯、韦德和波什一起出现在一个充满烟雾机和闪光灯的舞台上。"我们来这里是为了赢得冠军，"詹姆斯告诉疯狂的迈阿密观众，"不是一个，不是两个，不是三个，不是4个，不是5个，不是6个，不是7个……"

在这之前，詹姆斯很招人喜欢。他天资聪颖，克服了童年的贫困，带领家乡球队攀登到了想象不到的高处。但是现在，随着那一句"我会把我的天赋带到南部海滩"，他立刻变成了一个恶棍。用职业摔角的术语来说，他"转反"了，从正派人物变成了"大反派"。

有传言称，詹姆斯、波什和韦德早在2008年奥运会上一起为美国队效力之后，就达成了在NBA组成三人组合的默契。这，进一步激怒了球迷。

詹姆斯称迈阿密队为"热壳虫队"，是一群超级天才的集合，他们联合起来创造了一股强大的力量。然而，最明显的区别是，甲壳乐队受人追捧，而"热壳虫队"招致公开厌恶。

尽管热火队拥有联盟中最有天赋的球员詹姆斯和韦德，甚至可以说是联盟中最好的两名球员，但热火队的开局并不顺利。詹姆斯和韦德轮流扮演领袖角色，波什则努力适应一个不熟悉的"三等滑稽演员"的角色。球迷们陶醉于迈阿密以11胜8负成绩开始的赛季。

2010年12月2日，詹姆斯自《决断》之后首次回到克利夫兰。现在的克利夫兰变成了他敌对的领土，观众对詹姆斯嘘声

2013年总决赛，迈阿密热火队入场。

震天，像台风一样汹涌呼啸。

迈阿密热火队中锋乔尔·安东尼回忆道："就观众人群发出的能量而言，这场比赛比我参加过的任何一场季后赛和总决赛都要群情激愤、剑拔弩张。"

詹姆斯就是一个坏小子，他扮演了像摔跤选手剃刀雷蒙一样的角色。当晚热火队横扫骑士队。詹姆斯不顾愤怒的观众，夺得了赛季最高的38分，冷酷无情的热火队以118：90击败了骑士队。

这场比赛清楚地表明，为了发挥热火队的潜力，詹姆斯需要成为他们的领袖，而韦德则可以作为一个资深的搭档。

热火队赢得了接下来的9场比赛，一路气势浩荡，直接打入了2011年的总决赛。季后赛前三轮热火队以12：3领先，但被德克·诺维茨基和达拉斯小牛队的老将们把阵容打乱了。在至关重要的第四场比赛中，詹姆斯交出了可以说是他最为不堪的季后赛成绩，仅有8分进账，令对手球迷欣喜若狂。在本轮系列赛中，詹姆斯出现24次失误。

这就是成长的烦恼吧。接下来的一个赛季，詹姆斯的热火队强势回归，重回总决赛。这个赛季可以说是他拥有的迄今为止最漂亮的赛季——也是自1987—1988赛季以来最高效率的赛季。詹姆斯第三次被评为最有价值球员。

韦德在新的合作搭配表现出色。但是没有人比波什做出的牺牲更多，他重新改变自己的打法，成了一个三分球投手和篮筐捍卫者，这巩固了詹姆斯当代巨星的地位。

9个赛季后，詹姆斯在2012年终于荣膺他的第一个总冠军，以4：1轻松击败了俄克拉荷马城雷霆队。他被评为总决赛最有价值球员（FMVP）。下一个赛季，与马刺队的七场系列赛打得极为艰辛，但迈阿密热火队再创辉煌，蝉联冠军。

该轮系列赛，因出现NBA史上最出色的关键投球之一，而让人铭记在心。在第六场比赛中，圣安东尼奥马刺队离冠军只有一步之遥，在比赛剩下18秒的时候领先3分。他们已经看到了拉里·奥布赖恩奖杯在看台上微笑招手，球场的工作人员已经用绳子把观众和球场隔开，准备迎接即将到来的庆祝仪式。

詹姆斯三分球失误，波什抢到篮板，将球掷到右侧底线，正好落入雷·阿伦手中，阿伦可是NBA历史上三分球得分王。只见雷·阿伦移动到三分线外，一手捂脸、一手投球，嗖，绝命三分球进了！在接下来的加时赛中热火队赢得了最后的胜利。

抢七生死大战中，詹姆斯拿下37分，连续两年获得总决赛最有价值球员奖，热火队也赢得队史上第三个NBA总冠军。

想痛恨热火队变得越来越难了。事实上，詹姆斯也已经为那个《决断》道歉了——不是为他的实际选择道歉，而是为他分享这个决断的方式道歉。与此同时，贴在他身上的标签"一名天才球员在最重要的时候无法撑场"，被他的表现撕得粉碎，他巩固了他跻身篮球史上最伟大球员行列的地位。

威尔特·张伯伦曾经说过，"在'大卫'的世界里，我是巨人'哥利亚'。但没有人喜欢'哥利亚'。"

在热火队坐上了过山车后，詹姆斯成为一个破例的"哥利亚"，重获球迷们的热捧。

213

2011
德里克·罗斯：流星璀璨

绰号"玫瑰"的德里克·罗斯正与勒布朗·詹姆斯激战厮杀。

面对詹姆斯的防守，他先是胯下交叉运球，然后准备突破上篮；詹姆斯则早有准备，站稳脚跟准备直面冲击。

时值2010—2011常规赛后期，罗斯的芝加哥公牛队和詹姆斯全新的迈阿密热火队战绩持平。

罗斯待詹姆斯靠近时腾空而起，只见他1.90米的结实身体飞翔空中，扭曲着挤在詹姆斯和另一名热火队防守队员之间，表演杂技般地带球上篮，球以适当的角度上旋到篮板，落下时刚好穿过篮网。

仅仅在他的第三个赛季，罗斯已经巩固了他作为一名顶级控卫的地位。今晚他势不可当，公牛队乘势夺得了比赛的胜利。

这是2011年，本应属于詹姆斯。去年夏天，詹姆斯在南部海滩迈阿密组成了一支超级球队，震惊了篮球界。詹姆斯许下豪言，一定会将冠军拿到手，而且他有望连续三次获得最有价值球员（MVP）。

但罗斯是一个颠覆者。他打乱了对手的如意算盘。无论对手或队友的状态如何，也无法阻挡他的出众天赋。他在芝加哥的恩格尔伍德社区长大，总是颠覆哥哥姐姐们的游戏。哥哥姐姐们让这位被称为"小熊"的孩子加入进来，即使这意味着丢脸输给他；高中时，他颠覆了州冠军赛，投入一个压哨球而赢得了冠军称号；他也颠覆了大学篮球，带着孟菲斯大学队斩获了35年来的首个全国冠军赛奖杯。

罗斯这位2008年的选秀状元，是一个沉默的杀手。队友们会抱怨他的沉默内敛，打球时根本听不见他在说些什么。但他的球打得震天动地。

作为一个天才的进攻组织者，罗斯的优势是其爆发性的运动能力，在这个位置上的球员很少见到他这样的类型。他一出手就火力十足，颇具军事威力，如同一架F-15老鹰战斗机一样腾空起飞。

自从迈克尔·乔丹退役后，公牛队一直没有找到真正的明星。并非公牛队没有努力寻找。自1998年以来，该队已经6次选中前5名的选秀球员，但一直未能签下加盟队员。随后，罗斯走进他们的视野。罗斯是芝加哥人，公牛队就是他的家乡球队。加入公牛队之后，他率领球队奋勇向前，在第一个赛季就打入了季后赛。

2011年，22岁的罗斯带领公牛队取得62胜，成为季后赛头号种子，他本人也成为有史以来最年轻的最有价值球员。他中断了詹姆斯在2009年至2013年5年内4次获得MVP的连胜奇迹。

接下来的一个赛季，在2012年季后赛的第一场比赛中，他的左膝盖前十字韧带撕裂，无缘整个2012—2013赛季；新赛季复出之后的第十场比赛中，他又撕裂了半月板——这次是在另一个膝盖上。

对于一个依靠他超人般的双腿迈向辉煌的球员来说，他的伤病严重到无法恢复。在2010年至2012年连续三次出现在全明星阵容之后，他此后再也无缘。短短几年，罗斯就在联盟中掀起了惊涛破浪；同样在极短的时间内，他也跌落神坛犹如昙花一现。

NBA于1956年开始颁发最有价值球员奖。从那时到罗斯赢得此项殊荣的55年间，只有16位一次性赢家。而除了"空中飞猪"查尔斯·巴克利和罗斯，所有那些明星也都赢得了冠军的荣耀，而且几乎所有人都欢享了悠长而成功的职业生涯。

你绝不会称他们为昙花一现的奇葩。

也许，罗斯是一个例外。

2011年，"玫瑰"已经诱人盛开，未来的几年里，他一定会成为詹姆斯真正的竞争对手。但是，他再也不能驰骋在芝加哥的球场上。最终，期望他成为"救世主"的球迷们激励了他。"他们对我痴狂，因为他们想看我打球，"他说，"我很明白。"

罗斯在公牛队的8个赛季中缺席了257场比赛。2016年夏天，他转队到纽约尼克斯队。在那个赛季，他再一次膝盖前十字韧带撕裂，进行了第四次膝盖手术。他就像是普罗米修斯，不断被秃鹰啄咬，

2011年，德里克·罗斯准备扣篮。

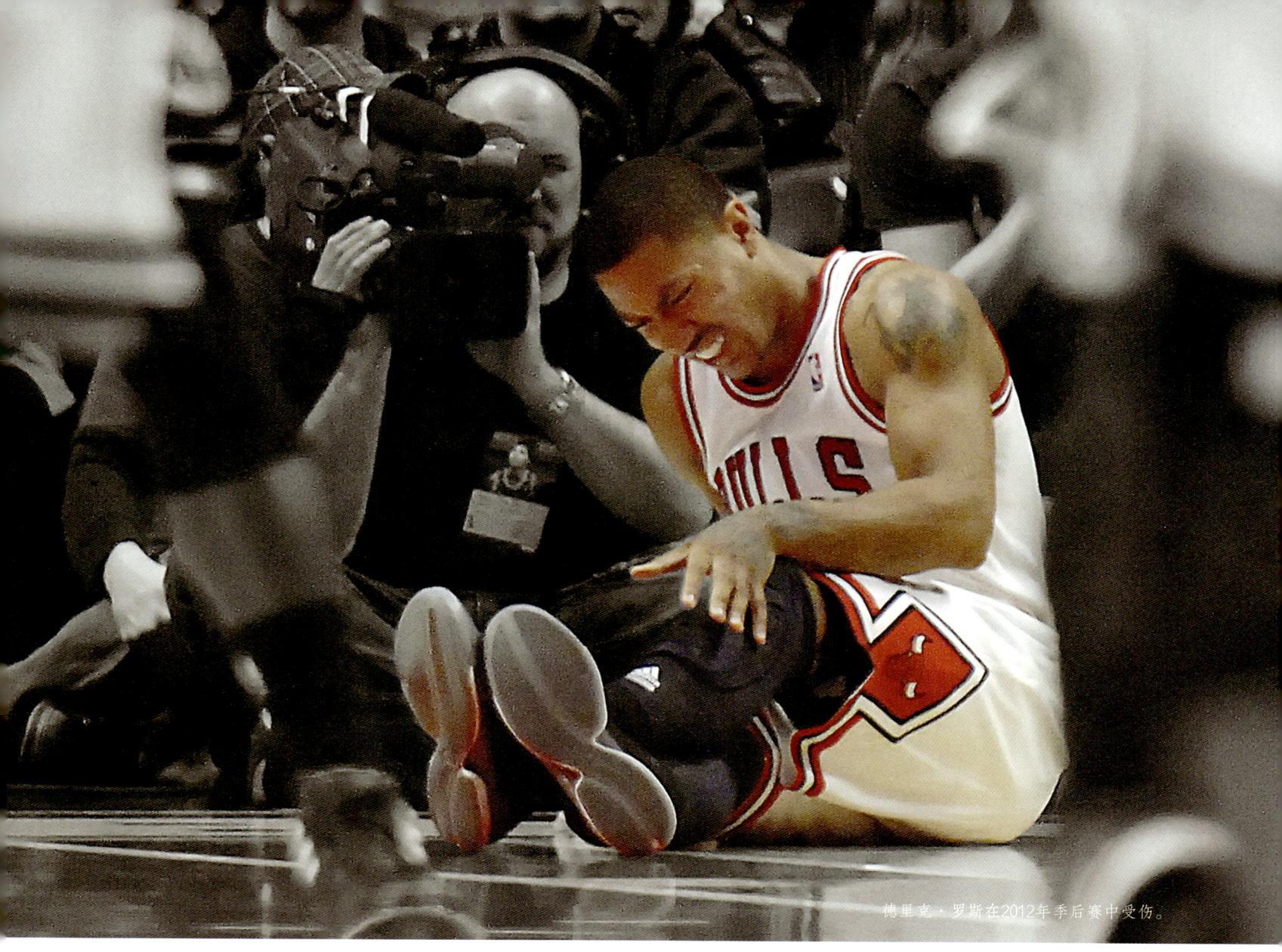

德里克·罗斯在2012年季后赛中受伤。

又抑或只能是一颗划过天空的璀璨流星。当他30多岁时，这个曾经的"炸药小子"却失去了"雷管"。他依然在打球，也接受了作为替补的角色。往事如烟，风光不再。

曾经联盟最年轻的MVP在老去，但摘除了半月板的他还在坚持，甚至右手小臂上还多了汉字"耐心"的文身。2019年万圣节之夜，他再一次穿上战衣，昔日的球王似乎又归来了。罗斯，作为明尼苏达森林狼队的替补控卫，一举夺得50分，包括最后一分钟的两个关键投篮和终场前的制胜盖帽。比赛结束时，罗斯忍不住泪流满面，激动不已的队友们上前与他紧紧拥抱。

"这就是为什么我们的比赛如此难以置信，"詹姆斯说，"超级英雄虽然被击倒，但他仍然是铁血本色的超级英雄……德里克·罗斯向我们展示了他为什么仍然是一位超级英雄。"

NBA将他的表演命名为"年度精彩时刻"。

罗斯本该是载入史册的巨星。他本该是乔丹的接班人，他本该是詹姆斯的劲敌。不过，他仍有可能创造历史：他可能是第一个没有被载入篮球名人堂的最有价值球员。

NBA的故事，有关王朝的辉煌，有关明星的璀璨。但时不时，会有另一个球员出现，颠覆所有这一切，书写别样的故事。

罗斯是比赛中最为电光石火一般的后卫，虽然只是流星划过天空。

获得单次常规赛MVP的球员

鲍勃·库西（1957年）、奥斯卡·罗伯特森（1964年）、韦斯·昂塞尔德（1969年）、威利斯·里德（1970年）、戴夫·考恩斯（1973年）、鲍勃·麦克阿杜（1975年）、比尔·沃尔顿（1978年）、查尔斯·巴克利（1993年）、哈基姆·奥拉朱旺（1994年）、大卫·罗宾逊（1995年）、沙奎尔·奥尼尔（2000年）、阿伦·艾弗森（2001年）、凯文·加内特（2004年）、德克·诺维茨基（2007年）、科比·布莱恩特（2008年）。

2012
"雷霆三少"的冠军梦

俄克拉荷马城雷霆队，以3∶2的领先优势打进了2012年西部赛区决赛的第六场，主场对阵圣东尼奥马刺队。

这是雷霆队的爆发时刻。"雷霆三少"凯文·杜兰特、拉塞尔·威斯布鲁克和詹姆斯·哈登组成了NBA最年轻的竞争队伍。只差一场胜利，就可以踏上他们多次夺冠之路的第一次旅行。

但是年少的他们，甚至还没到中场，就突然落后了18分。这大大出乎了他们的意料。

本轮系列赛，充满了象征意义。这是一场NBA老司机（马刺队）与新浪潮（雷霆队）之间的战斗，也是卫戍兵与起义军之间的生死对决！

马刺队是不朽的典范，但雷霆队像洪水一样冲向舞台。杜兰特和威斯布鲁克23岁，哈登22岁。杜兰特和威斯布鲁克已经是全明星（杜兰特在几个月前刚刚被提名为全明星赛的最有价值球员），而哈登将在那个赛季摘得"最佳第六人"奖。随着这组才华横溢的年轻生力军就位，雷霆队被看好是未来的NBA王队。他们磨刀霍霍，迫不及待。

第一轮，他们横扫卫冕冠军达拉斯小牛队；第二轮，他们快攻拿下科比和洛杉

2012年西部赛区决赛中，詹姆斯·哈登庆祝他投中三分球。

矶湖人队。但马刺队是全然不同的挑战:你如何能杀死不朽的传说?

距离圣安东尼奥马刺队最后一次夺冠还有好几年的时间,但自1999年以来,马刺队赢得的比赛从未少于50场。不过他们的灵魂大将正在老化。蒂姆·邓肯和马努·吉诺比利都已超过35岁,托尼·帕克也紧随其后。然而他们的连胜纪录还要再过5年才能被打破。两年后他们还将再次加冕冠军,那也将是他们15年来捧回的第五个冠军奖杯。

马刺队的老辣,在第六场比赛中得到了体现。进入第三节,马刺队领先15分。第一回合,杜兰特就冲过科怀·伦纳德,带球上篮得分。一分钟后,威斯布鲁克以闪电般的速度突破防守,一个急停跳投,遗憾没有成功。马刺队竭力遏制雷霆队22岁的刚果裔中锋赛尔吉·伊巴卡,而哈登士气正旺,他在上一场比赛最后一秒祭出的三分绝杀球,仿佛余势未消。

第三节还剩下1分49秒,雷霆队将对手的领先优势缩小到1分。紧接着杜兰特抢下一个篮板,运球,在罚球区顶端投中一个三分球。嗖!观众顿时欢声雷动。雷霆队79分,马刺队76分。

自此,雷霆队一路领先。杜兰特的季后赛热秀,数年之后依然为人传诵。他打满了48分钟,豪取34分和14个篮板球。杜兰特、威斯布鲁克和哈登加在一起得了75分,雷霆队取得了总决赛门票。

雷霆队5场比赛输给了迈阿密热火队,被经验老到的"三巨头"勒布朗·詹姆斯、德怀恩·韦德和克里斯·波什所率领的队伍横扫出局。不过这不算什么,这只是他们的首次夺冠之战。

然而,这也将是他们的最后一次。

2012年总决赛中,拉塞尔·威斯布鲁克绕过德怀恩·韦德上篮。

俄克拉荷马城球队和它的总经理萨姆·普雷斯蒂通过选秀组建了一个大师级别的队伍。2007年,凯文·杜兰特以首轮选秀第2顺位被选中(选秀状元格雷格·奥登却和萨姆·鲍维一样,成为被伤病毁掉的天才);2008年,拉塞尔·威斯布鲁克在首轮选秀第4顺位被选中,赛尔吉·伊巴卡在首轮选秀第24顺位被选中;2009年,詹姆斯·哈登在首轮选秀第3顺位被选中(首轮选秀第2顺位的哈希姆·塔比特后来早早退役,也是选秀中的格雷格·奥登)。"雷霆三少",都将在随后的数年当中被评为最有价值球员(MVP),创下选秀史上前所未有的成功率。

现在,"雷霆三少"正在成为超级巨

星，而他们也希望能得到相应的报酬。杜兰特和威斯布鲁克签下了总额为1.66亿美元的长期合约。2012年夏天，雷霆队与伊巴卡签下了一份为期4年、价值4800万美元的合约。

但是，球队面临着与哈登之间的危机。他进入了新秀合同的最后一年，被认为是下一个应该加薪的明星。

以NBA的标准来看，俄克拉荷马城是一个小市场，而且这个加盟队并不像尼克斯队或湖人队那样钱袋鼓胀。随着工资的增加，球队面临着超过薪酬红线的危险，这意味着它将不得不向联盟支付数百万美元的奢侈税罚款。与更富裕的球队不同，雷霆队将奢侈税视为超支的合理威慑。

在2012—2013赛季开始前，球队向哈登提出了低于市场价值的续约条件。哈登拒绝了。"我觉得我已经做出了牺牲，替补出场，任劳任怨做了一切能帮助球队的事情，"哈登说，"但他们不愿意帮助我。"

为了避免让他进入自由球员市场而球队一无所获，雷霆队在赛季开始前一周将哈登交易到了休斯敦火箭队。这样球队好比断了一条腿，好在还有威斯布鲁克和杜兰特，他们在前三个赛季中每年都在联盟中得分领先。雷霆队在总决赛中输给了迈阿密热火队，不过战绩比以往任何时候都好。他们赢得了60场比赛，进入了2013年季后赛，成为西部赛区最受欢迎的球队。

杜兰特是俄克拉荷马城的主打明星，而控卫威斯布鲁克则成了球队的核心和灵魂。威斯布鲁克是一个激情燃烧的对手和爆发力爆棚的运动员，在防守队员看来如同是威力无比的战斗机。

雷霆队在首轮系列赛对阵洛杉矶快船队的第二场比赛中，威斯布鲁克在与帕特里克·贝弗利相撞后撕裂了右膝半月板。作为NBA威力无比的钢铁侠，威斯布鲁克在他的整个职业生涯中还从未错过一场比赛，包括在高中和大学里，但这时因为需要手术，无限期地退出了赛场。

没有威斯布鲁克，雷霆队在第二轮就惨遭淘汰。与此同时，在休斯敦火箭队，哈登正在成长为一名真正的明星。他在火箭队的第一个赛季，场均得分蹿升近10分，此后芝麻开花节节攀升。

2013—2014赛季，威斯布鲁克的膝盖还是未能痊愈，他只参加了46场比赛。到了2月，他又做了一次膝盖手术。但这一次杜兰特力挽狂澜，再次获得联盟得分王，场均得分32分，肩挑球队重担，获得2014年的最有价值球员奖。

杜兰特带领雷霆队杀回西部赛区决赛，与马刺队再次博弈。在另一场戏剧性的第六场比赛中，吉诺比利在最后绝望的几秒时挺身而出祭出绝杀球，马刺队反击成功，雷霆队黯然离场。

从这时起，原本近在咫尺的雷霆王朝开始分崩离析了。

2014—2015赛季开始之前，杜兰特的脚骨折了，他因此只打了27场比赛。由于威斯布鲁克再次与伤病做斗争，雷霆队完全无缘季后赛。为了寻找替罪羊，雷霆队解雇了主教练斯科特·布鲁克斯。"他做错了什么？"伊巴卡对媒体表示不解。

接下来的赛季，雷霆队重回正轨，在6个赛季中第四次打进西部赛区决赛。面对刚刚在常规赛创下73胜场纪录的金州勇士队，雷霆队以3∶1领先，为勇士队敲响了警钟。但是勇士队不屈不挠，扳平了系列赛。第六场比赛中，勇士队后卫克莱·汤普森如有神助，投出了11个三分球，这是单个季后赛中最波澜壮阔的纪录，两队于是进入第七场生死战。雷霆队再次被命运嘲弄，勇士队晋级总决赛，成为季后赛历史上第十支逆转1∶3颓势的球队。

自2012年总决赛亮相以来，雷霆队经历了连续4年的梦魇心碎。出于这样或那样的原因——伤病、管理不当的工资结构、过度依赖两位当家明星——雷霆队似乎总是距巅峰只有一步之遥，却遥不可及。

2016年夏天，雷霆队用伊巴卡换来了维克多·奥拉迪波。这位得分后卫的任务，就是要填补哈登几年前留下的得分空白。

但一切为时已晚。杜兰特在那年夏天成了自由球员。他已经确立了自己作为NBA最杰出得分手和仅次于詹姆斯的二把手的地位。季后赛的失败已经昭然天下，雷霆队的王朝之梦已经灰飞烟灭。年复一年，他不得不肩挑着雷霆队的重担，然而总是功败垂成，这让他心力交瘁。他只想赢得冠军，希望被作为冠军铭记史册。

2016年7月4日，杜兰特打电话给雷霆队总经理萨姆·普雷斯蒂，告诉他一个将会颠覆NBA格局的消息：他即将与勇士队签约。如果你打不过他们，就加入他们。

此举正式结束了雷霆队的夺冠梦想。联盟中曾经最有希望夺冠的球队，至此已经土崩瓦解。

有杜兰特坐镇，勇士队势不可当。在杜兰特加入勇士队的前两个赛季，勇士队又摘得两个冠军，杜兰特在2017年和2018年连续两年捧获FMVP奖。

而威斯布鲁克是雷霆队硕果仅存的救命稻草。他竭尽所能，以NBA从未见识过的独角戏维持着雷霆队的胜绩。2017年，威斯布鲁克被评为最有价值球员，成为自1962年"大O"奥斯卡·罗伯特森以来，单赛季均场三双的第一位球员。

罗伯特森的纪录一直被誉为篮坛"特氟隆"，是所有体育运动中最难以企及的标志之一。但是威斯布鲁克居然连续三个赛季做到均场三双。即便如此，雷霆队也没能冲出季后赛的第一轮。

与此同时，哈登在2015年和2018年带领火箭队两次进入西部赛区决赛。2019年，他以场均得分36分的惊人成绩被评为最有价值球员。这是自1987年迈克尔·乔丹以来的最高战绩。

像"大鲨鱼"沙奎尔·奥尼尔与"便士"安芬尼·哈达威组合的魔术队，或者20世纪80年代奥拉朱旺的火箭队，他们蓄势以待，似乎可以震古烁今，但结果好梦难圆，提前落幕。雷霆队本可铸就一个王朝，无奈好比天空璀璨的烟花，最后灰飞烟灭。

2019年夏天，雷霆队将威斯布鲁克交易到了休斯敦火箭队，在那里他与哈登再次联手，继续冲击属于他们的总冠军。

原本在2012年，杜兰特、哈登、威斯布鲁克"雷霆三少"意气风发，意欲接手NBA的舞台。不过7年后，曲终人散。计划总是赶不上变化。

2014
科怀·伦纳德：一个机器人"卡哇伊"

他的动作似乎是程序预先设定好的，犹如机器人一样高效精准。他表情沉静，经常是没有表情，好似"面瘫"。他对球飞到哪里，总有天神一般的机警。

"卡哇伊"科怀·伦纳德就是一个机器人，至少我们这么认为。

"卡哇伊"总是很安静。他在加利福尼亚州的莫雷诺山谷长大，那儿离洛杉矶以东约一小时车程。篮球在莫雷诺山谷不仅仅是一项运动，伦纳德在那里还可以用打球来代替言语的交流。

伦纳德与母亲金姆住在一起，而他的父亲马克住在康普顿。伦纳德16岁时，开洗车店的父亲有一次正要关门下班，不幸遭遇枪击，身中数枪。伦纳德听到这个消息时，他一言不发地回到卧室。"当我们去看他时，"他的叔叔丹尼斯回忆道，"他只是说'我没事'。"

第二天伦纳德参加了一场比赛。即使是在平常最开心的时候，也很难读懂伦纳德的表情。当他带领球队战胜对手时，更是脸色铁青。赛后他瘫倒在妈妈怀里，队友们抱住他，痛哭失声。

"篮球帮助我分散注意力。每当我情绪低落时，篮球会让我振作起来，"他说，"我每天晚上都尽可能拼命地打球。这是父亲对我的期望。"

在圣地亚哥州立大学度过了两个成绩出色的赛季后，伦纳德在2011年参加NBA选秀，排在首轮选秀第15顺位。圣安东尼奥马刺队在选秀之夜，用球迷们喜爱的乔治·希尔换来了伦纳德。理论上看，"卡哇伊"不是理想的马刺队员。他不擅长投篮，不是最出色的传球手，对比赛也没有明显的感觉。但他是一个努力拼搏的人，专打防守，严格执行教练的比赛意图。这让马刺队执教教练格雷格·波波维奇很喜欢。在他新秀赛季的季后赛中，波波维奇安排他进入了首发阵容。

从第一天起，他就异常专注，在他这样小的年龄不禁让人有些担心。伦纳德不苟言笑，打球一板一眼，像是一个边缘人。"有时候他做得很好，我不得不告诉他，'你太棒了，真是太棒了，打得非常漂亮，你现在可以笑了吧'。"波波维奇说。

伦纳德很快从有前途的角色球员，成长为不可撼动的明星。2014年总决赛，当波波教练安排这位22岁的球员对阵迈阿密热火队的勒布朗·詹姆斯时，伦纳德的潜质得以爆发。詹姆斯在伦纳德上场时扮了个鬼脸。伦纳德的身材几乎和詹姆斯一样，这让詹姆斯比以往任何时候都打得更辛苦。

赛场另一端的伦纳德，是一个冰冷如铁的冷血杀手。在系列赛的最后三场比赛中，马刺队士气高昂，打得非常出色。伦纳德表现更是突出，场均得分23.7分、9.3个篮板球、2次抢断、2次盖帽。奥马刺队以4：1夺得了系列赛的胜利，获得冠军。

尽管是与篮球名人堂成员蒂姆·邓肯、马努·吉诺比利和托尼·帕克并肩作战，伦纳德还是成为总决赛最有价值球员（FMVP）的不二人选。

但是，人们对马刺队这位崭露头角的明星知之甚少。伦纳德避开采访，不玩社交媒体。他推掉了主要的品牌代言和广泛传播的广告活动。"我不喜欢出头露面。"他说。在喧嚣的自我表演时代，他是与众不同的一股清流。

他开着他十几岁时攒钱买下的那辆1997款雪佛兰太浩，梳着早已不再流行的艾弗森风格的地垄辫子发式。他成了连锁鸡翅快餐店Wingstop的代言人，正因为他是常客，所以可以得到免费的优惠券。

"卡哇伊"并不复杂，就像他的比赛一样。

伦纳德几乎无所不能，不管对方防守给他出什么样的难题，他都能克敌制胜。这就像对手在玩一个冒险游戏，无论怎样选择，都只会让情况变得更加糟糕。

他有着足球运动员一样的爆发力，而他的一双大手，让他能够以很少有球员能做到的方式将篮球控制在手掌中。J博士朱

利叶斯·欧文被昵称作"魔掌",40年后,科怀·伦纳德被称为"魔爪"。

他也是一位智商高、直觉敏锐的运动员。在他的职业生涯中,抢断次数多于犯规次数。

每一年,他都会在打法中加入一些新的元素,如背篮攻击、快速运球、转身跳投等,孜孜追求极致境界。在大学里,他的三分球命中率为25%,而在第五个NBA赛季,他的远程三分球命中率超过44%。

自然而然地,伦纳德成为邓肯的继承者,他掌管了马刺队。2016年,他带领马刺队取得了球队最漂亮的67场胜利。2016年和2017年,他在最有价值球员(MVP)投票中,分别获得第二名和第三名的靓丽成绩。

2017—2018赛季之前,伦纳德被诊断出大腿受伤,直到12月份他才能坐到替补席上。马刺队医生允许他上场,但伦纳德觉得自己的腿伤还没有痊愈,于是没有听从医生的意见。那个赛季他只打了9场比赛。他的队友拐弯抹角暗示说他的健康没有问题,可以比赛。据说,球队中有几位球员对他的伤势甚至提出了质疑。

伦纳德被激怒了。他的合同还剩下一年,但他要求转会。不可思议的是,马刺队竟然同意了。

2018年7月18日,伦纳德被交易到多伦多猛龙队,而猛龙队以一年的合约把自己史上的得分王德玛尔·德罗赞交易到了马刺队。

他到达多伦多时,仍然是一个谜。在

2015年季后赛中,科怀·伦纳德紧紧钳制住布雷克·格里芬。

获得FMVP次数最多的大神

1. 迈克尔·乔丹		6次
2. 勒布朗·詹姆斯		4次
3. "魔术师"约翰逊		3次
沙奎尔·奥尼尔		3次
蒂姆·邓肯		3次

介绍他的新闻发布会上，对他提出的第一个问题是"关于你自己，你能告诉我们什么？"

"我是一个有趣的家伙。"他单调地回答。他的回答，没法改变他机器人本色的传说。

猛龙队很快就领教了"卡哇伊"的真面目。他们这下知道了为什么他两次入选"年度最佳防守球员"。在他最初的几场比赛中，伦纳德控球的感觉，就好像他是用传感器制造的一样。伦纳德背对球，俯冲拦截传球，把球稳稳抓住——罕见的背后不看球抢断。

人们见识了他如何成为一名进攻操纵手，用一个致命的中距离投球摧毁了防守队员。他场均得分26.6分，创下了职业生涯新高，并将猛龙队带入到冠军争夺者的行列。

季后赛中，他更上一层楼，堪与史上篮球大神相媲美。他甚至有了自己的标志性时刻。在第二轮的抢七大战中，当比赛杀成平手时，伦纳德底线压哨跳投，球在落入篮网之前在篮筐上戏剧性地反弹了4次。这致命一投，让费城76人队卷铺盖走人，让猛龙队离冠军又近了一步。

伦纳德和迈克尔·乔丹一样，是唯一在终场前投出孤注一掷的压哨球，才肯终结季后赛的球员。他也成为25年来第一个在季后赛中拿下至少243分的球员——这是另一个堪与乔丹匹敌的壮举。

伦纳德在季后赛中，场均得分30.5分。当猛龙队在总决赛中击败金州勇士队时，他再次被评为总决赛最有价值球员，与勒布朗·詹姆斯和卡里姆·阿布杜尔·贾巴尔并肩成为在两支不同球队均获得该奖项的现象级球员。

伦纳德如日中天。他即将到来的自由代理权，注定会改变联盟的平衡格局，也像皇家婚礼一样被媒体追逐报道。在多伦多，新闻直升机从机场跟踪一辆SUV，猜测说伦纳德就在车里，正准备去签署一项

科怀·伦纳德庆祝2019年荣膺NBA总冠军。

新合约（实际并非如此）。

伦纳德保持着沉默，而他的动态却成为每日要闻，成为NBA停赛期最大的多米诺骨牌风向标。结果，他选择回到洛杉矶的家，与快船队签约——不过是在全明星保罗·乔治，他的同乡，被交易到快船队之后，他才签下合约。快船队以夺冠热门的身份进入赛季，伦纳德盼望带着这支球队奔赴冠军的希望之乡。

NBA的"球员赋权"运动正如火如荼，球员可以越来越多地发号施令，而伦纳德位于这一切的中心。其实，我们错了，他低调安静，并非不知不觉。30岁之前，伦纳德就创造了一个非同一般的传奇生涯。他以NBA历史上最高的获胜率，甚至领先于"魔术师"约翰逊，步入了2019—2020赛季。

2015年总决赛中,迫使克利夫兰骑士队暂停比赛后的斯蒂芬·库里。

2015
斯蒂芬·库里与勇士队

2016年，斯蒂芬·库里在对阵孟菲斯灰熊队的比赛中祭出三分球。

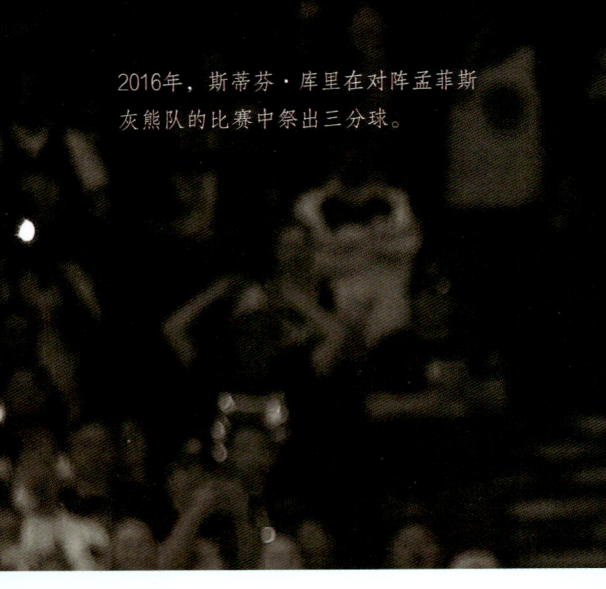

单赛季三分球排行榜

1. 斯蒂芬·库里　　402个（2015年）
2. 詹姆斯·哈登　　378个（2018年）
3. 斯蒂芬·库里　　354个（2018年）
4. 斯蒂芬·库里　　324个（2016年）
5. 保罗·乔治　　　292个（2018年）
6. 斯蒂芬·库里　　286个（2014年）
7. 巴迪·希尔德　　278个（2018年）
8. 克莱·汤普森　　276个（2015年）
9. 斯蒂芬·库里　　272个（2012年）
10. 詹姆斯·哈登　　271个（2019年）

单赛季三分球出手排行榜

1. 詹姆斯·哈登　　1028投（2018年）
2. 斯蒂芬·库里　　886投（2015年）
3. 斯蒂芬·库里　　810投（2018年）
4. 斯蒂芬·库里　　789投（2016年）
5. 詹姆斯·哈登　　769投（2019年）

金州勇士队进入 2015 年季后赛第二轮的第四场比赛，以 2∶1 落后于孟菲斯灰熊队。勇士队正进入一个突破性的赛季，即将创下 NBA 的最高纪录。球队的明星球员斯蒂芬·库里即将获得他两个最有价值球员奖中的第一个。

但是，勇士队的高强度进攻能否在季后赛的搏杀中奏效，仍然悬而未决。面对一支建立在强硬防守基础上的超级灰熊队，情况看起来并不太妙。

斯蒂芬·库里正担负起球队的重任，他独得 33 分，勇士队拼得了令人信服的胜利，赢得了系列赛接下来的几场比赛，奔向 2015 年的冠军宝座。

当时我们对这些还一无所知。但勇士队勇往直前，正在打造成为一个现代王朝，跻身 NBA 历史上最具实力的球队。

5 个赛季内，他们创造并打破了胜场最多的 NBA 纪录，摘得了三次桂冠，连续 5 个赛季进入总决赛。没错，勇士队就是为季后赛而生的。

那些率领球队多次夺得 NBA 总冠军的杰出球员，往往在他们进入 NBA 之前，早就已经崭露头角。他们通常是选秀骄子及众口盛赞的天才。可也会有优秀球员，突然不知从哪里冒出来，斯蒂芬·库里就是这样一个例外。

某种意义上，算是吧。斯蒂芬·库里显然从一开始就是一个特殊天才，他是长期效力夏洛特黄蜂队的"神射手"后卫戴尔·库里的儿子。戴尔是 20 世纪 90 年代最优秀的三分球手之一。斯蒂芬·库里是浸润在职业比赛中长大的。11 岁的时候，他已经在 NBA 球场上投出了数以千计的球。

和父亲戴尔一样，斯蒂芬·库里的强项也是投篮。他上八年级的时候，他的父亲与猛龙队签约，全家人搬到了多伦多。大约在同一时间，斯蒂芬·库里确定了他标志性的投射动作——像从臀部投掷出戏剧性的高弧形炸弹，直上空中，再稳稳穿过篮网。他不断地从三分线外控球、投球，带领他的中学球队保持一个完整赛季的不败纪录。那年他场均得分达到 50 分。

尽管如此，球探们眼里看到的只是一

225

2019年季后赛第一轮比赛的暂停中，斯蒂芬·库里和勇士队教练史蒂夫·科尔。

个身材矮小，胳膊像扫帚柄，长着一副娃娃脸的清瘦小男孩。他们集体拍板不选用他，尽管做出这个决定并不容易。斯蒂芬·库里无法打入前150名高中选手排名，只有一个重要的大学项目为他提供奖学金，条件是他要再待上一年以便多长些肌肉。

当时，斯蒂芬·库里就读于北卡罗来纳的戴维森学院，这个学院自1969年以来从未赢得过美国大学生篮球联赛（NCAA）锦标赛的比赛。大一的3月份，他以113个三分球打破了美国大学生篮球联赛大学新生的纪录；大二的时候，他在全国电视观众面前，下半场拿下30分翻盘逆转，击败了全国第七的冈萨加大学而声名鹊起。斯蒂芬·库里带着戴维森学院篮球队一路杀入美国大学生篮球联赛锦标赛八强，同时创造了单赛季三分球的最高纪录。在三年级获得NCAA得分王后，斯蒂芬·库里宣布参加NBA选秀。

他的进攻技巧没有受到质疑。但NBA质疑的是：这些技巧是否会转化成更大、更强、更快的能力。一份球探的报告这样写道："由于他的体型和身体素质，他在篮下不会是一个伟大的终结者。虽然他今年打控球后卫，但他不是一个天生的控球后卫，一支NBA球队不可能依靠他这个控球后卫作为当家球员。"

选秀之夜，有4名控球后卫领先于斯蒂芬·库里被选中——如果算上詹姆斯·哈登，有5位。他落到了第七名，不过勇士队很高兴得到了他这个异于寻常的得分手。

他的新秀赛季平均得分超过17分，但直到他的第四个赛季，即2012—2013赛季，斯蒂芬·库里才作为NBA"娃娃脸刺客"崛起蹿红。他打破了单赛季三分球的纪录，让观众看得惊心动魄。他将在之后的5年内带领勇士队摘取三个冠军！

斯蒂芬·库里成了电视上每场勇士队比赛节目必看的当红明星，观众只为一睹这位最新超级巨星的精彩表演。由于斯蒂芬·库里纤雅瘦弱，有一种普通人的品质和易于接受的比赛风格，为这项运动带来了大量的新球迷。到2016年，他的球衣成为NBA的最热畅销品。

斯蒂芬·库里在孩子们中大受欢迎，很多青少年教练抱怨说，越来越多的孩子试图像斯蒂芬·库里一样打球，从不可能的距离急停，打出不合常规、匪夷所思的三分球。

斯蒂芬·库里加入勇士队可谓得其所哉。勇士队是NBA垫底的球队之一，30年来只有6次出现在季后赛，是一个没有真正身份和明确方向的鱼腩球队。他们很放心地把球交到斯蒂芬·库里手中，看看他能否重现大学明星的那种魔力。

他加入勇士队也可谓正当其时。这时三分球比以往任何时候都更受重视，球队也渴望找到这样的球员，发挥三分球前所未有的威力。但是，只有像斯蒂芬·库里这样千载难逢的得分手，才能真正能把新战术演绎到极致。

一个又一个赛季，斯蒂芬·库里不断超越自我，淬炼成钢，成为篮球运动史上最优秀的得分手。勇士队脱颖而出，还得益于一位可以说是第二当家的球员，每天晚上都与斯蒂芬·库里并肩作战。

2011年，勇士队选中首轮选秀第11顺位的克莱·汤普森。和斯蒂芬·库里一样，他也是NBA某球员的儿子，他的父亲是前首轮选秀第1顺位状元秀迈克尔·汤普森。像斯蒂芬·库里一样，汤普森也是一个不按常理出牌的得分手。汤普森和斯蒂芬·库里联手，组成了勇士队后场前所未有的"水花兄弟"双雄组合。赛场外，汤普森沉着冷静，有点像太空军校生。但他绝对是球场上的游戏玩家，也是他那个时代最优秀的攻防兼备的后卫之一。

就在2013—2014赛季之前，勇士队聘请史蒂夫·科尔作为主教练。就像菲尔·杰克逊在2000年加入湖人队一样，科尔来到金州时，非常清楚建立和维持一个"王朝"需要什么样的核心球员。身为球员时，他曾先后是迈克尔·乔丹带领的公牛队和蒂姆·邓肯带领的马刺队的一员。

科尔注重加强后场，完善进攻，勇士队的力量进一步加强。2014年至2018年间，勇士队成为NBA得分最高的进攻型球队，而且与对手拉开了距离。

他们以极快的速度频频得分，通过给对手施加压力以激发出自身最好的状态。斯蒂芬·库里带领的勇士队总是能夺得让人意想不到的高分。对手的一次防守失误，就会陷入失败的深渊。这就像"坏小子军团"底特律活塞队的身体威胁，或者"表演时刻"湖人队的全场破坏性一样，勇士队几乎每天晚上的比赛还未开场，就已经取得了精神上的胜利。

除了斯蒂芬·库里和汤普森，勇士队的核心还包括安德烈·伊格达拉，这位前状元秀是在2013—2014赛季前被交易到勇士队的。作为一名30岁的老将，伊戈达拉在勇士队的更衣室里可以发出强有力的声音，在球场上则是完美的黏合剂。作为一名超级猛男，他不仅进攻得力，而且总是可以防守对方最有威胁的球员。

2015年的总决赛中，他被指派防守勒布朗·詹姆斯，结果詹姆斯在系列赛中的投篮命中率不到40%，而他自己的每场平均得分则超过了16分。由于伊格达拉的出色努力，他被评为2015年总决赛最有价值球员（FMVP）。

但勇士队的"X偶像因素"是德雷蒙德·格林。作为一名身高2.06米的前锋，格林可以打多个位置，他经常被安排打小球中锋，在那里他的多面手能力为球场的两端都提供了机会。他可以传球布局，保护篮下，也可以在足够远的地方投篮。

更重要的是，格林让球队士气如虹，豪气冲天。格林自信心爆棚，以行动向29支球队证明他们在2012年选秀之夜犯下的那个严重错误。

来自密歇根州立大学的格林，在选秀第二轮才被选中，但在最初的几个赛季里几乎没有机会上场。因为其他球员的伤病，他上场的大门被打开了。他利用难得的时机，在首发阵容中闯出了自己无可争议的地位。

核心队员各就各位，勇士队踏上了成功之旅。2014—2015赛季，他们赢得了67场比赛，从西部赛区第六名蹿升到第一名。这个赛季他们收获了一个冠军奖杯，这是他们在总决赛中与克利夫兰骑士队连续4次交手的第一次。这一年斯蒂芬·库里也开启了连续获得最有价值球员（MVP）的旅程。

2015—2016赛季，勇士队以24连胜开局，每场比赛均超过100分，最后赢得73场常规赛，成为NBA历史上单赛季常规赛战绩最好的球队，打破了乔丹和他的公牛队在1995—1996赛季创造的纪录，当时主教练科尔也正效力于公牛队。但当本赛季结束时，勇士队也站在了历史的遗憾一端，成为NBA总决赛历史上第一支由3∶1大比分领先而惜败的球队。

2016年夏天，勇士队签下了凯文·杜兰特。用科尔的话说，从"一支冠军球队，变成了一支空前无敌的球队。"这支球队重整旗鼓，再次赢得了"刚刚好"67场比赛，同时，再次获得了积分榜的第一名。这一次，他们如愿以偿，荣登2017年冠军宝座。2018年，他们再次卫冕冠军，杜兰特连续两次荣鹰总决赛最有价值球员。

回顾勇士队到达冠军巅峰的一路，科尔对一场特殊的表演难以忘怀，那堪称是冠军的完美封装。就是2018年季后赛对阵休斯敦火箭队的第六场比赛。

在整场比赛中，斯蒂芬·库里和格林一直使用挡拆战术瓦解休斯敦火箭队。第四节，火箭队调整战术，双人包夹斯蒂芬·库里。致使斯蒂芬·库里设法把球传给格林，格林随后在底线上把球传给伊格达拉，伊格达拉立即空档传球，把球传回给汤普森，拿到一个三分球。

"传球的流畅，间距的完美，伊格达拉和格林的视野和意识，还有斯蒂芬·库里和汤普森的致命一击……"科尔说，"真是别具一格啊。"

整个勇士队的经历，也是别具一格。5年内斩获三个冠军！NBA有史以来最具杀伤力的五人阵容，也是保持车轮滚滚转动的一代偶像啊。

每一场NBA比赛，都是从同一个问题开始：有人能阻挡勇士队吗？多年来，没有答案。但结果是，能阻挡勇士队的，是勇士队自己。

2019年总决赛中，勇士队对阵多伦多猛龙队，结果溃不成军。勇士队因队员的伤情而被摧毁。在多伦多的第五场比赛，杜兰特跟腱断裂。在接下来的比赛中，克莱·汤普森撕裂了他的膝盖前十字韧带。面对强势的猛龙队，斯蒂芬·库里和格林难以孤身负重前行。

2019年夏天，杜兰特去寻找他的下一个挑战，离开球队做自由球员。汤普森的伤情使他耽误了本赛季全部或大部分的比赛。然后，在2019—2020赛季的第四场比赛中，斯蒂芬·库里的手受伤，无限期地走下球场。勇士队一落千丈，排名跌入谷底。短短几个月的时间里，他们成了一支最差的球队。

勇士队树立了获胜的标准，让联盟的竞争者们纷纷效仿。随着冠军头衔的增加，越来越多的球队正在重塑他们的阵容，唯一的目的就是努力击败勇士队。球队再也不能容忍让那些不能得分的球员上场，球队也不再需要大块头的威猛中锋。勇士队塑造了依靠三分球投篮而获得冠军的新模式。

斯蒂芬·库里和勇士队不仅仅赢得了比赛，他们也改变了NBA联盟。

2016
"詹王"归来

当勒布朗·詹姆斯在 2010 年离开克利夫兰骑士队的时候，电视直播了这次分手，愤怒的骑士队球迷们甚至在街上焚烧了他的球衣。

詹姆斯去了南部海滩，也把骑士队送回了黑暗年代。骑士队从詹姆斯《决断》前最后一个赛季的 61 胜场，跌落到他在迈阿密第一年的 19 胜场，毫不夸张地说，就是从东部第一堕落到了东部垫底。在没有詹姆斯的前三个赛季，他们一共才赢了 64 场比赛。

别忘了，祸兮福所倚，福兮祸所伏。骑士队在此后的4年时间里获得了三次状元秀。2011年，骑士队选择了凯里·欧文，这位运球天才很快成长为NBA一位优秀的控球后卫；他们还挑选了一对加拿大球员，即2013年的安东尼·本内特和2014年的安德鲁·威金斯，其中前者的选择在当时非常令人惊讶，也成了惊人的败笔。

当詹姆斯宣布他要返回克利夫兰骑士队时，没有电视摄像机造出任何动静。"我要回家了。" 2014 年 7 月 11 日，一篇由詹姆斯本人撰写的文章通过《体育画报》宣布了这一消息。在这篇文章中，他对自己离开骑士队的方式表示遗憾，并提到能与凯里·欧文和其他人一起打球多么让他兴奋。但奇怪的是，他并没有提到 2014 年状元威金斯。一个月后，威金斯被交易到了明尼苏达森林狼队，以换取全明星大个子凯文·乐福，后者是一位顶级篮板手和三分球手。

詹姆斯组成了他的新班子。克利夫兰的球迷们很快扑灭了对詹姆斯离开的任何积怨，仿佛从来就没有《决断》这回事。

詹姆斯回归的第一个赛季，骑士队一路杀入总决赛，遇到了勇士队——一支围绕联盟最有价值球员斯蒂芬·库里和克莱·汤普森建立起来的新兴力量，他们具有联盟有史以来最好的后场投篮能力。詹姆斯不负众望，以场均得分 35.8 分、13.3 个篮板球和 8.8 次助攻，成为 NBA 总决赛历史上第一个在得分、助攻和篮板球上均领先两支球队的球员。但由于乐福和欧文都不能上场，詹姆斯势单力孤，骑士队在 6 场比赛中被勇士队淘汰出局。

2016 年，两队再次狭路相逢，骑士队与勇士队拼得你死我活、惊天动地，在戏剧性的抢七大战中达到了高潮，最终骑士队击败了总决赛历史上再次夺冠呼声最高的勇士队，登上了冠军的至尊宝座。

很久以来，勒布朗·詹姆斯已经被塑造成了失败者的形象。在他职业生涯的早期，压在他描着文身的背上，是那些年沉重的骑士队，但在迈阿密期间，他转身蝶变为 NBA 的球场之王。不过当 2016 年总决赛到来的时候，詹姆斯和他的骑士队，又被一个蛟龙出海、所向披靡的勇士王朝遮蔽在其光芒之下。

那个赛季，勇士队以常规赛 73 场胜利创下NBA纪录。勇士队好比是一场龙卷风，任何靠近的人都会被吞噬，即使是"詹王"也不能幸免。詹姆斯可能是当时篮坛最强大的人物，而斯蒂芬·库里则是最受欢迎的新偶像。2015—2016 赛季，在斯蒂芬·库里连续第二个赛季获得最有价值球员后，他的球衣成为 NBA 最畅销的球衣，打破了詹姆斯连续 7 年一统天下的局面。

随着总决赛的推进，斯蒂芬·库里和勇士队重拾上一年的辉煌。他们在七场四胜制系列赛中以 3：1 领先，为骑士队敲响了警钟。现在骑士队只要输掉一场比赛，就会被淘汰出局。在 NBA 历史上，曾有 35 支球队在总决赛中落入 3：1 的比分陷

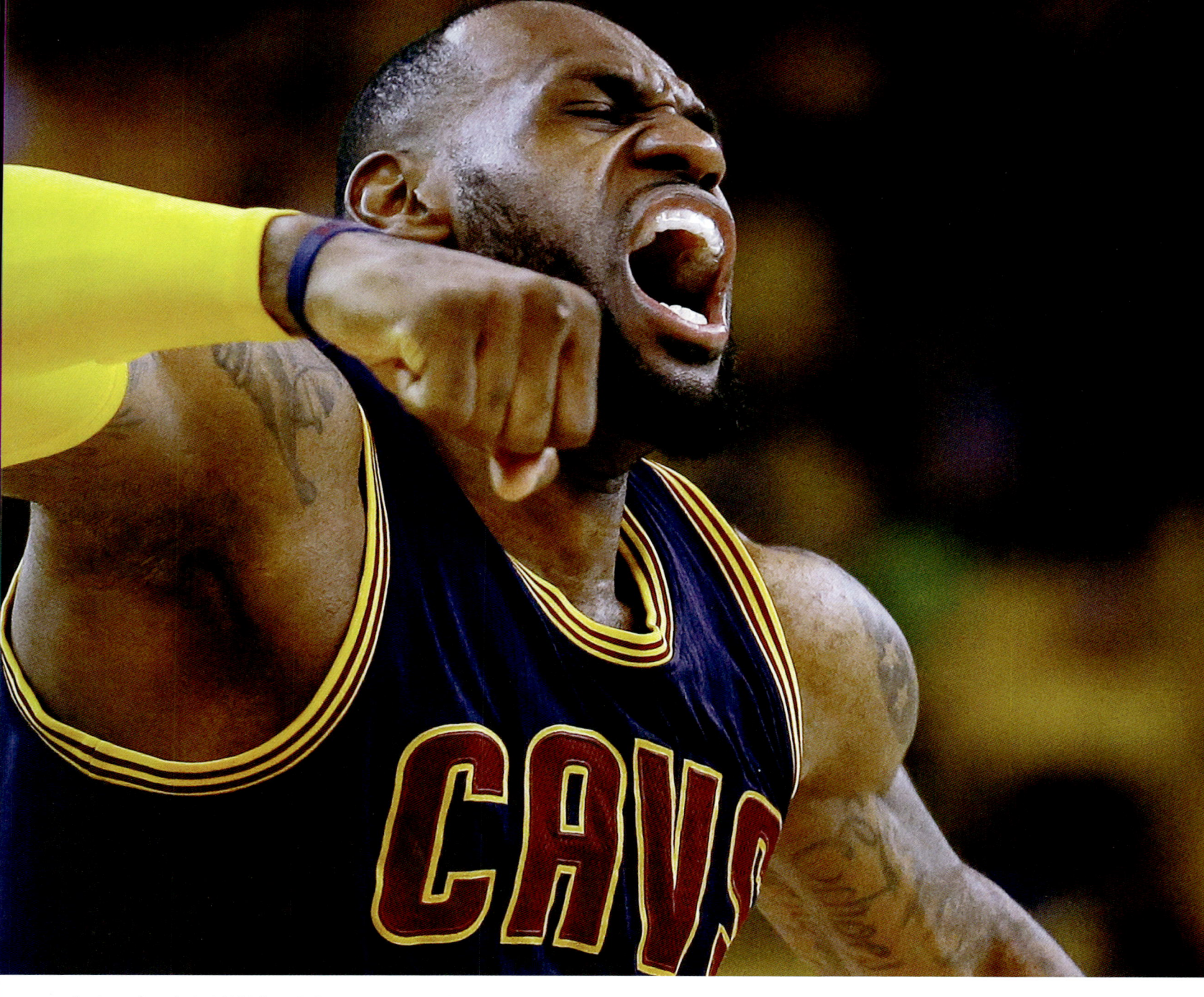

阱，还没有一支球队能够幸运脱逃。

球场气氛剑拔弩张。第四场比赛快结束时，詹姆斯和勇士队前锋德雷蒙德·格林发生了冲突，后者是一位世界级的"凶狠搅拌机"，也是勇士队在防守上的定海神针。比赛还剩下两分钟时，勇士队领先10分，詹姆斯被格林死死缠住，詹姆斯把格林撞倒在地。之后当詹姆斯跨过格林时，这位勇士队的炮仗发起攻击，向詹姆斯的下身挥出一拳。

赛后，联盟审查了这一事件，判格林公然犯规，裁定他"进行了不必要的接触，用手报复性地击打对方下身。"这是格林在季后赛中第四次公然犯规，根据NBA规则他自动暂停了比赛。

第五场比赛格林缺席，骑士队的詹姆斯凭借41分和16个篮板球控制了比赛。在第六场比赛中，詹姆斯再次拿下41分，骑士队以3∶3扳平了系列赛，并将在奥克兰的勇士队主场观众面前上演第七场生死对决。

在比赛的巅峰时期，有超过4100万美国人收看了这最后的一场决赛，他们都想看看詹姆斯是否能不负众望捧得冠军杯——这是自1998年迈克尔·乔丹上一次夺冠以来观看人数最多的一场比赛。

像乔丹之前一样，詹姆斯统治着他的时代。这位自称"天选之子"的詹王，是4次最有价值球员得主，在6轮冠军系列赛中的每一轮都担当主角。像乔丹一样，他的签名运动鞋是NBA的畅销货，仅在2015—2016赛季销售额就达到了3.48亿美元，是其他所有同类球鞋的两倍之多。

那一年，詹姆斯比肩乔丹，跻身25,000分俱乐部。正值30岁的他，是到达这一巅峰最年轻的一位运动员，比乔丹早了3年。

詹姆斯在NBA已经效力了13年。詹姆斯，2003年进入联盟，就像高峰时段交通车流中的"救护车"一样穿梭于防守球员之间，进化成一位气吞山河的大前锋。如今，他不再迂回前进，而是像"油罐车"一样径直穿梭而过。

他的高大身躯，让身材相对矮小的勇士队难以招架，但要摧毁联盟中最强大的勇士队的进攻，是一项艰苦卓绝的任务，这一点在一年前已经得到了证明。尽管詹姆斯可以与乔丹相媲美，但在最重要关头，他还是不如乔丹做得好。到2016年，詹姆斯已经参加了6次总决赛，与乔丹参赛的数目相同。区别呢？每次乔丹进入总决赛，他的球队都会赢得冠军，而詹姆斯则是2胜4负。

2016年的抢七生死战，是詹姆斯改写叙事的一次机会。

在前三节的比赛中，骑士队和勇士队你追我赶、不相上下。进入关键时刻，比赛还剩下3分39秒时，两队打成89平。时钟滴答不停，他们彼此不断失误。然后，不可思议的事情发生了。

在剩下不到两分钟时，凯里·欧文上篮失误，勇士队2015年总决赛最有价值球员安德烈·伊格达拉抢到篮板，发起2打1的快攻。伊格达拉将球传给斯蒂芬·库里，斯蒂芬·库里以一记弹跳传球回敬伊格达拉。在詹姆斯紧追不舍的情况下，伊格达拉接到传球、上篮，但詹姆斯不知从哪里冒了出来，跃过篮筐，双手将球狠狠击打在篮板上。

还剩下55秒，比分仍僵持在89分。凯里·欧文越过斯蒂芬·库里伸出的手，投中一个三分球，骑士队以92：89领先。终场哨声吹响的瞬间，斯蒂芬·库里最后一个三分球的尝试失败，骑士队完成了不可能完成的任务，成为第一支从1：3逆势翻盘，最终赢得总冠军的球队。

"克利夫兰，这是送给你的！"詹姆斯在赛后采访中说。他以27分，11个篮板球和11次助攻结束了第七场比赛，与杰里·韦斯特和詹姆斯·沃西一起，成为在总决赛第七场比赛中获得三双的球员。

詹姆斯把比赛变成了交响乐。"我觉得今晚我观看了一场贝多芬演奏会。"喝干了香槟的欧文说。

在2015年至2018年间，骑士队和勇士队连续4次在总决赛中相遇。2016年则是骑士队唯一一次击败勇士队的夺冠之年。下一个赛季，勇士队增加了凯文·杜兰特，他在2017年和2018年都被评为总决赛最有价值球员（FMVP）。在这些系列赛中，勇士队以8：1击败了詹姆斯和他的骑士队。

就像2010年，很明显，詹姆斯已经

2016年总决赛第六场的比赛中，詹姆斯腾空扣篮。

把骑士队带到了它所能达到的极限地位。在2016—2017赛季和2017—2018赛季，也是他在联盟的第十四个和第十五个赛季，他的上场时间在NBA是最多的。但每一次，骑士队都功亏一篑，铩羽而归。

2018年夏天，詹姆斯再次告别克利夫兰。这一次，他把自己的才华带到了好莱坞，与洛杉矶湖人队签约，开始拍摄《空中大灌篮Ⅱ》。

这一次，克利夫兰的球迷们像送皇室成员一样把他送走。詹姆斯为这座城市带来了自1964年以来的第一个重大体育赛事冠军。"詹王"归来，创造了历史。

2016年总决赛中,凯里·欧文突破德雷蒙德·格林的防守上篮。

2017
不安分的超级巨星

"我一生都不知道做第一的感受，"凯文·杜兰特在2012—2013赛季快结束时这样说，"我厌倦了做第二。"

他不是在谈论得分竞赛，虽然那个赛季他排名第二，但此前连续三年他都是得分王。

杜兰特的投篮水平不容置疑。24岁的他已经经历了自己的第六个NBA赛季，坊间开始议论说，杜兰特是有史以来最有天赋的得分手之一。

在他曾经效力过的每支球队，杜兰特都是"宇宙"的中心。但是一旦走出自己的球队，杜兰特很少成为第一。

在杜兰特成长的华盛顿特区，很长一段时间人们更加看好他儿时的伙伴和队友迈克尔·比斯利；高中时期，杜兰特排名第二，位列中锋格雷格·奥登之后；选秀大会上，奥登成为状元，尽管杜兰特在得克萨斯大学作为美国大学历史上唯一一名获得"美国年度最佳球员"的新生；进入NBA，他头顶的天空是勒布朗·詹姆斯所统治的王国；2010—2011赛季到2012—2013赛季期间三次MVP投票结果，杜兰特均名列第二。

为了追求第一，杜兰特两度做出抉择，均跻身自由球员史上最令人震惊的抉择之列。

篮球之神们开始创造完美球员时，我们见到了迈克尔·乔丹；当他们想换一个模板时，凯文·杜兰特出现在了我们面前。2007—2008赛季作为他的新秀赛季，杜兰特还是一位身高2.06米的得分后卫，但他很快长到了2.13米，并成为一名前锋，体型与技能的完美结合让他变得无可匹敌。

杜兰特流畅平稳、毫不费力的得分感觉，不禁让观察家们想起了乔治·格文；他杀手级的投篮本能，让人不由联想起雷吉·米勒；而他在场上长时间打拼的能力，堪与乔丹比肩。

杜兰特是球场上的一个不解之谜，没有防守队员能破解。如何能阻挡一个没有弱点的球员呢？詹姆斯，尤其是在他的早期，三分球命中率令人咋舌；沙奎尔·奥尼尔呢，罚篮命中率令人吐槽；但杜兰特呢，没有阿喀琉斯之踵那样明显的弱点。

2009—2010赛季，杜兰特场均得分30.1分，年仅21岁就成为NBA最年轻的得分王。他的俄克拉荷马城雷霆队，也将他们的纪录从前一年的23胜，刷新到了50胜，并在季后赛中赢得了一席之地。

那年夏天，杜兰特与雷霆队签订了5年的续约合同。管理层开始以他为核心逐步打造一支有长期竞争力的队伍，年轻的天才队员阵容中，包括拉塞尔·威斯布鲁克、詹姆斯·哈登和赛尔吉·伊巴卡。

很快，随着杜兰特羽翼丰满，雷霆队在季后赛中的成绩越来越好。格兰特的得分数字在季后赛中不断飙升。

2012年季后赛第一轮遇上卫冕冠军达拉斯小牛队，杜兰特战胜了德克·诺维茨基，把他们打出了季后赛；随后在西部赛区半决赛中对阵科比和洛杉矶湖人队，格兰特把他们也送回了老家。雷霆队出现在了总决赛中——是第一次，又似乎应该还有很多

次——但在5场比赛中输给了詹姆斯和迈阿密热火队，杜兰特未能戴上总冠军戒指。

雷霆队再也没能回到总决赛。

他在联盟中名列前三，2014年被授予NBA最有价值球员（MVP），并以优异的成绩获得了两次全明星赛最有价值球员。但是在雷霆队经历了7个赛季的低迷之后，他萌生了离开的念头。

在一个小市场为一支捉襟见肘的球队效力，杜兰特感到无力回天，他已经尽了最大的努力。再继续待下去，至多也就是屈居第二的位置。

所以，他要改写自己职业生涯的故事。2016年7月4日上午，杜兰特宣布他将与金州勇士队签约。后者刚刚在总决赛的抢七大战中，被克利夫兰骑士队打得痛彻心扉。

在勇士队，杜兰特有机会发挥出他更全面的风格，以便更好地展示他的技能。更重要的是，他有了赢得冠军的机会——非常好的机会。勇士队拥有篮球界最具活力的进攻阵容。有了杜兰特的加入，加上斯蒂芬·库里和克莱·汤普森，勇士队形成了史无前例的最致命投篮三人组。再加上德雷蒙德·格林及2015年总决赛最有价值球员（FMVP）安德烈·伊格达拉，勇士队组成了有史以来堪称最具天资的五人组合。

杜兰特没有选择打败对手，而是加入了对手的阵营。这个决定让人们产生了误解。

"'我选择了简单的出路。'"杜兰特重复着批评者们的话。"'容易？！'这真让我恼火，因为我从来就没有选择过简单的出路。"

杜兰特在马里兰州乔治王子郡长大，与哥哥托尼和母亲旺达·普拉特住在一起。妈妈做了多份工作来养活自己的孩子，因为没有足够的食物，他们经常会饿着肚子睡觉。

杜兰特8岁时，在一次露天场地跑步时，误进了附近的锡特普莱森特活动中心，立刻被那里的场景和声音迷住了。"那是一见钟情。"他谈到他和篮球的关系时说。

随着他的家在贫民区不断地从一个公寓搬到另一个公寓，只有球场成为他固定的活动场所。他把白天的时间都用来练球。有了篮球，生活就有了目标和希望，虽然那样的希望与他的现实生活格格不入。

2014年，杜兰特当选NBA最有价值球员。在新闻发布会上，他讲述了与哥哥托尼和妈妈搬进一套没有家具、尚未完工的公寓的故事。虽然地上光秃秃的，家里也没有什么东西来装饰，但那是一个他们可以称之为是自己家的地方。他们三个人站在是空荡荡的客厅里，互相拥抱，迟迟没有松开。

"我想，我们终于有了自己的家。"杜兰特流着泪回忆道。他转向坐在观众席上的母亲说到，"21岁的您，作为单亲妈妈，要养活两个男孩。您才是真正的最有价值球员。"

杜兰特转到勇士队，不仅仅道义上引起争议，而且超级巨星在全盛时期与另一支球队签约，几乎史无先例。"联盟历史上可能有一个人会真正理解我。"杜兰特说。

他说的那个人就是勒布朗·詹姆斯，他因转至迈阿密热火队而声名狼藉遭到诽谤。在杜兰特作为勇士队成员第一次访问俄克拉荷马城时，也受到了詹姆斯在克利夫兰受到的同样"礼遇"。他招来观众阵阵的嘘声，还有雷霆队工作人员的冷脸。

"当我走进球场时，感受到了一种怨毒的气氛，"他回忆道，"就因为我离开了一支球队，加入了另一支球队吗？"

杜兰特曾经把一切都献给了俄克拉荷马城。他向当地龙卷风受害者捐赠了100万美元，也把自己融入了当地社区。但他离开时，他不得不安慰母亲旺达·普拉特，因为妈妈看到球迷向儿子的雷霆队球衣开枪射击的视频，非常烦乱、忧心忡忡。

"因为这一点，我再也不会依恋那个城市了。"他心寒地说。

加入勇士队，杜兰特得到了他一直想要的东西。

在他为勇士队效力的第一个赛季，球队就打入了总决赛，与詹姆斯和骑士队再次"骑勇大战"。在第三场比赛中，当时间剩下不到一分钟的时候，勇士队领先3分，杜兰特控球，随着时钟的滴答，他投了一个戏剧性的三分球，嗖，中了，胜局锁定。两场比赛后，勇士队捧上了冠军奖杯。杜兰特击败了詹姆斯，场均超过35分，并有8个篮板球，5次助攻和1次抢断，一次盖帽，他被评为总决赛最有价值球员。

第二年即2017—2018赛季，两队再次在总决赛中相遇。同样在第三场比赛中，似曾相识的时刻，只是这一次勇士队落后两分，杜兰特在第四节快结束时在弧线顶端投进了三分球，杜兰特和他的勇士队夺得了冠军。"他是与我交过手的最好的球员之一，也是这个联盟见过的最优秀的球员之一。"詹姆斯在赛后说。

这次勇士队横扫骑士队。杜兰特连续第二年被评为总决赛最有价值球员，与乔丹、哈基姆·奥拉朱旺、沙奎尔·奥尼尔、科比和詹姆斯一道成为NBA历史上仅有的连续获得此项殊荣的球员。

杜兰特不再是"千年第二"了，但他并未因此而满足。

"我们当初得到杜兰特的原因，也正是我们失去他的原因。"勇士队教练史蒂夫·科尔说，"他永远不知道停歇。"

在勇士队的第三个赛季，他马上就要成为自由球员了，杜兰特在期待着另一个变化。他可能被认为是联盟最好的球员，但是勇士队球迷的心属于斯蒂芬·库里。在这一点上，杜兰特依然屈居第二。

2018—2019赛季，格林在一场全国电视转播的比赛中与杜兰特发生了争吵。两人在场外争论不休，因为格林说他缺乏承诺，说他一只脚已经迈出了勇士队的大门了。

虽然已经出现了不好的苗头，但勇士队仍然准备好了再一次进行冲击。他们打入了总决赛，这次是面对多伦多猛龙队。由于在对阵休斯敦火箭队的第二轮比赛中受伤，一直高挂免战牌的杜兰特，在总决赛第四场以1:3落后的情况下复出。但仅仅上场11分钟，杜兰特就拉伤了跟腱。勇士队在6场比赛中败下阵来，夺冠的希望化成了泡影。

是时候再做出改变了。经过整整一个赛季的谣言，杜兰特与布鲁克林篮网队签约。新的挑战，新的检验场，一个攀登NBA最大市场的金字塔顶的机会，一个为他进入篮球名人堂可以创造资本的地方——尽管由于他的跟腱受伤，意味着他必须再缺席一个赛季才能重新披挂上场。

对杜兰特来说，赌注十分简单。"就是我有另一次机会为另一支球队效力，"他说，"没什么大不了的啊。打球是我自己的事儿，我可以到任何地方打，所以我就这么做了。"

NBA全明星赛场均得分排名

1.	扬尼斯·阿德托昆博	27.3分
2.	凯文·杜兰特	25.0分
3.	勒布朗·詹姆斯	24.1分
4.	拉塞尔·威斯布鲁克	21.6分
5.	保罗·乔治	20.7分

2011季后赛中,扣篮之后的凯文·杜兰特。

2018
数据分析与三分球革命

詹姆斯·哈登，NBA 的头号得分王，投出一个三分球。咣当——球落在篮筐前部。两个回合之后，火箭队队友埃里克·戈登运球急停，也投出一个三分球。咣当——又没有中。很快，哈登绕过一个双人组夹攻，把球传给了角落里空位的特雷弗·阿里扎。

整个 2017—2018 赛季，三分球无疑成为火箭队最具杀伤力的武器。火箭队一共尝试了 3470 次三分球，比其他任何一支球队都多上 500 次。

但是现在，随着赛季的进行，他们的三分球似乎不那么奏效了。

这是 2018 年西部赛区决赛的第七场比赛，休斯敦火箭队对阵上届冠军金州勇士队，两队都布置了联盟有史以来最为气势汹汹的进攻。

两支球队一直在完善现代篮球的模式，他们是三分球革命的标志性队伍。

勇士队多年来一直采用三分球击垮对手，他们围绕有史以来最优秀的射手斯蒂芬·库里和克莱·汤普森所组成的后场，创造了勇士队的一个王朝时代。不过火箭队采用了更多的远距离投篮。荣膺 2018 常规赛季最有价值球员（MVP）的哈登，以每场 10 次三分球在联盟中保持领先。火箭队的总经理达里尔·莫雷，此前是一名统计员，他根据数据驱动的进攻愿景，组建了一支球队阵容，这一愿景就是力求在弧线之外和罚球线处摧毁对手。

但是到了抢七大战的中场休息时，火箭队远距离 21 投只有 1 中，正迈向他们 44 投 37 次失误的路途中。他们一度连续 27 投不中。多年的数字运算无法解释这样的"寒流"现象。这个计划后院起火了。

2017—2018 赛季，三分球呈燎原之势。NBA 球队平均尝试了 2378 次三分球（每场平均 29 次）。30 年前，这个数字还只有 410 次（每场平均 5 次）。举例而言，在 2015—2016 赛季，斯蒂芬·库里一个人就投出了 402 次三分球。这场革命如此富有戏剧化，以至于 2000—2001 赛季的豪门球队（凯尔特人队，1633 次），如果是在 2017—2018 赛季，则只能排名垫底。

对于所有研究比赛得分的高级分析方法而言，数学道理再简单不过：三分胜过两分。波士顿凯尔特人队的前锋安东尼·沃克，2000—2001赛季在NBA夺得三分球最高分，他这样推理：之所以投了那么多三分球，是"因为没有四分球"。

很奇怪，各支球队花了这么长时间才

NBA单场三分球命中记录排行榜

1. 克莱·汤普森　　　14 次（2018 年）
2. 扎克·拉文　　　　13 次（2019 年）
   斯蒂芬·库里　　　13 次（2016 年）
3. 斯蒂芬·库里　　　12 次（2016 年）
   唐耶尔·马绍尔　　12 次（2005 年）
   科比·布莱恩特　　12 次（2003 年）

2018年季后赛，詹姆斯·哈登对裁判的哨声表示不解。

开始拥抱三分球。1945年，三分球在美国大学生篮球联赛中被短暂地试行，但直到20世纪60年代末，ABA联盟开始采用三分球规则，这才让三分球得以流行起来。当时三分球被称作"本垒打"，感谢路易·丹皮尔这样的球员，ABA联盟的球迷们得以管窥三分球的未来。路易·丹皮尔每场比赛平均投出7个以上的三分球。

直到1979—1980赛季，NBA才引入三分球规则。但三分球在当时仍遭到质疑，《纽约时报》称之为"耍花招"投球。

菲尼克斯太阳队的教练约翰·麦克劳德表示说："这可能改变每节末尾的比赛结果，但我不会安排球员在7米外投篮。我觉得那样很无聊。"凯尔特人队总裁奥尔巴赫也认为，三分球只是为了提高糟糕的电视收视率。在首次采用三分线的那个赛季，亚特兰大老鹰队每场比赛三分球的尝试平均还不到一次。

凯尔特人队的全明星拉里·伯德，是第一批经常使用三分球作为武器的球员之一。他可以从任何地方投篮，而且从不感到有什么难为情。1986年，凭借他的人气，NBA上演了第一场三分球比赛。比赛开始前，伯德走进更衣室，打量了一下他的对手们。"你们谁会得第二？"他用印第安乡音拖腔拖调地问道。没有悬念，伯德赢得了三分球大战，他甚至都没有费心脱下他的热身行头。

1994—1995赛季，NBA尝试将三分线移近篮筐，以鼓励更多的三分球投篮。三分球投篮率上升了，不久后联盟又将三分线移回其原有位置，然而三分球投篮率还是保持了上升趋势。

20世纪90年代见证了一波三分球明星的浪潮，其中包括雷吉·米勒，这位傲慢的印第安纳步行者队球星，开创了三分球高手的新时代；雷·阿伦的成绩则更为惊艳。他是一个冷血得分手，历经18个赛季后于

2014年退役，共投出2973个三分球，创NBA史上职业生涯的最高值。

但是到阿伦退役时，仍然没有哪支球队可以围绕三分球投篮建立起一个球队阵容。因为在大家看来，三分球只是"甜品"，而非"主食"。

变革之风始于2012—2013赛季斯蒂芬·库里的突破性表现。斯蒂芬·库里是才华横溢的得分手戴尔·库里的儿子。他有着惊人的天赋，还在他4岁的时候就已经显现出投篮的技巧。斯蒂芬·库里就是一个天才，他的三分球华丽大方，快如闪电，可以轻松穿过半个球场。2013年，他投中了272个三分球，打破了雷·阿伦的单赛季纪录。接下来的6个赛季当中，他又4次超越了自己的纪录。

斯蒂芬·库里还不是自己球队中最高效的投篮手。最高效投篮手的荣誉应属于克莱·汤普森。除了教科书上的投篮方式，汤普森还掌握了抓投的艺术，最大限度地减少了时间或动作的浪费。

有一场比赛中，克莱·汤普森得了42分，其中包括7个三分球，并且在整场比赛中只运球4次。2015年1月23日，汤普森凭借创纪录的9个三分球，一节就拿下37分。勇士队主教练史蒂夫·科尔在乔丹的全盛时期曾与乔丹并肩作战，赛后他对此感到十分钦佩。"乔丹有很多惊人之举，他每场比赛都让人惊艳，"科尔说，"但我从没见他这样做过。"

随着三分球占据中心舞台，得分纪录纷纷被打破。2016—2017赛季，汤普森成为最快获得60分的球员——用时不到30分钟，部分归功于他14投8中的三分球。2018年10月，他在一场比赛中创纪录地投中14个三分球。

三分球时代是由斯蒂芬·库里和克莱·汤普森这样的一代天才所开创的。但它的繁荣，很大程度上是篮球大数据崛起的产物。

对数据的依赖正在改变裁判对球员们进行评估的方式。突然间，一个球员能跳多高，变得不如他的投篮动作和投篮速度重要了。

数据的分析，也使那些几乎从不冒险、远离罚球区的传统大个子灭绝了，并对外线打法给予了新的重视。

教练的策略也改变了。教练也许不会让球员攻入篮下，而是让他们跑动到底角，那里是离篮筐最近的三分球距离。

"数据分析是我们现在做的所有事情当中不可缺少的一部分。"NBA总裁亚当·肖华在2017年曾经说道。

在休斯敦火箭队，总经理达里尔·莫雷亲自领导着这项数据分析工作。他曾在麻省理工学院学习，因将统计分析应用于篮球而名扬篮坛。在波士顿凯尔特人队中崭露头角后，他于2007年加入了火箭队。

莫雷正在组建一支围绕三分球战术的球队，尤其是围绕詹姆斯·哈登。

作为一名致命的投篮手和优秀的控球手，哈登要么创造自己的三分球投篮机会，要么带球上篮以吸引对方的防守球员，然后把球从内线传给已经做好三分球投篮准备的队友。

莫雷甚至聘请了麦克·德安东尼这位21世纪初为太阳队规划"七秒或更少"快攻风格的策划师，来指导球队训练。

2012年签约哈登后，火箭队在除一个赛季之外的所有赛季中都以三分球数量多领先NBA，但在那个例外的赛季，他们也获得了第二名的成绩。2015年，火箭队创造了投中894个三分球的纪录。4年后的2019年，他们投中了1323个三分球。2018—2019赛季，他们每场投中45.4个三分球，再次刷新纪录。

那个赛季，哈登创纪录地每场投出13个三分球。到赛季结束时，哈登平均每场得分36分，只有威尔特·张伯伦和迈克尔·乔丹单个赛季的场均得分比他高。

三分球革命带来了激动人心的篮球观感和高高的得分数，也帮助提高了火箭队与勇士队系列赛的电视收视率。但是，让球队从远处随意投篮的统计模型，无法预料到像火箭队中这样的投篮好手也会连续27次失误。数据是冰冷的，它没有考虑到球员是人而非神。

火箭队在寻求从外线建立一支冠军球

2008年，雷·阿伦投球后凝神不动。

队的探索失败了，但篮球比赛已经得到了完善。远距离投篮从奇观演变为罕见的武器，更成为球队制胜所必不可少的装备。

时间会告诉我们，这场革命到底会走多远。

NBA职业生涯三分球命中数排行榜

1.	雷·阿伦	2973个
2.	雷吉·米勒	2560个
3.	斯蒂芬·库里	2495个
4.	凯尔·科沃尔	2437个
5.	詹姆斯·哈登	2296个

2016年，克莱·汤普森演绎他完美的跳投。

2019
"字母哥"和NBA人才全球化

"我要感谢上天赐予我惊人的篮球天赋。"

被中国球迷们昵称为"字母哥"的扬尼斯·阿德托昆博,九步过全场,从罚球线一步起飞扣篮,他的体型使他获得了"希腊怪胎"的绰号。

"谢谢上天让我到达今天这个位置。"来自希腊的一个穷孩子,走到今天成为NBA的一位超级巨星。

"我要感谢管理层对我的信任。"

因为管理层不仅敢把重担放在一个几乎没有受过训练的瘦高个儿身上,还以他为核心打造了一个团队。

"字母哥"离开麦克风,擦了擦眼里流出的泪水。

"这仅仅是一个开始。"

"字母哥"最早的篮球记忆,来自希腊雅典赛普利亚社区的室外球场。他的父母在他出生前就从尼日利亚的拉各斯移民到了希腊。由于希腊移民法的限制,这对夫妇无法获得工作许可,所以"字母哥"在贫困中长大,他和4个兄弟中的一个人共穿一双运动鞋。不打球的时候,他会在雅典的街道上兜售一些手袋和手表来赚钱补贴家用。

"字母哥"13岁时,一名在希腊移民社区搜寻的当地球探,看到一个又高又瘦的孩子在街上玩球,于是安排他到当地的青年球队打球。

"字母哥"很快就到远在郊区的一个体育馆参加训练。球队每天训练两次,"字母哥"要早早起床,走上8千米的路程。每天训练结束时,他经常累得不能动弹,索性就睡在健身房,睡在角落里放着的垫子上。

"字母哥"敏而好学,又极富天资。在他的心中,他是一个控球后卫。他会攒钱去当地的网吧看阿伦·艾弗森的视频集锦,一美元可以看半个小时。他没有预料到在他被选秀时,他的身高已经长到了2.08米。否则在他进入NBA后,他需要一直长身高才行。

到"字母哥"的18岁生日临近时,一个有天赋的希腊孩子在打篮球的消息已经传开了。NBA球探开始出现在他的比赛现场,这比观看被人送回的粗糙视频片段要精彩得多。2012年,有人做主为他签约,下一个赛季到西班牙的一家高水平的俱乐部打球。但他并未成行。

2013年NBA选秀大会上,密尔沃基雄鹿队以首轮选秀第15顺位选择了这位来自希腊的少年。

"我第一次听说雄鹿队,"他后来说,"还是在我参加选秀的时候。"

对大多数人来说,"字母哥"可能是一个谜,但雄鹿队选择"字母哥",并不完全令人惊讶。多年来,雄鹿队一直在寻找下一个德克·诺维茨基这样来自海外的瑰宝,具有不寻常的秉性,最好还具有成为伟大球员的根基。他们曾经有过许多尝试。如尼克洛兹·斯基蒂什维利(2001年首轮选秀第5顺位)、安德里亚·巴格纳尼(2006年状元秀)和里基·卢比奥(2009年首轮选秀第5顺位)都是NBA球队冒险尝试的

欧洲球员。在"字母哥"开始崛起之后，这种趋势仍在继续，首轮选秀布鲁诺·卡波科洛、克林特·卡佩拉和德拉甘·本德尔就是明证。

但是，就像因为有凯文·加内特和科比·布莱恩特这样的天才高中生球员，于是出现了选择高中生的跟风现象一样，各支球队现在急于吸纳国际球员，也只会突显像德克·诺维茨基或"字母哥"这样的天才是多么地可遇而不可求。

如果"字母哥"命中注定要成为伟大的球员，但在一开始并没有明显的迹象。他是一个眼界开阔的新人。他在推特上宣称他喜欢吃冰沙，对他进入的新世界感到很新鲜。尽管粉丝们都很头疼怎样念他的名字，但他表现得轻松自在，很快就成了粉丝们的最爱。粉丝们确定了对他的昵称：起初是"字母哥"，后来又有了"希腊怪胎"。

像"字母哥"这样的球员很少见。他身强力壮，可以胜任中锋；足够修长的身材和良好的协调力，可以跑边锋；又具备控球后卫的球技和本能——再加上对球场另一端也具有毁灭性的打击能力；他长臂轻舒，灵活控制身体与篮网之间的距离。对"字母哥"而言，未来充满了各种可能性。

"字母哥"的潜力尚未完全开发，但才能初显锋芒。他从罚球线上迈出一步，就可以随意扣篮。他看起来像是把自己传送到了球场的另一端，把球钉在篮板上。他弹跳力很好，甚至可以用手肘封盖。

多年来打控卫的努力，让他成了NBA身材最高的进攻组织者。最初的几个赛季，他增强了肌肉，成为一名凶猛的篮板手，并努力克服他唯一真正的弱点：投篮。

在"字母哥"的第三个赛季，他锋芒毕露，大放异彩。在第一场比赛中，他当

"字母哥"成功突破两名凯尔特人队后卫上篮得分。

仁不让，夺得 27 分——死亡之扣、霸道运球，另加一个三分球。这样的几场比赛之后，他打电话给他的经纪人。

"我每天晚上都可以这样打。"他对自己的感觉激动不已。他当时处于青涩的 20 岁。

从小到大，"字母哥"的梦想就是进入 NBA。而现在，他想得更多了。

2017 年，22 岁的"字母哥"首次入选全明星阵容。尽管他缺少至关重要的三分球，但球迷们还是把他选进了首发阵容。同年，"字母哥"获得 NBA 进步最快球员奖，成为第一个在所有五大统计类别（得分、篮板球、助攻、抢断和盖帽）中均名列前 20 名的球员。

他的上升趋势仍在继续。他渴望卓越。当他向老将们征求建议时，他会首先拿起笔和纸，虚心记录。他全身心投入，成了雄鹿队训练馆的常客。像在希腊一样，有时他干脆睡在训练馆里。

年复一年，"字母哥"的进步异乎寻常。他把自己曾经骨瘦如柴的骨架，重新组装成了一个看似用大理石"雕刻"的新骨架，而且他的身高也已经接近 2.13 米。他在球场上的速度和控制力，已经没有办法将他阻挡在三秒区之外，也没有办法阻挡他进入篮下。更重要的是，他现在似乎正想尽一切办法在体力上战胜对手，处处强悍攻守。那个青涩少年，早就脱胎换骨、破茧而出了。

2018—2019 赛季，他已经成为比赛中最具破坏性的力量，可以说是自沙奎尔·奥尼尔以来在低位最不可阻挡的力量了。他的 273 次扣篮在 NBA 排名第二，也是前 10 名中唯一的非中锋球员。

"字母哥"带领雄鹿队在本赛季取得了 NBA 的最好成绩，获得 60 场胜利。赛季结束后，这位 24 岁的球员，他估计自己只发挥出了 60% 的潜力。

"字母哥"已经蹿升到了榜首，然而 NBA 国际天才数量的增加也令人目瞪口呆。全球球探的发展，使得球员从国外进入 NBA 的途径比以往任何时候都更加便捷。在达拉斯独行侠队，卢卡·东契奇正在创造他自己的辉煌。与"字母哥"不同，没有球队为东契奇孤注一掷。东契奇作为 2018 年探花秀被亚特兰大老鹰队选中，他 18 岁时就已经成为欧洲联盟的最有价值球员（MVP）和冠军。其他像"字母哥"和丹佛掘金队中锋尼古拉·约基奇会继续证明，各球队缘何会在全球范围内继续发掘人才。

2019 年，NBA 的年度奖项证明了联盟的人才已经走向全球化。东契奇被评为年度最佳新秀，帕斯卡尔·西亚卡姆获得进步最快球员奖；鲁迪·戈贝尔成为年度最佳防守球员。

11 年前还在雅典郊外体育馆里留宿的"字母哥"，11 年后荣膺最有价值球员。

2020 年 9 月 19 日，"字母哥"再次当选常规赛最有价值球员（MVP），成为 NBA 历史上第十一位蝉联 MVP 的球员。2021 年 3 月 8 日，"字母哥"在全明星赛中砍下 35 分、7 个篮板球、3 次助攻，获得全明星 MVP。2020—2021 赛季，"字母哥"率领雄鹿队高歌猛进，总决赛 4：2 击败太阳队，夺得队史上的第二个总冠军。"字母哥"获得总决赛最有价值球员。

2020
NBA 的炒作机器

所有的目光都聚集在锡安·威廉森身上。

这位杜克大学前锋，也是 2019 年 NBA 的"准状元"，正在进行他第一个，也是唯一一个大学生涯赛季的历史性表演。这一切都促成了这位 18 岁少年的传奇，他拥有惊世骇俗的体能天赋和异常劲爆的打球技巧。

身高 1.98 米，体重 129 千克，锡安的垂直跳跃纪录是乔丹式的 1.14 米。他可以越过中线向对方半场反弹传球，也可以轻松从三秒区跃起封盖对方的三分球。他的空中接力和扣篮就像查尔斯·巴克利和肖恩·坎普一样一气呵成，不过他全场达到了 11 次。锡安进入 NBA 时，体重在全联盟排名第二，仅比身高 2.21 米的巨人博班·马扬诺维奇轻 2.27 千克。锡安的系列精彩动作描述，占领了全国性的体育节目和网站，经常占据当天 NBA 比赛中的头牌地位。

随着选秀的临近，联盟中实力较弱的球队竞相垫底，希望借此获得第一名选秀权。不巧的是，NBA 改变了抽签规则，使得本赛季排名倒数前三名的球队，享有同等的机会选中首轮状元。这虽然有些许效果，但几乎无法阻止弱势球队的努力。毕竟，在选秀中获得锡安，将使他们成为最大的

2003年，高中四年级的勒布朗·詹姆斯。

2020年NBA全明星新秀赛中的锡安·威廉森。

赢家。锡安很可能是一代天骄，他不仅能帮助球队赢得比赛，还可以把更多的球迷吸引到看台上，当然还可以卖出更多的球衣，并提升电视收视率。

2月下旬的一个晚上，430万名美国观众创纪录地将电视频道调到ESPN体育节目，以观看锡安率领的杜克大学队对阵北卡罗来纳大学队。比赛开始的第一个回合，他接球在手，正打算以左脚着地转身，不想却扭伤了膝盖。瞬间的力量导致锡安的脚踩爆了他的耐克运动鞋。

结果第二天，耐克公司的股价下跌了1%。

膝伤促使包括斯科蒂·皮蓬在内的专家和球员公开劝诫锡安不要参加其他大学赛季的其余比赛了，因为再过几个月就有机会成为NBA超级巨星了，现在继续参赛会导致风险太大。但无所畏惧的锡安回到了季后赛，并被评为大西洋海岸联盟（ACC）分区锦标赛的MVP。他的投篮命中率达77%，和凯文·杜兰特一样，成为唯一一位在联盟比赛中场均得27分和10个篮板球的大学新生。

锡安这次受伤，炒作铺天盖地。他是自2003年勒布朗·詹姆斯以来最受期待的NBA新秀。像詹姆斯一样，锡安似乎拥有一切优势。他是比赛场上的王者，脸上挂着随时进入麦迪逊大道一般的微笑。他的名字已经如雷贯耳。和拉里、沙奎尔、詹姆斯一样，他不需要昵称或姓氏，叫他锡安就可以了。

早在他的比赛被电视转播之前，锡安就已经拥有了忠实的拥趸。在他宣布选择大学时，他高中阶段的有关篮球的视频已经在 YouTube 和 Instagram 上获得了数百万次的浏览量。视频显示，一名大男孩向束手无策的孩子们凶猛暴扣。

他的那些扣篮，让人想起全盛时期的"不明飞行物"文斯·卡特，二人所不同的是，锡安就像一个橄榄球场上的防守前锋。事实上，在橄榄球狂热的南卡罗来纳州长大，他本可以成为一名橄榄球运动员，但他的学校没有橄榄球队。于是，锡安加入了篮球队。

毕业的时候，锡安已经闻名遐迩。2018 年，就有人看见说唱歌手德雷克和美国职业橄榄球大联盟（NFL）明星小奥德尔·贝克汉姆等公众人物穿着他高中时期的球衣。凯文·杜兰特等 NBA 巨星也称赞了他"绝代"的运动天赋。

昔日的偶像，像朱利叶斯·欧文和迈克尔·乔丹，甚至扩展到詹姆斯，刚刚进入 NBA 的时候，很多人对他们并不十分了解。人们需要阅读有关他们的故事，才会相信他们的传说。对于锡安，则完全不必，只需要看看手机上的新闻，就什么都知道了。

锡安选择了杜克大学蓝魔鬼队这样一支美国最广为人知的球队，他称其为"一个商业决策"。

到杜克大学后，锡安的受欢迎程度又上了一个台阶。他身高臂展，势不可当，被誉为无私好队友。即使是在大学体育界最不讨人喜欢的球队中担任主角，锡安自己也非常讨人喜欢。这一点被品牌商们注意到了。

在 2019 年选秀抽签中，新奥尔良鹈鹕队获得了第 1 顺位的选秀权。由于新奥尔良鹈鹕队超级巨星、大个子安东尼·戴维斯被交易到洛杉矶湖人队，锡安将从第一天开始就担当起球队核心球员的角色。

各大公司争先恐后希望锡安自信的微笑能成为其产品线的标志。据报道，乔丹品牌商与他达成了价值 7500 万美元的交易，这是自詹姆斯 16 年前以来最大的新秀交易。"王者驾临"，一个宣传广告以此宣告了与锡安的合作。佳得乐饮料、山露威士忌酒及其他一些品牌也加入长长的赞助商名单中。

锡安的非官方首次亮相是在拉斯维加斯举行的 NBA 年度夏季联赛上，体育馆的票被球迷们抢购一空。锡安打起球来就像是来自另一个星球的物种一样。他是一个庞然大物，扣篮就是一切，他几乎是从对手手中把球撕扯过来。但因为再次受伤，他在拉斯维加斯的出场时间被缩短了。在季前赛中，他满血复活，恢复到了最佳状态，表现得比以往任何时候都更加出色。

锡安场均得分 23.3 分，是自 2006 年联盟开始跟踪记录以来，新秀们在首次季前赛中的最高榜位。他的投篮命中率高达 71.4%，令人匪夷所思。在与身高 2.13 米的犹他爵士队中锋、两届年度最佳防守球员鲁迪·戈贝尔的单挑中，锡安毫不费力地在篮下击败了他。

这就是锡安。他的篮球新秀卡在他真正打比赛之前，就已经卖到 10 万美元了。不久，这个价码还会升高。

2019 年 10 月 22 日，锡安右膝半月板撕裂。在新秀赛季的前三个月，伤病让他无法上场。与此同时，人们在担忧最坏的结果。巴克利和詹姆斯的形象正在褪色，取而代之的是比尔·沃尔顿和格雷格·奥登。

现代炒作机器早在选秀之前，就已经把锡安变成了一个超级巨星。目前，他的传奇仍在续写之中。锡安·威廉森只承诺了一件事："我将震惊世界。"他在 2016 年这样说，当时对他的炒作刚刚开始。三年后，当他与耐克公司的"乔丹品牌"签约时，迈克尔·乔丹亲自发表了一份关于这位 NBA 最大神童的声明。

"他告诉我们他将震惊世界，并让我们相信他，"乔丹说，"我们相信。"

2020 年 1 月 22 日，锡安·威廉森终于首次亮相 NBA。他果然不负众望，上演了球迷们耐心等待已久的、让篮筐哐哐作响的精彩表演。不到一个月，他成为自乔丹以来第一个连续 4 场比赛场均得分至少 25 分，投篮命中率超过 57% 的新秀。在 19 场比赛中，他已经积累了超过 50 次扣篮。锡安，值得等待。

NBA史上新秀场均得分榜

1.	威尔特·张伯伦	37.6 分
2.	沃尔特·贝拉米	31.6 分
3.	奥斯卡·罗伯特森	30.5 分
4.	卡里姆·阿布杜尔·贾巴尔	28.8 分
5.	埃尔文·海耶斯	28.4 分

2020
角色球员：红花旁边的最强绿叶

此时，正值2019年NBA总决赛第六场，弗雷德·范弗利特火爆全场。这位多伦多猛龙队的后备控球后卫，他的关键性进球及在场上对斯蒂芬·库里的严防死守，奠定了球队在只有几分钟时的胜局，并将卫冕冠军金州勇士队淘汰出局。这也是后者在甲骨文球馆进行的最后一场比赛。

第四节猛龙队落后三分，他突破一名防守队员急停投篮，三分球命中把比赛扳成平局。嗖！仅仅过了一会儿，猛龙队再次落后2分，他又高难度命中三分球，完成反超，即使斯蒂芬·库里紧贴着他也无法阻挡。

三年前的2016年，来自威奇塔州立大学的范弗利特，在NBA选秀中没有被选中。球探们说他身材太矮小、动作太缓慢。他们无法想象他能操控NBA球场上的比赛，他们忽略了他连续三年带领一所寂寂无闻的大学篮球队打入美国大学生篮球联赛（NCAA）锦标赛的那些无形潜能。

一次季前赛选拔赛后，范弗利特签约NBA的发展联盟并在那里度过了第一个赛季的大部分时间。进入NBA后，他扮演了一个替补队员的角色。现在，24岁的他，正在拼战一场总决赛。

比赛还剩下不到4分钟，比分101平。范弗利特交叉运球，越过勇士队的防守，然后退后投中一个三分球。在剩下的比赛中猛龙队保持领先优势。你会以为你在看一场NBA空中大灌篮——唯一漏掉的是，他脚上的运动鞋冒出来的"电光石火"。

范弗利特在第四节得到12分，在整场比赛中得到22分，猛龙队斩获冠军。统计总决赛最有价值球员（FMVP）票数时，发现科怀·伦纳德获得了11张选票中的10票，另一票是投给范弗利特的。

NBA的故事，是由明星们及由他们所推动而走向辉煌的球队来书写的。从埃尔金·贝勒到科比·布莱恩特，出现了一系列传奇人物，他们的球衣被高高悬挂在球馆的穹顶上。但是每支杰出球队的成功背后，都离不开那些并未受到赞美的角色球员的默默奉献。

角色球员形形色色，可以是一个全方位替补第六人，也可以是一个有一套专门技能的首发球员。接受一个看似并不重要的角色，拥抱他并呵护其茁壮成长，这需要一种殊异的心态。

想想看，如果你被选入NBA，很可能是因为在你的成长过程中，你不仅是某球队中最好的球员，而且也是你所在城市或地区最好的球员。但是，一旦你进入NBA，你就进入了一个全新的篮球世界。

能够出现在大屏幕上的名字，只是凤毛麟角。在篮球的世界里，角色球员就是绿叶，就是芸芸众生。

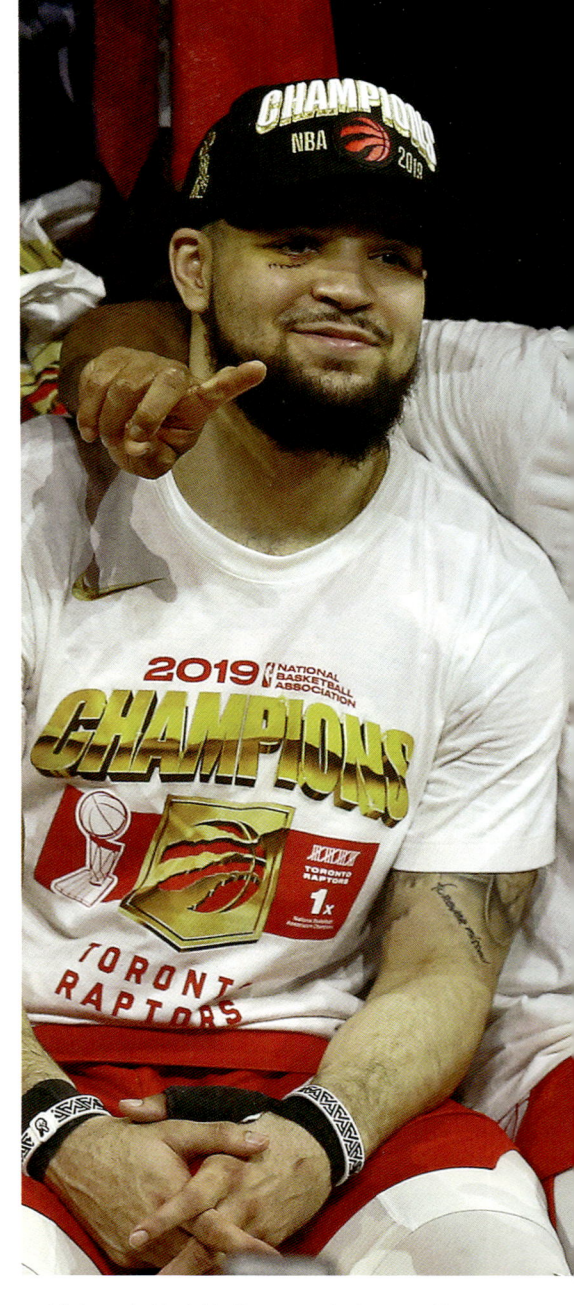

到了NBA，你就是跑龙套的演员，你的角色被前所未有地削弱了。球的控制权从你手中被拿走了，你被要求到边缘去发挥你的影响力。你抢位挡人，你艰难抢球，却要把球送到当家明星手中，默默奔波球场，做无名英雄。在大学里，杜克大学的J.J.雷迪克是一个不折不扣的超级巨星，在大学篮球史上排在前20位，但在NBA他只是一个替补定点投篮手。在初期的过渡阶段，教练甚至让他去观看百老汇的表演，借此研究配角演员们的动作和时间把控。

以一种全新的视角，范弗利特接受了

自己的NBA命运，并因此打造了自己漫长的职业生涯。

史蒂夫·科尔获得成功，正是因为他怀着一种角色球员的心态加入了NBA。他从未质疑过自己在NBA排名中的位置。在亚利桑那州上大学的时候，他从来都不是球队的头号得分手。他在1988年第二轮选秀第50顺位被菲尼克斯太阳队选中。当他在1994年与芝加哥公牛队签约时，他已然掌握了如何作为明星陪衬的艺术。他从公牛队替补席上成长为一名值得托付的得分手。

史蒂夫·科尔出生于贝鲁特，在当地的语言中意思为"多井之城"。尽管科尔在球员生涯一直扮演角色球员，但他像"多井之城"的意义一样，屡屡成为球队的"水井"，在球队最需要的时候，像提供水源一样提供关键得分。

菲尔·杰克逊和迈克尔·乔丹领导下的公牛王朝，知道角色球员可以发挥多么重要的作用。从霍里斯·格兰特、约翰·帕克森，再到最受欢迎的角色球员丹尼斯·罗德曼，唯有乔丹和他周围的角色球员齐心合力，芝加哥公牛队才变得不可战胜。

1993年总决赛的第六场比赛中，迫不得已之下，乔丹把球传给了帕克森。约翰·帕克森在比赛只剩下不到4秒的时候，一计神投完成一个三分绝杀，助公牛队斩获第

2019年NBA总决赛第六场赛后，弗雷德·范弗利特与队友合影。

三个总冠军。4年后的1997年，在总决赛对阵犹他爵士队的第六场比赛中，科尔发现自己处于同样的情势之下，只见他抓住关键时机，完成"最后一投"，帮助公牛队荣膺乔丹时代的第五个总冠军。

2003年，37岁的老将科尔身处另一个王朝——圣安东尼奥马刺队，再次在关键时刻脱颖而出。他在季后赛中上场很少，但是在西部赛区决赛第六场比赛中，圣安东尼奥马刺队对阵达拉斯小牛队，科尔投

247

2000年，罗伯特·霍里坐在湖人队的替补席上。

进了他的第四个三分球，扭转了局势，使马刺队打入了总决赛。

超级明星在全场比赛中光芒四射，拥有足够的时间并可以掌握自己的节奏，但最好的角色球员随时准备着，并知道如何能发挥立竿见影的作用。

但角色球员影响一场比赛或者系列赛，并不仅仅依靠投篮。可能是一个及时的封盖，就像在2004年东部赛区决赛中，雷吉·米勒快速上篮，活塞队泰肖恩·普林斯从后场狂奔而至，奉献经典的追身钉板大帽，扑灭了步行者队追平比分的希望；抑或可能是一个进攻篮板球，就像在2013年总决赛中，迈阿密热火队克里斯·波什抢下关键篮板并助攻雷·阿伦三分球命中，将比赛拖入了加时赛。加时赛中，波什在关键时刻两次盖帽，封盖了圣安东尼奥马刺队丹尼·格林可能追平的压哨三分球。

湖人队和凯尔特人队两大豪门相生相杀，成就了有史以来最杰出的一批球星，但也正是角色球员在过去几十年里帮助巩固了球队的地位，如约翰·哈夫利切克、弗兰克·拉姆西、唐·尼尔森、K.C.琼斯、杰拉德·亨德森等凯尔特人队球员；还有帕特·莱利、迈克尔·库帕、埃·斯·格林、德里克·费舍尔、罗伯特·霍里等湖人队球员。

也许没有哪个角色球员，会像罗伯特·霍里那样成功打造了自己的职业生涯。1992年，霍里以首轮选秀第11顺位被休斯敦火箭队选中，很快找到了自己作为一

新冠疫情迫使NBA停摆

2020年3月11日，在犹他爵士队和俄克拉荷马城雷霆队的比赛前，犹他爵士队的法国中锋鲁迪·戈贝尔核酸检测阳性，确诊感染新冠肺炎。随后NBA官方宣布2019—2020赛季余下所有比赛暂时中止，NBA联盟进入停摆。

这是NBA历史上第六次停摆，前5次都是因为劳资谈判无法达成一致而被迫停摆，而此次赛季中期因为新冠疫情停摆，在NBA历史上还是头一次。

NBA首次停摆是1964年，由于球员利益没有得到保护，球员工会的地位没得到承认，球员工会组织球员以罢赛手段向联盟施压。全明星赛前一个小时，包括张伯伦、拉塞尔在内，多位球星宣布退出比赛，并拒绝参加之后的比赛。压力之下，NBA联盟认可了球员工会的地位。

1976年，NBA第二次停摆。当时NBA和ABA刚刚合并，按照大学未毕业球员不能进入NBA的规定，ABA球员海沃德被认为无资格在NBA打球。球员工会认为这是一种歧视行为，号召球员游行示威，同时将NBA联盟告上法庭。法庭判定海伍德有权利在NBA打球。最终，劳资双方达成协议，允许家庭条件不佳的球员提早进入NBA打球。

1994年，NBA第三次停摆。停摆的主要原因是资方要求采用硬性工资帽，并对新秀合同进行限制。在一番激烈的唇枪舌剑后，双方各退一步，硬性工资帽暂缓执行，球员合同被加以限制。劳资双方的及时和解，确保1994—1995赛季顺利进行。

1998年，NBA第四次停摆，这也是最严重的一次停摆。NBA各队老板代表的资方希望限制工资帽和球员薪资，而球员工会坚决反对。双方谈判破裂，NBA被迫封馆停摆，从1998年7月1日至1999年1月20日，一共停摆了203天。"飞人"乔丹在此期间再次宣布退役。1998—1999赛季被迫"缩水"，各队只打了50场常规赛，圣安东尼奥马刺队夺得"缩水赛季"总冠军。

2011年，NBA第五次停摆，起因同样是劳资协议。从2011年7月1日至11月26日，一共停摆了149天。最终，劳资双方经过长达15小时的漫长谈判终于达成新的协议。2011—2012赛季也大幅"缩水"，各队只打了66场常规赛，勒布朗·詹姆斯也在这个"缩水赛季"夺得了自己职业生涯的第一个总冠军奖杯。

2020年7月31日，NBA官方宣布2019—2020赛季正式复赛，复赛在佛罗里达州的奥兰多迪士尼主题乐园园区内进行。在"詹眉组合"的带领下，洛杉矶湖人队时隔7年再度进军季后赛（常规赛52胜19负，西部第一）。季后赛前3轮，紫金军团以4∶1相同的比分先后击败波特兰开拓者队、休斯敦火箭队、丹佛掘金队，时隔10年再度获得西部冠军。总决赛湖人队4∶2战胜迈阿密热火队，夺得队史第十七个总冠军。詹姆斯以场均29.8分、11.8个篮板球、8.5次助攻的豪华数据，获得职业生涯第四个FMVP奖杯，成为NBA历史上首位在3支不同球队都获得过FMVP的球员。

名充满活力的大前锋的角色。

1994年火箭队在西部赛区夺冠，并在总决赛中首次夺得总冠军。在这一系列比赛中，霍里命中几个关键球，赢得绰号"大人物罗伯"，他的履历因此而熠熠生辉。

1997年，霍里加入洛杉矶湖人队。当球队在第二年夏天得到沙奎尔和科比时，他接受了自己替补角色的位置，凭着他的魁梧身材和投篮威力，只要他一上场，就会立刻产生强大的威慑力。2001年和2002年，他都祭出了三分绝杀球，助力湖人队逼近冠军宝座。

"如果没有像布莱恩·肖、里克·福克斯和霍里这样的队友，"沙奎尔·奥尼尔说，"我可能只有一个冠军，而不是4个。"

在2005年的总决赛中，效力于圣安东尼奥马刺队的霍里在加时赛中的绝杀球，让马刺队得以在系列赛中以3∶2领先。他上半场几乎没有上场，在第三节比赛只剩下9秒的时候才开始得分，最终在比赛结束时他夺得了21分。"那是我参加过的比赛中最为了不起的发挥。"蒂姆·邓肯说。之后马刺队夺得了总冠军。

霍里戴着7枚总冠军戒指退役——休斯敦火箭队（1994、1995）、洛杉矶湖人队（2000、2001、2002）、圣安东尼奥马刺队（2005、2007），在NBA史上排名第四！在他16年的职业生涯中，他的场均得分是7.9分。在赢得总冠军次数最多的前8位球员中，他是唯一的一位非"凯尔特人"球员。

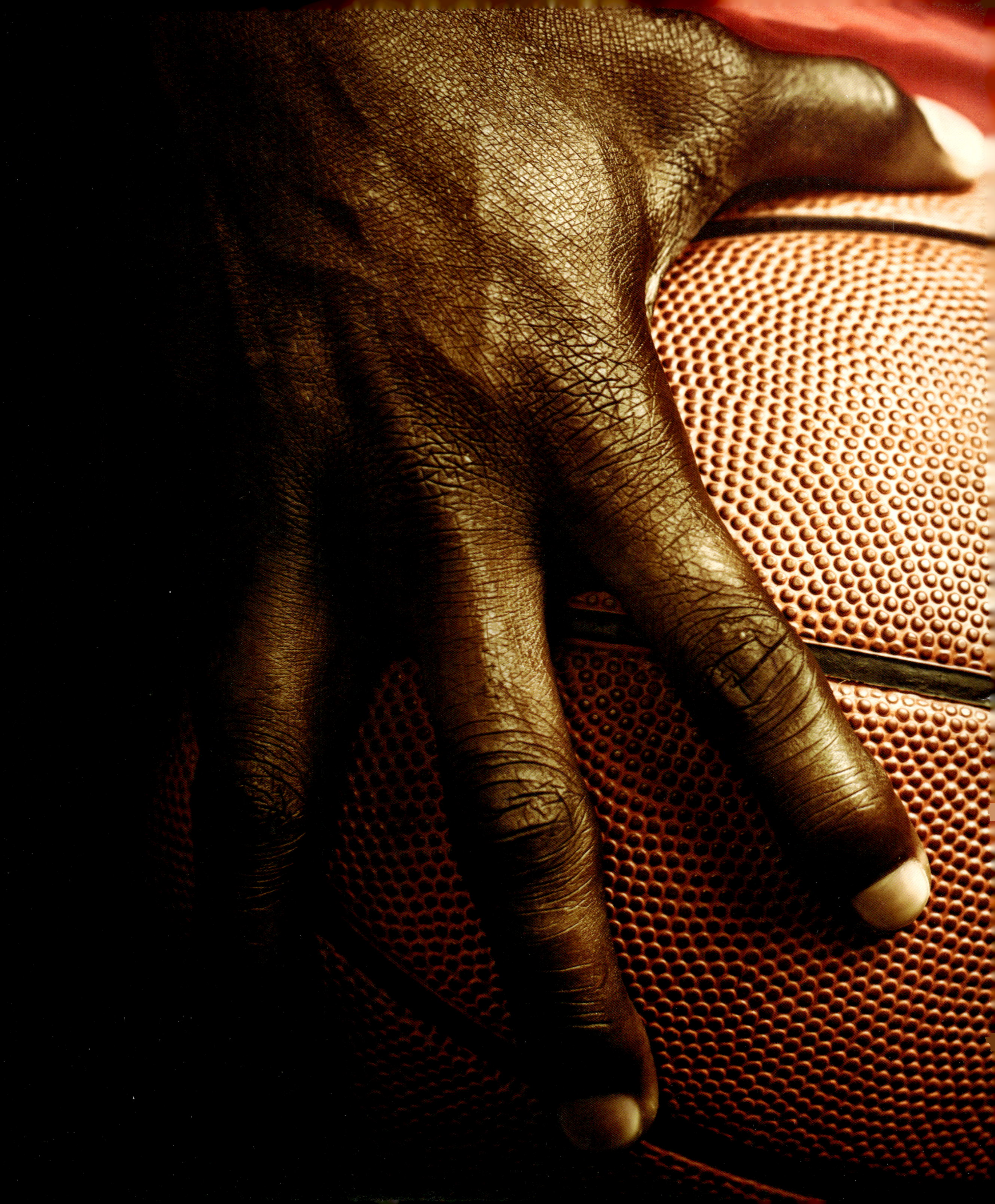

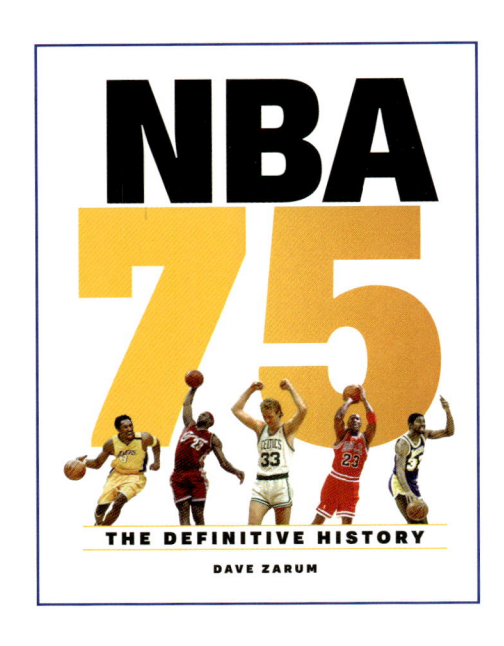

本书作者

戴夫·扎勒姆（Dave Zarum）是一位出生于加拿大多伦多的作家、编辑。他早期供职于多伦多生活杂志。2011年，他参与创办了《体育网》杂志并获得了加拿大国家杂志奖。他曾担任《体育排行榜大全》的编辑，并根据此书为电视系列片撰稿，还撰写了《最伟大的比赛，1989年格雷杯口述史》。扎勒姆长期跟踪NBA赛事和人物，目前担任加拿大体育网的NBA栏目编辑。

本书译者

梁桂霞，1989年四川大学外国语学院研究生毕业，1996年获美国洛克海文大学硕士学位，现任北京工商大学外国语学院副教授，研究生导师。她曾作为美国和芬兰访问学者，兼职两家公司的翻译工作。她发表论文数篇，出版一部专著，策划主编阅读教材4册，改编《青少年经典剧本悦读长短句系列——莎士比亚戏剧新编》5部剧本（电子版），独立或参与翻译作品数部。